法治上海建设实践

（2019-2023年）

FAZHI SHANGHAI JIANSHE
SHIJIAN

中共上海市委全面依法治市委员会办公室　编

法律出版社
LAW PRESS·CHINA
北京

图书在版编目（CIP）数据

法治上海建设实践：2019－2023年／中共上海市委全面依法治市委员会办公室编. -- 北京：法律出版社，2024. -- ISBN 978－7－5197－9407－1

Ⅰ. D927.510.4

中国国家版本馆CIP数据核字第2024FH6141号

法治上海建设实践(2019—2023年)
FAZHI SHANGHAI JIANSHE SHIJIAN
(2019－2023 NIAN)

中共上海市委全面依法治市委员会办公室 编

策划编辑 蒋 橙
责任编辑 蒋 橙
装帧设计 李 瞻

出版发行 法律出版社
编辑统筹 法律应用出版分社
责任校对 朱海波
责任印制 刘晓伟
经　　销 新华书店

开本 710毫米×1000毫米 1/16
印张 28.75 **字数** 412千
版本 2024年11月第1版
印次 2024年11月第1次印刷
印刷 北京盛通印刷股份有限公司

地址：北京市丰台区莲花池西里7号(100073)
网址：www.lawpress.com.cn
投稿邮箱：info@lawpress.com.cn
举报盗版邮箱：jbwq@lawpress.com.cn

销售电话：010－83938349
客服电话：010－83938350
咨询电话：010－63939796

书号：ISBN 978－7－5197－9407－1　　**定价**：158.00元

凡购买本社图书，如有印装错误，我社负责退换。电话：010－83938349

编委会

前　言

2018年12月，上海按照中央和国家机构改革方案及相关要求，组建中共上海市委全面依法治市委员会（以下简称市委依法治市委）及委员会四个协调小组和委员会办公室（以下简称市委依法治市办），开启了新时代全面依法治市新征程。五年多来，市委依法治市委根据中央确定的重大原则、方针政策、决策部署，在市委及其常委会领导下，对全面依法治市进行总体布局、统筹协调、整体推进、督促落实，切实将习近平法治思想转化为全面依法治市的生动实践，全力把法治打造成为上海城市软实力和核心竞争力的重要标志，在法治建设各领域形成了具有鲜明时代特征、上海特色的经验做法。

自2019年起，由市委依法治市办牵头，每年组织实施上海市法治建设优秀案例征集评选宣传活动，发动和鼓励全市各单位、各部门、各区及时总结深入学习贯彻习近平法治思想，充分运用法治思维和法治方式推动高质量发展、创造高品质生活、实现高效能治理，不断开创人民城市建设新局面等方面的典型案例。根据法治性、创新性、实效性、社会性和可借鉴性标准，每年评选出十大优秀案例。

2023年4月，市委依法治市办印发《关于选树法治上海建设品牌的通知》，按照当好法治建设"排头兵""先行者"的目标定位和使命任务，深入发掘、全面总结、精心提炼习近平法治思想在上海法治建设各领域的生动实践，大力培育选树一批成效显著、特色鲜明、有口皆碑的法治上海建设品牌。经过多轮评审，共有15个项目从153个预申报品牌项目中脱颖而出，获评首届法治上海建设品牌，充分展现了立法、执法、司法、守法普法、法律服务等领域的创新经验和积极成效。例如，基层立法联系点"立法直通车"等品牌是习近平法治思想和"人民城市"重要理念在我市具体实践的生动诠释；轻微违法行为依法不予行政处罚清单等品牌立足持续优化一流法治化营商环境，及时回应人民群众和经营主体关切，充分体现了上海的法治“温度”；上海信访律师志愿团等品牌具有较强创新性且运行较成熟，在提升上海市特定领域或地区社会治理法治化水平方面发挥了积极作用。

为如实反映上海深入践行习近平法治思想的生动历程，由市委依法治市办牵头汇编了《法治上海建设实践（2019—2023 年）》一书，本书整体结构分为品牌篇和案例篇两个部分。品牌篇收录了 15 个法治上海建设品牌和 15 个法治上海建设入围品牌。案例篇收录了近五年的上海市法治建设十大优秀案例，共 48 个案例（其中 2 个案例为内部材料未收录）。我们期待全市各单位、各部门、各区能从本书中得到启迪和借鉴，以便更好地把习近平法治思想转化为上海法治建设的生动实践，全面推进上海各方面工作法治化，为在法治轨道上加快建成具有世界影响力的社会主义现代化国际大都市贡献力量。

本书在编写过程中，得到了法治上海建设品牌和法治建设优秀案例所属单位及其相关业务部门同志的支持和帮助，在此一并致以谢意。

中共上海市委全面依法治市委员会办公室

2024 年 5 月

目　录

contents

品　牌　篇

法治上海建设品牌

法治上海建设入围品牌

案 例 篇

2019 年度

2020年度

2021 年度

2022 年度

2023 年度

品牌篇

法治上海建设品牌

1. 上海城市法规全书应用系统

（市委全面依法治市委员会办公室）

“前几年办居住证，网上查了好几种说法，也不知道哪个准确。”回忆过去，市民吴先生感慨万千：“前几天我想办居转户，通过城市法规全书就查到了权威文件，方便又靠谱。”有了上海城市法规全书应用系统，市民只需要动动手指，就能精准查到所想找的上海市地方性法规、政府规章及其配套规范性文件。

图 1　上海城市法规全书应用系统首页

自 2021 年 1 月 20 日上海城市法规全书应用系统上线以来，社会反响热烈，已成为方便人民群众找法、用法的“法律百宝书”。

截至 2023 年年底，上海城市法规全书应用系统收录上海全部现行有效地方性法规 269 件，市政府规章 270 件，配套行政规范性文件 585 篇，现行有效地方性法规、市政府外文版 258 篇，累计访问量 453 万余次。编纂上海城市法规全书并开发上线应用系统，是本市深入践行习近平法治思想的一项重要法治创新举措，被写入市十二次党代会报告，相关经验、做法被中央全面依法治国委员会办公室、司法部以简报等形式在全国范围进行交流肯定。

图 2　上海城市法规全书应用系统上线仪式暨新闻发布会

一、项目背景

在 2020 年市政协十三届三次会议“着眼于‘五个坚持’，不断提升社会主义现代化国际大都市治理能力和治理水平”专题会议上，有政协委员建议上海借鉴国外“城市法典”编撰经验，在全国率先编撰和发行一部“上海城市法典”，提升上海城市法治化治理水平。时任[1]市委书记李强同志对此高度的重视，多次作出批示并提出明确要求。通过系统化、科学化的梳理编纂，对上海市现行有效的地方性法规和政府规章统一收录并作科学编排，打通上海地方性法规和地方政府规章两个地方立法库，解决长期以来上海市法规规章不能统一编纂、地方立法公布后不能及时更新查询等问题。

二、具体做法

（一）强化组织保障

城市法规全书编纂涉及方方面面，是一项需要全市多个部门协调配合的

〔1〕 全书职务职级均为时任。

系统工程。市领导高度重视城市法规全书编纂工作，召开多次专题会部署推进有关工作，并明确由市委依法治市办牵头，市人大常委会法制工作委员会、市人民政府办公厅、市司法局等部门配合建立城市法规全书编纂联络工作机制。市委依法治市办抽调专门力量成立工作专班，制订编纂方案，召开专家座谈会，就城市法规全书的定位、体例架构、编纂方式等广泛听取实务部门和法律专家意见。同时，积极组织收集、编译国内外相关立法资料，对国外城市法典的现状、特点进行研究。全面梳理本市现行有效地方性法规和政府规章，摸清上海法规规章“家底”，积极开展目录分类、文本校核等工作，为编纂工作打下坚实基础。

（二）创新编纂思路

坚持以社会法治需求为导向，秉持系统性、权威性、便民性、有特色的编纂理念，实现对地方性法规、政府规章、法规规章配套行政规范性文件、典型案例的统一汇编、分类精编和精准指引。不同于以往按法律部门或者出台年份进行汇编的做法，上海城市法规全书首次尝试将地方性法规和政府规章以及相配套的行政规范性文件进行统一汇编和分类整理，以市民办事、企业经营和政府治理法治需求为导向，分设市民、企业和政府 3 编，并按照市民生活、企业运营和政府治理全周期理念和关联度特征进行编纂，全书具体细分为 41 章 200 余节。

图 3　上海城市法规全书应用系统分设市民、企业和政府 3 编

通过对上海现行有效的地方性法规和政府规章以及配套规范性文件的系统化梳理,打通上海地方性法规和地方政府规章两个库,集中展现并实时更新上海立法成果,解决长期以来立法主体不同导致的法规规章不能统一编纂、立法不能及时更新、版本重复等问题。

(三)注重数字赋能

按照便民、实用的原则,积极推进上海城市法规全书的数字化赋能,同步开发上海城市法规全书应用系统。利用数据检索、人工智能等技术,即使不具备专门法律知识的普通市民群众,通过上海城市法规全书应用系统也可以精准地找到相应的法规规章条文。同时,实现上海城市法规全书应用系统与其他系统之间的互联互通,更方便人民群众找法、办事。一是与“一网通办”政务服务平台的互通。在城市法规全书应用系统页面智能推送相关业务办理链接,可实现从法规全书页面跳转至“一网通办”页面。二是与国家法律法规库、国家规章库、市政府行政规范性文件数据库、营商环境政策库等数据库的有效链接,实现国家法律法规与上海地方性法规、政府规章、行政规范性文件的一体查询。三是与全市统一综合执法平台系统贯通,更加便利行政执法人员查阅本市行政执法依据。此外,城市法规全书应用系统还进一步完善了索引功能和智能管理功能,开发了上线视频索引指南和语音搜索功能,通过可视化、智能化的搜索、问答,实现了对法规规章及规范性文件搜索的便利化、精准化。

(四)多平台、多语种布局

为提高上海城市法规全书应用系统的使用效率,实现 PC 端和手机端同步布局,在“中国上海”门户网站、上海发布微信公众号、随申办以及市司法局门户网站和微信公众号等平台均布设端口链接。考虑上海城市国际化的特点,为助力本市国际化、法治化营商环境建设,方便在沪境外人士和外商投资企业以及主要贸易伙伴更好地了解上海地方立法,满足其法律需求,上海城市法规全书应用系统上线之初就同步开发了外文版,系统可以实现外文版的“一键切换”。截至 2023 年年底,已上线法规规章英文版 191 篇,地方性法规日文版 15 篇、德文版 21 篇、法文版 21 篇。

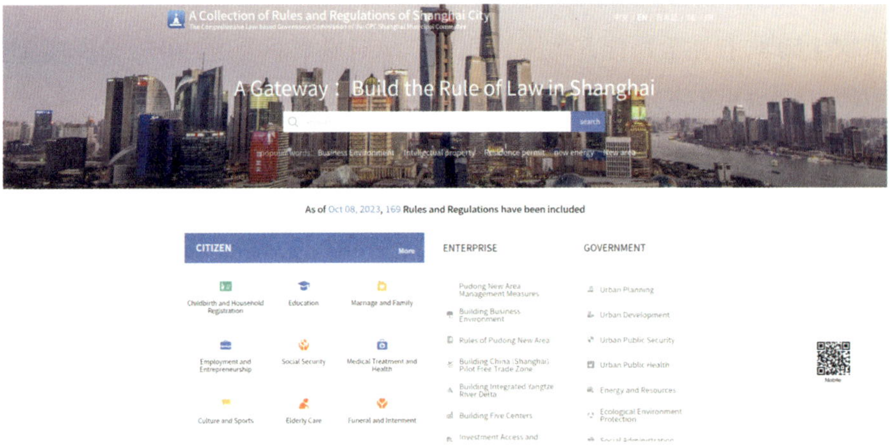

图 4　上海城市法规全书英文版页面

（五）建立更新维护长效机制

上海城市法规全书应用系统更新维护是一个动态的过程，每年都会有大量的地方性法规、政府规章以及配套规范性文件的制定、修改、废止。系统上线后，市委依法治市办制定出台《上海城市法规全书应用系统管理办法》，对上海城市法规全书应用系统的管理体制、工作机制和程序制度作了具体规定，并将上海城市法规全书应用系统更新维护工作纳入法治上海建设绩效考核，进一步压实各相关单位的工作责任，形成工作合力。市司法局配套出台《市司法局上海城市法规全书应用系统更新维护工作细则》，对市司法局所承担的更新维护职责作了进一步细化和完善。

三、主要成效

自上海城市法规全书应用系统上线以来，本市主流媒体进行了广泛宣传报道，《解放日报》、上海电视台均作了专题报道，社会反响良好。人们普遍认为，上海城市法规全书应用系统是一项创新举措，设计开发上海城市法规全书应用系统，既体现了上海法治品质和水平，又展现了法治建设中的“上海智慧”。

“上海城市法规全书”以需求为导向的分类精编模式，为人民群众法律需求提供了精准指引,使市民、企业、法律从业人员获取法规规章更加便捷、高效。“上海城市法规全书”应用系统的开发与设计是践行“人民城市人民建、人民城市为人民”理念的重要体现。同时,市委依法治市办还利用两会平台,向代表、委员开展精准推送宣传,进一步提升上海城市法规全书在代表、委员中的知晓度和使用率;还通过全市各级法宣阵地推动城市法规全书进机关、进学校、进社区、进商场、进地铁、进农村、进公交、进城市公共空间等,不断提升上海城市法规全书应用系统在人民群众中的知晓度。

下一步,市委依法治市办协同有关部门继续做好上海城市法规全书应用系统更新维护工作,确保城市法规全书收录数据的及时性和准确性。认真听取社会各界意见建议,以便民利民、优化营商环境为导向,推动城市法规全书升级迭代,将上海城市法规全书应用系统打造成为上海全面依法治市的一张闪亮名片。

2. 法治天地频道

（市委宣传部）

习近平总书记在党的二十大报告中提出，“全面依法治国是国家治理的一场深刻革命，关系党执政兴国，关系人民幸福安康，关系党和国家长治久安”。进一步丰富和发展了习近平法治思想，拓展了法治中国建设新视野。如何深入宣传贯彻习近平法治思想，将文件上的法治、规则上的法治转变为生活中的法治、行为中的法治，是中国法治发展的重中之重。作为全国最早的法治宣传专业电视频道，法治天地频道多年来以实际行动践行普法工作，在推动国家法治建设中承载了极重要的使命。法治天地频道自2003年6月开播以来，始终秉承“弘扬社会主义法治、促进司法公正、维护司法权威”的创办理念，以“引领法治精神、集成法治资讯、提供法律服务”为定位，致力于打造以数字电视频道为核心的法治垂直内容聚合传播平台。夯实内容创作基础，开拓多渠道传播，传递主流价值，实现了社会价值和经营价值的双赢。截至2023年年底，频道已在全国31个省、自治区、直辖市落地，覆盖用户超2亿。

一、坚持习近平法治思想，坚持正确舆论导向

党的二十大报告对法治社会建设作出了重要部署，提出“加快建设法治社会”“弘扬社会主义法治精神，传承中华优秀传统法律文化，引导全体人民做社会主义法治的忠实崇尚者、自觉遵守者、坚定捍卫者”“努力使尊法学法守法用法在全社会蔚然成风”。作为重要的大众传播媒体之一，电视媒体责无旁贷。

(一)推动法治观念深入人心是法治天地频道牢固坚守的使命担当

近年来,法治天地频道始终关注中国法治现代化进程,积极拓展与各级政府机关的合作,以人民群众喜闻乐见的形式传播法治文化,弘扬法治精神,让利党利国利民的政策、关乎国计民生的重大社会法治决策决断广为人知,为推动建设法治中国、增强群众法治意识发挥重要作用。例如,原创自制栏目包括《法治新闻》《和大律师面对面》《安澜长江》《庭前庭后》《律师界》《禁毒视窗》《法眼看生活》《法说百姓事》等10余档。同时,对一些重大选题、重要宣传节点,频道积极发挥优势,主动作为。围绕重大法治事件和社会热点,第一时间发布重大法治资讯,如在每年上海两会期间《法治新闻》栏目推出特别报道,包含《我在现场》《履职五年间》《你提我议》等板块,得到市人大、两院、市委宣传部领导的肯定。另外,随着《长江保护法》正式实施,"长江十年禁渔"正式启动,频道适时推出以生态警务工作为切入点,涵盖严打涉江犯罪、加强水域治安防控体系建设的栏目《安澜长江》,节目一经播出,广受社会好评。

(二)严谨、扎实的安全播出是法治天地频道行稳致远的基石

安全播出是电视媒体的生命线。在新媒体快速发展的时代下,电视频道更需要坚持正确导向,更需要恪守真实性与准确性原则,遵守相关的制度与规定,警惕新闻报道泛娱乐化。法治天地频道在所有节目制作播出全过程中始终坚持正确舆论导向,严格贯彻"三审制度",确保播出安全。重点围绕是否含有敏感内容,篇幅结构是否合理、表述是否合适等,所有选题在录制播出前均由具备审片资质的人员严格把关、层层落实,不留安全隐患。对于重大刑事、民事案件的报道,专门召开专项策划会,重申各项新闻纪律,要求所有采访活动均在相关办案机关的协助或陪同下完成,在编辑制作相关报道时与办案机关保持紧密联系,保持报道的发布时间同步、发布内容一致。例如,《法治新闻》节目组实行每周采编例会制度,新闻选题均来自各公、检、法、司特约记者和区有线台通讯员的报送。对确定采访的案件类选题进一步明确采访和制作要求,在坚持正确的舆论导向的前提下,保证报道的严谨和公正,严格按照宣传口径进行制作报道和播出。目前,频道各档专题栏目均严格遵守"三审制度",真正做到从选题确立到出镜嘉宾、最后成片的全过程把关。

二、深耕法治文化沃土，擦亮“法治天地”宣传品牌

普法是法治天地频道的基因和重要使命。随着法治宣传经验的逐步积累，频道更加注重品牌建设，充分考虑受众的多样化需求，策划、制作了一批高质量、有影响的节目，将普法宣传通过不同的方式进行呈现，增加了频道节目的多样性、可看性。

《法治新闻》是一档坚持以习近平法治思想为指导、坚持社会主义法治理念，兼具法律权威性和新闻时效性的法治资讯栏目。节目从法治视角紧扣中国法治进程的脉搏，关注法治领域的热点事件以及社会弱势群体的权益保护。节目围绕重要时间节点，策划推出多篇优质的系列主题报道，如《法治为民办实事》《“永创优秀”背后的“党建密码”》《对话铁血刑警》《反诈宝典》等。其中《对话铁血刑警》制作精良，独具匠心，播出后产生了热烈反响，上海市公安局更是将这档节目上报了公安部，获得公安部领导的高度肯定。而在建党一百年之际推出的《“永创优秀”背后的“党建密码”》，讲述了上海市公安局浦东分局反诈打击专班、出入境管理办公室等 5 个优秀团队的故事。节

图 1 《法治新闻》栏目直播间

目从“党建”入手，介绍了基层党组织在激发民警的工作热情，提升案件办理质效，拓展社会治理手段等方面发挥的积极作用。

《和大律师面对面》是法治天地频道的一档法律咨询类节目，在制作过程中，主创人员选取市民社会生活中最常见的劳动合同纠纷、遗产继承、婚姻关系等事例，邀请专业律师给出解决方案，引导观众采取理性、克制的态度，通过调解、仲裁、诉讼等正确的途径来解决可能遇到的矛盾和困扰；同时，传播了相关的法律知识。这一档播出已超过 5000 期的节目通过对观众潜移默化、润物无声的持续引导，为多元化解纠纷以及社会的和谐与稳定作出了积极贡献。节目组不仅担当起记录和宣传的责任，更把实实在在的法律服务带到了有需求的观众身边。节目组每个月都会组织一次公益法律咨询活动，为遇到困难并寻求帮助的观众提供免费的法律咨询服务，将普法工作落到实处。

图 2 《和大律师面对面》栏目线下公益法律咨询活动

《安澜长江》是国内首档以长江大保护为主题的电视专题栏目，于 2021 年 9 月 5 日在法治天地频道开播，每期 20 分钟，并同步在学习强国平台播出。该栏目是在中央政法委的牵头下，由上海电视台法治天地频道与上海市公安局边防和港航分局合作呈现的，栏目以公安工作为切入口，内容涵盖长江十年禁渔、打击非法采砂、应急事件处置、船只航行安全、长三角一体化协同治理等。节目播出后，受到了广泛好评，不仅展现了港航公安在保护长江生态环境方面的做法和取得的成绩，也增强了公众对长江大保护的意识。

图 3 《安澜长江》栏目开播仪式

系列纪录片《诉讼服务进行时》是宣传合作单位多元化解纠纷工作成功案例具有代表性的项目。2019 年 11 月，市高级人民法院升级建成并开通"上海法院一站式多元解纷平台"，市高级人民法院与法治天地频道联合打造的系列纪录片《诉讼服务进行时》（后更名为《庭前庭后》）随之隆重推出。截至 2023 年年底，该系列纪录片一共制作了三季共 18 期节目，选取一个个鲜活的案例，用纪实的拍摄手法，全面展现法院多元解纷工作的成功与艰辛。作为记录者，法治天地频道也为持续推进多元化解矛盾纠纷工作贡献着自己的力量。

《律师界》是法治天地频道和上海市律师协会合作的一档栏目，从 2015 开播至今一直为观众带来最新的律师观点，提供精准、独到的法律见解。每期节目聚焦一个热点的社会事件，选题涉及刑事、民事等多个方面。并对新推出的各项法律措施，如《民法典》施行、《妇女权益保障法》、人身安全保护令等进行多维度释法宣传，解答相关法律问题。

《禁毒视窗》是法治天地频道与上海市禁毒委员会合办的专题类栏目，旨在普及禁毒知识，展现禁毒成果。栏目通过真实的案例，展示上海市司法系统预防、打击毒品犯罪的工作情况，讲述社会各界矫治和帮助毒品受害者的故事。2011 年年底开播，截至 2023 年年底已播出 406 期节目。

图 4　2023 年国际禁毒日主题宣传活动现场

正是一个个经久不衰的节目，为频道持续开展普法宣传工作奠定了基础，使法治天地频道的品牌深入人心，结出累累硕果。例如，《法治新闻》节目入选上海市“以案释法”十大发布平台暨“媒体公益普法”十大品牌项目；频道多次获得中广协全国法治新闻一等奖等多个奖项，其中全国一等奖 8 个，其余各类奖项 20 余个；由频道制作播出的“《控辩风暴》——上海市公诉人与律师电视辩论大赛”入选 2019 年度《中国广播电视年鉴》和《上海文化年鉴》；由频道制作播出的微电影《少年时》获中央政法委第七届（2022 年）平安中国“三微”比赛微电影二等奖、第七届全国检察“三微”作品征集展播活动“最佳微电影奖”和“最佳导演奖”。

三、拥抱“融媒体”变革，多平台展现影响力

受众在哪里，法治天地频道的影响力就应该到达哪里。在媒体融合大环境下，法治宣传需要面对新形势、承担新任务、应对新挑战，充分领会并贯彻习近平总书记“四全媒体”的重要论述，提高普法载体与内容、目的、过程的契合度。频道积极创新多媒体普法应用，扎实推进普法产品研发，在多个平台持续拓展影响力，传播正能量。以互联网思维和全媒体视角深耕“互联网＋法治宣传”新模式，实现频道对观众的更大影响力和吸引力。

2018年，“法治天地”头条号、抖音号双双上线，内容主要有社会热点事件短视频，法律解读短视频，公、检、法、司等合作单位宣传类短视频等，表现抢眼。当年11月15日，“法治天地”抖音号播发的“民警救小猫”的视频，由于巨大的播放量、传播了正能量，被新华社公众号以及人民日报公众号分别转载播发，极大地提升了“法治天地”的影响力。通过宣传《民法典》施行的系列短视频“一天一条民法典”、宣传法院强制执行工作的“餐饮店老板拖欠工资态度强硬　拘传途中怂了”、鞭挞社会不良风气的“女子高铁霸座　结局真的不好看了”等作品获得了数百万点赞。“法治天地”头条号还积极参与电视栏目运营，在宣传上形成多平台合力。例如，频道在新开设《安澜长江》《对话铁血刑警》《“永创优秀”背后的“党建密码”》等栏目之际，都在第一时间上传头条号平台，在回应市民关切的同时，借助相关合作方的转发，实现了频道品牌形象和品牌价值的传播。经过几年的不懈努力，“法治天地”抖音号与头条号已累计播发短视频近3万条，拥有粉丝170万余人。

四、做好法律服务工作，取得良好的社会效益

为观众提供优质的法律咨询服务，始终是法治天地频道工作的重点。在城市人口老龄化的背景下，普法工作实践中出现了种种问题，部分市民的法律意识较淡薄，同时也缺乏运用法律手段解决矛盾纠纷的意识、知识和能力。要在全社会塑造全新的法治精神、法治文化，是一项异常艰巨的任务，需要全社会共同付出更大的努力。长期以来，法治天地频道结合自身特点，以普及

法律知识、促进法治社会建设为己任,为维护社会和谐稳定和多元化解纠纷工作贡献着自己的力量。

王牌节目《和大律师面对面》自2012年5月1日开播至今,选取常见的民事纠纷及法律问题,邀请上海知名的律师答疑解惑,总计制作播出5800余期,为观众提供法律服务资源。栏目组从观众需求角度出发,结合受众群体对不同媒介的使用习惯,完善法律服务的线上线下供给,开通电话咨询、网络咨询以及线下咨询等多种方式,满足不同群体的需求。栏目组每月定期举行公益法律咨询活动,由节目嘉宾律师带领其团队和市民面对面地解答法律难题。每年的线下咨询活动报名踊跃,一票难求。此项活动每年累计接待咨询观众约1200人次,已经为超过1万名来访者提供了法律咨询服务,获得社会各界一致好评。

在新的传播生态中,传统电视媒体出身的法治天地频道也正发生变革。在上级单位的指导下,频道将继续坚持以习近平法治思想为指导,以深化、拓展、创新为重要抓手,继续遵循公平、公正的原则,加强专业性,积极整合自身优势,同时继续加强与新媒体的融合,继续创新法治文化传播模式,对受众进行正确的法治观念引导。从法入手,弘扬社会正能量,增强社会大众的法治意识,为法治中国进程作出新的贡献。

3. 上海信访律师志愿团

（市信访办公室）

上海某律师事务所邵律师在市信访办公室曾接待了一名信访人，反映邻里纠纷，他的孩子被邻居伤害。邵律师敏锐地意识到此事如果不及时处理，将使矛盾激化，酿成恶性案件。邵律师当即晓之以理，动之以情，表示作为一位父亲，十分同情信访人孩子的不幸遭遇，也理解此时此刻信访人的心情。邵律师对他说，如果他反映的情况属实，就应通过法律途径维护孩子的合法权益，并要求他千万要稳定情绪，不能做出出格的事，如果因为冲动报复犯了法，对孩子是更大的打击和伤害，孩子会怨恨他的。经过一个多小时的思想工作，信访人的情绪才逐步稳定，同意走法律途径维权。邵律师的努力让这起矛盾最终化解。

上海某律师事务所付律师曾接待过一位因相邻关系纠纷来访的信访人，他对邻居侵占公共用地不满，付律师告知信访人可以通过物业、居委会或属地街道调解协调解决，并向他讲述了相邻权是《民法典》明确规定的民事权利，详细讲解了有关相邻权纠纷的一些案例，并为其分析了侵犯相邻权将承担的法律后果，通过深入浅出、推心置腹的沟通，信访人明白了相邻人之间的权利义务关系，后来他用上述法律规定说服邻居规范行为，切实保障了自己的合法权益。

图1 上海信访律师志愿团助力信访法治化

一、品牌背景

律师参与信访是上海信访工作的优良传统。早在1999年,上海市就开始探索律师参与信访接待化解信访矛盾,取得了良好社会效果。20多年来,上海信访律师志愿团参与范围已从最初的信访接待、法律咨询,拓展到了当前的疑难案件评查、信访复查复核、人民建议征集等方面。市信访办公室(以下简称市信访办)深入学习贯彻习近平法治思想,推进信访工作法治化,指导志愿团律师为群众提供专业法律咨询服务和指导,及时从源头预防矛盾纠纷、前端化解问题,坚决维护群众的合法权益,依法解决群众的合理诉求,切实把习近平法治思想伟力转化为信访工作高质量发展的动力。

法治上海品牌创建工作进一步发挥律师在法律专业分析、化解矛盾纠纷方面的独特作用,增强信访法律服务的针对性和实效性,积极助力诉访分离和依法分类工作,将群众诉求问题及时、准确地导入相应的法定途径解决。畅通群众诉求表达与利益协调通道,搭建群众与党委、政府之间的"连心桥",确保群众的合理合法诉求有效解决,维护社会和谐稳定。

二、做法及成效

（一）不断优化律师接待流程和服务界面，推动矛盾依法解决

根据《司法部、国家信访局关于深入开展律师参与信访工作的意见》要求，市信访办联合市司法局、市律师协会组织律师志愿团开展信访法律咨询。同时，全市16个区、215个街镇律师参与上海信访“家门口”服务体系建设，通过释法说理，引导信访群众通过法定程序表达诉求、运用法律手段解决纠纷，取得了良好社会效果。

（二）创新升级“家门口”服务，构建多元法治平台

市信访办着力提升“家门口”服务队伍法治素养，依托律师志愿团依法依规化解矛盾纠纷。截至2023年年底，各区“家门口”服务工作人员共计7811名，其中律师884人。同时，市信访办引导律师志愿团积极参与“家门口”法治活动。2022年律师志愿团赴基层开展《民法典》等法治宣讲80余次，参与重大疑难复杂事项的现场协调会超100场。

（三）推进律师参与信访复查复核工作，全面提升复查复核工作的质量、效率和公信力

市信访办和各区、各委办局引入律师参与信访复查复核工作，充分发挥律师专业力量在化解矛盾纠纷中的专业优势、职业优势和实践优势，落实依法分类处理信访诉求，发挥信访复查复核层级监督作用，提升本市信访事项复查复核工作质量、效率和公信力。

三、品牌意义

一是发挥党组织的政治引领、党员律师参与信访工作的示范带动作用。结合学习贯彻习近平新时代中国特色社会主义思想主题教育，市信访办每周安排律师志愿团党员律师坐班接待、经验分享、主题交流，以“党建红”引领律师志愿团服务，发挥党员律师、优秀骨干律师的示范带动作用，将主题教育成果转化为实际行动，维护信访群众的合法利益。

二是助力诉访分离和依法分类处理工作。律师志愿团积极助力诉访分

离和依法分类处理工作，将群众诉求问题及时准确导入相应法定途径解决，强化运用法治思维和法治方式化解社会矛盾，在法治轨道内依法维护群众的合法权益。

四、取得的成效

一是法律服务与群众工作有机融合。首先，通过对接上海信访“家门口”服务体系，全市市、区、街镇三级信访服务窗口完善律师参与信访工作机制，发挥律师志愿团职业中立性的优势、法律服务公益性的表率作用。其次，律师志愿团的律师用群众通俗易懂的语言讲晦涩难懂的法律专业术语，用老百姓能听得懂的话语去讲，慢慢打开了群众的“心结锁”。最后，律师志愿团的律师凭借自己丰富的经验，通过一个个鲜活的案例将复杂问题讲明白，让群众在维护合法权益时有了“定心丸”。

二是群众诉求表达与法定救济途径贯通。引入律师参与信访基础业务工作环节，把符合条件的信访诉求导入不同法定途径、程序来处理，确保群众的合理合法诉求依照法律规定和程序能够得到合理合法的结果，实现信访部门与职能部门之间“快进快转、快转快接、快接快果”高效顺畅对接处理。

五、推广价值

一是持续放大上海信访律师志愿团品牌对全市信访工作的示范效应，助力信访工作法治化发展。搭建平台，推进律师参与信访工作多元化，积极推动律师调处群体矛盾、参与重大信访事项协调会、复查复核、法规方案的制定研讨、法律文本的合规性审查，不断提升信访事项办理效能等重点工作。

二是持续推动上海信访律师志愿团融入上海信访“家门口”服务体系，助力从源头预防社会矛盾。律师志愿团持续融入“家门口”信访服务体系建设，通过延伸服务触角、打通社会治理“神经末梢”，助力“一站式受理、‘一揽子’调处、全链条解决”的矛盾纠纷调处机制，让群众在家门口享受专业法律服务、引导群众运用法律手段解决纠纷，提升群众获得感和幸福感。

三是持续提升上海信访律师志愿团群众工作理念，助力形成法治信访氛围。建立机制，推动律师参与人民建议征集工作，鼓励引导律师为上海法治建设建言献策，推动上海人民城市建设软实力。推动组建专业领域律师工作团队，专题解决社会发展中的矛盾问题。律师志愿团加强释法明理，增强信访群众学法、尊法、守法、用法意识，促进办事依法、遇事找法、解决问题用法、化解矛盾靠法的浓厚氛围的形成。

六、下一步展望

（一）深入基层开展《信访工作条例》宣讲工作

为抓好《信访工作条例》学习、宣传、贯彻和落实工作，市信访办和各区信访办拟联合律师志愿团，结合上海信访“家门口”服务工作，开展《信访工作条例》学习宣传活动。

（二）探索律师多元参与信访工作

拓展律师参与信访工作界面，积极推动律师志愿团律师参与人民建议征集、法规方案的制定研讨等，通过引导律师建言献策，将律师和人民群众的好声音、金点子传递过来，为信访部门服务决策发挥顾问和智囊作用。

（三）推广律师参与信访工作典型案例经验

继续升级扩容上海信访“家门口”服务体系，积极推动律师志愿团律师参与基层信访窗口服务。总结律师参与信访工作成功案例，积极做好品牌宣传报道，将好的做法推广到上海信访“家门口”服务体系中。

4. 领导干部专题述法机制

（市委全面依法治市委员会办公室、金山区）

开展述法是贯彻落实习近平法治思想“坚持抓住领导干部这个‘关键少数’”重要内容的具体举措，是压实各级党政主要负责人履行推进法治建设第一责任人职责的精准切口和重要抓手。党的十八届四中全会通过的《中共中央关于全面推进依法治国若干重大问题的决定》明确提出，党政主要负责人要履行推进法治建设第一责任人职责。市委依法治市办自组建以来，扎实落实中央部署，持续加大述法工作推进力度，推动制度机制不断完善、述法实效不断深化，法治促进效果充分彰显。

一、主要做法及成效

（一）提高政治站位，不折不扣贯彻中央部署，确保“应述尽述”

市委依法治市办认真贯彻党中央部署，严格落实中共中央办公厅、国务院办公厅于 2016 年 11 月 30 日印发的《党政主要负责人履行推进法治建设第一责任人职责规定》要求，研究起草上海市推行党政主要负责人法治建设责任制的规定并提请市委办、市府办联合印发，进一步明确上海市各级“党政主要负责人应当将履行推进法治建设第一责任人职责情况列入年终述职内容”的工作要求。继 2021 年 2 月中央全面依法治国委员会印发《关于党政主要负责人履行推进法治建设第一责任人职责情况列入年终述职内容工作的意见》后，市委依法治市办紧随其后制定了上海市党政主要负责人履行推进法治建设第一责任人职责情况列入年终述职内容的工作方案并提请市委依法治市委审议印发。同时，连续两年制发关于做好述法工作的通知，部署各区、各相关部门进一步提高政治站位、增强实效，督促做好年度述法工作。各区委依法治区办强化贯彻落实，形成双向发力、上下同推的工作格局。

（二）注重培育典型，积极营造“比学赶超”氛围，确保取得实效

述法工作在上海基层有着较长的实践经验。早在 2011 年，金山区就探索建立了述法工作机制，每年安排依法治区领导小组成员单位在依法治区领导小组会议上作法治建设工作述职交流。经过六年的经验积累，在 2017 年首次推动区级部门、街镇（工业区）党政主要负责人在区委常委会上进行专题述法，逐步探索出了党政主要负责人在党委会上开展专题述法的“金山模式”。市委依法治市办加强对“金山模式”的培育指导，提炼形成以“一把手”抓“一把手”、切实压实法治建设责任的金山经验报中央依法治国办，被中央依法治国办刊发推广。

图 1　金山区召开区委常委会述法专题会暨金山区述法工作推进会

2022 年 1 月 12 日，金山区举行区委常委会述法专题会，区党政“一把手”作现场专题述法；市委依法治市办邀请中央依法治国办派员列席，中央依法治国办会同其他 10 个兄弟省市相关部门派员参加；相关工作情况被《人民日报》、上观新闻等多家主流媒体报道，中央依法治国办专门发通知推广，进

一步把上海金山的述法经验推向全市各区乃至全国。同时，市委依法治市办积极联动实地督察、法治考核、示范创建、党委巡视巡察等牵引性、带动性强的工作，在全市上下大力营造浓厚的“比学赶超”工作氛围，持续推动专题述法工作走深、走实。

（三）立足常治长效，持续优化机制固化成果，确保逐步规范

自 2021 年 5 月市委依法治市委对“独立成段”年终述职述法提出硬性要求后，市委依法治市办积极协调党委组织部门在每年部署市管领导干部开展年度绩效考核时，专门提示要将履行推进法治建设第一责任人职责情况等“独立成段”列入年终述职报告并接受民主评议，为全市各级党政主要负责人年终述职述法的全覆盖、常态化、规范化开展理顺了工作机制保障，各级党政主要负责人就“将履行法治建设第一责任人职责情况作为年终述职重要内容”达成了共识，思想认识得以进一步树立。在两年不懈努力取得的实践经验和成果基础上，市委依法治市办及时巩固成效、总结提升，将工作开展成效予以固化，于 2023 年研究制定进一步加强党政主要负责人述法工作的意见，进一步扩大述法主体范围、规范述法内容、丰富述法形式，推动专题述法和年终述职述法协同发力，引导专题述法实现了常态化、制度化、规范化、程序化。

图 2　普陀区司法局召开主要负责人专题述法会

截至 2023 年年底，各区党政“一把手”、市委市政府部门党政主要负责人、各乡镇街道党政主要负责人、各区委区政府部门党政主要负责人基本均在相关会议上完成了专题述法。

二、创新亮点

（一）述法主体扩大化

在中央依法治国委、市委依法治市委 2021 年明确的四类述法主体“应述尽述”基础上，积极拓宽述法主体范围，提升述法辐射带动效果。截至 2023 年年底，上海市述法主体已经拓展到“市委、市政府工作部门主要负责人”（含工作部门管理的机构主要负责人）、“区党政主要负责人”、“区委、区政府工作部门主要负责人”（含工作部门管理的机构主要负责人）、“街道乡镇党政主要负责人”、“市区两级群团组织主要负责人”、“市属、区属国有企业主要负责人”。各区也进行积极尝试，推动更多领导干部强化尊法、学法、守法、用法意识。例如，金山区将述法主体范围拓展至党政领导班子副职，长宁区将会议专题述法主体拓展到区法院、区检察院主要负责人，奉贤区实现了区管、镇管党政主要负责人书面专题述法全覆盖等。

（二）述法形式多元化

自 2021 年年终述职述法成为一项常规动作后，市委依法治市办继续推动将“各述法主体每年就上一年度履行推进法治建设第一责任人职责情况向所在党委（党组）作一次专题述法”固化为制度，推动专题述法作为一项“必答题”常态化开展；并明确要求“各级法治建设议事协调机构及其办事机构要做好统筹安排，实现一届党委任期内听取下级党政主要负责人专题述法全覆盖”，实现了向上级党委专题述法、向所在党委（党组）专题述法以及结合年终述职开展书面述法三种述法形式的有机结合。有些区也探索出了将年终述职述法和专题述法结合运行的有效模式。例如，浦东新区在按要求推进年终述职述法的同时，在年终“四个责任制”民主测评会上落实专题述法要求，测评结果纳入本单位法治建设责任制考核。

______年杨浦区处级单位党政主要负责人履行法治第一责任人职责述法报告表

<table>
<tr><td>姓　名</td><td></td><td>性　别</td><td></td><td>出生年月</td><td></td></tr>
<tr><td>政治面貌</td><td></td><td>文化程度</td><td></td><td>单位及职务
（职　级）</td><td></td></tr>
<tr><td colspan="2" rowspan="2">中心组学法情况</td><td colspan="4">本年度本单位组织____次，本人参加____次</td></tr>
<tr><td colspan="4">内容：1. ________________
2. ________________
3. ________________</td></tr>
<tr><td colspan="2">行政复议情况</td><td colspan="4">本年度发生____件，被复议机关决定维持____件，限期履职____件，撤销、变更或确认违法____件</td></tr>
<tr><td colspan="2">行政诉讼情况</td><td colspan="4">本年度发生____件，其中被法院判决维持____件，限期履职____件，撤销、变更或确认违法____件；行政负责人出庭____件，其中本人出庭____件</td></tr>
<tr><td colspan="2">普法责任制履职情况</td><td colspan="4">内容：1. ________________　对象：________________
2. ________________　对象：________________
3. ________________　对象：________________</td></tr>
<tr><td colspan="2" rowspan="2">“党政法律顾问制度”情况（打√）</td><td colspan="4">本单位有常年法律顾问____名、公职律师____名</td></tr>
<tr><td colspan="4">按规定使用法律顾问情况：
1. 重大决策出具法律意见（　　）
2. 合同、文件合法性审查（　　）
3. 参与复议、诉讼、仲裁（　　）
4. 重大矛盾纠纷化解（　　）
5. 领导信访接待（　　）
6. 其他________________</td></tr>
<tr><td colspan="2">法治政府创建情况（打√）</td><td colspan="4">有计划（　　）有措施（　　）有督查（　　）有经费（　　）
有专门部门和人员（　　）
本单位创建指标执行情况：完成（　　）未完成（　　）无指标（　　）</td></tr>
<tr><td colspan="2">履行配合检察公益诉讼职责情况（打√）</td><td colspan="4">是（　　）否（　　）无（　　）</td></tr>
<tr><td colspan="2">贯彻落实相关法律法规的情况，以及形成的法治案例或体现的法治成效（150字以内）</td><td colspan="4"></td></tr>
</table>

填表人（签字）：____________　　　　填表时间：____________

图3　杨浦区“述法报告表”

（三）述法机制规范化

关于进一步加强党政主要负责人述法的意见是市委依法治市委及其办公室规范述法工作尤其是专题述法工作的最新制度成果，从内容、流程等方面细化推动述法工作进一步取得实效。在内容规范上，强调各述法主体要严格对照法治建设工作职责，紧密结合个人实际，总结本人上一年度履行推进法治建设第一责任人职责情况，存在的问题不足，以及下一步工作打算，确保述法内容有思考、有内容、有辨识度。有些区在此方面也作了积极探索。例如，闵行区将区级述法单位分为党群综合、管理服务、执法监督三类，结合各类别工作侧重点，进一步整合、规范述法内容；杨浦区结合法治杨浦建设重点任务特色项目，通过“专题述法”叠加“述法报告表”的形式，将法治建设责任进行内容细化、指标量化，通过述法“晒出”学法考法成绩单，让法治建设实践成效更加可视化、更具可比性。

图 4　虹口区北外滩街道党政主要负责人专题述法，虹口区委依法治区办列席

在流程规范上，要求各级党委法治建设议事协调机构、办事机构在述法开始前，加强对党政主要负责人述法报告的审核，不符合要求的，要退回修改。在述法过程中，本级党委法治建设议事协调机构、办事机构视情要派员列席，加强对述法过程的监督检查。述法完成后，要加强对点评结果的反馈跟踪，对负面评价较多的要重点分析研判，必要时制发问题整改单等。实践中，虹口等区推进述法评议多样化，采取区委依法治区办派员、邀请法律顾问以及管理服务对象参与等多种方式开展述法点评。黄浦、静安、徐汇、长宁、松江、崇明等区根据本区工作实际，在市委依法治市委文件基础上，也制定细化了专题述法工作规则以及本区加强党政主要负责人述法工作的意见，着力同频共振，共同推进述法工作不断取得实效。

三、推广价值及展望

领导干部是全面依法治国的重要组织者、推动者、实践者，党领导立法、保证执法、支持司法、带头守法，主要是通过各级领导干部的具体行动和工作来实现。推进述法工作有利于坚持抓住领导干部这个“关键少数”，充分发挥党政主要负责人在推进本地区本系统本单位法治建设中的领导核心作用，促进依规治党和依法治国相结合，提升党政主要负责人法治素养以及自觉运用法治思维和法治方式深化改革、推动发展、化解矛盾、维护稳定的能力，为全面实现党的二十大提出的“全面推进国家各方面工作法治化”目标奠定组织基础。目前，全市各级党政主要负责人述法工作已经取得了前所未有的积极成效，也给一些部门主要领导带来了实实在在的触动。

下一步，市委依法治市办将继续抓好述法相关规定的落实，把好质量关，推动党政主要负责人突出重点述、见人见事述；抓好督促整改，继续深化落实述法相关制度文件要求，通过推动述法达到有效总结工作、接受监督、发现问题、督促整改的效果，推动党政主要负责人切实将推进法治建设第一责任抓在手上、扛在肩上、落在行动上，不断提高各级领导干部依法执政的能力和水平，为上海全面深化“五个中心”建设、加快建成具有世界影响力的社会主义现代化国际大都市提供有力法治保障。

5. 基层法治观察机制

（市委全面依法治市委员会办公室、闵行区）

2022 年 1 月，闵行区古美路街道城市运行管理中心（应急指挥中心）挂牌，成立了基层法治观察点，中心主任张辉也有了一个“新身份”——基层法治观察员。“年初，我发现规模性租赁的安全隐患引发的投诉量增多，特别是群租、房屋违建这些问题。”张辉在 2022 年 9 月接受新闻媒体采访时如是说。在历时几个月逐一摸排走访辖区内 21 个规模性租赁点位，查阅大量资料开展调查研究，并邀请街镇执法中队、古美司法所等相关部门开展座谈讨论研究的基础上，张辉撰写了关于规模性租赁治理的法治观察建议。这份建议被提交给街道依法治理委员会，并得到街道主要领导的高度重视。很快，街道成立了规模性租赁治理问题专班，明确由城建部门牵头，加强消防、人口、综治和房屋使用等方面的日常监管和服务。通过要求租赁人员进楼扫码、管理员通过公安部门联网的银硅系统实时掌握人员信息、多部门定期联合开展治理等措施，公寓管理的安全性有效提升，整体环境也更干净整洁。疫情防控期间，因为排摸精准、治理到位，古美路街道规模性租赁场所未发生任何纠纷。在张辉观察建议的基础上，区委依法治区办进一步研究撰写了《关于建立常态工作机制，加强规模性租赁场所治理的建议》，报送区委全面依法治区委员会。

图 1　2021 年，时任司法部法治督察局副局长王磊一行赴闵行区调研试点工作

为期近一年半的试点工作期间，闵行区先后设立基层法治观察点 30 个，选聘基层法治观察员 100 名，制定《法治观察工作办法》，并提出意见、建议 90 余件，内容涵盖《民法典》实施、法治化营商环境、“僵尸车”治理、社区加装电梯等不同领域，得到了区和相关街镇的积极回应并转化为相应的法治工作举措。区委依法治区办重点研究推进其中的 11 件，制发正式法治建议 5 件，得到区委书记等区领导批示 3 件。

闵行区的试点工作，通过倾听民意、汇聚民智，建章立制、整合资源，推动一批民生法治问题得到解决，有力提升了法治观察工作实效，切实彰显了基层依法治理成效。在此基础上，市委依法治市办于 2022 年 9 月印发《关于全面推行基层法治观察点和基层法治观察员工作机制的指导意见》，并于同年 11 月在闵行区召开现场推进会，全市推行基层法治观察工作。2023 年年初，基层法治观察被列为市委年度重点工作。

图 2　市委依法治市办在闵行区召开基层法治观察工作现场推进会

一、背景及主要做法

基层治理是国家治理的基石，也是城市治理的基础所在、重心所在、支撑所在，而法治则是基层治理最基础的保障、最根本的方式。作为全国首创的基层法治观察工作，市委依法治市办创设的初衷就是为了深入践行全过程人民民主重大理念，从人民群众的法治感受度出发找寻基层法治建设方面的问题短板，以提升人民群众的法治获得感为目标推动解决法治领域“急难愁盼”，不断增强人民群众在法治领域的获得感幸福感安全感、推进基层治理体系和治理能力现代化。

自全面推行以来，基层法治观察通过“建好一张网络、贯通两条路径、激活三级架构”，着力打通全面依法治市“最后一公里”：

（一）“建好一张网络”，做到察有力量

市委依法治市办指导各区不断优化法治观察点布局和法治观察员构成，瞄准行政行为相对活跃、依法治理相对薄弱、执法司法问题易发多发等地区和领域布点选员，突出全方位、零距离、常态化。在点位布设方面，做到法治各环节全覆盖、重点领域全覆盖，并突出功能定位和观察重点；在观察员的选聘上，注重扩大覆盖面、突出代表性，不仅从党代表、人大代表、政协委员、律师、新闻记者、学校校长、企业负责人中选聘，也逐步扩大至人民陪审员、人民监督员、人民调解员、法治带头人、法律明白人、公共法律服务体验官、村居法律顾问等基层法治工作者。

图3　金山区委依法治区办为首批区级法治观察员代表颁发聘书

（二）“贯通两条路径”，做到察有内容

基层法治观察紧紧围绕服务中心、保障大局，聚焦中央、上海市委关于法治建设重大决策部署的贯彻落实情况，立法、执法、司法、守法普法等各环节运行过程中存在的问题，人民群众反映强烈的法治领域突出问题等重点，发现短板不足，找出对策建议。市委依法治市办采用“自下而上”和“自上而下”两条路径相结合的方法，推动发现真问题、真发现问题。其中，“自下而上”的方式是各基层法治观察点于每季度末将观察建议提交至区委依法治区办，区委依法治区办对收集到的观察建议进行研判筛选，通过“去粗取精”形成拟重点推进解决的观察建议，市委依法治市办对各区推进落实情况进行后续跟踪；“自上而下”的方式是市委依法治市办针对特定主题，布置各区、各观察点开展“解剖麻雀”式观察，形成意见建议或相关情况报告。

（三）“激活三级架构”，做到察有成效

市委依法治市办坚持以问题为导向，通过创设“基层法治观察行”和“基层法治观察会”作为工作抓手，建立健全分级分类的基层法治观察建议处理机制，激活街镇依法治理委、区委依法治区委、市委依法治区办三级架构作用，推动法治观察建议有效转化，形成工作闭环。在街镇层面，司法所每半月走访一次基层法治观察点，听取法治观察员的意见建议，对法治观察点发现的问题，有针对性地制发“观察建议书”，及时召开“法治观察会”，推动相关职能部门开展对策研究和治理实践，使观察建议更接地气。在区级层面，区委依法治区办每月组织开展一次“法治观察行”，综合了解法治建设部署要求在本区的落实情况，指导街镇法治观察工作。同时，将有关法治观察建议报区有关领导、纳入区级文件、启动法治调研、邀请实务专家参加座谈等，推动相关问题得到研究和解决。在市级层面，市委依法治市办结合日常工作掌握情况和拟重点研究推进解决的问题，每季度开展一次“法治观察行”和“法治观察（片区）会”，及时掌握各区落实观察建议情况，研究工作开展过程中面临的新情况、新问题，协调推进解决跨层次、跨区域、跨领域问题。

二、具体工作及成效

（一）区级层面

一是积极扩点增员、织密观察网络。例如，闵行区部署要求每个街镇在 2022 年基础上新增 1 个法治观察点、5 名法治观察员，并列入本年依法治区对街镇考核事项。截至 2023 年年底，法治观察点由 30 个扩至 43 个，法治观察员由 104 名增至 160 名。普陀区新增 9 个观察点，涉及综合执法、律师事务所、靠谱解纷、人民调解、社区居委、商务园区等点位，并选聘依法行政业务骨干、专业律师、法律顾问、调解达人等法治一线工作者为法治观察员，有力地保障基层法治观察点法治“传感器”作用更好地发挥。截至 2023 年 9 月，全市法治观察点共 528 个，法治观察员共 1873 名，建构起了一张“点”“员”结合、分布科学的基层法治观察网络，为全天候、零距离、无死角监测全面依法治市各项制度举措的落实情况打下了坚实基础。

二是构建共商机制，联动分析研判。例如，长宁区推进法治观察点和立法联系点、重大行政决策公众参与联络点融合发展，积极推动涉及立法司法执法领域的优秀法治观察建议转化为立法建议和重大行政决策。截至2023年年底,已有15条法治观察建议被采纳。虹口区加强法治观察与“三所联动”的对接,对三所联动矛盾化解中发现的共性问题进行梳理,为加强完善相关机制等提供基层治理经验。闵行区建立牵头推进部门、参与推进部门和法治观察员共商共议的机制,区委依法治区办定期跟踪相关办理情况,推动工作落地、落实。

图4　虹口区委依法治区办会同有关部门研究基层法治观察工作

三是提实对策建议,推动问题解决。2023年上半年,全市各基层法治观察点共形成基层法治观察建议948件,各区依法治区办重点梳理出32件推动解决。例如,金山区结合道路交通安全和运输执法领域专项整治工作,就“长三角两省一市”(江苏省、浙江省、上海市)有关危险化学品运输夏令时限制性规定存在不匹配、不协调,导致部分运输危险化学品的车辆滞留金山造成区域安全隐患的问题,提出对所涉及的市政府规章《上海市危险化学品安全管理办法》和相关行政规范性文件组织开展专项清理,对相应规定进行调整的观察建议。目前相应条款已完成修订。长宁区就城管部门有义务对违法建筑开展调查取证、进行行政强制、行政处罚但缺乏对违法建筑本身的认定权导致执法中的困惑,提出加强立法司法执法衔接的建议,就拆违败诉案例形成有针对性的举措并纳入区级文件,得到市委依法治市办肯定。

(二)市级层面

一是规划全年工作,定期研究总结。2023年年初,市委依法治市办制定印发《关于做好 2023 年基层法治观察工作的通知》，指导各区进一步把握法治观察工作内涵、选好法治观察主题，并在法治观察建议报送数量、重点领域扩点增员、加强基层法治观察与法治调研及法治督察等工作衔接配合等方面明确提出要求，引导各区打造一批成熟的法治观察点、精干的法治观察员队伍，并在探索构建法治观察建议成果转化机制方面形成亮点经验做法，推动基层法治观察工作高质量发展。每季度，市委依法治市办召开基层法治观察行和法治观察会，实地走访部分法治观察点，听取法治观察工作情况汇报，点评部分法治观察建议，总结存在的问题和意见、建议并研究部署下一阶段工作，推动基层法治观察工作提质增效。

图 5　市委依法治市办召开基层法治观察会，听取部分区工作汇报

二是聚焦具体案例，统筹推动解决。例如，市委依法治市办将静安区就某小区业委会主任在失去小区业主身份后仍留任业委会主任一职并对小区工程项目进行投票表决的情况提出的填补业委会委员资格审查机制漏洞的建议，发函至市规资局、市房管局研究处理，并得到两家单位的积极回应；将嘉定区就绿化市容领域相关条例修改后对应的免罚清单未及时修改的问题提出的关于进一步完善规范性文件修改流程的工作建议移交市司法局执法监督处研究;就金山、黄浦、虹口、徐汇等区反映的无人继承遗产处置难问题,结合主题教育和大调研工作,通过牵头市高级人民法院与市民政局建立“府院联动”沟通机制,召开遗产管理人制度座谈会,多渠道加强与公安、人社、住建、规资、金融、医保、税务等相关部门的协调等举措,推动形成多项阶段性成果,如市民政局的《关于上海民政部门落实遗产管理人制度有关工作的汇报》、市高级人民法院的《关于民事诉讼中民政部门担任遗产管理人的实施意见(征求意见稿)》等。

三、意义和价值

上海是全过程人民民主重大理念的首提地,市委也提出上海要打造全过程人民民主最佳实践地。基层法治观察工作通过充分保障人民群众在法治建设中的知情权、表达权、监督权,并积极引导人民群众聚焦立法、执法、司法、守法普法等法治各环节以及基层社会治理等方面的难点、堵点研究提出法治观察建议,让人民群众成为法治建设的最终评判者和最大受益者,充分体现社会主义法治为了人民、依靠人民的制度优势,对于构建权责明晰、高效运转的基层社会治理体系,进一步构建基层法治观察和全面依法治市双向互动、良性循环的工作格局,扎实推动各方面工作法治化,打造善治城市典范,有着重大而现实的意义。

四、工作展望

随着各区法治观察建议报送数量的增加,观察建议的分布情况、聚焦领域、解决方向等将逐渐明朗。基层法治观察工作的高质量发展,除需要一批功能完善、定位准确的法治观察点,勤勉敬业、善于观察的法治观察员队伍外,同样离不开有关单位、部门在推动建议转化方面的大力支持。市委依法治市办将通过进一步指导各区充实基层法治观察工作力量,开展典型选树活动,营造“比学赶超”良好氛围,探索建立协同调研、同题共答机制,将法治观察建议转化情况纳入对各单位、各部门的法治工作年度考核等,逐步形成从发现问题到解决问题的工作闭环,切实推动观察建议有效转化、取得实效。

6. 基层立法联系点“立法直通车”

（市人大常委会法制工作委员会）

基层立法联系点被形象地称为“立法直通车”，在立法中发挥着吸纳民意、汇集民智的重要作用。随着深入践行全过程人民民主重大理念，昔日“高大上”的立法，通过基层立法联系点“飞入”寻常百姓家。

2022 年，市人大代表、市人大常委会江宁路街道办事处基层立法联系点法律顾问潘书鸿作为发起人，以市人大静安区代表团的名义在市十五届人大六次会议上提交了《关于加快制定上海市残障人士无障碍设施管理条例》的议案，得到市人大高度重视，列为当年 1 号议案予以推进。江宁路街道基层立法联系点组建了由潘书鸿代表与部分区人大代表、基层立法信息员等组成的立法调研组，深入居民区、地铁出入口、街道公共服务机构等地，实地查看无障碍设施建设和改造情况；召开立法座谈会，听取江宁路街道无障碍环境建设工作情况汇报；发放关于残疾人无障碍设施建设调查问卷 1500 份，走访联系了 48 位残障人士，先后组织召开意见征询座谈会 25 场，实际参与群众 550 余人；举办 2 场“无声议法”活动，邀请聋人朋友参与，通过手语翻译听取他们的意见和诉求，深入扎实的调查研究使调研组对基层群众的实际需求了然于胸。联系点上报的 66 条意见建议中有关“强化监督机制”“在各经营场所设置盲文导视牌及语音播报系统”“加强公共场所无障碍坡道改造”等 12 条来自老百姓的“金点子”被采纳，街道肢体残疾人协会会长李予华高兴地说：“通过立法来听取我们残疾人的意见，让我真切感受到人民当家作主的滋味。”

建立基层立法联系点是党的十八届四中全会作出的重大决策，也是新时代各级人大加强民主立法的全新实践。2019 年 11 月,习近平总书记在上海虹桥街道考察全国人大常委会法制工作委员会基层立法联系点时发表重要讲话,首次提出“人民民主是一种全过程的民主”。党的二十大站在实现中国式现代化的战略全局高度,把建设好基层立法联系点作为“发展全过程人民民主,保障人民当家作主”的重要内容进行部署,赋予基层立法联系点新的历史使命与任务。2023 年《立法法》进一步将基层立法联系点制度写进法律,明确了相关要求。2021 年本市基层立法联系点设立六周年之际,市委召开学习贯彻习近平总书记关于全过程人民民主重要论述、推进基层立法联系点工作座谈会,市委主要领导明确提出将基层立法联系点打造成上海实践全过程人民民主最鲜活的载体、最响亮的品牌。市人大常委会按照市委部署要求,持续推进基层立法联系点功能拓展、提质增效,积极打造立法民意“直通车”。

一、主要工作情况

市人大常委会高度重视基层立法联系点工作,立足加强顶层设计,常委会主任会议通过了《市人大常委会关于深入学习贯彻习近平总书记在上海基层立法联系点考察时的重要讲话精神充分发挥人大在推进全过程人民民主探索实践中的作用的意见》《关于深入学习贯彻习近平总书记全过程人民民主重要论述推动新时代上海人大工作守正创新高质量发展的实施意见》等文件,将基层立法联系点建设作为践行全过程人民民主的重要载体,持之以恒地加以推进。

一是扩点提质,完善布局。在全面评估首批设立的 10 个基层立法联系点工作的基础上,就联系点的遴选标准、入选单位、联系点工作规则修订以及联系点个别调整等多次听取相关方面的意见建议,主动与有关单位进行沟通,及时增补相关行业协会等单位入选联系点建议名单。2020 年 4 月,市人大常委会将联系点数量调整扩充至 25 个(其中新增 17 个),覆盖全市 16 个区和部分重要行业、领域,实现从中心城区向自贸区新片区、长三角一体化示范区扩展,从市区街道向郊区乡镇延伸,从个别企业向园区、行业协会布设。

二是建章立制，加强指导。出台《上海市人大常委会基层立法联系点工作规则》《上海市人大常委会基层立法联系点工作指引》《关于征询基层立法联系点意见建议的若干意见》《联系点立法建议采纳确定办法》等，进一步规范联系点参与立法等工作的流程和要求。同时注重加强能力建设，将联系点工作培训纳入市人大常委会机关整体培训计划，并作为市人大常委会法治人才培训基地的重要内容，组织开展各类业务培训和法律法规宣传解读，促进联系点提高整体工作水平。

图 1　2023 年 4 月 27 日，上海市人大常委会召开基层立法联系点工作部署会

三是构建网络，扩大参与。织密全市联系点工作网络，加强市、区人大同联系点及各联系点间的日常沟通交流。建立健全基层立法联系点列席法制委会议、旁听常委会会议法规审议等工作机制，更好地发挥联系点“立法民意直通车”作用。指导有条件的区人大整合资源，探索设立立法信息采集点，将立法意见征集触角延伸至广大人民群众身边。截至 2023 年年底，全市 25 家基层立法联系点共有信息采集点、共建单位等支持单位 1600 余家，信息联络员或信息员近 4000 人，可以收集汇总到市民群众、专家学者、各级人大代表等不同人群以及各类企事业单位的立法建议，也能够将立法过程的普法宣传意义进一步扩大辐射，更好地凝聚立法共识。

2023 年 7 月 28 日，闵行区七届人大常委会第十次会议审议通过了《闵行区人民代表大会常务委员会关于全面开展基层立法联系工作的决定》，标志着闵行区基层立法联系工作步入全域化发展新阶段，提升了闵行区立法联系工作格局。闵行区人大常委会党组研究制定了深化基层立法联系工作的总体方案，明确以区人大为主平台、市人大常委会基层立法联系点七宝镇人大为主渠道，确立了“城乡并举、上下联动、条块结合、整体推进”的立法联系总体框架和相关工作机制。通过设立“参与立法联系点”、信息采集站，拓展多种形式的参与渠道，逐步扩大立法意见征集的覆盖范围。截至 2023 年年底，闵行区已在 14 个镇、街道、莘庄工业区人大（工委）设立了“参与立法联系点”，做到街镇（工业区）全覆盖。各街镇（工业区）结合自身特点，将立法联系终端进一步向基层延伸，在机关、企事业单位、村居、园区、楼宇等，依托人大代表之家、人大代表联络站（点），以及党建服务、社区服务和企业服务平台，设立了 370 余个立法信息采集站。

二、主要成效

在各方共同努力下，上海市基层立法联系点的载体作用有效发挥，品牌效应日益显现，联系点工作步入全新的发展阶段。

（一）立法意见征集实现新提升

基层立法联系点将做好立法意见征集工作作为重中之重，立法意见数和采纳率逐年提升。2023 年全市 25 家基层立法联系点就 15 部地方性法规提出 7913 条立法建议，完全采纳或部分采纳共计 1044 条（如表 1 所示）。

此外，基层立法联系点深度参与立法工作，实现由“立法中”向立法前后两端延伸。部分联系点积极参与立法规划计划编制，提出法规立项建议。

表 1　2020—2023 年基层立法联系点参与立法情况

年度	意见征询法规数(部)	提交立法意见数(条)	采纳数(条)	采纳率(%)
2020〔1〕	17	2770	247	8.9
2021	27	3103	354	11.4
2022	31	6586	919	13.9
2023	15	7913	1044	13.2

2023 年在编制本届常委会五年立法规划时，市人大常委会法制工作委员会(以下简称市人大常委会法工委)策划组织了“五年立法规划基层谈”系列活动，充分发挥不同类型联系点的资源禀赋特色，由常委会分管领导带队，通过“市民谈”“创业者谈”“律师谈”“外国人谈”等特色活动，赴基层立法联系点面对面听取基层群众的建议和需求，有 14 家基层立法联系点的 87 件建议项目被纳入五年立法规划。此外，人大工作研究会、新江湾城街道等联系点还围绕相关立法需求作了深入研究，就推进全过程人民民主、水上运动发展等立法建议提交了专报。

图 2　古北市民中心联系点围绕五年立法规划征求小区内外籍居民的意见建议

〔1〕 2020 年是市人大常委会基层立法联系点提质扩围之年，当年 4 月基层立法联系点数量由 10 家增至 25 家，相关数据统计含法律草案、制度性文件在内。

图 3　新江湾城街道联系点围绕水上运动进行法治保障需求实地调研，提出五年立法规划建议项目

（二）密切联系群众有了新举措

自 2020 年以来，各基层立法联系点共组织各类活动 3200 余次，通过组织专题调研、座谈会、路演、论坛等多种形式，进一步加强与市民群众的沟通联系，积极运用法治思维、法治方式参与所在区域或所联系领域的社会治理活动。例如，上海人大工作研究会联系点全过程参与本市养老服务条例执法检查，自主形成调研专报，有关建议被常委会执法检查报告采纳。嘉定工业园区联系点近年来针对园区企业开展多轮普法宣传活动，内容涉及企业用工法律风险、工伤纠纷解决等与企业和职工利益密切相关的法律知识，受到广泛欢迎。

曹杨新村街道地处普陀城区的中心部分，辖区面积 2.08 平方千米，且大多是弯窄密的小马路，电动车成为居民日常出行的主要交通方式，随着社区电动车数量的增多，充电成为“老大难”的问题。曹杨新村街道联系点征询有关本市非机动车安全管理条例意见和相关条例的落实过程中，围绕解决社区居民意见极大的电动车停车、充电难题，积极运用法治思维和方法，广泛征求居民、业委会、物业意见，制定小区停车管理办法指引，有效遏制乱停车现象，促进群众提升守法意识。

▲"充电宝宝"四件套

▲地下车库充电桩

图4　曹杨新村街道联系点围绕《上海市非机动车安全管理条例》相关条款的落实工作，改造完善小区公共充电设施，解决居民实际问题

（三）传播民主故事呈现新亮点

基层立法联系点运用多种宣传方式和渠道，开展丰富多彩的宣传展示，努力讲好人大故事、立法故事、上海故事。例如，田林街道联系点拍摄动画短片宣传联系点工作；七宝镇人大联系点邀请镇内的中小学生参与设计联系点的卡通形象；虹桥街道古北市民中心联系点2023年共接待各类调研参观668批次13,893人次，其中外事参访团38批次703人次；曹杨新村街道联系点把收集了近年来在践行全过程人民民主工作中的10个金点子小故事汇编成集。市人大常委会法工委也积极组织力量，加大对联系点工作的宣传，通过集体采访、举办成果介绍会、发布联系点工作简报等方式宣传联系点工作。

（四）整合社会资源有了新抓手

基层立法联系点积极拓展工作渠道和网络，实现"以点带面"，成为日常密切联系群众、收集社情民意的平台和枢纽。闵行区七宝镇人大、嘉定区工业区管委会等联系点健全组织构架，进一步向居村、社区、企业等延伸触角；普陀区曹杨新村街道办事处等联系点注重与代表工作相结合，推动基层立法联系点的信息采集点与人大代表"家站点"融合发展；浦东新区工商业联合会发挥统战工作优势，打造"同心法智厅"创新工作品牌，将政协委员、优秀企业家等纳入专家人才库等。同时借助虹桥街道这一全国人大常委会法工委基层立法联系点的平台优势,实现“国沪联动”,连线共享。2023 年有 13 家市级基层立法联系点积极参与刑法修正案、《粮食安全保障法》等 12 部全国人大相关法律草案的意见征询工作,共提出 319 条立法建议。

图 5　虹桥街道古北市民中心联系点成为对外展示全过程人民民主实践成果的重要窗口

近年来,全国人大常委会相关领导同志先后到上海市基层立法联系点视察指导,予以充分肯定。市人大常委会主要领导高度重视联系点工作,多次批示部署相关工作。国家和上海市有关重要媒体对联系点工作高度关注,组织开展了大量报道,基层立法联系点日益成为生动展示全过程人民民主和人大制度优势的重要窗口和法治上海建设的亮丽名片。

7. 法治引领垃圾分类“上海模式”

（市人大城建环保委员会）

近年来，随着新一轮生活垃圾分类工作实施，一曲新童谣《垃圾分类再垃圾倒》逐渐在申城传唱：“倒垃圾倒垃圾倒啥垃圾？要拿垃圾分类记在心里！新时尚啥物事最扎台型，垃圾分类再垃圾倒……垃圾分类再垃圾倒！倒！倒！笃笃笃，卖糖粥！三斤胡桃四斤壳！吃了侬格肉，还了侬格壳！张家老伯伯，侬晓得哇？垃圾分类再垃圾倒！……”这首新童谣，将垃圾分类的重要性和分类常识唱得一清二楚，反映出生活垃圾分类已经走街串巷进入市民生活，正逐渐成为申城千万市民共同追求的生活新时尚。

图 1　垃圾分类宣传漫画

生活垃圾治理，是推进生态文明建设的重大举措。2018 年 11 月，习近平总书记在考察上海时强调，垃圾分类工作就是新时尚。垃圾综合处理需要全民参与，上海要把这项工作抓紧抓实办好。2023 年，习近平总书记在全国生态环境保护大会上强调，各级人大及其常委会要加强生态文明保护法治建设和法律实施监督。

为深入贯彻落实习近平生态文明思想和总书记关于垃圾分类的一系列重要指示精神，以法治的力量推动解决上海的“垃圾围城”问题，市人大城建环保委员会（以下简称市人大城建环保委），积极履行法定职能，通过立法和监督工作接续发力，运用法治思维和法治方式推动破解垃圾治理难题，力促本市生活垃圾分类工作形成全国人大常委会定名的“上海模式”，工作成效斐然。2023 年 5 月，习近平总书记给嘉兴路街道垃圾分类志愿者作出重要回信，肯定了上海五年来垃圾分类工作，并强调“垃圾分类和资源化利用是个系统工程，需要各方协同发力、精准施策、久久为功，需要广大城乡居民积极参与、主动作为”。

一、充分发挥立法主导作用，立良法促善治，出台全国第一部省级人民代表大会通过的生活垃圾管理法规

2010 年世博会后，上海大规模推进新一轮生活垃圾分类试点工作，积累了一定的实践经验。为贯彻落实习近平总书记的要求，立足人大职能推动解决垃圾管理问题，市人大城建环保委协助市人大常委会 2017 年将生活垃圾管理立法列为重点调研项目，2018 年将制定《上海市生活垃圾管理条例》列为正式立法项目。为立好这部与每位市民息息相关的法规，市人大常委会主要领导亲自挂帅，常委会副主任和市政府分管副市长担任立法“双组长”，城建环保委全程主导，立法监督处全面组织实施，高质量开展制度设计和草案起草工作。

一是在立法中加强系统科学的顶层设计。助力城建环保委进行立法顶层设计，就生活垃圾治理的系统规划、源头减量、投放责任、资源回收利用、湿垃圾资源化等重点问题与市政府有关部门反复沟通，推动政府部门打破固有思维，将分类体系建设重点从“无害化”向“减量化”“资源化”两端延伸，形成一系列有力措施。二是深入调研生活垃圾全流程管理的难点、裉节。按照

习近平总书记关于“加快建立分类投放、分类收集、分类运输、分类处理的垃圾处理系统”的要求，围绕全程分类体系建设的全链条及关键环节，组织深入10 个区调研，并开展近 10 次专题研究，详细了解源头分类、资源回收、分类运输、分类处置、湿垃圾和可回收物循环利用等情况，针对堵点问题和关键制度设计广泛听取意见建议。三是充分发动人大代表深度参与立法。协助市人大常委会连续两年将生活垃圾分类管理作为市、区两级人大代表下社区活动的主题，发放 3 万余份调查问卷，听取市民意见近 2 万人次。三次征求全体市人大代表对条例草案的意见，共有 270 多位代表提出 380 多条意见建议，其中 50 多条意见建议被采纳。先后组织 150 多位市人大代表参加立法实地调研和代表论坛。在广泛深入调研基础上，市人大常委会对法规草案进行三次审议，并在市人民代表大会上由全体人大代表对法规草案进行两次审议。2019 年 1 月 31 日，《上海市生活垃圾管理条例》在上海市第十五届人大二次会议上以 98.08% 赞成票通过，在上海人大立法史上写下浓墨重彩的一页。

作为我国第一部由省级人民代表大会审议通过的规范生活垃圾管理的地方性法规，《上海市生活垃圾管理条例》在全国引起了较大反响，具有很强的示范引领效应。

二、积极履行法定监督职能，以钉钉子精神，监督推动本市形成生活垃圾分类“上海模式”

在市人大常委会和城建环保委领导下，立法监督处勇于担当作为、接续攻坚克难，从《上海市生活垃圾管理条例》颁布实施当年起，每年确定不同的监督重点，连续五年对生活垃圾管理开展监督检查，通过执法检查、专项监督、专题询问等多种形式推动法规实施和工作落实。

2019 年，聚焦居民垃圾分类习惯养成开展专项监督，掀起全社会动员、全员参与的新高潮。一是立足法规实施起步阶段的实际情况开展监督。紧扣硬件设施建设、法定职责履行、配套制度制定等情况，对本市各区进行三轮暗访，共抽查 150 次 460 余个点位，随机检查各类主体落实法规情况，推动市有关部门及时出台 18 项配套文件，加快推进分类设施的标准化建设，有效形成居(村)委会、物业、业委会、业主“四位一体”工作机制,为法规实施构建良好开局。二是将专项监督与宣传动员紧密结合,为法规实施营造良好氛围。注重全民参与,通过电视、广播、报纸、网络等媒体开展了力度空前、形式多样、持续不断的宣传报道,努力让不同年龄、不同层面的市民都参与到生活垃圾分类之中。加强法规解读,在《上海市生活垃圾管理条例》审议通过后,组织媒体围绕立法的时代背景和重要意义、法规的主要内容等进行深入宣传、解读;做好舆论引导,在《上海市生活垃圾管理条例》实施后,利用 6 月 5 日环境日、7 月 1 日法规实施日等各种时点掀起社会动员的热潮。

2020 年,聚焦各项法律制度落实情况开展执法检查,发挥“法律巡视”利剑作用。在《上海市生活垃圾管理条例》实施届满一年之际,全面检查政府履职、主体分类、社会参与、源头减量、投放管理、资源化利用等法规实施情况,并开展专题询问促使政府加强责任担当。检查中,共对全市 16 个区 180 个场所点位进行 40 余批次明察暗访,梳理出 11 大类 28 个细目“问题清单”,督促政府部门逐项整改,特别是对高校、医院、郊区农贸市场等问题较多的单位及其主管部门进行约谈,对涉及的有关场所进行反复暗访和“回头看”,促使相关单位从硬件设施到分类管理全面整改到位。通过“辣味十足”的专题询问,促使责任部门对上海“十四五”期间生活垃圾减量化、资源化和无害化等重点工作给出具体目标和时间节点。

2020 年 11 月 26 日下午,上海市第十五届人大常委会二十七次会议对检查本市贯彻实施《上海市生活垃圾管理条例》情况的报告开展专题询问,上海市政府分管领导和 23 个部门负责人到会应询。“本市湿垃圾处理能力尚有缺口,原因是什么? 有什么困难?”“高校和医院垃圾分类今年以来有了很大改善,但有些医院门诊大厅垃圾分类效果不佳的现象依然存在,怎么改进?”委员们抛出一个个精心准备的问题,政府部门据实回复,一场询问让大家看到了责任,看出了担当。

图2 上海市第十五届人大常委会二十七次会议在听取和审议本市贯彻实施《上海市生活垃圾管理条例》情况的报告时组织开展专题询问

2021年，聚焦破解垃圾管理全链条中的瓶颈、短板开展专项监督，推动原生生活垃圾实现零填埋。《上海市生活垃圾管理条例》实施第三年，在垃圾分类进入深化阶段，重点聚焦生活垃圾源头减量、分类投放长效管理、可回收物产业化等问题开展专项监督。以全国人大常委会来沪开展《固体废物污染环境防治法》执法检查、市人大常委会领导大调研等为契机，边监督、边调研、边推动解决问题，对监督发现的本市生活垃圾末端处置能力缺口问题，向市委报送专报提出建议，经市委主要领导批示，推动规划新建7座湿垃圾集中处置设施，总投资额达96亿元，垃圾末端设施总处理能力达3.6万吨/日，为实现原生生活垃圾零填埋打下了坚实基础。2021年年底，全市14.32万市民参与的垃圾分类工作满意度评价活动中，93%以上市民对垃圾分类给出“五星好评”，98%以上市民对垃圾分类工作表示满意，上海实现原生生活垃圾零填埋。

2022年，聚焦生活垃圾资源化的更高要求开展专项监督，推动朝着“无废城市”目标砥砺前行。坚持小切口精准监督，以“无废城市”创建为契机，围绕制约生活垃圾分类的末端处置能力、湿垃圾处置利用、可回收物回收利用等“老大难”问题，结合《上海市浦东新区固体废物资源化再利用若干规定》立法和全国人大常委会委托本市开展的《环境保护法》《长江保护法》执法检查，推动破解生活垃圾资源化利用难题。经监督推动，上海市已建成1.5万个可回收物回收服务点、198个中转站、15个集散场组成的回收网络，再生资源回收利用企业备案达5814家，全市70余家具备安装条件的菜市场已完成湿垃圾处理设施配置。

图3　上海生物能源再利用中心一、二、三期效果图

2023年，聚焦巩固提升垃圾分类实效开展执法检查，推动打造垃圾分类升级版。监督中，认真学习传达习近平总书记重要回信精神，逐条对照法规规定进行检查。与16个区人大常委会实行联动监督，实现全覆盖、全领域、全过程监督检查。召开13场座谈会，分别听取市、区、街镇三级政府部门和人大代表、专家、企业、居(村)委会、志愿者以及基层立法联系点、行业协会等意见建议。通过“上海发布”微信公众号开展法规实施情况问卷调查，公众点击阅读2.5万人次、评论3199人次。综合“12345”市民服务热线和检查情况，梳理出六方面“问题清单”督促政府部门整改，推动打造垃圾分类升级版。目前，《上海市生活垃圾全程分类体系提升实施方案(2023—2025年)》正在征求各方意见。

2023年4月以来，关于“上海垃圾桶在哪里”的话题一度在社交平台上引发热议。不少游客反映，在上海街头扔垃圾不容易，废物箱太少。为此，立法监督处协助执法检查组专门调查了解相关情况，督促市相关部门认真研究落实群众实际需求，推动抓紧实施新修订的《上海市道路、公共广场等废物箱配置导则(2023 版)》，优化废物箱设置。截至 7 月底，全市道路、公共场所废物箱数量相比 2023 年 4 月增加约 5000 组，总数达到 4.5 万个。

《上海市生活垃圾管理条例》实施以来，垃圾分类理念逐步深入人心，四级人大代表对《上海市生活垃圾管理条例》实施情况的满意率为 88.2%，在住建部对全国地级以上城市生活垃圾分类工作评估中上海始终名列前茅。法治引领下的垃圾分类已成为引领上海千万市民低碳生活的“新时尚”。

三、坚持法治引领，以强大法治力量凝聚共识攻坚克难，推动上海垃圾分类“新时尚”不断取得新进展、新成就

五年来，立法监督处“咬定青山不放松”，以久久为功的韧劲和抓铁有痕的决心，持续开展立法和监督，不断推动破解难点、堵点问题，为上海市生活垃圾管理工作走在全国前列提供了有力的法治保障，为开展高质量立法、高效能监督提供了有益的经验。

一是坚持法治引领，将法治建设与改革决策紧密结合。垃圾分类涉及千万市民生活方式的改变，推行新的生活垃圾管理制度必然是一场攻坚战、持久战。市人大及其常委会依法推动生活垃圾管理工作，要坚持法治引领，既要充分发挥地方人大立法功能，对垃圾管理工作进行顶层设计，建立垃圾管理的法规制度体系，使改革发展决策同立法决策有机结合，为改革实践提供及时有效的制度供给，又要积极履行法律监督职能，在法规颁布后继续监督推动，促使各方主体切实履行法定责任，确保法律制度有效落实，推动垃圾分类由“法定义务”变为“自觉行动”，由“新时尚”变为“新习惯”。

二是践行全过程人民民主，充分听取民意，汇聚民智。无论是立法工作还是监督工作，要实现高质量、高水平，都要坚持贯彻全过程人民民主，广泛听取各方意见建议。首先，要充分发挥代表主体作用。在立法和监督活动中邀请具有相关专业背景的代表参加，并提出意见建议。其次，要注重发挥第

三方机构力量。近年来,先后委托中国规划设计院上海分院、上海社科院法学所、同济大学等单位开展《上海市生活垃圾管理条例》实施情况评估、社会问卷调查分析等,从第三方视角客观评测,提高工作质效。最后,要坚持开门监督。例如,执法检查通过政务微信向四级人大代表、通过上海发布向市民发放调查问卷,有 6123 位人大代表、3590 位居民填写问卷,为全面了解情况提供了有益途径。

三是注重问题导向,持续监督推动攻坚克难。在法律监督中,要抓住影响法规实施、制约工作推进的突出问题,查清病灶、对症下药,推动解决问题和改进工作。首先,要敢于监督。通过采用刚性监督手段,敢动真碰硬,敢啃硬骨头,如以专题询问、“问题清单”等方式,使监督工作指向更明、力度更大、刚性更强。其次,要善于监督。充分运用执法检查、专项监督、集中视察、专题调研等各种监督手段,推动解决生活垃圾管理的突出问题。最后,要严于监督。通过年年监督、持续跟踪,实现监督闭环,以确保政府部门对人大的监督意见处理到位、落到实处。

下一步,市人大常委会和市人大城建环保委将进一步对标加快打造人与自然和谐共生的现代化国际大都市的更高目标、更严要求,再接再厉,助力打造好垃圾分类升级版,不断将“上海模式”的金字招牌擦得更亮,让上海的垃圾分类工作持续走在全国前列。

8.上海国际经贸合规法律服务体系

（市商务委员会）

企业需求就是商务工作的方向,回应企业需求就是商务工作的内容。某新材料科技有限公司,是一家位于浦东康桥、年产超薄食品级铝箔及新能源电池用铝箔超 8 万吨、产品远销世界各地的企业。近年来,在快速发展的同时,企业也先后经历了来自欧盟、印度、美国等的反倾销和反补贴调查。在参加商务部来沪调研座谈时,公司总经理陈某说:“近 5 年来企业遭受的贸易摩擦案件多达 14 起,几乎覆盖公司所有出口市场,对企业影响很大,提升企业国际化合规经营水平已经刻不容缓。”

同样受到合规困扰的还有光伏企业。某太阳能科技股份有限公司,是一家多年荣登“《财富》中国 500 强”和“全球新能源企业 500 强”榜单的明星企业,产品服务遍及全球 135 个国家。在 2023 年举行的上海国际经贸合规会议中,公司许某某总法律顾问讲:“作为新三样,太阳能产品全球需求旺盛,2022 年出口增长近七成。但企业发展也面临供应链管理、环境保护和低碳认证、贸易救济、数据安全等一系列合规风险。合规工作复杂且专业,作为行业代表衷心希望能够获得更多来自政府、行业、法律机构的专业服务与合规指导。”

近年来,市商务委员会(以下简称市商务委)始终坚持倾听企业声音,创新涉外法治实践,积极帮助本市企业预防各类国际化经营合规风险,并通过搭建平台体系、强化专业服务、聚焦重点领域,初步探索构建了系统完备、服务专业、特色突出、成效显著的国际经贸合规法律服务品牌。2023 年 8 月,

“防范国际经营风险、助力高质量发展”2023 上海企业国际化经营合规会议圆满落幕，来自商务部贸易救济调查局、市商务委和浦东新区人民政府的领导出席活动并致辞，数十位合规领域专家参加研讨，政界、学界、行业协会及企业代表 180 余人参会，彰显了上海市各级政府和企业家们深入学习贯彻习近平法治思想，对“坚持依法合规治企，建设世界一流法治企业”目标的高度重视。

一、背景缘由

在全球经济一体化和跨国交易日益频繁的 21 世纪，合规管理已成为塑造企业务实笃行的关键要素，合规建设已成为全市营商环境优化的重要环节。做好国际经贸合规工作，是全面贯彻落实习近平法治思想的开章，是服务推进我国对外贸易高质量发展的重要保障，是构建与更高水平开放相匹配的经济安全保障体系的重要内容：

（一）党中央高度重视涉外法治工作

党的十八大以来，以习近平同志为核心的党中央提出，要“坚持统筹推进国内法治和涉外法治”，[1] 并对推进中国式法治现代化、加强涉外法治工作、强化涉外法律服务作出一系列重要部署。

（二）国际经贸合规是涉外法治工作的重要内容

2018 年以来，商务部等多部门陆续出台包括国际经贸合规在内的指导性文件，强调加强企业合规管理，2022 年颁布的《中央企业合规管理办法》通过部门规章形式对企业合规提出要求。2023 年 3 月 6 日，习近平总书记看望参加全国政协十四届一次会议的民建、工商联界委员，参加联组会时强调：“民营企业和民营企业家要筑牢依法合规经营底线，弘扬优秀企业家精神，做爱国敬业、守法经营、创业创新、回报社会的典范。”这为坚持依法合规治企、建设世界一流企业提供了根本遵循。

---

〔1〕 习近平：《坚定不移走中国特色社会主义法治道路　为全面建设社会主义现代化国家提供有力法治保障》，载《人民日报》2020 年 11 月 18 日，第 1 版。

（三）企业国际经贸中的合规风险不断增大

当前，全球合规管理趋势日趋强化，欧美等通过单边措施等对其认定的所谓“违规”行为进行处罚也已成为大国博弈、全球竞争的重要手段。截至2023年年底，我国已有超千家实体被美国列入出口管制等“黑名单”，我国企业也是全球贸易救济措施调查的最主要对象之一。此外，在海外投资、供应链管理等领域，企业面临的合规风险挑战也在不断增大。

紧跟党中央政策导向，落实国家涉外法治工作部署，创新上海商务法治实践，加快完善企业国际经贸合规法律服务，为上海市企业提供平稳高效的营商环境，日趋成为市商务委工作中的重中之重。

二、基本做法

市商务委以“创新法治实践，合规赋能发展”为导向，四年来逐步探索构建了适合上海市对外经贸企业的合规法律服务体系，主要从以下六个方向开展工作。

（一）创新平台载体，系统布局国际经贸合规工作

1. 依托上海市行业组织，在中国（上海）自由贸易试验区率先设立“上海中小企业国际经贸合规法律服务工作站”，并通过政府公共服务方式持续支持开展国际经贸合规工作。

2. 率先上线“上海国际经贸合规法律服务平台”“国际经贸合规法律服务移动端”，系统开发“管制与制裁”“贸易救济自检”“经贸法规查询”等线上法律服务工具，每日发布法律风险预警资讯。

3. 专门开设经贸合规咨询热线，组织专业法律团队设置固定“经贸合规咨询日”，常态化助力企业化解经贸法律咨询难题。

三年来，数十位法律专家通过合规热线，为全市500余家企业提供了有针对性的经贸法律咨询服务，累计在微信公众号、杂志上发布超2000条国际经贸法律风险预警信息。截至2023年年底，“上海国际经贸合规法律服务平台”总访问量近100万次，“国际经贸合规法律服务移动端”注册用户超过5000人。

（二）开展合规体检，有针对性地帮助企业应对合规风险

持续深化开展“上海国际经贸企业合规体检活动”，从前些年重点关注的纺织、化工等传统外贸行业，到近年来聚焦的生物医药、电子信息等高新技术行业，再到本年度异军突起的电动载人汽车、锂电池、太阳能电池“新三样”重点外贸行业，聚焦每年度合规风险高发领域，编制“企业风险防范与合规体检问卷”，一对一为参与企业开展合规体检，并出具专属体检报告。通过政府引导下的企业自查自纠，完善企业合规体系建设，外贸风险防患于未然，真正做到“上医治未病”。

截至2023年年底，已为上海市近400家对外经贸企业提供了个性化合规体检服务，累计出具的合规法律建议超过5000条，合规体检项目也受到商务部的肯定和推广。

（三）编制合规指南，专业引导企业建立合规体系

结合美欧等法律法规与司法实践，每年关注国际贸易最新形势，划分十余个综合章节进行系统性阐述，编制及更新当年《上海企业国际化经营风险防范与合规指南》（以下简称《合规指南》）。《合规指南》涵盖领域涉及出口管制、经济制裁、知识产权、海关事务、数据保护、贸易救济、反腐败及反商业贿赂、ESG体系等方面。例如，2023版的《合规指南》聚焦“外贸新三样”、美国对华投资限制令等国际经贸合规新热点、新难点，增加跨境投资、反垄断与竞争法等内容。

《合规指南》受到中国商飞、上汽等企业的高度关注和积极评价，上海市律师协会对《合规指南》作专门推介，目前总印发量已有数千册。

图 1　2023 上海企业国际化经营风险防范与合规指南

（四）开展合规培训，多维度助力企业培养合规人才

重点研判本年度热点合规新政，分析其对上海市企业经贸发展的影响，累计组织开展出口管制、贸易执法等专题经贸法律活动 60 余场，服务企业 1500 家，超 1 万人通过线上或线下形式参与培训。

图 2　企业合规人才集训营培训现场

2023 年度创新发布“外贸提质增效、合规赋能发展”——上海企业合规法律服务月活动，首次将单月度设立为上海市经贸合规工作重点服务月份，总计推出 20 余场合规相关服务活动，涵盖出口管制、供应链安全等热点合规议题，受到全市企业的持续关注。

上海市首届企业合规人才集训营，围绕 2023 年《合规指南》各章节重点，联合高校、检察机关、法律服务机构的专家进行授课。企业法务人员在 2 天培训时间内修满全部课程，可获得由合规法律服务工作站颁发的合规证书，此项活动致力于培养全领域的企业合规人才，助力上海打造合规人才高地。上海市首届企业合规人才集训营共计 80 余家企业近 100 人参加，会场内座无虚席。

（五）举办大型活动，全方位研讨国际化合规新态势

持续追踪合规最新趋势，连续举办三届国际化经营合规论坛，以政府支持、专家解析和服务企业为三大主视角，关注探讨经济制裁、外贸出口、数据保护等热门合规领域。

图 3　上海企业国际化经营合规会议

作为中国(上海)自由贸易试验区十周年系列活动中的重要内容,就“防范国际经营风险、助力高质量发展”2023 上海企业国际化经营合规会议聚焦“外贸新三样”等热点话题行业展开研讨,商务部贸易救济调查局领导莅临指导,市商务委、浦东新区人民政府领导与会致辞,中国机电产品进出口商会领导发表主旨演讲,法律服务机构和企业的近 200 位代表参会。

会上,上海产业安全监测与预警研究中心编制发布《外贸“新三样”国际贸易风险预警报告》,以权威的数据定性描述“新三样”行业外贸趋势,并出具相应的风险防范建议。蔚来集团等企业法务分享了各自行业在国际化经营中的风险防范与合规发展要点。来自中国国际贸易促进委员会汽车行业分会、中国光伏行业协会等相关行业及专业机构的 6 位专家参与产业安全发展对话,共议“大变局下的产业发展风险防范与企业合规建设”,为企业有效识别和防范经营风险,提高合规意识与综合能力提供指引。

图 4　2023 上海企业国际化经营合规会议圆桌讨论会

三、推广价值

市商务委自 2020 年启动上海市企业国际经贸合规服务工作以来，三年来不断创新理念、开拓实践，逐渐形成一套相对完善的国际经贸合规法律服务体系，总结了以下经营规律和借鉴意义。

（一）紧扣时代性

党的二十大报告提出，“坚持全面依法治国，推进法治中国建设”。推进国家安全体系和能力现代化，维护我国公民、法人在海外的合法权益，依法治企是依法治国的重要组成部分。习近平总书记指出，“守法经营，这是任何企业都必须遵守的原则，也是长远发展之道”。[1] 习近平总书记强调：“公有制企业也好，非公有制企业也好，各类企业都要把守法诚信作为安身立命之本，依法经营、依法治企、依法维权。”[2] 上海国际经贸合规法律服务工作，符合当前国际社会主流合规理念，有助于推动我国合规实践与世界接轨，增强对

〔1〕 2018 年 11 月 1 日习近平总书记在民营企业座谈会上的讲话。

〔2〕 2016 年 3 月 4 日习近平总书记参加全国政协十二届四次会议民建、工商联界委员联组会时的讲话。

外经贸企业主动防范风险和被动应对能力，引导行业更好地融入全球产业链、供应链、价值链，形成事前合规、事后应对、长效发展的良性机制。

（二）富有创新性

设立的“合规法律服务工作站”是首个由地方商务主管部门支持的以国际经贸合规为主题的专业化服务载体；搭建的“上海国际经贸合规法律服务平台”首次将企业重点关注但此前又难以集中获取的管制与制裁信息、国际经贸数据等服务功能打通，推出后，多个兄弟省（区、市）商务部门已前来学习；开展的“上海国际经贸企业合规体检活动”首次以市商务委工作站的名义给企业提供免费的自查自检服务，帮助企业发现合规漏洞，防范风险于未然，受到上海市多家进出口百强企业信赖；发布的《合规指南》，率先聚焦国际经贸法律风险，集中提供了出口管制、经济制裁、海关事务等有针对性的法律合规建议。

（三）具有操作性

组织开展的“经贸合规体检活动”为全市数百家企业有针对性地提供了法律服务与合规建议，获得了参与企业的高度评价，并在广东、山东等复制推广；组织举办的“合规论坛”、主题研讨等活动已初步形成辐射效应，获得国内外经贸企业、法律专家、专业机构的高度关注和积极参与。

四、未来展望

法治品牌的建设从来不是一蹴而就的，而是需要每一个参与环节做到脚踏实地、久久为功。构建国际经贸合规法律服务体系需要锚定发展目标。

（一）聚焦时下，持续关注合规热点

1. 以习近平法治思想为指导，全面贯彻落实党中央关于法治建设的决策部署，不断创新涉外法治实践，探索构建国际经贸合规法律服务体系，聚政府、企业、社会之力，共同筑合规之基、行法治之效、破发展之题。

2. 聚焦国际最新法规政策，编制更新的“上海市企业国际化经营指南”，动态展示最新法规政策。组织开展“经贸合规体检活动”“国际化经验合规论坛”，研讨回应相关方案。

3. 关注重点行业领域,“上海国际经贸合规法律服务工作站”将持续关注本市外贸出口形势,有针对性地聚焦阶段热点领域,出具对应风险预警报告,提供涉及企业最佳合规应对策略,助力本市外贸营商环境更加法治化、国际化、便利化。

(二)推陈出新,打造系列合规活动

1. 深化拓展日常培训,纵深推进出口管制、经济制裁、ESG体系等热门合规领域工作,倾听企业实际需求,开展具有针对性的各类合规培训活动。

2. 推出合规系列活动,以历年成功案例为蓝本,打造合规人才集训营、合规法律服务月等常驻活动,形成合规服务项目系列重点。

3. 探索合规新方式,未来将陆续推出合规热力分布图、企业合规分享专窗等新形式,回应新时代,赋能新动力。

(三)提质增效,不断升级平台载体

1. 及时发布经贸资讯,同步更新上海公平贸易服务网、微信公众号、上海国际经贸合规法律公共服务平台等多项公平贸易公共服务资源。

2. 回应企业法律需求,以合规法律服务工作站、合规法律咨询日和合规咨询热线为主要渠道,倾听企业法律诉求,提供合规解决方案。

3. 继续加强与本市高校、社会团体和法律服务机构的通力合作,建设合规专家智库,共同搭建平台,发挥品牌宣传效应,进一步拓宽国际经贸合规法律服务体系的用户覆盖面。

9. 上海公安“执法指引”机制

（市公安局）

2015 年以来，上海公安机关着眼社会治理难点、热点，聚焦基层所需，通过制定执法指引细化明确执法要点、工作要求等内容，指导基层民警规范执法，确保社会治理始终在法治轨道上平稳运行。执法指引的制定出台打通了从知道法律到运用法律、从懂得政策到把握政策的渠道，为民警严格规范公正文明执法提供了重要参考和坚实保障。

一、执法指引的工作成效

（一）执法指引进一步强化了民警的政治意识

坚持全面依法治国是新时代坚持和发展中国特色社会主义的基本方略之一，公安机关是党领导下的一支纪律部队，应当严守对党忠诚的政治品质，在各项工作中不仅要做到政治站位高，还要通过执法行为实现良好的政治效果和社会效果。执法指引在制定运用中，始终强化政治意识，在将上级精神吃透、将上级政策明晰的基础上，告诉民警用什么样的法律规范、采取什么样的措施，切实将上级政策与基层执法工作紧密结合、将上级要求完完全全地贯彻在执法行为中，进而实现执法工作政治效果和法律效果的“双丰收”。例如，在进博会安保专项工作中，能否通过高质量的法治保障，确保世界上首个以进口为主题的国家级展会顺利举办，需要的不仅是专业能力，更多的是政治担当。市公安局紧贴进博会安保实战需求，于首届进博会安保实战期间，研究制定进博会安保执法指引 5 期，并在随后相继制定 7 期进博会安保执法指引，为圆满完成连续六届进博会安全保卫工作提供坚强保障，确保万无一失、绝对安全。

图 1 执法指引指导无人机管理工作

（二）执法指引进一步树牢了民警的法治理念

经过不懈努力，全市公安机关执法规范化建设取得了很大进步，执法犯法、粗暴执法等现象明显减少，但执法不严格、不规范的问题尚未完全杜绝。执法指引在制定过程中，始终坚持问题导向，紧紧盯住执法不规范、过度执法、容易出现执法问题的关键环节，认真落实严格规范公正文明执法的总要求，不仅对民警的疑难问题予以解答，还对基层执法中容易出现的问题予以正面引导、正确指引。执法指引的制定，始终注重民警法治理念的养成，确保在每一个行动中都体现法治的身影，让民警在使用过程中享受法治熏陶。例如，《上海市烟花爆竹安全管理条例》于 2016 年正式实施，其中有关违法行为的规定被媒体称为"史上最严"规定，基层民警普遍反映不敢用、不会用，这就造成顶层制度设计的初衷不能有效地在基层治理中得以充分彰显。

图 2　执法指引指导烟花爆竹管控

为此，研究制定烟花爆竹安全管理系列执法指引 13 期，明确工作要求、处罚依据、证据收集等内容，让民警依据执法指引严格规范执法，实现全市禁燃区“零燃放”、大部分区域 $PM_{2.5}$ 浓度保持在优级水平等良好成效。

（三）执法指引进一步提升了民警的服务能力

当前，人民群众对公安执法的要求和期待越来越高，这就要求公安机关必须注重改进执法方式方法，还要始终强调创新意识，在工作方式逐渐更新的同时，工作对象的要求也在随着时代逐渐更新，基层民警的工作能力如果跟不上时代更新的步伐，势必就会落后，就会得不到群众的认可和肯定。执法指引正是看准了这一问题，在制定过程中，细化服务方式、服务语言等内容，让民警用着放心，让行政相对人听着舒心。

例如，在道路交通违法行为大整治工作中，针对机动车违法停放、非法客运、不按规定使用远光灯以及行人、非机动车道路交通违法行为等，研究制定道路交通违法行为大整治工作执法指引 27 期，细化工作要求、优化工作方式方法，确保民警严格规范公正文明执法，让遵守交通规则、文明出行成为群众的普遍遵循。

图3　执法指引指导交通大整治

二、执法指引的产生背景

（一）现场执法场景复杂多变，需要执法指引细化指导

公安机关直面群众，是基层一线的重要执法力量。从国家法律法规可以看出，公安机关的人民警察依法履行侦查打击犯罪、维护社会治安和交通秩序、消防安全管理、枪支弹药和危险物品管理、特种行业管理、警卫任务、户政和出入境管理、执行刑罚、计算机信息系统安全保护等工作职责，工作场景特别是现场执法环境复杂，每一个执法场景都需要民警认真对待，不仅要让当事人满意，还要避免被围观群众误解炒作。这对公安民警特别是对基层一线执法民警的执法工作提出了高标准的要求。在这样的背景下，基层民警迫切需要一份能够指导如何开展执法工作的指导性意见，以便其能够妥善处理好基层的每一个复杂问题。正是民警的现实需要促进了执法指引的诞生。

（二）价值平衡难度较大，需要执法指引研判明示

公安执法实效以价值实现为评判标准，基层民警在执法过程中，应当遵循严格、规范、公正、文明的价值准则，这八个字是一个完整的价值体系，执法

工作缺任何一项就不能实现合法性和合理性的统一。2022 年 6 月，辽宁“丹东袭警案”舆情引起网络发酵，从网上传播的视频可以看出，民警因为防疫要求对涉事车辆拦停不予放行，虽是责任心的体现，但并未对涉事当事人正当的就医取药需求予以理会，也未能耐心细致地回应当事人的质疑并清楚明白地解释相关规定，虽然严格执法，但是执法行为并不规范，更缺乏执法温度，未能兼顾严格、规范、公正、文明的价值需求。公安民警工作辛苦，任务繁重，如要使民警在工作中始终做到严格、规范、公正、文明，就需要通过执法指引告诉民警在遇到哪一类群体时应该如何适用法律和政策的相关规定，以便做到既能维护法律的权威，又能兼顾人民群众的切身利益。

（三）裁量尺度容易偏差，需要执法指引平衡统一

“同类案件相同处理”是执法公正的具体体现之一。因此，规范执法裁量尺度就显得尤为必要。仅从涉外案件处理角度看，上海作为国际化大都市，是各国媒体的主要聚焦之处，公安机关对相同行为的不同处理可能会带来国外媒体对执法标准的质疑、对不同国家在沪人员的相同行为的不同处理结果可能会带来国外媒体对我国法治体系的质疑，因此，上海作为国际化大都市，同类案件保证统一的执法尺度、同类违法行为保持执法平衡，具有现实必要性。法律的规定是抽象的，这就需要执法指引针对某一个特定的行为从法律中寻找执法依据、确定裁量标准，以实现全市执法行为的平衡和执法标准的统一。

三、执法指引的经验总结

执法指引是上海公安保障一线规范执法的创新举措，打通了从立法到执法、从学法到用法的重要通道，执法指引自诞生之日起至今的广泛应用，为执法指引服务保障基层规范执法深入开展提供了丰富经验。

（一）突出“三个重点”，打牢执法指引之“基”

1. 坚定政治站位，做到从政治上看问题。公安机关是人民民主专政的重要工具，是党和人民手中的“刀把子”，公安机关首先是政治机关，旗帜鲜明地讲政治是第一位的要求。这就要求执法指引在制定过程中，始终以党的旗帜为旗帜、以党的方向为方向、以党的意志为意志，在制度规范的字里行间充分

体现党的领导、在每一个指导手势中认真执行党的意志，确保党的理论和路线方针政策在各项公安工作中得到不折不扣的贯彻落实。

2. 深入调查研究，做到从实践里探本源。调查研究是谋事之基、成事之道，没有调查就没有发言权，更没有决策权。执法指引面向基层、应用于一线，只有一部贴合实战的执法指引才是基层民警迫切需求的重要助手。这就要求相关主体在制定执法指引时，不能只简单地“拍脑袋”，而要扑下身子接触一线执法工作，弄清楚民警执法中所遇问题的来龙去脉、查明白相关部门对该类问题的主张见解，进而将思考融入指引，确保执法指引能够一针见血地点出问题、集思广益地答疑解惑，让民警看得清楚、用得明白。

3. 强化法治理念，做到从法律中寻支撑。执法指引的制定，除坚持政治站位、实战导向外，还需要立足法律本身，注重理论积累、日常积淀，结合上级要求、基层需求、群众诉求，对制定执法指引所需法律法规及政策文件进行梳理研究，从相关法律起草背景、立法原意、条文衔接等角度，采用系统解释的方法，对热点问题予以分析，确保执法行为始终在法治轨道上平稳运行。

（二）运用“三个方式”，紧扣执法指引之“本”

1. “多渠道”推送基层一线。执法指引制定出台后，要送到基层民警手中，才能“物尽其用”。除采用传统的内部通知、内网提醒等方式发出外，还探索了采用信息化方式实时推送到民警手中，为基层提供了便利。

2. “全方位”收集意见反馈。一部好的执法指引，一定是基层民警看了之后就可以上手适用的规范指引。这就需要执法指引制定推送之后，除关注法律法规的立、改、废、释等情况外，还需要对执法指引在基层的适用情况予以“望、闻、问、切”，看一看执法指引是否切实解决了基层难题，听一听基层对执法指引有什么意见建议，真正让执法指引在使用时“简单易行”、让民警在看过后“手不释卷”。

3. “点对点”指导民警执法。将执法指引这一纸面上的“兵法”运用于基层实战，还需要切实加强工作指导，通过开设 24 小时答疑热线、普法宣传进基层、制作视频培训短片等形式，用基层民警能够听得懂的话、能够看得明白的字词，对抽象的法律术语作具体的明晰解释，真正做到“吃百家饭、说百家话”，实现民警一看便知、一用便会的良好效果。

（三）落实“四项机制”，提升执法指引之“效”

1. 以执法指引制度化为契机，提升执法指引的起草质量。严格贯彻落实上海市公安局执法指引制定工作相关规定，统筹推动市公安局各部门积极参与执法指引问题收集、初稿起草、法制审核、评估清理、考核评议等工作，确保执法指引合法、合理、可操作，规范、持续、有质量。

2. 以执法指引实战化为导向，凸显执法指引的场景化特征。充分依托法治保障对口联络机制，及时收集一线民警执法执勤中遇到的疑难复杂问题，形成问题清单和解决思路；对普遍性问题及时明确执法指引，聚焦执法具体问题形成指导性、操作性强的“场景化”执法指引；鼓励民警对在执法指引适用过程中发现的问题，向法制部门提出意见和建议，推动执法指引的修改完善，不断增强执法指引的“针对性”。

3. 以执法指引鲜活有效为目标，推动执法指引的动态清理。健全动态评估，确保执法指引的准确性和有效性。定期开展执法指引制发后的应用评估，以执法指引在一线执法中的应用效果为标准，结合新法新政的出台情况，全面梳理执法指引内容的合法性、合理性、操作性、可行性；根据评估意见适时对现行执法指引开展清理，提出继续有效、修改、废止等意见，确保执法指引的“时效性”和“鲜活度”。

图 4　执法指引系列视频教学片

4. 以执法指引可视化为载体，提高执法指引的培训效果。推动执法指引视频培训片纳入市局微课程体系，以执法指引为基础，以视频演示方式直观展示执法中的常见问题、执法要点、工作要求等，为民警提供“沉浸式”学习体验。

四、执法指引的下一步展望

执法指引是规范民警执法行为的重要方式，是确保一线实战始终在法治轨道上平稳运行的重要保障。执法指引是解决问题、破解难题的一把“利剑”，更是民警实战工作中的“好帮手”，其对强化民警政治意识、树牢民警法治理念、提升民警服务能力具有积极助益作用。在看到执法指引成绩的同时，也应认识到执法指引在助推法治公安建设、服务保障基层执法等方面还有发展空间。

（一）执法指引在效果上要进一步助力法治公安建设取得新成效

执法指引的发展必须与法治公安建设相融合，在制定过程中要始终提高政治站位、强化政治意识，牢固树立以人民为中心的发展理念，时刻将严格规范公正文明作为根本准则，规范执法行为、明确执法权限、明晰执法责任。

（二）执法指引在内容上要进一步面向实战

执法指引制定出台的最终目的在于运用，而基层民警愿不愿意运用，就在于执法指引是否贴近实战。执法指引不仅要求制定者具有丰富基层实战经验，通过多听基层意见、多到基层调研，与基层一线民警直接座谈等方式，让执法指引“接地气”，还要求执法指引解决的问题确是基层所需，用民警听得懂的语言，让民警一看便知、一用便会。此外，执法指引要及时予以清理。执法指引虽然在适用上具有长期性，但并非制定出来就一放了之，事物都在发展，应该用发展的眼光看待执法指引，对其中因情况变化而不再适用的要予以清理，对出现新情况而旧的指引不便适用的要及时予以修订，只有这样才能更好地保证执法指引的时效性和可靠性。

（三）执法指引在形式上要进一步提升服务性

执法指引不仅要实现民警“会用”“愿意用”，还要让民警“好用”“方便用”。这就需要在服务性上作进一步提升，选取民警喜欢、方便的推送方式，让执法指引能够在第一时间到达民警手中，确保执法指引不自说自话、不纸上谈兵。

10. 轻微违法行为依法不予行政处罚清单

（市司法局、市相关部门）

本市某智能系统企业经历了一场“虚惊”。因曾获得科技进步奖，企业在官网上对相关产品使用了“最佳”来描述。此举违反《广告法》，普陀区市场监管部门接到举报后，充分调查后没有挥出处罚之剑，而是适用轻微违法不予行政处罚清单，依法作出不予处罚决定，同时教育指导企业全面自查改进。“这是对‘包容审慎’的最好诠释，让我们感到了监管的温度。”企业负责人由衷而叹。

2022 年 8 月，为贯彻落实《法治政府建设实施纲要（2021—2025 年）》和《上海法治政府建设规划（2021—2025 年）》，在全国率先探索推行轻微违法行为依法不予行政处罚工作的基础上，市法治政府建设工作领导小组办公室出台了《关于全面推行轻微违法行为依法不予行政处罚的指导意见》（以下简称《不处罚指导意见》），全面推行轻微违法不罚。截至 2023 年年底，全市已推出 35 份轻微违法行为依法不予行政处罚清单，覆盖 26 个执法领域。这项被称为“有温度的执法”的改革举措，直击企业关切，解决企业痛点，彰显了法治对高质量发展的保驾护航作用。

图1 2022年8月，市政府召开新闻发布会，向社会介绍《关于全面推行轻微违法行为依法不予行政处罚的指导意见》相关情况

一、主要背景

（一）企业"痛点"

2019年，市司法局联合市市场监督管理局实地走访了10余家民营企业。在面对面的座谈会上，企业家们吐露心声："政府部门对较轻的违法行为，能否给予企业一定的包容空间？"比如夜宵大排档自称"沪上最佳"，罚款数万元；专利产品广告忘写专利号，罚款5万元；旅店未取得营业执照就试营业，罚款3000元……这些违法行为大多是企业的无心之失，一经发现也会立即改正，而一旦被罚，不仅经济受损，还会背上信用污点，后续融资、参加招标等都会受到很大影响。

（二）执法"难点"

1996年《行政处罚法》就已规定，"违法行为轻微并及时纠正，没有造成危害后果的，不予行政处罚"。但该法律规定较为原则、可操作性弱，执法人员不易实施。比如"轻微"如何判定、谁来判定、一线执法人员可否自行判定等尚不明确，适用此规定作出不予处罚的案件很少。有执法人员曾表示："遇到违法情节很轻的案子，我们就很为难。若不罚，可能被指责不作为，被投诉、举报；若处罚，当事人又非常抵触，认为过罚不相当、乱作为，后续容易发生复议、诉讼。”

（三）创新探索

2019 年，市司法局率先提出“依据行政处罚法轻微违法行为不予行政处罚制度，实施不予处罚”的路径，并针对“法定制度规定较为原则，一线执法人员不会实施、不敢实施”的难点，提出了“精细划分违法行为，明确轻微违法不罚的具体标准，形成清单，供一线执法人员具体实施”的解决方案，联合市市场监督管理局、市应急管理局推出国内首份省级轻微不罚清单《市场轻微违法违规经营行为免罚清单》。

该清单激活了法定轻微违法不罚制度，使原则化、不易操作的制度变为易操作的规则，架起了法定制度与执法实践之间的桥梁，使其得以落地实施，惠及企业、社会。2020 年，该做法被国务院向全国复制推广，2021 年被纳入我国《法治政府建设实施纲要（2021—2025 年）》，成为各地“十四五”期间需要普遍落实的要求。

二、基本做法

（一）明确轻微违法不罚工作法律依据

《不处罚指导意见》在国内首次正式明确轻微违法不罚的法律依据是《行政处罚法》（2021 修订）第 33 条第 1 款，确保轻微违法不罚均是依法不予处罚，有效控制法律风险。《行政处罚法》2021 年修订后，第 33 条第 1 款的两句话常被统称为“轻微违法行为依法不予行政处罚”。《行政处罚法》第 33 条第 1 款规定较为原则、不易操作，特别是“违法行为轻微”“危害后果轻微”“可以不予行政处罚”的规定，基层一线执法人员实施起来常有顾虑，不会实施或不敢实施。对此，《不处罚指导意见》提出了“对各种违法行为，逐一精细划分，依法明确不予行政处罚的具体标准，形成轻微不罚清单，供一线执法人员具体实施”的解决方案，并陆续推出了众多领域的轻微不罚清单，用清单架起法律规定和执法实践之间的桥梁，使原则化、不易操作的法定制度变为易操作的规则，进而能落地实施、惠及企业和社会。

主动公开

上海市法治政府建设工作领导小组办公室

沪法治政府办〔2022〕9号

关于印发《关于全面推行轻微违法行为依法不予行政处罚的指导意见》的通知

各区人民政府，市政府各委、办、局，各有关单位：

经市政府第172次常务会议审议通过，并经市政府主要领导同意，现将《关于全面推行轻微违法行为依法不予行政处罚的指导意见》印发给你们，请认真按照执行。

上海市法治政府建设工作领导小组办公室

2022年8月2日

– 1 –

图2　2022年8月，上海市法治政府建设工作领导小组办公室印发《关于全面推行轻微违法行为依法不予行政处罚的指导意见》

（二）明确轻微不罚清单制定责任

上海市明确由各市级行政机关制定轻微不罚清单，在全市一体实施，保障全市标准统一，包括梳理筛选行政处罚事项、研究确定具体不予处罚情形、起草出台不予处罚清单等。同时，在国内首次明确相对集中处罚权、处罚权下沉、委托执法等特殊情况的制定主体。行政处罚权在全市相对集中行使的，由集中行使该行政处罚权的市级行政机关制定不予处罚清单；行政处罚权仅在个别地区相对集中行使的,由主管该执法领域行政处罚工作的市级行政机关制定不予处罚清单。行政处罚权下沉至街道办事处、乡镇人民政府行使的,由下沉前行使该行政处罚权的执法单位对应的市级行政机关制定不予处罚清单。同一种违法行为在不同场所分别由不同行政机关实施行政处罚的,由主管该违法行为行政处罚工作的市级行政机关牵头制定不予处罚清单。

（三）规范轻微不罚清单制定步骤

《不处罚指导意见》阐明形成清单的三个步骤,即全面梳理处罚事项、重点筛选违法行为、逐项明确不予行政处罚情形,并细化不予行政处罚情形的主要考量因素。要求制定主体根据行业特点、监管现状和执法实际,筛选出实施轻微违法不罚的行政处罚事项,优先聚焦本系统主要执法领域、高频处罚事项和行政相对人在过罚相当方面反应较大的处罚事项。要求制定主体综合当事人的主观状态和违法行为损害法益情况、手段方式、危害后果、改正情况等因素,明确"违法行为轻微""危害后果轻微"等的具体标准,并依据《行政处罚法》第33条第1款的规定,确定具体不予处罚的情形。此外,还明确了不得纳入轻微不罚清单实施不予行政处罚的违法行为:危害国家安全,危害人民群众生命、健康或重大财产安全,危害市场经济或社会运行基本秩序的违法行为。

（四）规范轻微不罚清单制定程序

为保障不予行政处罚的标准合法、合理、科学、规范,《不处罚指导意见》对轻微违法不罚清单制定程序方面也作了严格要求,明确要遵守《上海市行政规范性文件管理规定》各项要求,履行听取意见、公开征询社会公众意见、合法性审核、制定机关办公会议审议决定等程序,要充分征求行政相对人代表、行业协会商会、专家、法律顾问等意见,还要通过"一网通办"向社会公开、依法备案审查。另外,《不处罚指导意见》明确轻微不罚清单实行动态调整,定期评估执行情况、施行效果、存在的问题及原因等,并根据评估结果动态调整不予处罚清单。

三、主要成效

轻微违法不罚不仅是中央、国家和上海市委、市政府明确的重点任务，而且具有多重积极作用。一是减少企业经济负担，降低经营成本，避免企业因轻微违法背上“信用污点”，影响后续发展。二是“不予行政处罚并指导当事人改正”这种“有温度的执法”，更有助于促进企业守法经营、维护经济社会秩序、实现执法目的。三是清单为基层一线执法提供明确指引，办案更高效，提升执法效能。自上海市 2019 年首份轻微不罚清单推出以来，取得良好社会反响，上海市持续大力推进轻微违法不罚工作，取得了良好成效。

（一）受益企业不断增加

据不完全统计，自 2019 年 3 月 15 日首份清单实施，至 2023 年年底，全市已对 61.8 万余家企业的轻微违法行为作出不予行政处罚决定；若以单行法罚则规定的最低罚款金额计算，减免罚款金额超过 8.7 亿元。对轻微违法行为不予行政处罚，减轻了小微企业的经济负担，避免了企业因轻微无心之失而承担连锁不良后果，助力企业生存发展，得到了企业、行业协会商会等的普遍认可。

有一家受益于生态环境领域轻微不罚清单的环保企业感叹：“清单就似雪中送炭，避免了企业因无心之失造成的经济受损。”某外企相关负责人表示：“希望有温度的柔性执法不断拓展，激发市场活力，让更多外企可以在上海安心经营、放心投资。”

（二）覆盖领域不断拓展

作为率先探索者，上海市已推出 35 份轻微不罚清单，覆盖了 26 个领域，其中市场监管、文化市场、城市管理、规划资源、生态环境、民防、消防、气象 8 个领域均为全国首份省级清单。

（三）涵盖事项不断扩充

上海市已有轻微不罚清单的执法领域都积极扩充、升级清单。至 2023 年年底，市场监管领域已先后推出 3 份轻微不罚清单，文化市场、消防、水务、城市管理、生态环境等领域都已升级至 2.0 版轻微不罚清单。

文化市场轻微不罚清单出台前，徐汇区某创意园区一家文化公司因为增设字画买卖业务未备案，受到行政处罚。公司经理表示："其他公司也有这种行为，为什么不查？"该园区有十几家文化公司，一时间人人自危、互相防备，对执法人员的检查很抵触。上海文化市场轻微不罚清单出台，将该类违法行为纳入清单。面对同样的案件，被查处的公司积极整改，还与园区其他经营者坦然交流、互相借鉴，园区经营者纷纷自查改进，经营风气为之一新。

（四）轻微违法不罚实施不断深化

各执法领域高度重视轻微违法不罚实施，多数部门不仅配套完善了执法办案系统，实现检查记录留痕、全市信息共享、不予行政处罚记录可查询等；市场监管、消防、文化旅游、生态环境、交通运输等部门还制定了轻微违法不罚实施指导文件，规范实施程序、细化具体要求。市法治政府建设工作领导小组办公室还印发了轻微违法不罚优秀典型案例，为基层一线执法提供案例支撑和有力示范。

闵行区市场监管部门执法人员的工作列表中，有一块内容大幅增加，即对企业的教育指导。"不予处罚案件与处罚案件一样，都要全面调查取证、依法按程序办理。市场监管领域至今已推出 4 份清单，每当有新清单发布，我们就要轮番培训，做专业充电。""有的企业主动带我们看其他业务、请我们'挑毛病'，有的企业拿着法条、案例现场咨询，有点像求医问诊。"

某律师事务所主任表示："这项由上海发轫的制度改革，向市场释放了温情与善意，给予了企业更大的包容和支持，有力地促进了营商环境建设，更深刻地映射出上海崇尚法治、精细化治理的本色。"

（五）统一长三角轻微违法不罚标准取得突破

2022 年年初，由上海市牵头，联合苏、浙、皖三省推出了长三角文化市场、气象领域 2 份轻微不罚清单。这不仅是长三角地区首次推出统一的不予处罚清单，也是国内首次多省（市）统一轻微违法不罚的标准。2023 年，又推出长三角生态环境、农业农村领域轻微不罚清单。

下一步，市司法局将持续加强对本市轻微不罚清单制定、实施工作的指导：一是推动本市轻微不罚清单全面覆盖各有关行政执法领域，轻微不罚清单制度体系基本完善;二是持续推进相关部门调整、优化轻微不罚清单,继续扩大轻微违法不罚实施范围、扩展覆盖领域、扩充不予处罚事项;四是继续探索统一长三角轻微违法不罚标准;三是深化普法宣传,广泛开展形式多样、针对性强的轻微违法不罚宣传活动,营造良好的社会氛围。

11. 经营主体以专用信用报告替代有无违法记录证明

（市司法局、市发展和改革委员会）

个人在企业入职、申请荣誉、服兵役等各类场景中，常会用到“有无违法犯罪记录”证明。此时，市民只需要向本人户口所在地派出所申请，公安机关审核后即可开具。但对于企业而言，及时、准确地开具此类证明具有一定难度。上海某生物医药公司有近20家分公司、子公司，在申报上市过程中，要为本公司和所有分公司、子公司、控股法人股东开具证明，证明各公司有无违法情况。每家公司都要去注册地的市场监管、税务、公积金、社保、环保、消防、卫生健康等10余个单位分别开证明。“我们安排了3个人跑了好几个月，才基本开全了证明，大约有200多份。”该公司负责人表示。

为有效解决经营主体开具有无违法记录证明繁、难问题，2023年2月，由市司法局牵头，联合市发展和改革委员会（以下简称市发展改革委），提请市政府办公厅印发《关于推行市场主体以专用信用报告替代有无违法记录证明的实施方案》（以下简称《证明方案》），分两批推行经营主体以专用信用报告替代本市行政区域内41个领域的有无违法记录证明，实现“一份报告替代一摞证明”。同时，为最大限度地便利企业，7月1日，还在“随申办”移动端全面上线运行全国首个“合规一码通”功能，推动数据赋能经济高质量发展，助力打造市场化、法治化、国际化的一流营商环境。

图 1　2023 年 2 月，市政府召开新闻通气会，向社会介绍《证明方案》相关情况

一、背景缘由

（一）“急难愁盼”

当前，国内普遍存在企业开具证明繁、难问题。企业需要提交证明的场景多。企业在申请上市、发行公司债券、银行贷款等各类金融场景中，在参与招投标等各类商务经营场景中，以及申请优惠政策、荣誉表彰等各类行政管理场景中常需要提交证明。企业需要开具的证明数量多。金融领域尤为突出。例如，企业在申请上市过程中，常要为自身及子公司、分公司、法人类控股股东等开具证明，每家公司少则需要开具 10 余个领域的证明，证明总数量一般达到几百个。企业需要协调的行政机关多。各行政条线鲜有规范证明开具的制度，亦无救济渠道，企业需要自行协调各领域行政机关开具证明，协调难度大，耗费大量人力、物力、时间，实践中甚至出现企业申请信息公开，以求证明自身无违法记录的情况。证明内容不规范、证明力弱。企业一般只能到注册地基层监管部门开具证明，该证明仅能反映在一地有无违法记录的情况，无法反映在全域的情况；同时，由于证明缺乏规范，证明样式多样、内容不规范。实践中还存在企业用完税证明、公积金缴存证明充作税务、公积金领域无违法记录证明的情况。

（二）“他山之石”

针对企业开证明难的问题，广东省、浙江省也分别在 11 个、15 个执法领域推行用企业信用报告替代有无违法记录证明。上海市浦东新区、宝山区和市人力资源和社会保障局等地区和部门近年也在积极探索，采用企业信用报告替代企业在本区、本领域的有无违法记录证明，《证明方案》实施前已出具信用报告 1 万余份，大量企业受益。

（三）“坚实基础”

近年来，本市公共信用信息归集日益完善，行政执法公示深入落实，市公共信用信息平台自 2019 年起已基本实现全面对接、归集本市各级各领域行政处罚信息等，并纳入企业公共信用报告。各执法条线、各区对市公共信用信息平台归集信息的全量性、准确性有较高认可度。本市已具备“以企业信用报告表明其在本市有无违法记录情况”的条件。

二、基本做法

市司法行政部门主动发挥专业优势和统筹协调作用，联合市发展改革委，在国内首次从法治视角提出企业开具证明繁、难问题的解决方案。主要做法如下：

（一）坚持扎实调研，夯实谋事之基

聚焦群众和企业“急难愁盼”，市司法局联合市发展改革委进行调研 10 余场，深入挖掘能够帮助解决困难的实招。同时，在形成草案后，多次向各区、各市级部门、市大数据中心等相关单位以及上海证券交易所、上海证监局等有关中央垂管单位书面征求意见，组织 10 余次座谈，并开展风险评估，组织专家论证，向社会公开征求意见，其间还听取了司法部相关司局、市高级人民法院、市工商业联合会等单位以及多位法律专家、金融专家的意见。经充分研究论证、多次修改完善，并经多位市领导召集专题会研究后，形成了最终《证明方案》。

（二）坚持法治引领，提供制度供给

1. 从法治视角界定问题。实践中，企业开具的证明没有规范名称，常被称为合规证明、无违法行为证明、无违法违规证明等，内涵不清晰。市司法局在充分调研的基础上，紧扣此类证明是“行政机关给企业出具的有无违法记录情况证明”这一特点，本市在国内首次将其界定为“有无违法记录证明”，并阐明与以往名称的区别。同时，明确该类证明中“违法记录”的概念、范围，强调除生效法律文书确认企业违法行为外，其他情况均应视为无违法记录，并明确已依法不予行政处罚的企业行为不列入违法记录。

2. 从法治视角提出解决方案。依据《行政处罚法》、《行政许可法》和《上海市社会信用条例》等，以社会信用体系和政务数据平台为基础，提出解决方案：全面汇聚企业违法记录信息，设计专用信用报告作为载体，集中载明企业有无违法记录情况并快捷提供给企业，用以替代相关领域证明。此外，秉持公平、公正原则，在国内率先明确企业在需要证明自身有无违法记录情况时，均可使用专用信用报告来证明，而非仅适用于上市、评优等个别场景。

（三）坚持需求导向，解决关切问题

1. 在专用信用报告适用范围方面。适用的经营主体，细化为金融（如申请上市、挂牌、再融资、并购重组、发行债券、银行贷款等）、商务经营（如参与招投标、产权交易、政府采购，接受第三方机构评估评审等）、行政管理（如办理政务服务事项，申请优惠政策、资金支持，参与评比表彰等）三大类应用场景。

2. 在专用信用报告覆盖领域方面。在国内率先明确 41 个相关执法领域全覆盖，并分两批次推进，市场监管、人力资源和社会保障、生态环境、公积金、

图 2　经营主体专用信用报告开具服务网页端

税务、公安、刑事等 23 个高频领域自 2023 年 3 月 1 日起实施，优先解决企业最迫切的需求，文化市场、安全生产、教育、财政等其余 18 个领域自 2024 年 1 月 1 日起实施。

3. 在专用信用报告开具服务方面。坚持从企业需求出发、最大限度利企，实现多途径（线上、线下）、多端口［“一网通办”“信用中国（上海）”，全市的市、区、街镇三级信用服务窗口］、零跑动、可代办、无须审批、立等可取。同时，在国内上线首个“合规一码通”功能，在“随申办”移动端（包括“随申办”企业云 App、“随申办”市民云 App、“随申办”微信小程序和支付宝小程序）全面上线。在原有的“开具专用信用报告，替代有无违法记录证明”基础上，自 7 月 1 日起，上海企业还可以随时随地“亮码”证明自身有无违法记录的情况，替代提交相关领域证明。

图 3　2023 年 7 月 1 日，上海市在国内上线首个“合规一码通”功能

4. 在重要金融场景保障方面。为企业上市、再融资、并购重组、发行债券等重要金融场景首次设置保障机制，对证券服务机构需要进一步了解企业、了解专用信用报告记载的违法行为具体情况的，明确由市地方金融局协调相关市、区部门等办理，相关单位给予支持。

（四）坚持多措并举，严抓数据归集

1. 严格压实责任。全面梳理企业违法记录数据归集情况和全市行政执法主体名录。建立市、区、街镇三级数据归集责任体系，保证数据分门别类、精细存放、快速调用，在全市“大数据库”里，每个执法单位都有一个“房间”，每个“房间”里有很多个“抽屉”，每个“抽屉”里存放着一种违法行为的记录，该单位查处过的同种违法行为的所有记录都存储在“抽屉”里，同时每个抽屉都标明所属的领域。各单位要根据自身职权管理好自己的“房间”和“抽屉”，源源不断地向“抽屉”里归集违法记录信息。

2. 制发详细指引。依托公共信用数据归集机制，明确归集步骤、渠道、方式、频率等要求，并细化数据种类、要素，形成一图读懂、思维导图等形式的数据归集工作指引，并下发至各级行政机关，确保数据归集工作规范。

3. 加强重点指导。针对个别执法条线和管委会数据归集基础薄弱，简易程序处罚数据和金融领域行政监管措施数据归集缺乏先例，涉及多领域事权的基层单位数据未区分领域，跨层级、跨部门数据归集协作存在堵点等疑难问题，先后召开20余次协调会，给予相关单位充分指导、支持。

4. 强化机制保障。建立数据归集跟踪监督机制和责任追溯机制，督促、倒逼执法单位扎实细致归集数据；建立企业违法记录信息申诉快办机制，快速回应企业需求；建立考核机制，将各级各领域行政机关数据归集情况纳入营商环境考核、法治上海建设考核，推动工作扎实落地。

三、主要成效

（一）经营主体开具报告更便捷

自2023年3月1日起，本市登记的经营主体可自行通过线上、线下便捷开具专用信用报告。截至2023年12月31日，本市已为经营主体出具专用信用报告 1.6 万余份，可替代证明超过 28.78 万份。从报告应用场景看，49.5%的报告用于金融场景，33.6%用于行政管理场景，16.9%用于商务经营场景，每个场景均需要经营主体证明若干领域的违法记录情况。从报告包含领域看，已出具的报告中，85.9%的报告包含市场监管领域，以下依次为人力资源和社会保障领域、税务领域、公积金管理领域，分别有 85.2%、84.1%、81.7%的报告，其余 19 个领域在专用信用报告中出现的比例均超过 70%。

图 4　经营主体专用信用报告样式

（二）索证方应用报告更高效

相比以往基层执法单位开具的证明，专用信用报告载明的违法记录更全、信息更细，更有助于券商、律所、招标人等索证方判断经营主体情况，且由于专用信用报告的开具途径、内容要素、样式、核验码等统一，与经营主体的沟通更高效。有证券公司相关负责人表示，上海的专用信用报告有专门的防伪核验码，索证单位可以凭码快速核验报告真伪，可以省去证券服务机构陪同企业一一拜访各个部门验证证明真实性的程序，不仅方便了企业，也方便了索证方的尽调核查工作。

（三）专用信用报告证明效力更高

《证明方案》实施后，企业向要求提交证明的单位提供的专用信用报告涵盖企业在相关执法领域市、区、街镇三级的违法记录信息，而不仅是企业在注册地的区、街镇的信息，违法记录信息更全，证明效力更高，有利于要求提交证明的单位更全面地评估企业生产经营合法性情况。企业专用信用报告由系统自动汇总生成，而非人工收集、核实、出证，信息更真实、全面，避免人为因素干扰。专用信用报告格式统一、内容比以往有无违法记录证明更详细，证明内容更规范。专用信用报告出具更高效，要求提交证明的单位不必耗时良久等待企业到各领域行政机关开具证明。

（四）社会关注度高

《证明方案》的出台实施，受到社会的广泛关注、认可。中央电视台新闻频道、中国国际电视台新闻频道先后 3 次报道，中央人民广播电台“新闻和报纸摘要”栏目先后 2 次报道，并作为“新思想引领新征程——以更优营商环境助力高质量发展”专题节目的首个案例。《人民日报》《光明日报》《解放日报》《文汇报》等多家中央及本市主要媒体报纸版面也进行了刊载。

图 5　《证明方案》出台后，中央电视台新闻频道、中国国际电视台新闻频道多次进行报道

下一步，市司法局将继续联合市发展改革委，深化落实、优化提升经营主体以专用信用报告替代有无违法记录证明工作。探索进一步扩大专用信用报告开具主体范围，探索行政机关、事业单位开具专用信用报告，并在相关场景中实现应用。继续迭代升级信息化功能，强化风险防控，不断提升工作规范化、便利化、智慧化水平。

12.金融司法“三合一”风险防范体系

（市高级人民法院、上海金融法院）

2022 年 12 月 12 日，一场别开生面的测试案例庭审在上海金融法院第一法庭召开。该案例是上海金融法院案例测试机制落地的首例案例，由上海清算所和几家金融机构共同申请启动，请求针对中央对手方清算业务违约处置相关法律问题进行案例测试。值得注意的是，该纠纷尚未真实发生，系依据《上海金融法院关于金融市场案例测试机制的规定（试行）》在现有法律规则体系中对金融创新可能引发的潜在纠纷提供法律风险压力测试。上海金融法院测试案例审判团队的三名法官及两名院外专家共同组成审理庭。庭审前，双方当事人分别提交了申请书、答辩书等材料，并提供了相关的法律规则、域内外案例达数千页。各方专家、学者、业界代表等对该案例亦提供了多份第三方意见书，案件所有材料都通过上海金融法院网站公开，接受社会各界监督。案件采用争点审理模式，双方当事人结合本案事实，围绕相关法律条文、司法实务，对比借鉴国际规则、域外判例，展开多轮辩论，充分进行诉答互动。独立第三方意见提供方派员到庭陈述相关法律意见，并接受申请人、被申请人及审理庭询问。上海市人大代表、政协委员，金融基础设施、金融法律机构代表，高校专家学者及新闻媒体记者等 30 余人旁听审理。2023 年 2 月 22 日，上海金融法院公开宣告金融市场案例测试首案司法意见，明确了涉金融市场基础设施纠纷的法律适用原则，并对测试首案相关争议焦点作出认定。该案件入选“全球中央对手方协会年度案例”，并以此制发司法建议，提示监管部门优化监管规则，得到监管部门的高度肯定和积极反馈。

图 1　金融市场案例测试首案庭审

在 2023 年“5 · 15 全国投资者保护宣传日”来临之际，上海金融法院举办“法护投资者　携手共行动”公众开放日活动，45 名投资者代表，受邀走进了全国首家金融专门法院。技术人员为投资者介绍了上海金融法院司法保护综合平台各项功能并进行操作演示。“我要调解”“我要起诉”“我要执行”“我要咨询”“风险评估”……这一全国首个专为投资者打造的司法保护综合平台，为投资者带来更集约高效的诉讼服务、更透明可视的诉讼流程和更生动鲜活的普法教育。上海金融法院法官结合典型案例为大家带来全面的投资风险提示，梳理总结了 10 种投资风险。“这些案例覆盖了资本市场各个行业，也囊括了投资者投资过程中的各个环节，以生动易懂的方式帮助投资者了解投资风险，助益权利维护。”在全国法院系统首家投资者教育基地，由法院进行的投资者教育宣讲能够切中投资者维权关键，司法案件也成为投资者风险防范的生动实例。

图2　全国法院系统首家投资者教育基地揭牌仪式

一、品牌以习近平法治思想为指导、以相关法律法规为依据的具体表现

金融安全是国家安全的重要组成部分，防范化解金融风险是金融工作的永恒主题。以习近平同志为核心的党中央高度重视金融风险的防范和化解工作。党的二十大报告强调，“守住不发生系统性风险底线”。当前，国内外经济金融形势复杂多变，我国金融业快速发展，金融改革有序推进，金融风险整体可控，但仍存在诸多不确定性因素，区域性金融风险隐患仍然存在，个别行业和领域风险较为集中突出。这对金融风险防范提出了更高要求。

金融审判事关金融市场持续健康发展。如何充分发挥金融审判职能，服务保障经济社会发展，防范化解金融风险，是人民法院面临的重大课题。上海金融法院坚持以习近平新时代中国特色社会主义思想为指导，深入贯彻习近平法治思想，贯彻落实党中央、国务院关于防范化解金融风险、健全金融法治的决策部署，充分发挥司法能动作用，推出“金融司法‘三合一’风险防范体系”品牌，打造以“多方协同机制＋金融案例测试＋金融纠纷风险预警平台”为核心的防范化解金融风险新格局，维护金融市场健康稳定发展。

上海金融法院充分发挥金融审判在促进市场监管、规范主体行为、维护金融市场稳定、保护中小投资者和金融消费者合法权益方面的示范引导作用，同时积极延伸司法职能，建设“金融司法‘三合一’风险防范体系”品牌，旨在通过机制创新，多维度参与金融风险治理：一是立足司法审判，将司法职能延伸至纠纷源头，协同金融司法与金融监管，完善金融风险综合治理。二是探索金融案例测试机制，对潜在金融纠纷进行法律风险测试，为浦东引领区、自贸区临港新片区金融创新提供规则预期和风险预防。三是挖掘金融司法数据富矿，通过分析金融类案反映的情况，为金融风险预警提供坚实的决策基础。

二、品牌的思路、做法、成效（包括获得的荣誉），尤其是创新突破之处

市高级人民法院、上海金融法院推出“金融司法‘三合一’风险防范体系”，构建以“多方协同机制＋金融案例测试＋金融纠纷风险预警平台”为核心的金融风险防范新格局，有机衔接金融司法、金融监管与市场机构各方力量，健全各方协同善治的金融风险防范体系，全方位防范化解金融风险，守住不发生系统性金融风险的底线，服务保障国家金融战略实施和上海国际金融中心高质量发展。

（一）首创以司法为中心的金融风险防范协同机制

2023 年 3 月 29 日，上海金融法院联合首批 11 家成员单位共同发布并签署《金融司法与金融监管防范化解金融风险协同机制规则》，建立信息共享、工作共商、问题共研、人才共育、风险共防等全方位协同合作机制。一是加强数据共享，畅通信息联络渠道。常态化交换协同情况和金融市场重点风险预警信息，将上市公司涉证券虚假陈述纠纷情况通报至上市公司注册地金融监管机构，定期召开协同会议通报风险防控工作，促进信息有效联通。联合调研上海国际金融中心建设重点领域的前沿金融法律问题，为金融高水平改革开放进程中的风险防控提供智力支持。二是强化专业支持，构建人才互通桥梁。联合培养金融法治高端人才，开展跨部门挂职交流，打造金融司法与金

融监管协同专家库，先后吸纳协同成员单位10余名资深业务专家成为上海金融法院的专家委员会成员、专家陪审员和专业调解员，为法院相关工作提供专业咨询意见，提升金融审判的专业化水平。三是协作风险预防，联合开展投资者教育。打造全国法院系统首家投资者教育基地，以“司法为民、审教相融”为建设理念，突出司法特色，联合金融监管机构、投资者服务中心、律师协会等，以线上线下相结合的方式，推出法官讲法、庭审旁听、诉讼引导、公众开放日、纠纷调解等一系列特色投资者教育产品和投资者教育活动，打造体系化、智能化、场景化的投资者教育平台，为中小投资者提供常态化的公益性教育服务。

图3 金融司法与金融监管防范化解金融风险协同机制会签

(二)创新金融市场案例测试机制

为有效防范金融市场创新和对外开放可能带来的金融风险，预防相关纠纷发生，上海金融法院创设金融市场案例测试机制，取得积极成效。一是设定规则，确保机制运行有章可循。通过深入调研金融领域创新开放的前沿问题，学习借鉴域外好的司法经验，结合法院工作实际，制定出台《上海金融法院关于金融市场案例测试机制的规定(试行)》，对金融业务中具有重大影响、亟待法律明确的潜在纠纷问题进行法律风险测试，为浦东引领区、自贸区临港新片区金融创新提供了更具示范性的规则预期、更具前瞻性的风险防范和更具专业性的诉源治理。案例测试机制区别于传统民事诉讼制度的司法审理模式,拓展了新时代金融司法的服务保障功能,形成了契合金融市场监管沙盒治理和社会协同综合治理理念的中国式金融纠纷解决新路径。该机制被写入《上海市浦东新区绿色金融发展若干规定》,并获上海市金融创新成果二等奖。二是精审首案,厘清金融创新领域规则指引。与上海清算所等协同单位联合完成金融市场案例测试首案,针对上海清算所中央对手方清算业务违约处置规则的合法性与具体处置行为的合理性等法律问题开展法律风险压力测试。首例测试案例系统地提出了优先适用符合民法基本原则的金融法律具体规则、充分尊重国内外金融市场惯例以及全面考量金融监管和金融审判规则协同的三大审理原则。有针对性地完善我国金融市场基础设施规则制度,为衍生品市场主体提供更明确的规则预期,提升金融市场防范化解系统性金融风险能力。案例入选“全球中央对手方协会年度案例”。三是延伸功能,发挥案例测试社会治理效应。测试首案秉持司法审慎及有限介入的原则审理,充分尊重金融监管政策,全流程接受社会监督,及时全面公开案例全部材料,邀请院外专家组成审理庭,有针对性地参考来自金融业界、法律实务、学术界的案外第三方意见,更充分地融合法律逻辑和金融市场逻辑。以该案例为基础制发司法建议,充分阐述案例测试中发现的风险问题,提示监管部门优化监管规则,得到监管部门的高度肯定和积极反馈,形成金融司法与监管的有效互动。

（三）打造金融纠纷风险预警平台

上海金融法院“金融纠纷风险预警平台”系国内首个以金融司法数据为核心、揭示行业金融风险的数据模型和分析预警系统,充分发挥司法大数据“晴雨表”“风向标”的作用,维护金融市场健康安全稳定。一是智能化分析,实现金融风险因子组合分析。通过打造金融诉讼风险等级计算模型,对来自法院、企业、金融机构等多源数据进行多因子智能组合分析,构建金融诉讼风险等级计算模型,多维度智能揭示、预警金融风险。二是精细化分类,实现金融风险等级可视化。在上海金融法院每年近万件司法案件数据中,对涉诉的不同地域、不同金融行业、不同金融主体的司法数据进行风险分析评估定级,尤其关注本市企业涉案量、标的额等情况,深度挖掘案件中潜藏的金融风险隐患，提高司法助力防范化解金融风险的靶向性和精准性。三是自动化更新，实现金融风险实时监控。结合上海金融法院首创的金融法律风险防范报告年度发布机制，在计算模型基础上实时更新报告数据，聚焦某一金融行业或业务领域的纠纷，向金融监管部门和金融市场提示法律风险，实现尽早发现风险苗头尽早预警反应，为金融风险防范提供实时参考。

图 4 金融纠纷风险预警平台

图 5 金融纠纷法律风险防范报告新闻发布会

三、品牌值得总结的经验规律、借鉴意义、推广价值

上海金融法院建设“金融司法‘三合一’风险防范体系”品牌，创新“多方协同机制 + 金融案例测试 + 金融纠纷风险预警平台”的金融风险防范新格

局，通过多维度综合治理，保护投资者合法权益，维护金融市场健康稳定。

金融风险防范协同机制定位于金融司法与金融监管双向协同，以上海金融法院为运行中枢，同时最大范围协同各类金融监管主力军，实现功能整合，打造协同大格局，是一项可复制、可推广的有益经验。金融市场案例测试机制借鉴“监管沙盒”理念，为浦东引领区、自贸区临港新片区金融创新提供了更具示范性的规则预期、更具前瞻性的风险防范和更具专业性的诉源治理，在更多领域具有进一步探索价值，为提升中国金融制度型开放水平发挥积极作用。金融纠纷风险预警平台充分体现数字改革赋能，深度挖掘司法案件中潜藏的金融风险信息，通过司法数据与行业数据对撞，向监管部门、行业自律组织、金融机构、投资者等提出有针对性的提示和建议，有力地提升了司法助力防范化解金融风险的靶向性和精准性。

四、品牌持续发展的展望

下一步，上海金融法院将立足司法职能，强化能动履职，将各项机制融合推进，持续深化“金融司法‘三合一’风险防范体系”品牌建设。不断强化协同意识，进一步贴近金融市场，形成一系列有特色、有影响力的协同成果，充分发挥金融司法社会治理功能。坚定发扬首创精神，拓展深化金融市场案例测试机制的应用场景，支持金融领域重大改革和创新。持续深化数字赋能，进一步提升金融司法大数据分析的全面性和精准性，加强内外数据互联互通，为金融风险防范提供司法助力。

13. 上海超大城市公益诉讼新模式

（市人民检察院）

上海市人民检察院第三分院针对非法进口固体废物铜污泥危害生态环境安全案，对涉案公司及个人提起民事公益诉讼。走访调查海关、源头企业，追加购买固体废物的公司为共同被告，邀请环保专家对“洋垃圾”存在重大环境污染风险提出专业意见，委托第三方评估确定涉案固体废物的处置方式和处置费用。要求被告连带偿付非法进口固体废物的无害化处置费用人民币 105 万余元，获得法院判决支持。本案是全国首例非法进口“洋垃圾”污染环境民事公益诉讼案，确立了固体废物的无害化处置费不应由政府埋单，而应遵循由引发风险的行为人承担的原则，该案获评最高人民法院指导性案例和最高人民检察院典型案例。

图 1　办理进口“洋垃圾”民事公益诉讼案

上海市普陀区人民检察院根据最高人民检察院部署开展的无障碍环境公益诉讼专项行动要求，立足上海老龄化实际，就履行公益诉讼检察职责过程中发现的药品说明书字号过小，影响阅读使用，损害老年群体合法权益问题立案调查。通过召开听证会，邀请行业专家、企业代表、“益心为公”志愿者共同研商，推动涉案药企在药品说明书中加印二维码，便于老年人通过语音、视频等方式有效了解用药信息。推动药店增配放大镜等助老设备，引导药师为老年人提供更精细化的服务。以检察公益诉讼助推药品说明书适老化改造，以“无碍”传递“有爱”，该案在第十四届全国人大常委会第三次会议审议《中华人民共和国无障碍环境建设法（草案三审稿）》中被引用。

图 2　药品说明书适老化改造

一、品牌产生背景

检察公益诉讼制度是以习近平同志为核心的党中央决策、部署和推进的重大改革举措，是习近平法治思想在公益保护领域的生动实践和原创性成果。六年多来，上海市检察机关始终坚持为大局服务、为人民司法，共立案办理公益诉讼案件 10,165 件，其中行政公益诉讼占比 84.1%，民事公益诉讼占比 15.9%，制发检察建议或发布公告的案件 5937 件，提起诉讼 581 件，在全国率先探索建立覆盖三级院的公益诉讼专门机构，率先探索与高校共建检察公益诉讼研究基地，率先探索公益诉讼惩罚性赔偿适用，率先探索诉前督促平台型企业履行民事责任，率先探索以公益诉讼保护证券投资者权益、守护城市安全与历史文脉、保障妇女就业平等权等，被最高人民检察院认可为"新领域新业态公益诉讼案件办理的试验田和先行军"。站在新的历史起点，对标党的二十大报告提出的"完善公益诉讼制度"部署要求、对标现代化国际大都市治理需要以及人民群众对美好生活的新期待，上海市检察机关着力构建超大城市公益保护上海新模式，以检察公益诉讼高质量发展服务城市高效能治理、人民高品质生活，在法治轨道上推进国家治理体系和治理能力现代化。

二、构建公益保护新模式的主要思路

（一）围绕超大城市公益保护，树立正确工作理念助力高质量发展

树立"人民城市"理念。习近平总书记在上海杨浦滨江首次提出"人民城市人民建，人民城市为人民"的重要理念。城市治理现代化、超大城市治理的核心就是"人民"。上海检察公益诉讼把握人民城市的根本属性、人本价值、生命特征、战略使命、精神品质、主体力量。在实体上，将老百姓的"急难愁盼"作为办案重点和拓展办案范围的改革方向，找准问题症结，及时修复受损公益。在程序上，兼顾效率和公平，优化繁简分流机制，既用心用情办好小案，又集中攻坚"硬骨头"大案。在感受度上，践行全过程人民民主，在公益诉讼办案过程中发挥人民智慧，举办检察开放日，邀请代表委员、人民监督员、媒体记者、专家学者、"益心为公"志愿者等公众代表参与线索发现、调查取证、"回头看"等办案环节，主动接受人民的监督，增强公众获得感。

树立国家战略和城市发展理念。上海的城市治理要放在全面服务全国中实现共同发展。检察公益诉讼履职需要放在服务保障长三角、长江经济带发展等一系列重大国家战略部署和城市发展定位中考虑和谋划。制定出台本市生物多样性保护公益检察若干举措，实施好长江十年禁渔，防止外来物种侵害。落实本市碳达峰公益检察保障若干举措，助力减污降碳。立足上海"四个放在""五个中心""五大新城"等城市定位不断探索创新。围绕"一江

一河”、浦东新区社会主义现代化建设引领区建设、崇明世界级生态岛建设、自贸区、虹桥国际开放枢纽、进博会等，积极履行公益保护职责，形成规模效应。

树立“双赢多赢共赢”理念。检察公益诉讼不是“独角戏”，不能单打独斗。检察机关与行政机关虽然分工不同，但工作目标与追求效果完全一致，并非“零和博弈”。公益诉讼检察本质是助力依法行政，维护国家利益和社会公共利益。检察公益诉讼充分运用政治智慧、法律智慧、监督智慧，当好党委和政府的法治参谋。办案过程中，积极与行政机关沟通，树立正确的绩效观，提高办案精准性，多办理行政机关遇到阻力或者需要多家单位协同解决的“硬骨头”案件。

树立持续跟进监督理念。公益诉讼问题复杂、牵涉面广，有的旷日持久，有的是发展中的问题，有效解决难度较大，因此持续监督是必要的。对已经制发诉前检察建议的行政公益诉讼案件，常态化开展“回头看”，持续跟进监督，确保整改到位。对存在逾期不整改、虚假整改的情况，依法提起诉讼，以“诉”的确认体现司法价值引领，起诉一件，促治一片。

（二）围绕超大城市公益保护，聚焦重点办案领域助推高品质生活

打造绿色生态之城。习近平总书记指出：“良好的生态环境是最公平的公共产品，是最普惠的民生福祉。”〔1〕要用最严格制度、最严密法治保护生态环境，把解决突出生态问题作为民生优先领域。公益诉讼部门聚焦垃圾处理、噪声扰民、大气污染、黑臭水体等重点领域，着力做好环境容量的“加法”、污染排放的“减法”、绿色发展的“乘法”以及突出问题和风险隐患的“除法”，协同行政机关探索一条符合超大城市特点规律的环境治理新路径。

打造安全韧性之城。超大城市内部人流、物流、信息流、资金流等要素高度聚集，任何突发事件都易造成难以估量的损失。随着城市人口规模和密度不断上升，上海作为超大城市面临的公共安全态势又出现新情况和新风险，

〔1〕 习近平：《良好的生态环境是最普惠的民生福祉》，载《习近平著作选读》（第1卷），人民出版社2023年版，第113页。

公益诉讼检察持续贯彻落实预防性公益诉讼和诉源治理理念，聚焦食品药品安全、出行安全、居住安全、信息安全、经济安全、生物安全、公共卫生安全等领域，以高度的忧患意识和责任意识，积极能动履职，预防和减少事故发生，提高城市的抵御风险能力，打造安全韧性之城。

图 3 检察公益诉讼督促整治高空坠物安全风险隐患（黄浦卫星锅）

打造温暖宜居之城。上海提出“五个人人”的努力方向，上海检察公益诉讼立足本职，提出打造温暖宜居之城，就是通过公益诉讼更好地让人民群众平等享受城市发展成果。持续聚焦老年人、妇女、残疾人、未成年人等特殊群体权益保障，尤其是“数字鸿沟”、就业平等权以及新业态发展所带来的新问题，以“时时放心不下”的责任感认真履职，努力让每个人都能感受到上海这座城市的品质与温暖。

打造历史文化之城。注重保护和延续好城市历史文脉是坚定文化自信、增强家国情怀的必然要求。2019 年，上海市检察机关办理全市首例优秀历史建筑保护行政公益诉讼案，督促修复因违法施工而持续受损的德邻公寓，为拓展“历史风貌区和优秀历史建筑保护”案件范围提供了实践基础。上海是中国共产党的诞生地，也是近代中国历史缩影，检察公益诉讼紧扣城市特点，积极办理历史文化遗产尤其是红色资源保护案件。各级检察院排摸辖区文物、优秀历史建筑、红色遗迹以及非物质文化遗产的保护情况，以检察公益诉讼助力守护城市历史文脉。

打造创新活力之城。上海作为“远东第一大都市”，曾经以现代商贸为主要生产生活方式，与公认的“全球城市”在经济、金融、文化等方面来往密切。更加有活力的市场、更加丰富的经济形态所带来的不仅有战略机遇，还有风险挑战。检察公益诉讼紧跟城市发展，积极探索办理反垄断、反不正当竞争、金融证券、反电信网络诈骗等领域公益诉讼案件，助力优化营商环境、维护金融秩序。

（三）围绕超大城市公益保护，创新配套工作机制推动高效能治理

强化科技赋能。一流城市要有一流治理。检察公益诉讼通过加强科技应用，增强办案的专业性和精准性。一是推进公益诉讼快速检测实验室现代化建设，满足办案中线索核实、勘验取证、固定证据等技术办案需求。二是树立大数据思维，从个案办理向类案监督、系统治理转变，构建更多精准有效的数字监督模型。三是设计研发公益诉讼全息办案智能辅助系统，拓宽线索来源，将有价值、有时效的数据进行整合梳理，推动实现案件办理数字化转型。

强化沟通协作。公益诉讼需要团结可以团结的力量，创新社会支持机制。一是加强与审判机关沟通。就诉前磋商、惩罚性赔偿、生态修复新模式、生态损害赔偿金等议题努力达成共识。二是推动与行政执法协作系统化。对已经建立的对外协作机制，注重常态化作用发挥；对将要建立或完善的协作机制，注重刚性监督与柔性协调相结合，避免柔性色彩过浓的情况。三是发挥公众参与作用。注重智慧借助、弥补专业短板，推进全过程人民民主，凝聚公益保护合力。

强化质效引领。发挥上海在拓展新领域案件和打造标杆性案例方面的示范引领作用，突出质效优先导向。在新领域案件拓展方面，聚焦法律和地方性法规授权的新领域积极探索，提高案件显示度和影响力。在培育标杆性案例方面，办案初期谋划培育目标和路径，三级检察院一体联动，组成联

合办案组集中攻坚。全市共获评最高人民检察院、最高人民法院公益诉讼典型案例、优秀案例等46件。

三、经验做法与成效

(一)积极争取市委、市政府、市人大强有力的制度支持

2019年,市委办公厅、市政府办公厅印发《关于支持检察机关依法开展公益诉讼的意见》。市人大常委会分别于2020年和2022年发布《关于加强检察公益诉讼工作的决定》《关于加强新时代检察机关法律监督工作的决定》。《上海市无障碍环境建设条例》《上海市妇女权益保障条例》等8部地方性法规在制定或修订中写入公益诉讼条款,[1]在制度上给予了强有力的支持和保障。市依法治市部门、市委政法委以公益诉讼专题调研、专项监督等方式,支持推动公益诉讼办案规范化,助力完善公益诉讼配套制度。市人大专题听取公益诉讼在生态环境保护、城市公共安全方面的汇报,邀请院领导在上海人大代表论坛上专题讲述公益诉讼案例,寓支持于监督之中。市委、市人大、市政府、市政协主要领导以听取汇报、作出指示批示等形式,关注并推动检察公益诉讼工作在城市治理法治化过程中发挥更大作用。

(二)在办案领域中积极对标上海城市定位及超大城市治理需要

坚持"四个放在",认真落实"长江大保护"指示要求,牵头强化长江经济带、长三角区域生态检察协作,与苏浙相邻基层检察院普遍建立公益诉讼检察协作机制。办理长江生物多样性保护、船舶污染、涉水环境治理公益诉讼案件2536件,助力中央环保督察和长江生态警示片反馈问题整改销项48件,所办案件连续四届入选最高人民检察院服务保障长江经济带发展典型案例。围绕上海"五个中心"和"四大功能",按照最高人民检察院指示,持续做好"新领域新业态公益诉讼案件办理的试验田和先行军"。对标国际经济中心建设,办理全国首例反垄断民事公益诉讼案件,助力维护市场经济秩序。

---

[1] 写入公益诉讼条款的8部地方性法规分别为《上海市无障碍环境建设条例》《上海市妇女权益保障条例》《上海市红色资源传承弘扬和保护利用条例》《上海市安全生产条例》《上海市优化营商环境条例》《上海市消费者权益保护条例》《上海市数据条例》《上海市未成年人保护条例》。

办理国土国财领域公益诉讼案件 379 件,挽回损失 1.3 亿元。对标国际金融中心建设,办理全国首例证券领域公益诉讼案件,推动上市公司信息披露规则进一步完善。对标国际贸易、航运中心建设,连续五年开展进博会专项监督活动,办理全国首例进口"洋垃圾"案及跨境销售核辐射地区酒类食品、走私未检疫食品、船舶污染、航道安全等案件。对标具有全球影响力的科创中心建设,办理个人信息及数据安全案件 404 件,保护信息数据约 3 亿条,研判办理不正当竞争案件 14 件,促进市场公平竞争。聚焦超大城市实际,保障和改善民生,办理生活垃圾分类处理、建筑垃圾清运填埋等公益诉讼案件 1314 件,办理食品药品安全类案件 1101 件,推动加强无障碍环境建设工作,办理涉及老年人、残疾人、未成年人等群体权益保护案件 731 件,办理高层住宅外墙开裂脱落、光污染、电梯安全、电动自行车消防安全、燃气安全、地铁安全等领域案件 1322 件,消除安全隐患 10 万余处。

图 4　督促整治城市光污染案

（三）在履职方式上积极融入超大城市依法治理过程

上海超大城市治理,具有法治化程度高、讲规则重专业、监管体系庞杂精细、执法资源向基层倾斜等特点。与之相对应,在检察公益诉讼履职模式上:

一是注重衔接嵌入。与相关行政主管部门普遍建立执法司法衔接机制，发挥“河长 + 检察长”治理效能，通过政府生态环境损害赔偿与检察公益诉讼衔接，推动政府磋商、支持政府起诉 65 件，涉案金额 1.21 亿元，自行磋商或起诉 36 件，涉案金额 789.2 万元。二是注重依法监督，刚柔并济。不以诉为目的，但以诉为标准开展监督，诉前阶段严格执行磋商程序，大胆启动诉讼程序，共提起民事公益诉讼 569 件，行政公益诉讼 12 件。三是注重调查核实的专业性。首创技术调查官制度，通过证据保全、公证提升取证固证质量。委托公益诉讼快速检测实验室等开展检测 1318 次。借助大数据开展调查核实。近七成检察建议书、起诉书载明检测鉴定或勘验数据。四是注重溯源治理。将不构成犯罪的公益侵害人、销售不安全食品的互联网平台作为民事被告，要求其承担修复受损公益的民事责任。探索与刑事、行政处罚衔接机制，提出惩罚性赔偿并获法院支持 245 万元。五是注重公众参与。聘请“益心为公”志愿者、公益观察员、外聘检察官助理等 3000 余名，通过提报线索，参与调查、听证、整改效果评估等方式参与案件办理，公众参与率 60% 以上。全市各级人大代表参与公益诉讼活动 163 场 959 人次。

（四）在履职价值上努力追求标准制度的完善落实

坚持“办理一案、治理一片”。在民事公益诉讼中，通过向 App 应用商店、大型电商平台等制发检察建议，推动平台企业履行社会管理民事义务。在无法原地修复毁坏林木案的案件办理过程中，创新了购买核销林业碳汇的替代性公益修复方式。通过办理建筑渣土违规填埋案，引导相关部门对建筑垃圾全周期、规范化处置。在行政公益诉讼中，通过办理食用农产品案，推动在全市开展韭菜、豆芽、梭子蟹等重点食用农产品专项整治，编制完善《长三角地区食品和食用农产品信息追溯》，发布《重点监管食用农产品动态清单管理办法》。通过办理网红游戏易致青少年沉迷案，促进加强游戏防沉迷技术等未成年人保护工作。在推动地方立法上，通过高铁铁路安全系列案，推动了《上海市铁路安全管理条例》的出台。通过办理电动自行车充电安全系列案，为《上海市非机动车安全管理条例》的修订提供实践样本。通过办理光污染系列案，推动《上海市环境保护条例》明确了直接射向住宅居室窗户的投光、激光，以及施工单位未采取有效遮蔽光照措施的罚则。

图 5 检察公益诉讼与 App 个人信息保护座谈会

四、品牌发展展望

上海检察公益诉讼将以人民城市理念为指引，聚焦超大城市治理中的突出问题，充分发挥检察公益诉讼法律监督作用，发挥诉前磋商和司法确认程序等优势，督促依法行政、推动受损公益修复，以更低司法成本获取公益保护更大成效。践行人民利益之诉，把握超大城市公益保护的核心；践行现代化之诉，聚焦超大城市公益保护的重点；践行法定职权之诉，厘清超大城市公益保护的路径。努力成为上海城市治理的重要组成部分，以构建超大城市公益保护“上海新模式”为抓手，着力提升人民群众的获得感、幸福感、安全感，助力“城市，让生活更美好”。

14. 新就业形态民主协商“上海模式”

（市总工会）

2023 年 3 月 30 日下午，来自圆通速递有限公司华东、华南、华北、华中、西南、东北、西北七大片区的 180 位职工代表齐聚上海总部，参加圆通速递有限公司（全网）一届一次职工代表大会（扩大）会议。现场审议通过了《圆通速递有限公司（全网）集体合同》和《圆通速递有限公司（全网）职工代表大会（扩大）会议实施办法（试行）》，覆盖圆通速递有限公司全国七大片区 31 个省（区、市）8 万多个服务网点，超过 45 万名劳动者。这标志着全国快递行业首份同时覆盖直营网点和加盟网点职工的（全网）集体合同，以及首个将直营网点和加盟网点职工纳入企业民主管理体系的（全网）职工代表大会实施办法正式诞生。

图 1　圆通（全网）一届一次职工代表大会（扩大）会议提案投票

2023 年 7 月 13 日下午,来自“饿了么”平台全国七大片区的 175 位全网职工代表齐聚上海,参加“饿了么”平台(全网)一届一次职工代表大会(扩大)会议。会议审议通过了此前经平台全网集体协商形成的全网集体合同和 3 个全网专项集体合同以及平台全网职工代表大会(扩大)会议实施办法。175 名职工代表中,来自服务商、站点的职工代表有 12 名,其余 163 名代表均为一线外卖送餐员,占职工代表总数的 93.14%,众包与专送骑手比例为 1∶3,服务商、站点管理人员与一线外卖送餐员比例为 1∶25。“饿了么”全网协商覆盖全国七大片区 1.1 万个站点服务商,超过 300 万名劳动者。这是一个个充分保障新就业形态劳动者知情权、参与权、表达权和监督权的生动案例,也是上海市总工会推动建立新就业形态民主协商制度的一次次重要突破。

图 2 “饿了么”(全网)一届一次职工代表大会(扩大)会

上海是习近平总书记关于“全过程人民民主”重大理念的首提地,市委要求进一步加强实践创新,争当最佳实践地。市总工会以开展学习贯彻习近平新时代中国特色社会主义思想主题教育为契机,充分运用“四联”工作机制,坚持以问题为导向,重点针对互联网平台企业以及劳动关系多元化、非标准化等特征,聚焦新就业形态领域协商协调机制建设,大胆探索、积极实践,探索建立了以协商恳谈、职工代表大会(联合)会议、建会建制工作联动和全网协商协调为代表的协商协调“上海模式”。全国总工会明确,创建新就业形态劳动者民主协商“上海模式”,为全国工会工作提供了宝贵经验和有益借鉴。

一、背景缘由

近年来,依托平台企业从业的网约送餐员、快递员等新就业形态劳动者数量快速增长。第九次全国职工队伍状况调查数据显示,全国新就业形态劳动者已达 8400 万人。“美团”和“饿了么”企业年报显示,近 1000 万网约配送员通过其平台获得收入。邮政行业年报显示,“三通一达”“顺丰”等头部企业快递员数量达到近 500 万的规模。市人社局相关数据显示,本市灵活就业和新就业形态劳动者已超过 280 万人。由于依附于平台企业,新就业形态劳动者的用工方式非常灵活,相较于传统劳动关系,其流动性更强,具有扁平化、网络化、跨区化的特征,确认劳动关系难度较大,劳动者劳动权益维护缺乏有效法律和实践支撑,因此,各级工会对如何切实维护新就业形态劳动者权益普遍存在不同程度的困惑或疑虑,既想有效发挥工会组织“娘家人”作用主动覆盖,又感到缺乏具体指导不敢试水突破。

党的二十大报告提出:“全心全意依靠工人阶级,健全以职工代表大会为基本形式的企事业单位民主管理制度,维护职工合法权益。”“完善促进创业带动就业的保障制度,支持和规范发展新就业形态。健全劳动法律法规,完善劳动关系协商协调机制,完善劳动者权益保障制度,加强灵活就业和新就业形态劳动者权益保障。”市总工会以开展学习贯彻习近平新时代中国特色社会主义思想主题教育为契机,将其作为专项工作调研课题开展全面深入的调查研究,发现问题的瓶颈和症结主要在于平台企业内部普遍缺乏协商协调机制,再加上企业不主动、职工没意识、理念未更新、措施难跟进,使不少地区的新就业形态民主协商工作进展缓慢、成效不佳。特别是劳动者被普遍困在客观“算法”中,算法和导航路线指挥劳动者直接“飞越”栅栏和围墙,诉求表达渠道不畅等涉及劳动者劳动定额、收入报酬、劳动保护、职业发展等切身利益的问题,亟须通过民主协商途径予以保障。

二、基本做法

（一）坚持组织覆盖、服务先行，夯实民主协商制度建设基础

1.“扫码入会”强基础。市总工会会同市经济信息化委员会、市邮政管理局等部门，联合下发《关于上海推进新就业形态劳动者入会和服务保障工作的指导意见》，全市层面统一步调、协同推进。通过“重点建、行业建、兜底建”，推动美团、饿了么、叮咚买菜以及“三通一达”等头部平台企业普遍建会。同时，通过业务流程再造，将原来由人工层层审核改为手机端即可“扫码入会”，推动新就业形态劳动者入会更加便捷高效。截至2023年年底，通过“扫码入会”实名制吸纳近50万名新就业形态劳动者入会。

2.“五送关爱”添动能。通过个人缴纳会费、财政资金支持、工会经费补贴的方式，支持“小二级”工会大力吸纳新就业形态劳动者入会、提升“在地服务”。全市已有650个外卖、快递站点加入街镇“小二级”工会，近距离服务“小哥”。近年来，超过110万人次新就业形态劳动者和灵活就业人员享受到工会送温暖、送保障、送清凉、送安全、送体检“五送”服务。

（二）坚持管用实用，分类施策，提升民主协商制度建设实效

1.“党建引领”增动力。市、区两级政府部门和工会组织协同发力，结合开展主题教育，充分运用“四联”工作机制，持续加强对平台企业的政治引领，注重发挥平台企业党组织示范引领作用，依托区域化党建优势，以党建带工建，促进基层党建与企业发展同频共振的同时，引导、激发平台企业担负起更多的社会责任，进一步增强协商主体内在动力，为推进民主协商制度建设提供必要保障。市政府与市总工会联席会议将推动本市快递、外卖送餐等行业普遍建立民主协商制度作为议题，进一步形成齐抓共管的工作合力。

2.“因企制宜”建机制。鉴于平台企业尚不具备召开职代会的条件等情况，市总工会推动“饿了么”在全国范围内，首创平台企业与一线外卖送餐员协商恳谈模式，诞生全国首份平台企业与新就业形态劳动者民主协商纪要。在总结“饿了么”协商恳谈会的基础上，市总工会进一步探索在平台企业地区总部建立职代会制度，推动美团（上海）与其一线外卖送餐员代表，开展民主

协商,并召开一届一次职工代表大会(联合)会议,37名来自全市各区美团站点工会小组长和一线众包、专送外卖送餐员代表,以审议通过关于加强外卖送餐员劳动权益保障和关心关爱工作方案,成为全国首个新就业形态领域通过召开职代会的形式,固化协商成果的典型案例。为解决部分企业以建制烦琐为由不开展民主协商的情况,市总工会探索发挥行业协商的托底作用,通过工会组建、民主协商、职代会同步推进的形式,指导杨浦区家政服务行业先后召开一届一次会员代表大会和职工代表大会,形成全国首个新就业形态领域行业建会建制协商联动的典型案例。

3.“全网协商”求突破。鉴于快递行业企业具有带动产业领域广、吸纳就业人数多等特点以及普遍采取直营+加盟的经营模式,特别是头部快递企业多集中上海的实际情况,市总工会坚持以问题为导向,以敢闯敢干的勇气和先行先试的锐气大胆探索、积极实践,以小见大、见微知著,探索建立了以协商恳谈、职工代表大会(联合)会议、建会建制工作联动和全网协商协调为代表的协商协调“上海模式”,推动饿了么、叮咚、盒马(中国)、圆通、中通、申通、韵达、极兔、德邦9家总部在上海的互联网平台企业全部建立了全网协商协调机制,推动美团(上海)等网约送餐平台企业建立了地区总部民主协商制度,帮助解决新就业形态劳动者最关心、最直接、最现实的痛点、难点、堵点问题,更好地推动他们成为“美好生活的受益者、分享者”。

三、主要成效

市总工会通过推动头部平台企业与新就业形态劳动者开展协商对话,直截了当并且及时、规范地解决了一批新就业形态劳动者最关心、最直接、最现实的利益问题。“算法取中、连续接单小休、恶劣天气补贴、骑士驿站、职业伤害保障、助学帮困、智能头盔、提升职业技能和学历教育水平”等一系列惠及一线骑手的协商成果落地、落实;圆通等快递头部企业通过协商形成信息化监管加盟网点薪资发放、快递员劳动定额标准、快递安全责任综合保险以及快递员多元化职业发展和晋升通道等成果;针对家政服务员群体女性居多的情况,在协商中特别加入针对新就业形态劳动者巡回体检、女职工“两病”筛查等条款。

上述成果均以集体合同形式纳入企业法人治理结构体系，一线外卖送餐员代表纷纷表示，“在目前订单比较集中的时间段增加高温补贴，确实让我们得到了实惠”“保险保障力度更大了，让我们感到越来越被重视了，越来越有归属感”。

在新就业形态民主协商“上海模式”的指引下，上海各级工会积极响应、迅速行动。截至 2023 年年底，“饿了么”全网协商覆盖全国七大片区 1.1 万个站点服务商超过 300 万劳动者；指导推动圆通、中通、申通、韵达、极兔、德邦等总部在上海的快递企业建立全网协商协调制度，协商成果覆盖全国行业内近 25 万个直营和加盟网点超过 220 万名劳动者。

图 3　中通快递进行集体协商

四、推广价值

党的二十大报告指出，完善劳动关系协商协调机制，完善劳动者权益保障制度，加强灵活就业和新就业形态劳动者权益保障。上海是头部平台企业高度集中的地区之一。新就业形态民主协商工作要想取得重大突破，必须通过推动头部平台企业与新就业形态劳动者开展协商对话，进而发挥示范带动作用，才能完全打开局面。因此，在总结 2022 年以来有关推动头部平台企业建立民主管理制度和探索民主协商实践经验的基础上，进一步创新工作理念、加强实践探索，盯紧总部在上海的互联网头部平台企业和快递行业龙头企业加快实现建制突破，由点及面、从有到优。下阶段，市总工会将在推动各类互联网平台企业普遍建立协商协调机制的基础上，全面聚焦新就业形态劳动者在拥有归属认同、有序参与社会治理、获得人生出彩机会、享有品质生活等方面的迫切需求，服务先行、久久为功，春风化雨、润物无声，全面推广新就业形态民主协商、民主管理多元模式，进一步加强与政府相关部门的协调联动，重点督促、推动各类惠及广大劳动者的协商成果落地落实，积极构建和谐劳动关系，更加充分保障包括新就业形态劳动者在内的广大职工知情权、参与权、表达权和监督权，让广大新就业形态劳动者更有获得感、幸福感和安全感，为奋力谱写中国式现代化上海新篇章贡献工会组织的智慧和力量。

15. 企业法务技能大赛

（市国有资产监督管理委员会、市法治宣传教育
联席会议办公室、市经济和
信息化委员会、市司法局、市工商业联合会）

为深化依法治市实践，加强宪法宣传教育，相关单位成功举办了上海市企业法务技能大赛（以下简称大赛）。大赛是由市国有资产监督管理委员会（以下简称市国资委）、市法治宣传教育联席会议办公室（以下简称市法宣办）、市经济和信息化委员会（以下简称市经信委）、市司法局、市工商业联合会（以下简称市工商联）联合主办、上海市企业法律顾问协会承办的全国首创赛事。

自 2017 年以来，市国资委联合有关委办局已连续举办了七届大赛。

第二届大赛以情景剧的形式开展，是一次“七五”普法活动的生动展现，是一场“法治进企业”的视觉盛宴，是一种法治精神的时代弘扬！

中国建筑第八工程局有限公司演绎的《回家》，以利比亚撤侨为原型，讲述了危难时刻，中建不辱使命，在平凡的工作岗位上夙兴夜寐，将所有建设者，包括外籍建设者安全送回家的故事。撤侨的真实还原、演员的精彩演绎、高涨的爱国情结将全场氛围推向高潮。

第三届大赛决赛以“壮丽七十年，法治护远航”为主题，上海东捷（建设）集团有限公司《旗帜领航　法治扬帆　时代接续“中国梦”》演讲以中国梦引入。中国梦是一代又一代中国人为国家强大不懈奋斗的梦想，而只有在法治的全面守护中，中国梦才能灿烂绽放。企业，是国家经济的单元，依法治企，是依法治国的微观基础，全面推进法治企业建设，是落实全面依法治国战略

的必然要求。为企业增大法治之力、织密法律之网、压实合规防线成为企业法务的时代使命。

图 1　第二届大赛特等奖作品《回家》精彩瞬间

演讲从法务工作依法合规、法治宣传、优化营商环境三方面展开，着重介绍法务人员如何为企业的发展保驾护航，让法治的阳光照亮身边的每个角落。每一位法律人都将牢记使命，做依法治企的践行者，高举旗帜引领航向，法治企业扬帆远航，壮丽七十年，共筑中国梦！

第七届大赛更是突破往届“自下而上”的普法成果展示，转而通过“政企对接”方式，旨在让“对话”发生在企业与政府相关职能部门之间，为后续寻找到既符合企业最真实需求又具有可落地性的实践方案提供了畅通的渠道，为企业送上最精准、最及时、最温暖的服务，更好地助力企业解难题、渡难关、复元气、增活力。

目前大赛已经成为上海依法治企的“金名片”，并已在长三角等地区延伸和联动。2019 年 12 月，该大赛被市法宣办授予“上海市社会主义法治文化品牌活动”称号。

一、品牌产生的背景

为贯彻落实国家和上海市的普法规划，促进企业经营管理人员学法用法，充分发挥法治宣传教育在全面深化依法治企中的作用，进一步提高诚信守法、依法经营、依法办事的观念和能力，扎实推进企业依法治理和法治创建，服从服务国家发展战略，立足上海经济发展新趋势，特举办上海市企业法务技能大赛。

二、品牌主要做法

（一）大赛赛制多样

大赛以知识竞赛、情景剧、演讲、征文、微视频、故事会、“政企对接”等不同形式开展，每年采用不同的比赛形式，不断创新，全方位考查上海企业法务人员的能力，多角度展现企业法务人员的综合素质。

（二）大赛主题契合形势

大赛的举办充分体现了新时代普法工作的要求。

首届大赛以“全面推进依法治企，助推科创中心建设”为主题，旨在全面深化全民普法教育，新形势下进一步推进企业法务队伍专业化建设，提升企业合规经营和风险防范能力，提高企业法务人员技能水平，展现上海依法治企成果。

第二届大赛以“牢固树立宪法法律权威强化企业法治文化建设”为主题，以情景剧形式展现，以富于趣味性与亲和力的方式表现依法治企的成效，推动普法活动向纵深发展。现场有学法用法的案例演绎，有企业依法维权的实例；有法律知识的宣传普及，有知法守法的善意提醒；有体现企业法务人员反腐拒贿的正气、反欺诈的智慧；有表现法律服务的新思路、新拓展；有法律人在企业改革发展中的价值创造。参演剧目由企业自编自导自演，内容紧贴社会与企业法治建设的实践，紧贴企业生产经营管理实际，充分展现了企业“七五”普法与法治文化建设的丰富成果。

许多企业借助大赛，发挥企业普法宣传体系的作用，组织剧本创作，落实行家指导，帮助广大干部职工进一步理解“七五”普法的内容和重要意义。

第三届大赛分别以“法治，助企业远航”和“壮丽七十年，法治护远航”为主题进行了初赛和决赛，大赛通过演讲的形式，讲普法实践中法律进企业的新成果，讲企业法治文化建设的新思路，讲企业法务为企业保驾护航的心路历程，展示企业法务工作者的业务技能和专业水平，彰显企业法务精诚协作、积极进取的精神风貌。

图2　第三届大赛决赛现场，与会领导、参赛选手与现场观众一起高唱《我和我的祖国》，庆祝新中国成立七十周年

第四届大赛以“抗疫攻坚显担当，复工护航有作为”为主题，针对防疫抗疫和复工复产中出现的新问题、新挑战，以征文的形式，充分发挥企业法务工作者的思辨能力与写作能力。

大赛共收到各企业单位选送的防疫抗疫优秀征文168篇。其中中国石化销售股份有限公司上海石油分公司的《疫情之下危化行业“共享员工”模式的法律问题初探》介绍了疫情防控要求和新挑战下危险化学品行业的新用工模式；上海送变电工程有限公司的《浅析新冠疫情下施工企业的合同履行》从认定疫情为不可抗力入手，分析合同不能完全履行时的法律问题以及责任分担问题，以降低疫情对施工企业造成的损失。

大赛集中展示了法务工作者在抗击新冠疫情期间的智力成果，他们用法律视角和思维，提出对完善法律法规、和谐劳动关系、优化营商环境等方面的思考和建议，充分反映了他们对法治精神的追求以及为上海法治建设作出的新贡献。

图 3　第四届大赛决赛现场，参赛选手抽题作答瞬间

第五届大赛以“扬社会主义法治精神　展企业法治文化风采”为主题，以微视频形式，讲好依法治企故事。从企业法务工作者视角将传统传播方式与智能化创新手段相结合，推出优秀法治宣传作品，展现企业法务工作者立足新起点、新使命勇于担当作为的精神风貌。

第六届大赛以“抗击疫情防风险，企业法治同保障”为主题，采取“云上故事会”方式进行，旨在通过写故事、讲故事的方式，展现全市各类企业协力同心、抗击疫情、提升信心、复工复产，并且成为上海经济发展保稳提质的时代内容和生动实践。

国泰君安证券股份有限公司“一部法　一场仗　一群人　一条心”，讲述了青年法务志愿者们在疫情防控和《期货法》出台的形势下，白天战疫情，半夜钻法律。一部法，服务实体；一场仗，砥砺奋战；一群人，青春无悔；一条心，金融报国！

图4　第六届大赛决赛，国泰君安证券股份有限公司企业法务讲述的防疫抗疫故事

上海农村商业银行股份有限公司“疫情大考下的星火答卷”，阐述了疫情期间，企业的金融需求迫在眉睫，银行的金融服务必须争分夺秒。当上海发布防疫政策后，农商行立即作出安排部署，快速组成了一支逆行的“火种”部队。在保障业务顺利开展的同时，在确保合规性和时效性的前提下，在特殊时期实现了一系列的业务创新和突破。

上海汽车集团股份有限公司“以求变之色彩，抗疫情之风险”。为抗击疫情风险，法务部开辟“绿色通道”，助力公司各项纾困措施落地；为助力复工复产，法务部研发“黑科技”，与信息技术部共同研发一系列机器人自动化工具，开发了文书一键生成系统；为促进依法治企，法务部提供“法律黄页”，发布了《后疫情法律政策汇编及指引》作为依法治企的内部“黄页”，为各业务团队指明后疫情时代背景下特殊法律风险的防范方式和纠纷解决途径，筑牢公司法律防线。

第七届大赛以“优化法治化营商环境，赋能企业高质量发展”为主题，以“民有所盼、政有所为”为目标，突破往届自下而上的技能比拼形式，主要通过“政企对接”方式展开。参赛者需要联系实际，发现企业生产经营及改革发展中遇到的难点、痛点、堵点，针对问题和短板提出建议，展示企业法务工作者及相关人员发现问题、分析问题、解决问题的能力，也让相关政府部门能够更广泛地倾听来自各类企业一线的声音。

（三）参赛规模逐步扩大

在政府有关部门和各单位的大力支持下，上海市企业法务技能大赛的活动规模效应不断扩大，参与人数不断增加。据统计，七届大赛共有近万家企业单位参与，3 万余人参赛。大赛还吸引了长三角地区不少企业报名参赛，随着赛事影响力的逐步扩大，长三角企业法律顾问协会的会长也先后多次带队来上海学习取经，其中浙江、安徽等地还复制了上海的成功经验，在各自省内举办大赛。

图 5　第七届大赛决赛在上海邮政博物馆顺利举办

三、品牌主要成效

（一）组织运行机制完善

通过连续举办七届大赛，各主办单位和上海市企业法律顾问协会间已建立起良好的沟通协调机制，专门成立了大赛组委会以决策大赛重大事项，大赛办公室负责组织协调、制定应急预案，做好大赛的各项保障工作，确保大赛顺利进行。

(二)参与企业反响良好

大赛始终以贯彻落实依法治市要求,进一步推进企业法治建设,着力加强涉企法规政策的宣传和运用为目标,以富于趣味性与亲和力的方式展现依法治企的成效,推动普法活动向纵深发展,获得了企业的广泛支持。

大赛不仅吸引地方国企、在沪央企积极参与,还得到民企、外企单位的大力支持和响应,搭建了各类企业交流平台。不少企业将大赛参赛及得奖情况纳入企业法治工作评价表,还有企业从举办集团内部的大赛入手,层层选拔,联合人事部门,把大赛作为人才发现和培养的途径,更好地发挥企业法务人员为企业保驾护航的作用,充分展现了大赛推动企业普法与法治文化建设的重要成果。

(三)创新普法工作模式

大赛进一步扩大法治文化宣传范围,除固有比赛内容外,大赛还结合当年的普法任务和要求,在大赛现场和比赛过程中组织相应的法制宣传活动,进一步扩大大赛的普法效果。大赛优秀获奖作品还多次被纳入上海市"宪法宣传周"主题活动之一,首届大赛作为"宪法宣传周"主会场,时任市法制宣传教育联席会议召集人、市委常委、市委政法委书记陈寅出席活动并讲话。

(四)媒体广泛宣传

大赛得到上海电视台法治天地频道、《上海法治报》、人民网、中新社、法治网、搜狐、新浪等国内多家知名媒体报道,在社会和企业内产生了广泛影响,且大赛还开展参赛作品公众投票活动,日均网络浏览投票量均以万计。

四、品牌推广价值

举办上海市企业法务技能大赛,就是要让企业法务在建设法治化营商环境方面更好地发挥作用,推动提升依法治企水平,优化上海营商环境,更好地服务于"五个中心"建设和企业"走出去"国家战略。

大赛见证了上海企业法务人的成长和企业合法合规发展的历程,上海电气、百联集团、上海仪电、中国商飞、上海银行、中国太保等单位将大赛模式成功复制到了单位系统内部，还有不少企业将参与大赛纳入企业自身评价体系中。

五、品牌持续发展的展望

上海市企业法务技能大赛作为上海普法工作的一个创新之举，也是企业发现人才、激励人才、培养人才的一个重要平台，为推进全市企业依法合规管理工作作出了突出贡献。

市国资委将充分总结好历届大赛收获的成果和经验，继续联合各主办单位办好大赛，助力弘扬依法治企的时代精神，坚持强化企业社会主义法治文化和合规体系建设“不停步”，并助力推向纵深发展！

法治上海建设入围品牌

1. 上海法治文化节

（市委宣传部、市委全面依法治市委员会办公室）

“爹，这些文件你帮我藏好，革命胜利那天，我会回来取。”舞台上，张人亚将装有中国共产党第二次全国代表大会文件和中国共产党章程的公文包交给了父亲，然后马不停蹄地投身到革命事业中去了。

图1　原创戏剧《辅德里》

这是首届“上海法治文化节”静安专场暨“百年辅德里循法而行再出发”主题活动中的一幕。主题活动上，宣传片《辅德里》带着观众走进历史画卷，原创非虚构戏剧《辅德里》主题歌在此唱响。当观众看到张人亚牺牲后尸骨无存，家人忍着巨大悲痛，为其修建了一座衣冠冢并呼喊英灵魂归故里时，无不为之动容，流下热泪。充分发挥“党的诞生地”“初心始发地”等文化资源的优势和载体作用，赓续红色文化中的法治文化基因。

如同上海在1989年创造性地启动首届“宪法宣传周”的意义非凡，上海创设“法治文化节”，把法治文化与上海的红色文化、海派文化等有机融合，把上海城市精神和城市品格充分体现在上海法治文化建设中，进一步推进法治宣传教育走深、走实，使之更加符合新时代推进全面依法治国的需要，更能满足人民群众对法治建设的新期待和新要求。

“力争5年内基本建成具有较高知名度和较强影响力的市级社会主义法治文化品牌阵地100个、市级社会主义法治文化品牌活动50个，力争每5年推出视频、演艺、美术等覆盖各行业各领域100件法治文化优秀作品，立体展现上海法治文化建设成果。”2019年，上海市委依法治市办就在全国率先出台《关于加强本市社会主义法治文化建设的意见》，对上海未来五年法治文化品牌建设作出具体规划。几年来，上海市牢牢把握社会主义先进文化的前进方向，基本形成法治文化“阵地、传播、作品、活动”四位一体协同推进的良好格局。市委宣传部、市司法局《关于在本市开展法治宣传教育的第八个五年规划（2021—2025）》（以下简称“八五”普法规划）也明确要求加强社会主义法治文化阵地建设和利用、加强社会主义法治文化产品创作和集成，并体现在人民生活的方方面面，持续扩大上海法治文化品牌的社会知晓度和市民认同感。而首届“上海法治文化节”的活动丰富、创新良多、成果丰硕、精品迭出，将持续推动群众性法治文化活动蓬勃开展，影响深远；同时，依托强大的文化影响力和传播力，必将为建设新时代人民城市和具有世界影响力的社会主义现代化国际大都市注入全新的法治活力。

一、品牌背景

2021年4月，中共中央办公厅、国务院办公厅印发《关于加强社会主义法治文化建设的意见》后，本市及时对照总结、认真谋划部署，2021年11月，市委依法治市办、市委宣传部印发《关于进一步加强我市社会主义法治文化建设　打造上海法治文化品牌的实施意见》，提出打造以“上海法治文化节”为核心的上海法治文化品牌各项目标任务，并在市委、市政府转发《市委宣传部、市司法局关于在本市开展法治宣传教育的第八个五年规划》中作出部署。

2022 年 9 月 8 日至 10 月 10 日，市法宣办在习近平新时代中国特色社会主义思想指导下，全面贯彻党的十九大和党的十九届历次全会精神，认真贯彻落实习近平法治思想和习近平总书记关于文化自信的重要论述，以打造上海法治文化品牌、增强人民群众对法治文化的获得感幸福感为目标导向，为加快建设具有世界影响力的社会主义现代化国际大都市创造更加和谐的社会环境、更加优质的法治环境，安全、顺利、圆满举办了首届上海法治文化节。全面提升了本市法治宣传教育工作水平，深化了本市社会主义法治文化建设实践创新。

二、品牌做法和成效

市领导、司法部领导高度重视和关心首届上海法治文化节，时任市委副书记、政法委书记、依法治市办主任诸葛宇杰同志亲自审定工作方案，指导组织工作；时任司法部党组成员、副部长左力同志专程来沪，与市委常委、宣传部部长、依法治市委守法普法协调小组组长赵嘉鸣同志共同出席开幕式并致辞。市委依法治市办牵头协调 25 家市级委办局、群团组织、高校及全市 16 个区共同举办，11 个区以市级法治文化节区域专场活动形式呈现，5 个区同步举办首届区级法治文化节，是全国首个由省级层面法治机构牵头抓总的法治文化节。

图 2　首届上海法治文化节开幕式节目表演

1. 举旗帜,让上海法治文化的“红色基因”更加鲜明。据统计,上海作为中国共产党诞生地,仅五四运动到上海解放这段时期的各类红色资源就有612处,包括旧址、遗址497处,纪念设施115处。为此,上海在全国率先提出“红色普法”的概念,并首次将“加强红色法治文化传承和弘扬”写入“八五”普法规划,要求充分挖掘红色文化中的法治基因,建设一批以红色法治文化为主题的法治宣传教育基地,讲好红色法治故事。在这一语境之下,近年来上海持续建成众多红色精品法治文化阵地,有全国法治宣传教育基地的“国歌展示馆”和首部党章诞生地“中共二大会址”,有依托中共四大纪念馆建成的“国旗法教育展示厅”和《中华苏维埃共和国宪法大纲》起草地,还有作为全国首个“少年起诉组”和全国首个民办调解工作室诞生地的愚园路法治文化街区等,其中不少阵地成了上海旅游的网红打卡地。一是充分发挥党的诞生地红色阵地优势。运用中共一大、中共二大纪念馆、国歌展示馆、陈望道旧居(《共产党宣言》展示馆)等党史学习教育基地,举办群众性的法治参观、法治论坛、法治体验活动。以纪念首部党章诞生100周年为契机,开展首部党章诞生地“辅德里”主题戏剧、微话剧、歌曲及宣传片展播展演,推出党章地铁专列,以创新的文艺党课及法治课模式普及红色法治文化,进一步弘扬社会主义法治精神。二是深入推进中国特色社会主义法治文化理论研究。面向全国开展“学习贯彻习近平法治思想,建设社会主义法治文化”主题征文,收集专家研究成果92篇,评审推出首批获奖成果26篇,来源覆盖全国11个省份,由《上海法学研究》集刊专卷刊发,进一步深耕社会主义法治文化土壤。三是广泛推动践行社会主义核心价值观。成立上海市社会主义核心价值观入法入规决策咨询研究基地,举办“依规治党与社会主义核心价值观融入法治建设”专家论坛,加强对建党百年来党内法规建设实践的经验总结和回顾。开展社会主义核心价值观融入法治成果展示及典型案例宣传,进一步厚植文化底蕴,熔铸法治信仰。

2. 聚民心,让上海法治文化的“人民底色”更加厚重。坚持以人民为中心,以人民群众喜闻乐见的法治文化精品、法治文化活动,推动人人参与法治、共享法治、信仰法治。深度挖掘江南文化中的良善风俗、优秀家训等文化遗存,凸显遗迹中的法治、典籍中的法治和生活中的法治。针对海派文化中重契约、守承诺、讲规则的法治文化精神,开展上海法治名人事迹汇编,宣传上海市志、各区(县)志、各政法单位行业志及档案史料馆中的法治名人故事。聚焦弘扬中国特色社会主义法治文化,从赓续红色法治文化基因、诠释新时代法治文化内涵、发现江南法治文化魅力三大主题,策划红色法治文化学习体验、社会主义核心价值观传承弘扬、“法治元素＋”活态传承、“乡村振兴,法治同行”等重点项目。聚焦法治文化融入上海法治社会建设,从法治化营商环境建设、青少年健康成长法治保障、基层依法治理、网络空间法治文化建设四大主题,策划主题论坛、主题宣传等重点项目,以创新法治文化形态、完善法治文化供给。一是聚力开展群众欢迎的法治文化活动。线上线下走好法治文化传播群众路线,通过微信、抖音、哔哩哔哩、《新民周刊》等网络平台,开通20余场活动直播,“国门安全守护”云参观、“Legal Hi 宁好法治”营商派等线上活动,单场即吸引超10万人次在线参与;“绎法院线”法治观影、“天山法治电影周”活动、民法典主题公园、“智慧法院”、数字司法所学习体验、红色法治文化路线、法治乡村路线、滨江东岸“慕课”路线打卡等线下活动,均吸引大量市民慕名前往,潜移默化中提升了法律知识的知晓度、法治社会的认同感。二是聚力推出群众喜爱的法治文化精品。举办16个区法治文化作品“集市”和展示活动;集中开展法治文化小视频、原创文艺作品、“市民讲法治故事”、法治楹联征评等8场征集评选,分歌唱、曲艺、书画等类别推出法治文艺精品。其中,“嘉定法宝杯”讲好中国法治故事曲艺展演活动,面向全国收集310个作品,跨省在北京举办终评会,推出20个年度精品;《民声千百事　话“典”你听听》崇明话系列普法视频荣登热搜,微博话题总阅读量超3.7亿次,引发网友讨论超1.2亿次。三是聚力研究解决群众关注的法治难题。成立市、区两级基层依法治理共同体,跨省域范围建设金山·平湖“沪浙毗邻地区民事民议示范点”,探索基层治理路径创新,推动全过程人民民主向纵深发展。聚焦应急状态下基层治理,以品牌论坛“外滩法治汇”为载体形成专家意见,推动编制《基层治理法治宝典》,修订《社区工作者法律实务指引》,助力提高基层行政效率和公信力。成立300余人的上海市预防未成年人犯罪普法宣讲团,举办647场

“尚警讲坛”、127 场“百校百讲”，打造青少年学法用法和法治保障的高效平台，引导全社会做社会主义法治的忠实崇尚者、自觉遵守者、坚定捍卫者。

图 3　“依规治党与社会主义核心价值观融入法治建设”专家论坛

3. 展形象，让上海法治文化的“标志品牌”更加闪亮。首届上海法治文化节备受媒体和社会各界关注，文化节开幕前，便有不少媒体对法治文化节进行多角度、全方位报道，大量重点、亮点内容被“提亮”和“深挖”，一大批有特色、有创新的群众性活动被纳入公众视野。同时，相关部门和基层单位积极做好氛围营造和品牌推广等工作，形成多维度综合立体的宣传态势，可谓影响深远。按照“将上海法治文化节打造为富于时代特征、具有全国影响、体现上海特色的法治文化品牌”的目标，充分融合“报、网、端、微、屏”等平台优势，有力提升本市社会主义法治文化的舆论引导力和强大凝聚力。一是多维度融合，提升法治城市影响力。发布本市首部法治文化宣传片《海纳百川　法润申城》，呈现新时代法治文化与城市发展相互赋能，与立法、执法、司法、普法等领域法治建设相互促进的风景线，在东方卫视、新闻频道等电视媒体整月投放、辐射全国，获学习强国、上观新闻等本市几乎所有音视频平台、16 个区政务微博转载。二是全媒体呈现，放大法治文化感召力。《人民日报》《光明日报》《解放日报》等专业媒体发布或转载上海首届法治文化节新闻 5000 余条，“今日头条”本地热搜榜展示法治文化节宣传内容，“哔哩哔哩”网站首页搭建法治文化节专题界面及直播通道，“抖音”手机端点击和参与法治文化节话题热议 120 万余人次。三是立体化渗透，增强法治宣传传播力。首次在浦江两岸、苏州河水岸、环城生态公园带、城市重要交通场站、社区三大中心等地同时铺陈法治文化景观，2000 余个基层社区显示屏每天 600 余次滚动播放法治文化节活动小视频，8533 辆出租车和陆家嘴、南京东路、徐家汇等大型商圈宣传屏整月滚动播放法治文化节元素，基本实现法治文化触角延伸到城市各个角落。

图 4　首部法治文化宣传片《海纳百川　法润申城》

图 5　G60 科创云廊法治文化灯光秀

三、品牌发展展望

1. 全面深化本市社会主义法治文化建设。深入学习贯彻党的二十大精神，以习近平新时代中国特色社会主义思想为引领，深入贯彻落实习近平法治思想，大力弘扬社会主义法治精神，创新法治宣传教育形式，加大全民普法力度，为全面依法治市和上海法治社会建设提供强大的内在动力和精神支持。

2. 继续加强首届法治文化节成果运用和推广。用实用好首届法治文化节提炼出的好作品、好成果，遴选有特色、有创新的阵地和活动，作为下阶段品牌培育重点。广泛开展以法治为主题的演讲、辩论赛、知识竞赛、故事巡讲、文艺演出、电影展映、书画展览等丰富多彩的法治文化活动，持续扩大上海法治文化品牌的社会知晓度和市民认同感。做好现有品牌阵地管理评估，以第四批上海市社会主义法治文化品牌阵地和品牌活动评选为抓手，继续放大正面效应，延续深远影响。

3. 持续完善本市法治文化建设工作长效机制。对标对表打造上海法治文化品牌各项要求，继续加强对社会主义法治文化建设规律、途径的深入研究，逐步完善本市法治文艺精品集规划储备、创作打造、宣传推介于一体的孵化和配送体系，继续将上海法治文化节打造成为上海法治软实力、城市竞争力、文化品牌力塑造的重要展示平台，打造为同上海改革发展同频共振、与城市精神品格高度契合，富于时代特征、具有全国影响、体现上海特色的法治文化品牌。

2.行政机关负责人出庭、旁听、讲评“三合一”活动

（市司法局）

2019年7月12日，市第三中级人民法院（以下简称市三中院）开庭审理了一起青浦某小区业主委员会诉上海市人民政府的行政诉讼案件。时任市司法局巡视员刘平、行政应诉处处长宋健代表市政府出庭应诉。旁听席座无虚席，来自全市10家市政府委办局、16个区政府近150位领导干部、法治工作骨干人员以及在市委党校培训的民政系统干部参与了旁听。庭审后，市司法局副局长宋烈主持了讲评交流会，时任市政府法律顾问、中华全国律师协会副会长盛雷鸣，时任市高级人民法院行政庭庭长李健对本次庭审进行了点评；时任市水务局副局长刘晓涛、时任市科委巡视员季晓烨、时任青浦区司法局局长朱建忠交流了旁听心得。时任市三中院副院长璩富荣对市级行政机关诉讼情况进行了通报，并现场发放了2018年度行政审判白皮书。时任市高级人民法院副院长张斌对进一步做好市级机关行政应诉工作提出了要求。时任市政府秘书长汤志平对立足新职责新使命、服务改革发展稳定工作大局、进一步加强和改进行政应诉工作作了强调。本次庭审旁听讲评活动是机构改革后由市司法局组织的首次行政机关负责人出庭、旁听、讲评“三合一”活动（以下简称“三合一”活动），也是首个以上海市人民政府作为被告案件开展的“三合一”活动。本次活动的顺利开展，标志着“三合一”活动在2019年取得了进一步发展，层级进一步提升、效果进一步深化。

图 1　在市三中院举办的“三合一”活动

2023 年 6 月 5 日，复旦大学校园里举办了一场真实庭审活动，复旦大学法学院、同济大学法学院、上海财经大学法学院、上海理工大学马克思主义学院师生代表 100 余人现场旁听庭审。庭审围绕某检测机构诉杨浦区生态环境局行政处罚及杨浦区人民政府行政复议一案进行了公开开庭审理，杨浦区副区长于洋、杨浦区生态环境局局长赵阳出庭应诉。庭审后，市司法局二级巡视员、行政应诉与协调处处长宋健，市教委政策法规处四级调研员陆海佳，上海铁路运输法院法官崔胜东和复旦大学法学院教授张梓太进行了评议互动，在座师生代表纷纷为这堂“沉浸式”法治教育课点赞。庭审还通过看看新闻网客户端、“上海法治报”抖音号及视频号、“市高院”抖音号及视频号等新媒体平台向社会公众实时现场直播，33 万人次在线观看了庭审直播。此次活动是市司法局推动开展“三合一”进高校活动的典范。“三合一”进高校活动，在庭审中融入法治教育，在教育中普及法治理念。活动聚焦服务法治建设的“未来多数”，为在校大学生提供了一个观察社会的窗口、一个社会实践的平台、一个就业选择的比较，通过促进法治实践与法学教育的良性互动，相信可以为在校大学生寻找理想、逐梦未来助力。

图 2 在复旦大学举办的“三合一”进高校活动

“三合一”活动是上海市行政应诉工作的重要品牌，自 2017 年在全国首创该项活动以来，至今已举办百余场。上海行政应诉人从未停止探索的步伐，不断拓展新天地，上述案例也正是上海行政应诉工作踔厉奋发、锐意进取的鲜明注脚。

一、“三合一”活动发起的动因和背景

2014 年 10 月，党的十八届四中全会通过的《中共中央关于全面推进依法治国若干重大问题的决定》明确要求：“健全行政机关依法出庭应诉、支持法院受理行政案件、尊重并执行法院生效裁判的制度。”2015 年 5 月，修改后实施的《行政诉讼法》第 3 条第 3 款规定：“被诉行政机关负责人应当出庭应诉。不能出庭的，应当委托行政机关相应的工作人员出庭。”2016 年 6 月，《国务院办公厅关于加强和改进行政应诉工作的意见》出台，就强化应诉工作提出具体要求。

一方面，是中央推动法治政府建设的新要求，是法律的新规定，是人民群众对告官要见官的新期待；另一方面，则是本市仍然存在的部分行政机关负责人不愿进法院、不想坐上被告席、不会庭上质证答辩等现实不足。2017 年

6 月,上海市法治政府建设工作领导小组办公室印发《关于开展 2017 年行政诉讼庭审旁听工作的意见》,将“负责人出庭旁听讲评”作为本市法治建设的新抓手,即在行政诉讼案件中,负责人出庭、负责人旁听,并进行讲评交流。这一活动将庭审过程变成培训过程,把法庭变成讲习的课堂,能够实现与行政应诉工作有效衔接,切实提高工作人员出庭应诉的能力和水平;与推动行政机关负责人出庭应诉工作相融合,有效提升行政机关负责人的法治思维和法治素养;与推进法治政府建设工作相结合,努力提升本市依法行政意识和行政执法水平。

二、“三合一”活动的做法和拓展

(一)“三合一”活动的主要做法

“三合一”活动的做法分为规定动作和自选动作。

首先,开庭的案件需要具备一定的特点,满足典型性、共通性、教育示范性等要求。例如,聚焦市委、市政府重点工作的案件,与民生福祉直接关联的案件等。其次,出席的单位与人员需要齐备,除出庭的被诉行政机关负责人外,旁听人员应覆盖相关的班子领导成员,业务部门、法治部门、执法部门等相关部门负责人。最后,在庭审结束后,来自法院和政府部门的相关负责人从司法监督、复议监督等不同视角进行点评,出庭应诉负责人和旁听人员交流发言。除规定动作外,实践中,有的“三合一”活动中,还会增加行政诉讼情况通报,法院赠送行政审判白皮书等自选动作。

“三合一”活动的提出和优化,既有市级层面的谋划设计,也凝聚了各区的智慧与力量。例如,黄浦区积极响应“三合一”活动部署,于 2017 年 10 月印发《黄浦区行政机关负责人出庭应诉和旁听审理实施办法》,进行建章立制;静安区提出“一张报送区领导的请假条”的创新做法,以此平衡行政机关负责人的日常工作和出庭应诉工作。

(二)“三合一”活动的拓展思路

奋进新征程、建功新时代。“三合一”这个抓手如何更好地抓在手上?

事实上,“三合一”活动走深的背后,离不开行政机关负责人出庭应诉这项基础工作的真抓实干。不论是上海市政府出台《上海市行政应诉工作规定》，上海市法治政府建设工作领导小组办公室印发《行政应诉案件办理工作规范（试行）》，还是加强考核指标设定，设置基础指标和联动指标，或是像普陀区每季度对全区行政机关负责人出庭应诉情况进行分析通报，宝山区建立“庭前报备、庭中监督、庭后销号”的闭环工作机制……一系列制度机制图谱，为全市行政机关负责人出庭应诉工作划出了“硬杠杠”，明确了“项目表”，绘就了“施工图”。行政机关负责人出庭应诉工作的夯实为“三合一”活动奠定了良好的基础。在此基础上，上海行政应诉人进一步创新“三合一”活动的形式，主要为以下两个方向：

第一个方向是抓住“关键少数”。领导干部是党和国家事业发展的“关键少数”，对法治建设具有风向标作用，党校则是培养领导干部的摇篮，开展“三合一”进党校活动，将“三合一”活动的平台优势与党校法治教育创新的需要相结合，能够为进一步提升“关键少数”法治思维和行政执法水平搭建新平台、探索新模式。2021 年 6 月，市委党校与市司法局举行“三合一”活动进党校合作框架协议签约仪式。截至 2022 年年底，上海 16 个区司法局均与各区委党校签订“三合一”进党校合作框架协议，并开展各具特色的“三合一”进党校实践活动，实现了从推动干部应诉实务技能提升到干部综合能力培养的突破，形成了市、区两级上下一体，遥相呼应、互相影响的体系化工作机制。

第二个方向则是面向“未来多数”。高校是科学种苗的繁育场，是社会动能的输出地，是专业知识的大讲堂，让高校学子亲身走进法庭、聆听庭审、参与交流，能够有力推动习近平法治思想融入高校教育，促进理论实务交融，培养高素质人才。2023 年 2 月，市司法局与市教育委员会联合发文，正式启动“三合一”进高校活动。截至 2023 年年底，全市 16 个区均已组织开展了“三合一”进高校活动，走进 19 所高校，涵盖法学类、理工类、金融类、语言类、医学类、艺术类、高职类等各类学生。“三合一”进高校活动中，高校师生既可亲临庭审现场观摩，也可线上云观摩；既可旁听真实案件庭审，也可角色扮演参与模拟法庭，多种选择和形式进一步扩大了受众面，增强了活动的影响力。

三、“三合一”活动取得的成效

在“三合一”活动开展的第二年,“三合一”活动就荣获由中国政法大学法治政府研究院、中国法学会行政法学研究会评选的“2018 年第五届中国法治政府奖”。这既是一份荣誉,也意味着责任与担当。

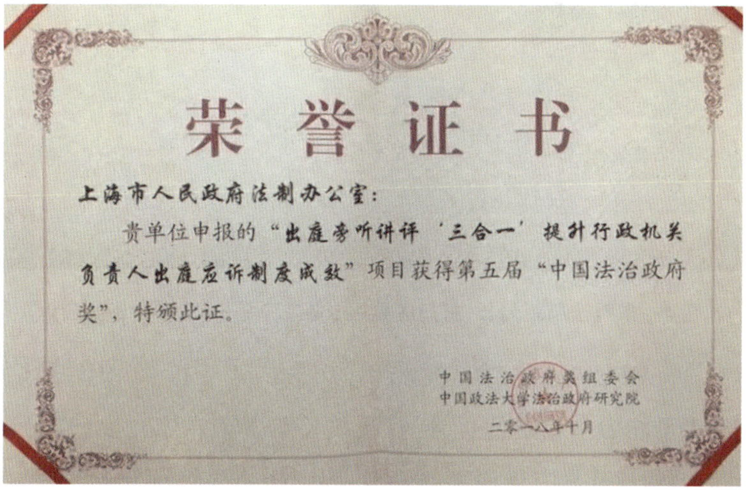

图 3 “三合一”活动获第五届“中国法治政府奖”

转眼又过了几年,我们可以看到上海的“三合一”活动做得有声有色,取得了明显成效。

第一,全市行政机关负责人出庭应诉率显著提升。2020—2023 年全市出庭应诉率分别为 39.9%、82.3%、84%、94.6%,近年来,全市出庭应诉率持续提升,各级行政机关负责人普遍树立了“出庭是公务,应诉是履职”的意识。这与“三合一”活动带来的应诉意识和对能力的重塑密不可分。

第二,实质化解了一批行政争议。行政机关负责人具有决策权的优势,能够在庭审中及时发现、解决行政管理和执法中存在的问题,促进争议的实质化解。例如,2023 年 6 月,市第二中级人民法院举办的一场“三合一”活动中,法庭开庭审理了一起征收补偿决定及行政复议案件,双方当事人在审判长主持下,围绕居住困难审核认定、安置房源选择等争议焦点进行举证和质证,并展开充分辩论。庭审中,市司法局副局长董海峰、虹口区副区长关也彤分别代表上海市政府和虹口区政府出庭应诉，行政机关负责人的出庭应诉为争议的实质化解创造了重要的条件。最终，双方就补偿方案达成一致意见，原告当场提交撤诉申请，矛盾得以成功化解。

图4　市司法局副局长、虹口区副区长在“三合一”活动中出庭应诉

第三，进一步提升了依法行政水平。“三合一”活动可以更好地倒逼行政执法一线人员能力和水平的提升，行政机关负责人在亲自出庭或旁听案件后，会对行政执法问题有更深入的思考，起到出一次庭比上十次法制课更有效果的作用。2018年5月，在市三中院旁听一场“三合一”活动后，时任金山区副区长刘健感言：“旁听庭审有利于行政机关增强法律意识，提高行政执法能力和水平。”他认为，旁听行政诉讼庭审要能举一反三，通过旁听，能在案件中发现很多苗头性问题，做到早发现、早预防，从源头上化解行政争议。当下，上海行政执法规范化水平持续提升，也少不了“三合一”活动的一份助力。

四、“三合一”活动推广的价值

“三合一”活动值得推广的原因正在于其重要的意义：扎实开展行政机关负责人出庭应诉工作，有助于严格落实法律规定，切实维护司法权威；抓住“关键少数”，有助于提升领导干部运用法治思维和法治方式深化改革、推动发展、化解矛盾、维护稳定的能力；参加庭审、点评交流等活动，有助于切实提升应诉人员出庭应诉能力与水平；行政机关负责人出庭出声、释疑解惑，积极回应人民群众期盼，有助于推动构建理性、平等、协商、说理的新型官民关系。

更为重要的是,“三合一”活动契合了习近平法治思想的要求,是习近平法治思想在实践中的生动体现。“三合一”活动既是“坚持依法治国、依法执政、依法行政共同推进”项下的一项具体制度机制,又符合其他多个“坚持”的要求:聚焦行政机关负责人,“三合一”活动落实“坚持抓住领导干部这个‘关键少数’”;聚焦培育政府法治工作人才,“三合一”活动落实“坚持建设德才兼备的高素质法治工作队伍”;聚焦人民群众的诉求,“三合一”活动落实“坚持以人民为中心”。做好并推广“三合一”活动,也是贯彻落实习近平法治思想的一项重要举措。

五、“三合一”活动的展望

展望未来,“三合一”活动如何持续焕发活力?

首先,需要牢牢锚定习近平法治思想这一基本坐标。习近平法治思想贯穿改革创新的时代精神,彰显公平正义的时代价值,紧扣国家治理现代化的时代主题,诠释了“百年未有之大变局”背景下法治建设的时代使命,内涵丰富、论述深刻、逻辑严密、系统完备,为“三合一”活动的发展和创新提供了源源不断的思想资源。“三合一”活动不论是追本溯源,还是谋划发展,都可以在习近平法治思想里找到答案。

其次,需要聚焦促进法治政府建设具体目标任务。具言之,更好地落实行政诉讼法律规范关于行政机关负责人出庭应诉的法定要求,展现行政机关积极应诉的良好形象;更加强化领导干部的法治思维,完善决策、改进工作、减少争议产生,提升法治工作水平;更大力度实质性化解行政争议,充分发挥负责人化解争议优势,实现更多纠纷案结事了。

再次,着力优化“三合一”活动规范化、常态化机制。目前“三合一”活动仍旧存在活动案件标准有待明确、旁听交流内容有待深入等不足,需要持续推进“三合一”活动规范化、常态化机制建设。进一步明确活动案件范围和选择标准,推动建立“三合一”活动讲评专家库以提升讲评交流环节效果,定期组织培训以规范各区、各条线“三合一”活动的开展。

最后,“三合一”活动的创新和丰富,是一项需要久久为功的任务。只有不断出“新”，才能持续走“心”。“三合一”活动本身“溢出”效应明显，聚焦不同群体、结合不同需求，“三合一”活动形式和功能在实践中不断得到拓展延伸，正如前文所述，市司法局先后指导、推动全市开展“三合一”进党校、进高校活动，取得了良好的社会效果，这种效果可以概括为平台赋能。未来，可以将“三合一”活动打造为具有开放性的平台，根据不同的需求，促进不同领域资源的集成和共享，从而将上海法治品牌向更广的空间延展。

3. 多元解纷“一件事”机制

（市司法局）

2023 年 3 月的一天，黄浦区医患纠纷人民调解委员会（以下简称黄浦区医调委）的办案系统收到多元化解矛盾纠纷“一件事”平台（以下简称解纷“一件事”平台）发来的纠纷化解申请，内容是当事人许某与某医疗机构的一起医疗纠纷。黄浦区医调委立即安排调解员电话联系许某，经进一步了解获悉，许某在该医疗机构接受双眼皮修复术后效果不理想，不但与医方自行交涉未果，而且被医方保安驱赶出医院；为求解决纠纷，许某一边通过手机“随申办”App 的解纷“一件事”平台向黄浦区医调委提交了调解申请，一边再次到该医疗机构与医方交涉。人民调解员安抚许某后，立即联系医方，征询医方调解意愿，初步听取医方意见，并立即赶往某医疗机构现场调解。人民调解员从医学和法律两方面释理说法，劝说疏导并适时提出调解建议，最终促成医患双方就纠纷化解达成一致意见，签订了人民调解协议书。一起医疗纠纷经解纷“一件事”平台在线申请，人民调解组织快速响应、及时调解，在申请当天就成功化解。这是本市 2023 年解纷“一件事”平台接收到的近 2.1 万件解纷申请中的一件，其中符合条件予以受理的有 1.6 万件，化解成功率达 95%。

为深入学习贯彻党的二十大精神和习近平总书记关于“坚持把非诉讼纠纷解决机制挺在前面”的重要指示精神，深入践行“人民城市人民建，人民城市为人民”重要理念，按照司法部、市委、市政府关于加强大调解机制建设的总体部署，市司法局解纷“一件事”作为优化服务保障民生和打造法治化一流营商环境的重要项目推进。

图 1　解纷“一件事”宣传

一、品牌产生背景

自 2021 年 5 月 1 日起实施的《上海市促进多元化解矛盾纠纷条例》规定，“市司法行政部门负责牵头建设统一的多元化解矛盾纠纷信息化平台……为当事人提供一站式矛盾纠纷化解服务”。2022 年 1 月，解纷“一件事”平台建设纳入《2022 年上海市全面深化“一网通办”改革工作要点》，明确由市司法局牵头市高级人民法院、市公安局等 15 家办事单位，会同市大数据中心共同推进平台建设，建立全市矛盾纠纷解决一口申请和管理的信息化系统，对接调解、仲裁、行政复议、行政裁决等 10 类纠纷化解途径，整合全市 15 个部门的解纷资源，在全国首创建成解纷“一件事”平台。

图 2　解纷“一件事”上线仪式

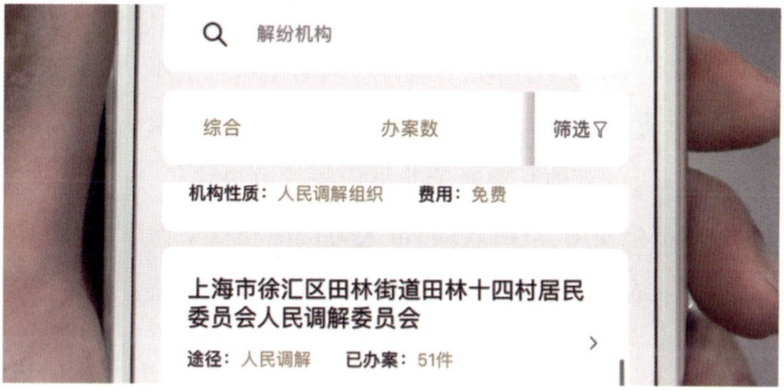

图 3　解纷“一件事”客户端

二、深入调研把握纠纷化解工作难点、痛点

市司法局抽调力量组建专班，明确任务分工，开展密集调研，广泛听取 15 家配合单位意见，分析全市矛盾纠纷化解工作存在的主要问题。一是解纷申请便捷度不高。各类纠纷化解途径涉及全市 15 家单位的上万家解纷机构，申请条件和范围不一，申请材料要求复杂，当事人难以准确找到并选择适宜的解纷途径。二是解纷力量集约度不高。各条线的解纷机构工作衔接不够

紧密，解纷资源利用度不高，难以形成工作合力。三是社会治理数字化程度不高。各解纷机构信息系统互不相通，无法实现全市矛盾纠纷全量归集、分析，影响矛盾研判、预警的整体效能，支撑社会治理现代化的作用发挥不够充分。

三、以人为本打造多元解纷信息化平台

针对调研发现的问题，通过“一件事”流程再造，在市“一网通办”总门户建设统一的解纷申请入口，分步对接相关单位纠纷化解业务系统，努力实现矛盾纠纷“一口申请、一口受理、一口归集、一体管理”，实现纠纷化解“全覆盖、全统筹、全留痕、全监管”，畅通和规范群众诉求表达、利益协调、权益保障通道，提升群众对解纷服务的获得感、满意度。

（一）明确解纷申请事项

解纷“一件事”涉及的具体事项包括人民调解申请、行政调解申请、行业性专业性调解申请、民商事仲裁申请、劳动人事争议调解申请、农村土地承包经营纠纷仲裁申请、行政复议申请、行政裁决申请、司法确认申请、提起诉讼10项。除诉讼以外的其他9项属于非诉讼争议解决途径，涉及市司法局、市高级人民法院、市公安局、市财政局、市人力资源和社会保障局、市规划和自然资源局、市农业农村委员会、市文化和旅游局、市市场监督管理局、市知识产权局、上海银保监局、市总工会、市妇女联合会、市工商业联合会、市消费者权益保护委员会等办事单位。

（二）细化改革任务

一是打造集约模式，构建全市纠纷化解网络；二是再造业务流程，形成跨单位纠纷化解业务办理流程；三是规范办理标准，统一申请文书格式；四是统一技术标准，制定数据标准和案件流转数据协议；五是建设入口门户，提供一站式解纷服务线上窗口；六是构建办件网络，推动各单位改造业务系统，实现接收纠纷申请、反馈办理信息等功能；七是建设全市矛盾纠纷主题库，汇总全市矛盾纠纷和业务办理数据并进行分析，为应用大数据技术加强社会治理打下坚实基础；八是推进线上线下同事同标，按照线上申请标准统一各单位线

下窗口申请流程。

（三）统一办理流程

流程主要有纠纷申请、办件接收、案件受理、案件办理、案件办结、情况反馈六个环节。其中，纠纷申请分为平台线上申请和“窗口”线下申请，线上申请流程为填写信息、选择解纷机构、知情告知、确认提交、办件生成及办件转派。要求各解纷机构在各自系统中接到办件后，在 1 个工作日内联系申请人，告知收悉办件，进一步沟通了解纠纷情况，解答申请人疑问，解释说明政策规定、办理流程等。接到办件的解纷机构对申请人提交的申请进行审查。需要征求被申请人接受纠纷化解意愿的，接到办件的解纷机构应当在 3 个工作日内联系被申请人。接到办件的解纷机构应当在规定时间内作出是否受理的决定，按照相关解纷途径的规定告知申请人，并将受理情况反馈平台。

（四）与诉讼仲裁相衔接

纠纷化解成功所达成的协议，在司法确认范围内的，各方当事人可以在相关解纷机构协助下在线提交司法确认申请。相关人民法院收到司法确认申请后按规定办理。纠纷化解成功所达成的协议，各方当事人也可以在相关解纷机构协助下在线提交选定的仲裁机构，通过仲裁程序予以确认。

纠纷化解不成功、可以提起诉讼的，相关解纷机构在征得申请人同意后，引导申请人线上提起诉讼。相关人民法院按照诉讼有关规定办理。纠纷化解不成功、当事人之间存在仲裁协议并符合仲裁受理条件的，相关解纷机构可引导当事人申请仲裁。当事人之间不存在仲裁协议的，相关解纷机构也可以在引导当事人达成事后仲裁协议后申请仲裁。

四、数字赋能系统化提升解纷效能

经与市人民政府办公厅、市大数据中心及 15 家配合单位深入沟通协作，全力推进建设，解纷“一件事”平台如期高质量建成，于 2022 年 12 月 15 日正式上线运行，首批对接了市司法局、市工商业联合会、市妇女联合会、市农业农村委员会、上海银保监局 5 家单位主管的 6700 家解纷机构，提供包括各类民商事纠纷、行政争议等在内的多元化解矛盾纠纷服务，初步实现了平台建设目标，打通了矛盾纠纷化解中的一些痛点、堵点。

一是解纷申请更加便捷。平台将纠纷地点、类型等特征与各解纷机构的受理条件智能匹配，自动筛选适合的解纷机构供群众选择，解决群众找不准解纷途径和解纷机构的问题。申请人可以在手机申请页面的智能引导下，在线填写纠纷信息、选择解纷机构、提交申请，数分钟即可直达解纷机构，有效解决因申请材料、受理条件复杂，申请人频繁奔走于各解纷机构、反复提交申请信息等问题。平台通过优化解纷机构排序显示，引导群众优先选择非诉途径以及基层调解组织化解矛盾纠纷，最大限度地将矛盾纠纷化解在基层、解决在萌芽状态。

二是解纷选择更加多元。平台以建设解纷"掌上超市"的理念按照开放性架构有效整合各类解纷资源，首批对接的 6700 多家解纷机构，涵盖全市街镇、居村等各类人民调解组织开展的人民调解、社会组织开展的行业性专业性调解以及仲裁机构开展的土地承包经营仲裁等领域，提供 430 多类纠纷的解纷服务。适用对象包括市民群众、在沪外籍人员、各类公司企业、经济组织、社会组织和服务机构等，实现服务对象全覆盖。纠纷当事人只需要一部手机，就能走入解纷"超市"，随时、随地、随身申请解纷服务。2023 年 1 月，律师李某代理了某银行与乔某的信用卡债务纠纷。解决该纠纷，李律师既可以起诉乔某，也可以向调解组织申请调解。李律师在解纷"一件事"平台填写纠纷信息后，在系统匹配的各解纷机构中选择了闵行区联合人民调解委员会（以下简称闵行区联调委）提交了申请。经闵行区联调委调解员通过视频在线方式与双方沟通疏导，了解到身在外省的乔某创业失败导致信用卡违约的情况，向其普法教育，并向李律师转告了乔某现状和及时还清债务的意愿，经斡旋撮合，最终促成纠纷双方就解决该债务纠纷达成一致意见，为当事人提供了相较诉讼成本更低、风险更小、流程更便捷、履行率更高的非诉讼争议解决途径。

三是解纷资源更加集约。实行"一案一号"，实现纠纷化解申请"一事一办"，达到纠纷化解全面覆盖、全程留痕、全网监管，减少单件纠纷多头化解的情况，节约政府和社会资源，提升化解矛盾纠纷能级，降低社会治理成本。同时，平台有效打破了部门间数据壁垒，全量归集全市矛盾纠纷数据，形成跨部门矛盾纠纷数据库，为应用大数据分析发现社会矛盾的突出问题和开展社会矛盾风险监测预警打下坚实基础。

图4 解纷“一件事”专场宣传

五、解纷“一件事”推广价值

一是在推动超大城市基层社会治理中始终坚持党的领导和以人民为中心。紧紧抓住党的领导在新时代“枫桥经验”中的本质特征，确保基层社会治理的正确方向，坚持基层创造和顶层设计相结合，努力探索符合中国特色社会主义国际化大都市的基层社会治理道路。以为了人民、依靠人民作为解纷“一件事”平台建设的出发点和落脚点，将顶层设计和基层探索有机结合，统筹人力和科技，统筹线上和线下，打造集约模式，构建全市纠纷化解网络，再造业务流程，形成跨部门纠纷化解大数据平台，进一步深化公共法律服务供给，为群众提供更优质、更高效、更贴心的纠纷化解服务。

二是在多元化解矛盾体系建设中始终坚持四个自信。坚持中国式基层社会治理的世界观和方法论，坚持传承和发展党在基层社会治理的历史中形成的宝贵经验，自信自强、守正创新，在创新发展新时代“枫桥经验”这一东方智慧的同时，既注意借鉴国外管理和治理的理念和做法，又注意防止盲目照搬、食洋不化。在解纷“一件事”平台的顶层设计中，在借鉴国外替代性纠纷解决机制的同时，坚持把人民调解等非诉讼争议解决机制挺在前面，坚持依靠群众解决群众身边的问题，坚持走中国式社会治理现代化之路，牢牢把握“中国化、本土化”的原则和依靠群众解决问题的精髓。

三是在推动超大城市治理现代化中注重数字化智能化。依靠科技创新，运用信息化手段，做好前置防线、前瞻治理、前端控制、前期处置，提高预测预警预防能力，是本市推进社会治理现代化水平的重要课题。针对各解纷机构信息系统互不相通、解纷数据利用度不高等问题，解纷“一件事”平台在业务方案和技术方案中，统一了各解纷途径、解纷机构的数据字典、数据标准以及办件流转数据协议，彻底打破各部门数据壁垒，消除数据烟囱，建设全市统一的矛盾纠纷主题库，对全市社会矛盾纠纷数据进行全量归集、统计、分析，及时发现社会矛盾的突出问题，反映影响社会稳定的新情况、新因素、新趋势。

4.法治守护城市文脉

（市文化和旅游局）

2023 年 7 月 26 日，上海浦东碧云美术馆二楼展厅，第二届“海上来风——中国国际进口博览会文物艺术品公益展”正式开幕。展品包括常玉、张大千、齐白石、傅抱石、吴冠中、黄宾虹等 12 位近现代知名艺术家创作的 28 件精品之作，而此次面向公众展出的作品均为第四届和第五届中国国际进口博览会（以下简称进博会）免税进境销售的文物艺术品。“公益展示”更好地发挥了这批享受免税政策的文物艺术品美育价值和社会效益，让更多没有机会亲临进博会现场的社会公众，在“家门口”便能一睹回流文物艺术品风采。

图 1　第二届“海上来风——中国国际进口博览会文物艺术品公益展”现场

2022 年 3 月，佳士得升级上海总部能级，打造上海艺术空间，“上海——伦敦联合拍卖”中，首次于我国内地拍卖的西方现代主义大师基斯·凡·东根作品《戴项链的女子》以 2316 万元成交。这也是落实社会文物改革试点重要举措的首次尝试，市场反响良好。2023 年 5 月，苏富比中国内地总部正式落户上海，成为“艺术苏河”重要的一环。

图 2　2022 年佳士得上海拍卖现场

近年来，上海市文物领域管理改革不断推进。自 2020 年起实施的市政府规章《上海市民间收藏文物经营管理办法》（以下简称《文物办法》）、2020 年 11 月国家文物局和上海市人民政府启动的社会文物管理综合改革试点、自 2022 年 10 月起施行的地方性法规《上海市浦东新区文物艺术品交易若干规定》（以下简称《文物若干规定》），以精准有效、务实可行的创新性制度举措，逐步构建完善的文物艺术品交易制度体系和配套政策高地，营商环境、交易规模、集聚效应显著提升，国际文物艺术品交易中心的地位和作用愈加凸显。2023 年 7 月 4 日中共上海市第十二届委员会第三次全体会议通过的《关于深入学习贯彻习近平新时代中国特色社会主义思想　深化高水平改革开放　推动高质量发展的意见》将“拓展国际文物艺术品交易等文化服务贸易”写入其中。

一、出台首部民间收藏文物领域的省级政府规章

2019 年 12 月,上海市政府第 74 次常务会议审议通过《文物办法》,这是全国首部民间收藏文物领域的省级政府规章。《文物办法》对古玩市场内商户的管理、网络文物经营活动等都作出了创新性规定,为构建规范有序、充满活力的文物市场提供制度基础和良好经验。该办法被评为 2020 年度上海市法治建设十大优秀案例。

古玩旧货市场中存在未经审批而从事文物经营活动的商户在全国范围都较为普遍,属于监管的"灰色地带"。针对这一情况,《文物办法》规定古玩旧货市场内的商户可以由市场主办单位统一取得文物商店设立许可,依法从事文物经营活动,并通过市场主办单位在申请许可时一并提交商户基本信息、商户发生变动时及时变更相关信息、明确市场主办单位管理责任等制度设计,形成政府管古玩市场、古玩市场管商户的监管模式,将古玩旧货市场内商户的文物经营活动纳入监管范围。这项举措使大量的小规模商户可以在"阳光"下合法开展文物经营活动,大大激发了市场的活力。实施 4 年多以来,已有云洲、虹桥、中福、新藏宝楼、豫园 5 家古玩旧货市场统一申领了文物商店资质,共计 246 家经营文物的商户。

随着电子商务的迅猛发展,通过自建网站、电子商务平台或者其他网络服务从事文物经营活动的电子商务经营者越来越多,市场交易额越来越大,为了保持线上线下监管要求的一致性,《文物办法》根据《电子商务法》的有关规定,对这类经营主体的文物经营资质要求和经营者的管理责任作出了明确规定。

文物经营单位在申请文物经营资质许可条件中,有一条核心要素就是文物拍卖企业需要有 5 名以上文博系列高级职称的专业人员,文物商店需要有 5 名以上文博系列中级职称的专业人员。而这些专业人员主要集中在相关文博单位,这是长期以来困扰文物经营单位的难题。为此,《文物办法》首次提出支持文物经营单位的专业技术人员参加文物博物系列职称评定,并建立文物鉴定人才培养基地,开展专业知识和技能培训等,为促进文物经营单位高质量发展提供强有力的人才队伍支撑。

上海各文物拍卖企业、文物商店、古玩市场规模大小、内容特点、发展水平都不尽相同。为了促进全市文物经营单位的共同发展和健康发展,2019 年 5 月,经市民政局批准,上海市社会文物行业协会正式成立。这是国内首个面向文物经营行业的地区性行业组织。行业协会根据《文物办法》的规定,加强行业自律,制定行业管理规范,开展行业诚信体系建设,指导、督促会员依法开展文物经营活动,引领、带动全市文物经营单位以更加包容开放的胸襟和诚实守信的精神参与市场竞争,使文物市场健康有序、充满生机。

二、制定首个公益鉴定咨询服务工作规程

鉴于广大市民对文物鉴定咨询有较大需求,且法律法规中对文物鉴定单位的资质审批和监督管理存在真空地带,2017 年 3 月以来,市文化和旅游局坚持正面引导、主动服务、专业护航,在深入调研的基础上,先后组织 10 家单位,在全国率先开展面向社会的民间收藏文物公益鉴定咨询服务,同时以《上海市民间收藏文物鉴定咨询推荐单位工作规程》作为此项工作的具体操作依据。2019 年,国家文物局专门向全国各省(区、市)发文推广此项服务。

图 3　民间收藏文物公益鉴定咨询服务现场

目前,上海市的民间收藏文物公益鉴定从地域上基本覆盖所有中心城区和五大新城,从时间上基本覆盖所有工作日和双休日。工作开展以来,市民关于社会文物鉴定的投诉求助同比下降 80%,各类以文物鉴定名义的诈骗公司在上海也逐渐失去立足之地,既保障了文物收藏爱好者的正当权益,又增强了人民群众依法收藏文物的意识,取得了良好的社会效益。2017 年至 2023 年,已累计接待收藏爱好者 5 万余人次,无偿鉴定藏品总数超 10 万件。

三、启动全国唯一社会文物管理综合改革试点

2020 年 11 月 10 日,国家文物局和上海市人民政府签署《关于共同推进社会文物管理综合改革试点合作协议》。市文化和旅游局围绕新时代社会文物保护利用改革总体布局,聚焦上海国际文化大都市建设的战略目标,在文物回流、保护展示、人才培养、进出境审核等方面实施一系列制度创新。这场社会文物管理综合改革试点,与上海打造国内大循环的中心节点、国内国际双循环的战略链接的定位相一致;在坚守中国的法律法规的原则和底线下,尽最大可能吸收、对照国际惯例和国际标准。创新、实验、包容、不断完善,为文物市场发展全面注入新活力。

在文物拍卖行政审批方面,完成审批流程优化再造,整合推出"我要举办文物拍卖会"一件事;在推动市场转型方面,推出文物拍卖领军企业扶持计划,重点围绕线上拍卖新业态,引导各类经营主体进入良性发展轨道。

在立足本土的基础上,市文化和旅游局牵头协调江苏省、浙江省、安徽省文物局,共同签署《长三角文物市场一体化规范发展战略合作框架协议》,建立全国首个区域性文物市场一体化规范发展合作体系,主动服务长三角文物市场一体化高质量发展。与上海海关共同制定《上海海关市文化旅游局关于执法罚没文物移交工作备忘录》,在罚没查扣文物拣选、鉴定、移交等方面,建立长效工作机制。

四、创制浦东新区文物艺术品交易立法

在社会文物管理综合改革试点一系列央地共建"组合拳"下,上海又在制

度建设上筑牢了“防护墙”。2022年8月,《文物若干规定》经市人大常委会表决通过,并于10月1日起施行。这部地方立法是以社会文物管理综合改革试点取得的阶段性实践成果为基础,在现行法律框架下进行的更高质量的制度创新探索,是全国首部社会文物领域地方性法规,固化了改革试点中的一系列创新举措。依托浦东新区的制度基础、开放优势、战略地位和资源禀赋,市、区共建“上海国际文物艺术品交易中心”,更有利于放大国际文物艺术品“入海口”,畅通海外文物回归“主通道”。

图4 上海国际文物艺术品保税服务中心

围绕多元主体共同参与文物拍卖经营活动,在严格遵守《文物保护法》等有关法律和行政法规前提下,创新服务模式,推动文物市场提质增效。法规规定设立上海国际文物艺术品交易服务中心,为文物拍卖经营活动和艺术品交易提供场所、设施、鉴定等服务,并对通过服务中心开展文物拍卖经营活动的拍卖企业实行名单制管理。同时,围绕依法加强对服务中心的有效监管,根据《文物若干规定》,牵头研究制定了《上海国际文物艺术品交易服务中心管理办法(试行)》,并由服务中心制定了交易规则,以加强对交易活动的有效监管,形成政府管服务中心、服务中心管交易活动的监管模式,实现服务与管理相结合。

法规明确实施文物临时进境“6 个月 × N”制度。“6 个月 × N”制度是国家文物局在改革试点中授权上海实施的全国唯一的自贸区保税区内文物进出境创新制度，即可以 6 个月为单位连续申请文物临时进境延期复出境。实施以来成效显著，上海已成为国内外知名企业办理文物进出境的首选口岸，更多海外中国文物可以以保税状态留在境内。为了进一步完善监管，法规明确了保税状态的文物滞留时间每累计满二年再次申请延期复出境时，须再增加一次实物审核。

法规支持文物艺术品保税展示交易，这意味着处于保税状态下的文物艺术品办理相关批文手续后，物理空间不限于自贸区保税区铁网范围内，而是可以便捷地出区展示交易，参与国内博物馆、美术馆的展览，或者各类艺博会、展销会，形成文物艺术品保税展示交易新模式。

五、发布进博会艺术品、收藏品及古物类展品服务指南

2020 年 10 月 12 日发布的《财政部、海关总署和税务总局关于中国国际进口博览会展期内销售的进口展品税收优惠政策的通知》规定，在进博会展期

图 5　第六届中国国际进口博览会文物艺术品板块现场

内,每个境外展商销售“艺术品、收藏品及古物”类展品,可享受 5 件以内的税收优惠政策,免征进口关税、进口环节增值税和消费税。2020 年第三届进博会期间,5 件古书画成交额 220 万元人民币,免征 14.13% 进口关税及进口环节增值税,共计减免 29.76 万元,免税政策取得“零的突破”。

2021 年,市文化和旅游局(上海市文物局)制定发布《中国国际进口博览会艺术品、收藏品和古物类展品服务指南(2021 版)》,并与进博局、市商务委、上海海关、国家外汇管理局上海市分局、自贸区保税区等部门通力合作,建立工作机制,加强政策衔接,理顺交易流程,完善服务保障,切切实实打通政策落实“最后一公里”。当年 9 家境外文物艺术品经营机构的 41 件展品完成交易,总成交额 7.6 亿元。进博会文物艺术品免税进境销售已成为“政策集中、交易集中、主体集中”的最具代表性回流通道。2020 年以来,四届进博会总计销售文物艺术品 142 件,总成交额 18.32 亿元。

六、建立健全文物艺术品市场规范发展的新型监管机制

为促进形成开放、活跃、诚信、有序的文物艺术品市场新格局,市文化和旅游局围绕提升社会文物治理体系和治理能力现代化水平,建立健全文物艺术品市场规范发展的新型监管机制。

构建以信用为基础的文物市场新型监管机制。搭建全市统一的信用信息监管平台,制定《上海市文物拍卖企业信用分级分类管理办法》,根据企业许可、备案、日常监督检查结果、违法行为查处以及企业公共信用综合评价等情况,评定其信用等级,并以此作为实施差别化分类监管的依据,让守信者“降成本、减压力”,让失信者“付代价、增压力”。

同时,针对文物商店、文物拍卖企业缺乏鉴定人才和现有人员专业适配度低等问题,起草《上海市文物鉴定专业技术人员培训考核管理办法》(暂定名),明确具体培训、考核、惩戒等管理措施,由市文化和旅游局指导社会文物行业协会定期举办文物鉴定专业技术培训,对考核合格的人员颁发合格证书,对违规从事鉴定活动的人员进行惩戒。

文物领域法治品牌建设围绕新时代社会文物保护利用改革的总体布局,

围绕上海建设社会主义国际文化大都市的战略目标,既有利于正确认识文物及其蕴含的历史文化价值,坚定文化自信,满足人民美好生活的需要;也有利于壮大市场主体,盘活流通市场,培育新型业态,改善服务环境,推进社会文物治理体系和治理能力现代化;还有利于深化改革开放,提升经济创新力、产业竞争力和文化软实力,可以更好地发挥上海对内对外开放两个扇面的枢纽作用。经过近年来的实践,上海社会文物管理实现重大跨越,由“先行先试”逐步走向“先行示范”,打造文物艺术品领域制度型开放和锻造一流营商环境的“上海方案”,在更高起点上放大各项政策的溢出效应。

5. 上海法院行政审判白皮书

（市高级人民法院）

新时代人民法院的行政审判工作，必须坚持以习近平法治思想为根本遵循，围绕国家战略实施和上海发展规划，不断提升服务大局、司法为民、公正司法的工作成效。行政审判白皮书是人民法院延伸审判职能、增进良性互动、促进依法治市的重要途径和方式。自 2004 年起，市高级人民法院（以下简称市高级法院）在全国率先制作发送行政审判白皮书，之后市高级法院每年根据上一年度本市政府部门行政诉讼情况，提出相关建议，发送行政审判白皮书。20 余年来，上海法院始终坚持服务保障依法行政的理念，全力打造助力法治上海建设精品品牌，不断拓展行政审判的影响力，充分发挥白皮书在促进依法行政方面的作用，取得良好效果。上海法院行政审判白皮书对促

图 1　上海行政审判白皮书

进依法行政起到了积极的推动作用，多次被评为上海法院优秀审判白皮书。

2004 年，《最高人民法院关于进一步加强行政审判工作的通知》要求努力营造良好的行政审判司法环境，主动自觉接受党委领导、人大监督，争取政府支持。上海法院积极落实通知要求，立足自身特点，发挥自身优势，创新互动形式，依托行政审判鲜活、丰富的案例资源，建立行政案件司法审查报告（白皮书）制度，每年对上一年度行政案件司法审查情况进行梳理、分析，从司法的视角为依法治市建言献策。目前，上海三级法院每年均会制发针对各个辖区和各执法领域的行政审判白皮书，不仅实现了白皮书工作在法院系统的全覆盖，而且实现了市、区两级司法审查“白皮书”的两翼齐飞。

近年来，上海法院对白皮书的撰写体例进行了探索，自 2006 年起开始实行主报告和分报告结合的撰写体例。主报告主要是对面上的情况进行分析；对涉诉案件较多，与民生问题密切相关的房屋土地资源、公安、规划、劳动和社会保障、工商五大主要行政执法领域司法审查情况的分析，则分别撰写分报告。近年来，上海法院的行政审判白皮书在内容上作了一定调整，在形式上作了一些创新，其定位从介绍行政审判工作向展现行政诉讼全貌的方向发展，并且将行政诉讼与本市法治政府建设相关工作结合进行分析研究，展现了上海法院致力于加强行政审判工作，服务保障法治上海建设、法治化营商环境建设，促进依法治市的决心和努力。自 2020 年起，上海法院勇于创新、提

图 2　市高级法院通过“线上线下”相结合的方式向社会发布行政审判白皮书

升品质、寻求突破，将白皮书的受众范围逐步扩大，不断拓展行政审判的影响力，充分发挥白皮书在促进依法行政方面的作用，取得了良好效果。

2023 年 8 月，市高级法院发布了《2022 年度上海行政审判白皮书》。该白皮书归纳提炼出了 2022 年本市行政诉讼的五个特点：一是涉诉行政争议数量有所减少，二是行政机关的出庭应诉工作特色明显，三是全力服务保障本市各项大局工作，四是法院行政争议多元实质化解得到稳步推进，五是司法建议发送及反馈工作质量有待提高。该白皮书将行政诉讼与本市法治政府建设相关工作结合，提出了若干关于法治政府建设的思考与建议：

1. 加强基层行政机关能力建设，促进治理能力现代化。一是增强基层行政执法人员法治意识，树立以人民为中心的执法理念，将法律原则和精神贯彻落实到行政执法全过程。二是全面贯彻落实行政执法三项制度，不断推进行政执法透明、完善执法程序，切实维护群众合法权益。三是完善基层综合执法体制机制，不断提升基层行政机关行政执法水平和治理能力。

2. 加强执法规范化，提升严格规范公正文明执法水平。要创新城市治理机制，依托网格化、智慧化手段，有效提升重点领域执法水平；加强跨部门综合监管，推进行政审批、日常监管与综合执法有效衔接；稳妥开展行政执法权下放工作，构建街道与区级行政机关执法案件移送协作机制。牢固树立执法正当程序意识，严格执行行政强制法定程序。

3. 深化社会治理体系建设，合力推进行政争议实质化解。一是积极构建多元共治诉源治理格局。二是充分发挥行政复议化解争议主渠道作用。三是全面推广行政行为自我纠正制度。

4. 健全相关机制，整体提升负责人出庭应诉工作水平。一是健全考核机制，进一步有针对性地科学设置行政机关负责人出庭应诉率等考核权重占比；二是建立通报反馈机制，对人民法院提出的司法建议等及时反馈；三是建立监督备案机制，了解和掌握本级被诉行政机关应诉准备情况及负责人出庭应诉情况，并督促其报备出庭应诉相关情况；四是建立信息公开机制，定期对辖区内行政机关负责人出庭应诉情况进行统计分析和评价，并通过适当方式将行政机关负责人出庭应诉情况向社会公开。

5. 充分发挥政务诚信在社会信用建设中的引领作用。建议完善行政协议的履约管理，严格履行与市场主体签订的行政合同。因公共利益需要变更合同或者解除合同，应该受到法定权限和程序的限制。对因政府失信、违约而遭受损失的主体，应畅通其救济渠道，确保其得到应有赔偿或补偿。

上海法院行政审判白皮书制度实行 20 余年来，不仅推动了上海依法治市的进程，也进一步优化了行政审判的司法环境。上海法院将进一步发挥行政审判白皮书服务保障大局的积极作用，切实提高白皮书的制作质量，提高行政审判白皮书服务大局的针对性和实效性，继续探索向社会发布白皮书的各种新形式，积极拓展行政审判效果和影响力，着力提高司法公信力，为上海经济社会发展提供良好的司法服务和有力的司法保障。

6. 检察建议助推诉源治理

（市人民检察院）

2021 年，上海市某区人民检察院在办理一起在点播影院发生的性侵案件时，敏锐地发现影视新业态领域的监管“盲区”，及时向有关部门制发检察建议。上海市人民检察院（以下简称市检察院）经调研发现此案并非个例，点播影院作为影视新兴业态，面临监管制度不健全、执法标准不明确、未成年人保护措施缺失等新问题。2021 年 9 月，上海市人民检察院向上海市电影局制发检察建议。在市、区两级检察机关的推动下，上海市启动点播影院市场规范整治行动，成立了全国首个点播影院行业协会，出台了行业规范意见，促进了点播影院行业的健康发展。

点播影院案中，检察机关上下联动，接续向行政主管部门提出检察建议，既实现了对性侵犯罪的源头治理，又为新业态发展保驾护航，体现了“办理一案，治理一片”的良好效果。党的二十大报告提出，“增进民生福祉，提高人民生活品质”。检察建议是检察机关依法履行法律监督职责、参与社会治理、预防和减少违法犯罪、保护国家利益和社会公共利益的重要方式，也是检察机关立足职能、贯彻落实党的二十大精神、坚守立检初心、厚植为民情怀的重要体现。市检察院通过“检察建议助推诉源治理”品牌建设，有效强化检察建议质量和整改落实效果，全面提升全市检察建议工作质效，推动相关领域治理的系统化、法治化、精细化，在深化诉源治理中践行人民至上理念、践行为民初心，在推动法治上海建设中展现检察担当。

一、品牌产生的背景和推动解决的问题

习近平总书记强调,“法治建设既要抓末端、治已病,更要抓前端、治未病”。[1] 党的二十大报告要求,“完善社会治理体系。健全共建共治共享的社会治理制度,提升社会治理效能”。2018 年《人民检察院组织法》正式将检察建议确立为检察机关行使法律监督职权的方式之一。2019 年以来,最高人民检察院先后下发《人民检察院检察建议工作规定》《人民检察院检察建议督促落实统管工作办法》《检察机关开展检察建议工作有关问题的解答》,进一步加强检察建议的规范化。2021 年《中共中央关于加强新时代检察机关法律监督工作的意见》对运用检察建议加强法律监督提出要求,2022 年市委《关于贯彻落实〈中共中央关于加强新时代检察机关法律监督工作的意见〉的重点措施》、市人大常委会《关于加强新时代检察机关法律监督工作的决定》进一步对检察建议工作予以保障和支持。检察建议作为检察机关履行法律监督职能的重要方式,是检察机关坚持在法治轨道上推进国家治理体系和治理能力现代化的重要手段、是检察机关坚持以人民为中心的重要体现、是检察机关以检察工作现代化服务中国式现代化的重要抓手。

进入新时代,人民群众对美好生活的向往更多地向民主、法治、公平、正义、安全、环境等方面延展,对检察机关做好法律监督、维护公平正义、参与社会治理、推动诉源治理等有了更高的期待和要求。对此,上海市检察机关心怀“国之大者”,找准“检察之为”,针对履职中发现有关机关和单位存在违法犯罪隐患、管理监督漏洞、风险预警和防控不到位等普遍性、倾向性问题,依法履行法律监督职责,提出建章立制、加强监管、改进工作等内容的检察建议。上海检察机关通过检察建议,推动法律监督从末端治罪向前端治理转变,促进相关领域治理的系统化、精细化,推动社会治理现代化、法治化,努力形成超大城市社会治理的“上海样本”,助力“中国之治”。

---

[1] 习近平:《坚定不移走中国特色社会主义法治道路　为全面建设社会主义现代化国家提供有力法治保障》,载《求是》2021 年第 5 期。

图1　上海市检察机关检察建议工作纪实

二、基本做法

市检察院持续打造“检察建议助推诉源治理”品牌,通过不断完善优化机制、勇于创新突破、积极凝聚合力、善用典型示范、扩大宣传影响等方式,提升检察建议助推诉源治理的能力和水平。

(一)健全制度机制,增强检察建议工作质效

为进一步推动检察建议工作落到实处、取得实效。为提高检察建议规范、质量和效果,2018年以来,市检察院先后出台《上海市检察机关关于开展检察建议公开宣告工作的规定(试行)》《上海市检察机关加强检察建议督促落实统管工作实施细则》《上海市检察机关社会治理检察建议工作指引》,树牢实践导向、问题导向、效果导向,对监督事项的调查核实和检察建议的制发程序、督促落实机制等进行了细化完善,为检察建议工作的规范有序开展提供了更加明确具体的依据。

(二)积极优化创新,不断完善推动社会治理方式

1. 全国首创检察建议宣告送达制度和“三方+三化”模式,通过第三方参与、面对面释法说理,有效提升监督效果。该模式于2019年被《人民检察院检察建议工作规定》吸收并向全国推广。

2. 建立重大社会治理检察建议项目化运作机制。在充分调研的基础上,

提出制发检察建议计划项目及完成时间，就某个领域、某个行业共性难点问题，制发有深度、有精度、有力度的社会治理检察建议，充分展现检察机关服务发展大局、聚焦人民关切的担当作为。

3. 建立全市检察建议监督线索报送、分析研判机制。发挥检察一体优势，畅通三级检察院线索报送渠道，对全市线索进行汇总、分析、研判，及时针对全市或跨区域的问题研究制发检察建议，推动倾向性、普遍性问题的解决和治理。

（三）凝聚多方合力，综合提升社会治理能级

1. 主动向党委、人大、政府报告，争取党政支持，推动将检察建议回复落实情况纳入法治上海建设考核指标体系，进一步增强了检察建议的刚性，有效推动堵漏建制、优化社会治理。

2. 为增强检察建议的专业性、精准性，在调查核实、宣告送达、督促落实等环节，适时邀请相关行业专家、人大代表、政协委员等第三方共同参与见证和监督。

3. 注重与被建议单位的沟通联系，推动被建议单位及其上级单位对检察建议的重视和采纳。与法院联合建立全流程网上办理平台，与行政机关、行业协会等联合开展专项整治、联合出台文件，共同推进检察建议落实。

（四）发挥典型作用，正负案例促进规范监督

1. 积极参加最高人民检察院全国优秀社会治理检察建议评选活动。连续四年共 5 件获评，总数在全国名列前茅，反映出上海市检察建议工作在全国具有较高贡献度和影响力。

2. 积极发挥正面典型的示范引领作用。自 2020 年开始，市检察院连续四年组织开展优秀社会治理检察建议评选活动。邀请市人大代表、政协委员、高校学者等作为评审专家，将评选出的优秀社会治理检察建议通报全市检察机关学习。

3. 评查负面典型予以警示。上海市检察院连续四年开展检察建议评查，对发现的问题及时进行通报，促进提升检察建议的规范性。

图2　持续开展全市优秀社会治理检察建议评选活动

（五）打造宣传矩阵，扩大影响、争取理解和支持

1. 多种方式展示成果。编写《社会治理检察建议的上海实践》《上海市检察机关社会治理检察建议工作白皮书》，制作专题片，对检察建议发展历程、基本情况和特点、工作举措、工作成效等进行总结分析、经验提炼和生动展示。

2. 以案释法推动了解。选取有代表性、典型性的检察建议，通过公众号图文宣传、媒体报道等方式，推动社会各界对检察建议工作的了解、认可和支持。

3. 系列活动扩大影响。召开工作推进会、新闻发布会、理论研讨会，发布典型案例、白皮书、工作规定，举办“75号咖啡·法律沙龙”，形成规模效应，扩大舆论影响，提升社会关注度。

图3　高质效开展检察建议系列活动

三、主要成效

（一）以建议促治理，密切关注民生民利

2018年至2022年，上海市检察机关共制发社会治理检察建议2528件，回复2509件，回复率达99.25%，内容涉及企业内部管理，金融、律师等行业治理，行政机关履职，寄递、治安、网络等公共安全，平台经济、直播等新兴行业，未成年人、残疾人等特殊人群关怀和保障等关涉社会公共利益和人民群众生产生活的诸多领域。同时，部分检察建议被评为最高人民检察院十大行政检察典型案例、长三角区域社会治理现代化法治保障创新实例、上海市法治为民办实事市级优秀项目等，体现出本市检察建议在推动社会治理、改善民生民利方面取得的切实成效。

（二）以机制助长效，推动被建议单位建章立制

在制发检察建议解决社会治理问题的同时，有意识地推动被建议单位建章立制，通过制度化、规范化，避免同一问题反复发生。五年间共推动被建议单位形成长效机制、出台规范性文件560件。例如，闵行区检察院通过制发检察建议，推动闵行区行政主管机关出台《关于进一步规范新建住宅小区物业管理相关行为的若干规定》，填补了新建住宅小区中政府服务和监管盲点，促进全区物业管理行业治理。又如，金山区检察院针对律师、鉴定人违法违规问题向行政主管机关制发检察建议后，与区法院、区司法局、区律工委会签了《关于规范金山区法官、检察官、律师和司法鉴定人相互关系促进良性互动维护司法公正的实施办法（试行）》，以制度建设促进规范司法人员与律师、鉴定人往来，维护和保障司法公正。

（三）以一件治一片，推动解决法治建设中普遍性问题

对类案问题予以重点关注，针对全市甚至全国层面的普遍性问题，通过制发检察建议促进某行业或某领域堵漏建制、完善管理。依托类案检察建议，实现了制发一件、治理一片的目标。例如，上海市检察院就注册会计师行业监管问题向某注会协会制发检察建议，督促其提升证券市场注册会计师行业执业规范和质量，强化源头治理，该检察建议获最高人民检察院主要领导

批示肯定并由最高人民检察院转送。又如，针对本市点播影院监管、马术教练管理等问题，向相关监管部门和行业协会制发检察建议，促进相关行业完善机制、加强监管。

（四）以我管促都管，推动监管部门积极履职

针对重点领域、重点问题，在与职能部门充分沟通基础上，开展联合行动，协力进行治理。例如，青浦区检察院与江苏苏州吴江区检察院联合开展专项行动和专题调研，向两地行政主管机关制发检察建议，推动区域非营运车辆超员载客问题有效治理。又如，松江区检察院制发检察建议后，联合区应急管理、公安、消防、生态环境、城管执法、城运中心等职能部门开展专项活动，共同促进安全生产诉源治理，护航生产安全。

四、借鉴意义和推广价值

市检察院深入学习贯彻党的二十大精神，自觉将检察履职融入国家治理和社会治理，立足法律监督职能和司法办案，更好地为大局服务、为人民司法、为法治担当。通过检察建议“抓前端、治未病”，促进行政机关依法履职、行业组织加强监管、企事业单位守法经营，切实增强各方参与超大城市治理、构建“人民城市”的积极性；通过完善机制、优化创新、善用典型、凝聚合力、加强宣传，不断优化提升检察建议工作质效；持续紧盯、跟进落实，强化整改效果，

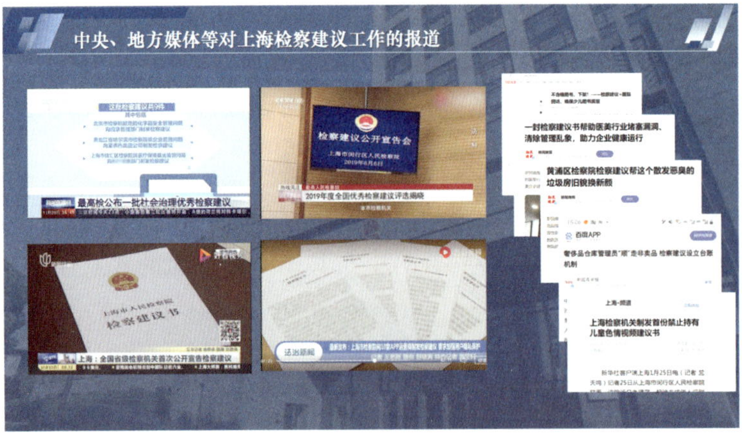

图4 中央、地方媒体等对上海检察建议工作的报道

推动检察建议从“办理”向“办复”转变;形成多项可复制、可推广的经验做法、理论成果和制度成果,为以更高水平检察建议推动更高层次诉源治理提供了“上海检察样本”,为在法治轨道上全面建设社会主义现代化国家贡献检察智慧和检察力量。

五、发展展望

上海市检察院将全面贯彻党的二十大精神,深入落实《中共中央关于加强新时代检察机关法律监督工作的意见》,围绕加快建设具有世界影响力的社会主义现代化国际大都市的目标愿景,进一步通过完善机制、增强规范、凝聚合力、扩大影响等方式,持续建设好、打造好、推广好“检察建议助推诉源治理”法治品牌,以检察建议工作的提质增效为着力点,积极参与超大城市治理,持续做好人民城市的检察文章,以高质量检察履职为上海城市的发展贡献更多优质的检察产品、法治产品!

7. 虹桥国际中央法务区

（虹桥国际中央商务区管理委员会）

当今全球化和数字化的世界中，法律服务的需求日益增长。2023 年 9 月 22 日，上海段和段（虹桥国际中央商务区）律师事务所正式入驻虹桥国际中央法务区，拥抱虹桥国际开放枢纽国家战略以及长三角一体化国家战略，段和段律师事务所曾被央视称为“中国改革开放的信号灯”，全球已设立 33 家分所或办公室，致力于为企业提供全链条和一站式综合法律服务，尤其是以涉外和知识产权为两大法律服务特色。

段和段律师事务所入驻虹桥不久，即成功引进国际知名知识产权运营机构一同入驻，充分展现了虹桥国际中央法务区推动法律服务向高端价值链延伸的作用。2023 年 9 月 25 日，“浩汇国际（医疗）创新技术转移中心”正式挂牌入驻虹桥国际中央法务区 7 楼段和段律师事务所，以法律服务赋能科技成果转化，促进国际技术创新多元发展。浩汇国际依托第五届中国国际进口博览会国际医康养旅巡展，由浩汇健康管理公司与上海交通大学上海市成本研究会共同发起成立，致力于将全球领先的医疗技术引进虹桥，并为项目提供知识产权布局保护、成果转化等全链条专业服务。

浩汇国际目前已在美国、加拿大、澳大利亚、德国、意大利、以色列及日本等地设立工作处，汇聚全球知名学府、学者专家、医药及材料产业实验室等。在现有海外工作处的基础上，进一步构建完善的国际资源网络和搭建整套技术转移系统，为海内外创新创业项目提供项目引进、股权投资产业对接、落地服务、培育集群、海外并购等全链条服务，开展多渠道、宽领域、全方位的国际技术转移工作。

段和段律师事务所不仅邀请浩汇国际入驻，还邀请到上海市计算机行业协会知识产权鉴定中心、上海黄浦江南品牌文化促进中心、上海国际贸易知识产权海外维权服务基地、知识产权运营与保护数据平台、上海市知识产权培训基地等重要平台或机构共同入驻，致力于打造面向长三角、辐射全国、联通国际的科创服务生态平台。

一、建设背景与推动解决的问题

（一）建设背景

建设虹桥国际中央法务区，是以习近平新时代中国特色社会主义思想为指导，贯彻落实习近平法治思想，紧紧围绕《长江三角洲区域一体化发展规划纲要》《虹桥国际开放枢纽建设总体方案》《虹桥国际开放枢纽中央商务区“十四五”规划》战略部署，落实《全国公共法律服务体系建设规划（2021—2025 年）》《上海市公共法律服务办法》工作要求，聚焦“一体化”和“高质量”两个关键词，对标“建设高标准的国际化中央商务区”的工作举措。也是法律服务业在全方位、多能级保障国际化中央商务区建设发展中的路线规划。更是主动谋求法律服务业在提升服务长三角和联通国际能力，以高水平协同开放引领长三角一体化发展中的新作为。

图 1　虹桥国际中央法务区法务大厦

（二）推动解决的问题

1. 提高公共法律服务水平。提供更全面、高效的公共法律服务，加强法治保障，为企业和个人提供更好的法律支持和保护。

2. 营造良好营商环境。有助于建立规范的经济秩序，提升营商环境的质量。通过提供专业的法律服务和解决纠纷的机制，促进企业合规经营，减少法律风险，增强投资者信心，推动经济高质量发展。

3. 推进区域高质量发展。吸引更多高端法律服务机构的集聚和发展，提供高能级、国际化的法律服务。推动现代服务业发展，促进法律服务产业的升级和创新，为区域高质量发展提供有力支撑。

二、思路与做法

（一）建设思路

虹桥国际中央法务区在“高站位谋划、高起点推动、高标准落实”的建设思路下，坚持以政府为主导，建最好的法律服务科创载体，聚最优的法律服务专业人才，创最活的法律服务辐射机制。

1. 搭建全类型、新业态法律服务机构，高效能集聚新平台。通过虹桥国际中央法务区功能平台具体实施建设，逐步在法务区内搭建一个法律服务创新集聚生态圈，制定支持法律服务业集聚发展的专项政策，快速吸引律师、公证、司法鉴定、仲裁、调解、法律科技公司、法律咨询公司、法律新媒体、法律研究和培训机构、诉讼融资等机构入驻虹桥国际中央法务区功能平台。支持本市符合条件的律师事务所等法律服务机构设立同城分支机构。支持长三角乃至全国的法律专业人才前来创业发展，法律服务机构前来设立分支机构，或者设立法律服务机构总部。在平台内打造面向长三角乃至全国法律服务机构的“虹桥会客厅”。

2. 打造具有区域影响力的高水平虹桥国际法律服务展示引领新地标。在虹桥国际中央法务区功能平台中积极举办上海国际仲裁高峰论坛、上海仲裁周等各类高质量、高规格、国际化的法治论坛、研讨会议。鼓励互联网法律服务机构、法律咨询平台、法律科技公司、法律媒体等法律服务新业态、新模式发展,支持举办法律行业发展交流会议,为长三角乃至全国、全球法律机构提供法律科技服务和支撑。积极开展国际商事法律研究、培训和交流,形成全国乃至全球知名的国际商事法律研究、交流中心。用好“国内国际双循环”和交通枢纽区位优势,搭建开放共享、合作共赢的法律服务业交流平台。

3. 汇聚长三角法律服务各类优势要素,建成长三角区域市场化、法治化、国际化营商环境示范区。推动长三角各地律师协会、仲裁协会、破产管理人协会、知识产权协会等加强协同合作,建立常设性议事协调机构,促进长三角法律服务市场融合发展。探索设立面向长三角的互联网法院等跨行政区域司法机构。支持上海法律服务机构拓展长三角乃至全国、国际业务。支持各类法律研究机构、培训机构发展,形成长三角法律实务人才培训交流中心。发挥虹桥国际开放枢纽企业总部集聚优势,发挥企业设立法务部门和公司律师的作用,加强企业合规交流和培训,提升企业依法治理水平和能力,着力打造全国法治化营商环境示范区域。鼓励各类服务创新、模式创新,建设长三角区域法律服务集聚区展示中心,使虹桥国际中央法务区功能平台建设成为引领法律服务业发展建设高地的新标杆、新亮点。

4. 再启服务保障进博会新局面,在联动长三角的基础上,形成服务全国、辐射亚太的法治名片。充分结合五年来服务保障进博会成熟经验,聚焦闵行片区发展国际化公共服务功能和高端服务经济的主要特色,为会展经济国际化、专业化、品牌化发展提供投放精准、配套完善、机构健全、行业广泛的高水平法律服务,努力实现高端法律资源配置、基础法治宣讲、法律政策指引同步纵深推进。参与进博会区域协同服务保障机制建立健全,探索全生命周期企业法律服务保障路径。对区域内企业引进、落地、发展等全生命周期各阶段进行法律服务供给配置,逐步彰显虹桥区域内法律服务高能级配置新突破、新举措、新实践,持续放大进博会外溢带动效应,助力提升虹桥区域资源配置能力。

(二)主要做法

2021 年 9 月 24 日,虹桥国际中央商务区“三个一批”重大项目集中启动,虹桥国际中央法务区作为商务区功能性平台之一正式揭牌。定位于服务保障国际化中央商务区、服务长三角一体化和建设虹桥国际开放枢纽的国家战略，范围涵盖151平方千米虹桥商务区，着力打造面向长三角、辐射全国、联通国际的法律服务“新平台”，发挥高质量、全链条、广辐射的法律服务集聚效能。

1. 建立“三方联动”机制。成立了由市司法局、虹桥国际中央商务区管理委员会（以下简称虹桥国际中央商务区管委会）和闵行区人民政府三方共同组成的（一期）建设领导小组，领导小组办公室由闵行区司法局和南虹桥集团组成，负责具体落实各项工作。

2. 建设“一核多域”集聚区。“一核”即虹桥国际中央法务区法务大厦暨法务区综合服务中心，面向法务区法律服务机构，提供线上线下“一站式”政务服务；面向商务区各类企业机构，搭建“家门口”法律服务平台；面向意向入驻机构，提供“全方位”政策支持渠道。“多域”即3.7平方千米虹桥商务区中的闵行片区。

3. 提供长三角最优政策。市司法局制定上海市律师事务所在虹桥国际中央商务区设立同城分所政策。2023年4月，虹桥国际中央商务区管委会发布《2023年度虹桥国际中央商务区支持虹桥国际中央法务区发展政策申报指南》，确定将法务区纳入商务区政策支持范围。闵行区在用足用好商务区支持政策的基础上，发布实施《闵行区支持打造虹桥国际中央法务区的政策意见》，进一步优化叠加政策顶层设计。虹桥国际中央法务区（一期）建设支持政策已全面落地实施，具体包括2项机构落户政策、3项专门奖励政策、4项服务保障措施等。

（三）功能建设成效

1. 法务资源加速集聚。积极引进国内一流、具有国际竞争力的法律服务机构，形成多元丰富的法律服务体系。截至2023年年底，上海段和段、星瀚、中因、建纬、炜衡等律师事务所的同城分所，广东广信君达（上海）律师事务所、上海市新虹桥公证处、上海之合网络科技有限公司（智合）等81家优质法律服务机构和泛法律服务机构相继入驻虹桥国际中央法务区。

图 2 虹桥国际中央法务区集中签约

2. 功能平台引领带动。积极探索“功能性平台 +”“产业链 + 法律服务”模式。目前,上海仲裁委员会虹桥中心、上海市律师协会长三角一体化行业发展研究中心/会员服务中心/联络办公室、上海东方域外法律查明服务中心虹桥联络部三大功能性平台落户虹桥国际中央法务区。优异的营商环境吸引

图 3 法务区内长三角一体化行业发展研究中心

了更多企业入驻，截至2023年年底，商务区闵行部分已有总部类企业250余家，世界五百强企业20家，跨国公司总部19家，民营企业总部18家。

（四）经典案例

1. 做好进博会法律服务保障。2023年9月12日，为充分发挥第六届进博会驻场律师的作用，切实做好进博会法律服务工作，市司法局和虹桥国际中央商务区管委会组织召开了第六届进博会驻场律师培训会，会聚了来自9家律师事务所和进博会涉外法律服务中心的驻场律师。与会的律师们就企业投资、落户等方面的政策进行了深入咨询，并表示将努力做好进博会的法律服务工作，强化进博会的溢出效应，积极促进法律服务成果的实际转化，为本地区的社会经济发展贡献更多的力量。

2. 推动法律服务创新、加强知识产权等方面营商环境建设。上海国际知识产权海外维权集成服务创新论坛、第七届新兴法律服务业论坛、2023"虹桥·汇"企业数据合规与跨境监管的法律挑战论坛以及虹桥外企联谊会"法律专场沙龙"，都聚焦于全球法律服务业发展热点和前沿问题。这些活动旨在提升知识产权保护能级，深化法治产业发展，助力企业合规经营，形成专业要素高度集聚的法律服务生态圈，加速打造市场化、法治化、国际化的一流营

图4　第七届新兴法律服务业论坛

商环境，为将虹桥国际中央法务区建设成全国法律服务新高地提供有力支撑。

三、意义与价值

虹桥国际中央法务区的一期首发示范阶段聚焦虹桥商务区中的闵行片区（3.7 平方千米），率先在此区域内实现各项政策落地快、各类机构入驻快、各方行动见效快的创新引领目标。虹桥国际中央法务区建设二期整体跃升阶段将最大限度发挥虹桥国际开放枢纽法律服务集聚区在交通、会展、商务方面的显著优势，将建设范围推进至 151 平方千米全境，全面打造协同发展空间，重点保障建设高标准的国际化中央商务区三个维度内容：

1. 全面加强法治保障。针对建设高标准的国际化中央商务区要“推动高端商务、会展、交通功能深度融合”的要求，建设虹桥国际开放枢纽法律服务集聚区有利于聚合法律支持主体多元要素，融合法律服务多能级保障举措，精准对接虹桥商务区会展经济、总部经济深层次发展中各类法治需求，推动构建接轨国际、衔接有序、高效便捷的法律服务生态圈。

2. 持续提升营商环境。针对建设高标准的国际化中央商务区要“加快打造市场化、法治化、国际化营商环境”的要求，建设虹桥国际开放枢纽法律服务集聚区有利于细化制度细节，增创虹桥区域内贸易产业转型与法律服务机构升级新起点，增创法律服务人才集聚新优势，增创优化营商环境新动能。

3. 显著优化区域协作。针对建设高标准的国际化中央商务区要“加快发展现代化服务业，持续深化长三角协同开放，引领长三角更好地参与国际合作与竞争”的要求，建设虹桥国际开放枢纽法律服务集聚区有利于深化区域协同战略，形成全要素统筹、多点位联动、跨领域融合的长三角的法律服务新高地。

四、发展与展望

虹桥国际中央商务区管委会将进一步推进上海虹桥国际中央法务区建设，发挥高质量、全链条、广辐射的法律服务集聚效能。吸引律所、公证、司法鉴定、仲裁、调解、法律科技公司、法律咨询公司、法律新媒体、法律研究和培训机构、诉讼融资等机构入驻，支持长三角乃至全国的法律专业人才前来创业发展。到 2025 年年底，虹桥国际中央法务区一期首发示范功能平台初步建成高集聚度、业态齐全、特色鲜明的上海法律服务“新地标”。吸引一批在长三角一体化重大战略中新业态、全类型的法律服务机构，梯次接续实现法律服务产业发展战略突破、优势合围效应。到 2035 年，逐步实现建设发展中远期目标，在区域内形成法律服务机构集聚度高、法律服务生态完备、民商事法律服务专业优势凸显的法律服务软实力核心生态圈。系统性打造长三角法律服务一体化示范区、法治化营商环境示范区。

图 5　虹桥国际中央法务区 Logo 墙

8. 公、检、法、司合作护航民营经济机制

（市工商业联合会）

2022年7月，市公安局经侦总队根据情报线索，推测本市钢贸市场存在销售假冒国际知名品牌进口耐磨钢板违法犯罪行为，遂开展深入调查研判。由于进口耐磨钢板属于钢材行业的小众产品，市场占有率低、专业性强、公开数据较少，侦查员对相关行业背景、市场行情、产品性能、假劣产品危害、犯罪风险点等方面都不甚了解，研判进展相对缓慢，寻求案件突破点遇到障碍。在此情况下，根据市工商联与市公安局的合作机制，经侦总队通过市工商联积极协调，与市工商联钢贸商会及时联系，并进行相关信息和情况沟通；在市工商联指导下，市工商联钢贸商会和重点头部钢贸企业积极配合，帮助侦查员全面了解行业背景和市场情况，迅速确定案件侦办主要切入点。

在侦办中，公安机关充分发挥法治服务保障职能作用，坚持打防并举，主动联合工商联深入一线，开展犯罪风险监测研判，确定案件切入点，制订侦办计划，在整治行动中实施精准打击，实现全节点监管、全闭环行动，确保案件成功破获。

市工商联充分发挥联系民营企业和开展行业指导工作优势，协调钢贸商会、钢贸企业积极配合经侦部门工作，邀请行业头部企业负责人专题讲解钢贸知识，安排熟悉钢贸行业运作规律、反应机敏、政治可靠的同志配合经侦部门开展调查工作，为短期内迅速破案创造良好条件。

市工商联钢贸商会充分发挥行业平台资源优势，聚合行业头部企业专业

力量，积极协助办案人员开展网上巡查、侧面调查和调研分析，促进经侦部门迅速、全面、精准掌握行业背景和市场情况，为侦破案件和开展行业领域整治提供重要支撑。

《中国共产党统一战线工作条例》明确规定，工商联围绕促进非公有制经济健康发展和非公有制经济人士健康成长的主题履行职责、发挥作用。近年来，市工商联认真学习贯彻习近平总书记关于民营经济发展的重要讲话精神，认真贯彻落实《中共中央、国务院关于促进民营经济发展壮大的意见》《中共中央、国务院关于营造更好发展环境支持民营企业改革发展的意见》等文件精神，贯彻落实全市促进民营经济高质量发展大会相关部署要求，坚持“两个毫不动摇”，聚焦“两个健康”工作主题，由统战部门、工商联搭台，与市公、检、法、司机关建立并深化“构建公检法司合作机制　护航民营经济法治建设”品牌，取得了丰硕成果。

一、品牌建设背景

习近平总书记高度重视民营经济法治建设，多次在民营企业座谈会、企业家座谈会上，发表了关于打造法治化营商环境、构建亲清政商关系、依法保护企业家合法权益、企业家要做诚信守法的表率等一系列重要论述，为民营经济法治建设提供了根本遵循，为民营经济行稳致远指明了前进方向。《中共中央、国务院关于促进民营经济发展壮大的意见》特别强调，“强化民营经济发展法治保障”。

当前，全市公、检、法、司机关依法履职尽责，不断提升司法质效，以更优法治保障服务民营经济发展壮大，但是公、检、法、司机关在服务保障民营经济发展过程中依然存在一些诸如服务信息不对称、渠道单一、没有形成整体合力、服务载体不落地等难点、堵点。为帮助民营企业解决实际问题，为民营企业提供法律支持和帮助，坚定发展信心，市工商联充分发挥桥梁和政府助手作用，加强与人民法院、检察院、公安、司法行政机关密切合作沟通，建设公、检、法、司合作机制品牌，为公、检、法、司机关与民营企业沟通交流建立渠道，与各方不断深化合作，形成整体合力，实现机制共建、平台共用、资源共享,推动服务措施更精准、合作效能更明显,让法治化营商环境建设见行见效、落实落细。

二、做法与成效

(一)着眼顶层设计,聚焦合作联动,加强机制建设

1. 自2015年起,市工商联与公、检、法、司机关持续不断地加强协同联动,深化紧密合作,逐步通过签署合作协议、出台相关意见,举行高层会商、工作对口部门定期或不定期联络沟通等,切实将工商联与公、检、法、司机关合作机制制度化、常态化、具体化。2015年,与市高级人民法院联合签署《关于为民营企业健康发展全力提供法治保障的合作纪要》、与市公安局联合签署《关于建立民营企业法律风险防范工作机制的合作协议》、与市人民检察院联合出台《关于为民营企业健康发展提供法治保障的意见》;2019年,与市司法局联合签署《关于加强合作营造非公经济健康发展良好法治环境的协议》,与市人民检察院联合印发《关于建立健全沟通联系机制进一步服务保障民营经济发展的工作意见》;2020年,与市高级人民法院联合印发《关于加强合作促进民营经济健康发展的合作意见备忘录》。在此基础上,2022年市工商联与市公、检、法、司机关联合发布《上海市法治服务民营经济高质量发展计划》及专项行动方案,各区参照执行。

2. 各区根据区域实际情况,因地制宜地丰富与公、检、法、司机关合作内容和合作方式,推动合作机制在基层落地落实,不断扩大工作覆盖面和影响力。2022年开展全市工商联系统与公、检、法、司联系协作机制情况调研,选树浦东、黄浦、徐汇、嘉定等区11个事例为全国沟通协作先进典型。2023年,徐汇区法院和工商联"开展为民营企业破产重整提供司法保障活动"、崇明区法院和工商联"依托园区法官工作室和诉调对接站依法保护民营企业产权",松江区检察院与工商联"聚焦长三角G60科创走廊,营造安商惠企法治化营商环境"、闵行区检察院与工商联"开展'春申1+1'企业协同司法保护专项行动"等依法保护民营企业产权和企业家权益举措,获评全国民营企业产权司法保护协同创新实践百佳案例。

（二）聚合各方资源，构建专业化、网络化工作平台，打通服务民营企业“最后一公里”

1. 以市委统战部、市工商联为主导，搭建民营经济法治论坛工作平台。2022年11月，市委统战部、市工商联联合市公检法司机关召开“优化法治营商环境　推进法治民企建设”上海民营经济发展论坛，法治论坛得到领导高度重视，市委常委、统战部部长出席论坛并致辞，市工商联和公、检、法、司机关主要领导出席并作主题演讲。奉贤区、嘉定区、崇明区、虹口区、浦东新区、长宁区、静安区、青浦区、闵行区等在法治论坛结束之后，结合各区实际情况，积极与区公、检、法、司机关搭建法治论坛、圆桌会或座谈会等工作载体。

图1　“优化法治营商环境　推进法治民企建设”上海民营经济发展论坛

2. 为满足民营企业纠纷多元化解、快速化解和有效化解的实际需求，积极健全商会调解组织网络，建立商会调解委员会或设立调解工作室。目前，工商联所属商会各类调解组织达到59个，在区级层面实现调解组织全覆盖。商会调解委员会的成立以“减少诉讼，降低成本，提高效率”为目标，以诉前调解为主要工作手段，促使商事纠纷各方互谅互让、平等协商、自愿达成调解协议，力争做到“矛盾不出企、纠纷不出园、案件不出区”。

3. 抓工商联基层商会法律服务平台建设，做到关口前移、跨前服务。与基层派驻法庭、检察室、派出所、司法所等合作，开展基层商会法律服务能力建设，2021年率先在20家乡镇(街道)商会开展"商会法律服务乡镇(街道)"示范点建设，并入选年度上海市法治为民办实事活动市级十大项目。2023年4月，推出所属商会法律服务能力建设三年行动计划，强化基层商会平台建设，使品牌效应更加凸显。在基层商会设立"法官工作室""检察官工作室"及法律服务站等形式，拓宽了民企与公、检、法、司机关沟通渠道，延伸了服务触角，创新了交流方式，增强了公、检、法、司机关，工商联和民营企业之间的良性互动。

(三)聚焦难点、热点，开展专项行动，使法律服务更加精准有效

在法治服务计划总体框架内，聚焦民营企业法治服务所急、所需，与市公、检、法、司机关分别开展专项行动。2023年开展以下专项行动：

1. 与市高级人民法院联合制定《商事审判服务保障民营经济健康发展——建立小微企业破产重整程序、规则与机制》，旨在通过建立小微企业破产重整程序、规则与机制，破解市场主体退出过程中的痛点、堵点问题。

例如，徐汇法院开展了为民营企业破产重整提供司法保障活动，推出两个司法保障的创新举措：一是积极探索一次性解冻银行账户、直接扣划至管理

图2 走进法院活动

人账户的财产接管模式，二是积极探索破产法院解除其他法院对重整企业股权冻结并注销质押登记的做法。徐汇法院将一次性解冻银行账户、直接扣划至管理人账户的财产接管模式应用到四起民营企业申请破产重整案件中，极大地压缩了管理人接管银行账户资金的时间，提高了破产案件办理便利度，为民营企业重整赢得了时间。经估算，应用这种创新模式，管理人接管银行账户资金的时限缩短 3 ~6 个月，四起民营企业申请破产重整案件 100% 成功。

2. 与市公安局联合制定《建立健全全市工商联与公安机关联系沟通机制》，旨在进一步推动全市各级工商联与公安机关强化常态联络。不断创新执法手段和方式，加强民营企业的安全生产、知识产权、金融安全等方面的保障，积极引导民营企业依法经营、诚信经营。

3. 与市司法局联合制定《解纷“一件事”，让民营企业在“指尖上”定纷止争》，旨在将调解服务加入“随申办”App，进一步方便民营企业以线上方式申请，通过协商处理矛盾纠纷。2023 年推动落实浦东新区工商联民商事人民调解委员会和长宁区工商联民商事人民调解委员会入驻“随申办”、解纷“一件事”平台，为便捷高效化解涉企矛盾纠纷提供通道，推动矛盾纠纷源头预防、前端化解、关口把控。

三、经验与推广价值

(一) 用品牌化思维、品牌化工作方式打造工作品牌

品牌化是解决工作头绪多、服务碎片化、不深入、难以形成体系的有效措施，在工作中市工商联积极探索实践品牌化工作方法，在品牌理念引领下，明确品牌名称、目标与内容，着力夯实品牌服务保障机制与平台：一方面在打造过程中不断优化改进，推进品牌工作持续提升和不断创新；另一方面加大宣传推广，进一步“擦亮”品牌名称，增强品牌辨识度与影响力。

(二) 强化品牌矩阵，主品牌下着力打造一批子品牌

在主品牌下，凝聚公、检、法、司机关合力，着力打造一批普法宣传、合规引导、产权保护等众多工作子品牌，使民营经济领域每一项法律服务工作固定、强化，并有专业影响力。

1. 打造“向阳”法律服务站工作品牌。与上海破产法庭签署《关于司法服务保障民营经济高质量发展合作备忘录》，设立“向阳”法律服务站，在法治宣讲、信息交互、专业咨询、促进合规、庭前救助、企业走访等方面开展合作，努力发挥破产法律制度在破产保护和预防、债务清理与重整再生方面的独特功能。

2. 打造中小企业合规管理体系创建活动工作品牌。联合市人民检察院在全国范围内率先创新开展中小企业合规管理体系创建活动，发布创建活动工作方案和创建指引、创建指标表，中小企业通过“沪商互联”小程序报名参与，提出建设过程中遇到的问题与需求。创建活动聘请了 20 位专家组成专家指导团，进行专业指导和培训，录制合规相关精品课程，引导帮助中小企业将生产经营活动纳入合规管理体系，强化合规意识，构建合规文化，练好法治内功，提升市场竞争力。

图 3　上海市中小企业合规管理体系创建活动

3. 打造“法进百企”暨“企业家学法”普法工作品牌。与市高级人民法院共同举办“法进百企”暨“企业家学法”系列法治讲座，邀请资深法官围绕常见企业合规风险提示与防范建议、企业商业秘密的侵权认定与风险防控、劳动合同终止与解除的合规管理与风险应对不同主题，举办法治讲座，企业可通过线上或线下的方式参与培训。首场讲座有 40 余家民企负责人现场参与，近 16 万人次在线观看。

图 4　企业家学法法治讲座

四、发展展望

市工商联将更加积极主动地与公、检、法、司机关深化互联互动，持续加强"构建公检法司合作机制　护航民营经济法治建设"品牌建设，接续用力，久久为功。

一要共促"法治观念强起来"。要加强普法宣传，让办事依法、遇事找法、解决问题用法、化解矛盾靠法成为广大民营企业的自觉行动。要深化企业家学法，引导广大民营企业家争做依法合规治企、诚信守法经营的表率。

二要共促"法治民企建起来"。工商联与公、检、法、司机关要携起手来，以精准高效的法律服务帮助民营企业补短板、强弱项，厚植法治素养，练实法治内功，在合法合规中提高企业核心竞争力。

三要共促"营商环境靓起来"。要用好合作机制，加强协同、精准发力，拓展路径、叠加效能。要保护合法权益，依法保护民营企业家的人身和财产安全，让有恒产者更有恒心。要坚持问题导向，常谋纾困解难之措，为上海加快建设具有世界影响力的社会主义现代化国际大都市提供坚实的法治保障。

9. “一业一证”改革

（浦东新区）

2019 年 7 月，浦东新区举行“一业一证”改革发布会暨首批颁证仪式，鲁能 JW 万豪侯爵酒店、苏宁小店等企业代表获发中国首批“行业综合许可证”，成为“一业一证”改革的“尝鲜者”。“过去建设这样一家酒店，需要拿到消防、公安、卫生、食品等多个行业许可证，常规办证时间需要2～3个月。”鲁能集团上海分公司执行董事、总经理孙明峰接受采访时表示，如今的办证时间被压缩到 2 周以内，“原计划 9 月 20 日开业的新酒店，现在提前到了 8 月 8 日”。

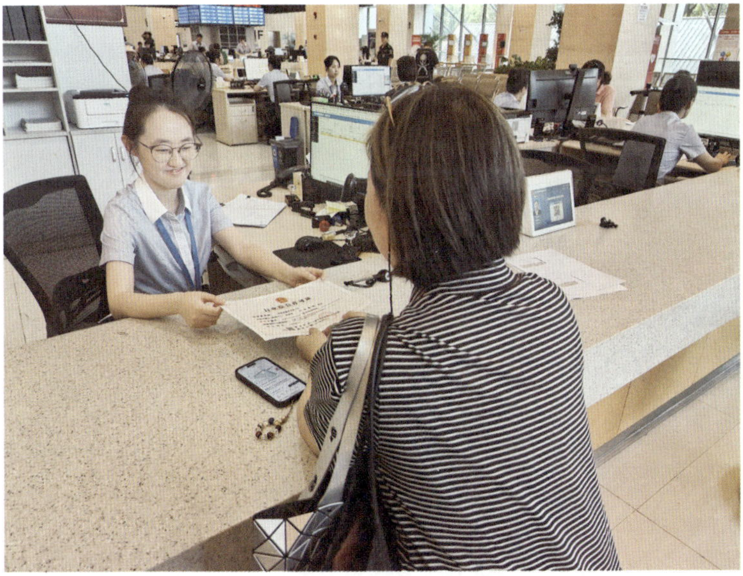

图 1　经营主体领证现场

根据以往的市场准入制度，经营主体进入不少行业开展经营，需要向多个政府部门申请办理多个审批。例如，开办便利店，需要申请办理“食品经营”“烟草专卖”“酒类零售”“药品零售”“医疗器械”5 项许可审批事项。经营主体为领证经营，需要按照各部门的准入管理制度，准备多套申请材料，跑多家部门办事，耗时长、费力多，影响市场发展活力。针对问题，浦东新区率先开展“证照分离”改革，在全国首创“一业一证”改革，通过实行“一帽牵头”“一键导航”“一单告知”“一表申请”“一标核准”“一证准营”的“六个一”集成服务机制，实现企业只要看一张告知单、填写一张申请表、准备一套申请材料即可办证经营，大幅缩短审批时限。

一、背景情况

2019 年以来，浦东新区坚持以习近平新时代中国特色社会主义思想为指导，在率先完成“证照分离”改革任务的基础上，聚焦经营主体进入一个行业涉及多个审批、多次往返的问题，积极探索“一业一证”改革。以“一证”为标志，将进入一个行业需要办理的多张许可证整合为一张行业综合许可证，提升经营主体行业准入便捷度和感受度；以“一业”为牵引，系统推动管理理念转变、审批流程再造、监管体系优化、服务方式提升。通过企业侧和政府侧双向发力，使“放管服”改革不断向纵深发展。

2019 年 6 月出台的《中共上海市委、上海市人民政府关于支持浦东新区改革开放再出发实现新时代高质量发展的若干意见》明确，浦东新区率先实施“一业一证”改革试点。2019 年 7 月，浦东新区区委、区政府出台《浦东新区深化“流程再造”推进“照后减证”实施“一业一证”改革试点工作方案》。区人大常委会运用市人大对浦东的综合改革授权，出台《浦东新区人民代表大会常务委员会关于进一步优化营商环境探索“一业一证”改革的决定》（以下简称《改革决定》）。

2020 年 11 月，国务院批复同意《上海市浦东新区开展“一业一证”改革试点大幅降低行业准入成本总体方案》，肯定浦东改革成果，将浦东的自主创新上升为国家级改革试点，实现三方面突破：一是明确了首批 31 个涵盖国家和市级事权的试点行业。二是将国务院部门实施的25项审批事项委托浦东新区承担受理和发证工作。三是确立了浦东新区行业综合许可证在全国的法律效力。

图2 经营主体代表获颁具有全国范围法律效力的行业综合许可证

2021年3月,《国家发展改革委关于推广借鉴上海浦东新区有关创新举措和经验做法的通知》将“一业一证”创新举措和经验做法纳入项目清单,要求各省(区、市)结合实际学习借鉴。

2021年4月,《中共中央、国务院关于支持浦东新区高水平改革开放打造社会主义现代化建设引领区的意见》明确要求,“加强改革系统集成”“深化‘一业一证’改革”。同月,市政府印发《关于在全市范围推广实施“一业一证”改革的指导意见》。

2021年8月,中共中央、国务院印发《法治政府建设实施纲要(2021—2025年)》,明确要求,“积极推进‘一业一证’改革,探索实现‘一证准营’、跨地互认通用”。

2021年9月,市人大常委会公布《上海市浦东新区深化“一业一证”改革规定》,该规定自2021年10月1日起施行。

上海市人大常委会公告 第84号

2021/9/29 14:56:04

《上海市浦东新区深化“一业一证”改革规定》已由上海市第十五届人民代表大会常务委员会第三十五次会议于2021年9月28日通过，现予公布，自2021年10月1日起施行。

上海市人民代表大会常务委员会

2021年9月28日

上海市浦东新区深化“一业一证”改革规定

（2021年9月28日上海市第十五届人民代表大会常务委员会第三十五次会议通过）

图 3 市人大常委会就《上海市浦东新区深化“一业一证”改革规定》发布公告

二、主要做法

（一）再造业务流程，建立行业综合许可制度

浦东新区聚焦企业开门营业这“一件事”，通过建立“六个一”集成服务机制，对行业准入业务流程进行全面再造。（1）再造行业管理架构，实现“一帽牵头”。明确一个行业由一个部门牵头、多个部门协同，在推进改革、强化监管、优化服务等方面建立高效协同机制。比如，宾旅馆行业涉及文体旅游局、公安分局、卫生健康等多个部门，“一帽牵头”机制改变了之前各审批部门各自为战的局面，明确由区文体旅游局牵头制定综合许可要素流程手册，整合设立依据、受理条件、申请材料、办结时限等，打通宾旅馆开业所需各环节。（2）再造审批指引方式，实现“一键导航”。重点围绕企业便捷高效办成“一个行业准入”，优化办理界面，实现精准导航，降低经营主体办事的学习成本。

依托上海“一网通办”总门户,建设智能指引系统,经营主体通过选择业态类型、产品种类、经营规模等若干指引提示,即可准确得到个性化的办证指南和导航服务。(3)再造行业审批条件,实现“一单告知”。整合原有部门的审批条件,按照场所、设备、资金、人员和制度5类要素去重归类,形成一张告知单。通过“一单告知”,便利店行业申请材料从之前的53份减少到改革后的10份,压减率达到81%。(4)再造审批申报方式,实现“一表申请”。将经营主体需要填报的多个审批事项申请表合并集成为一张综合许可申请表,系统从申请材料中抓取信息要素自动填写。比如“便利店行业综合许可申请表”,整合了食品经营许可证、药品经营许可证等5个许可证件的申请要素,企业填报的项目从313项压减至98项,压减率达到69%。(5)再造许可审核程序,实现“一标核准”。集成行业准入涉及的多个审批程序,按照提前服务、材料审核、现场检查等环节进行整合再造,实现一个行业执行一套审核程序。比如,饭店行业涉及食品、酒类、烟草、消防等方面的许可,通过统一制定饭店行业审批流程,审批时限从改革前的36个工作日减少到8个工作日,压减率达到78%。(6)再造行业准入方式,实现“一证准营”。将进入一个行业涉及的多个许可证合并成一张行业综合许可证,让企业获得一证即可开展经营。

(二)注重协同高效,强化“放管服”改革系统集成

(1)强化审批监管协同联动,建立行业综合监管制度。建立协同联动的综合监管机制。推进“管事项”向“管行业”转变,融合各部门监管规则、统一监管行为,实施一次检查、联动执法、联合惩戒。综合运用动态、风险、信用、分类监管方式。全面梳理确定行业风险点,打造“主动发现、智能预警、自动派单、管理闭环”监管平台,对新业态、新模式探索风险防范兜底。强化跨部门、跨层级、跨区域数据共享。推进行政审批、行政检查、行政处罚等数据的汇聚治理、互认共享,有力支撑风险预警、综合监管、联合惩戒等工作。在大数据分析基础上,运用动态、风险、信用、分类“四个监管”数字模型自动生成企业“个性化”监管方案,进行精准监管。同时,建立视频智能分析发现系统,自动识别抓取没有戴工作帽、无健康证人员进入等违规情形,形成预警事件,实现全时段监管。(2)打响做优“一网通办”,营造“网购级”办事场景。提升

全程网办能力。聚焦便捷查询、智能问答、智慧填表等功能，不断提高在线申办和材料流转便利度和用户体验度；借助市“一网通办”服务平台推动部门业务系统对接，实现跨部门、跨层级的数据流转。探索智能审批模式。将许可事项的审批要素分为完备性、一致性、合规性、真实性4个审批维度，通过智能识别和数据自动比对，努力做到即报即批、即批即得。再造综合许可变更、注销流程。全面梳理行业准入涉及的“必须办理事项”和“按需办理事项”，以及审批事项中的“通用变更要素”和“特定变更要素”，理顺各类业务情形的对应关系和逻辑规则，推动行业综合许可制度从新办拓展至变更、注销等。

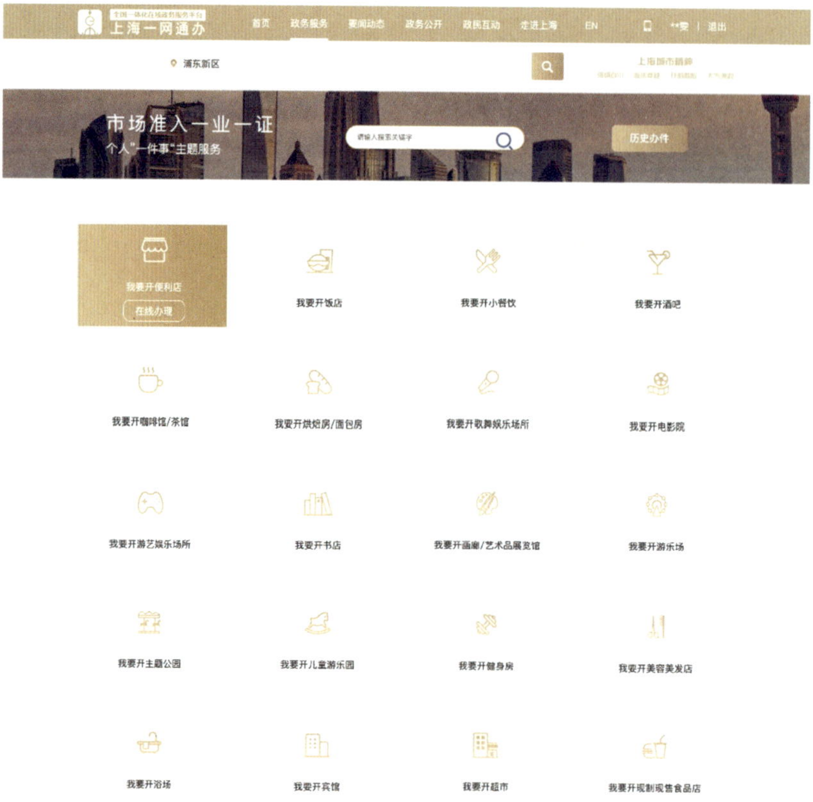

图4 “一业一证”线上专栏页面

（三）坚持法治引领，护航改革措施有效落实

2019年，在浦东新区区委、区政府出台“一业一证”工作方案的同时，区

人大常委会制定出台《改革决定》，对“一业一证”改革的意义和目标宗旨、行业综合许可证的性质和法律关系、改革试点部门的责任分工等作出明确规定，为复议机关和法院提供依据，有效解决了改革创新措施的合法性问题，为支撑“一业一证”改革试点先行迈出关键一步。2021 年 6 月，中央授权引领区立法后，浦东新区全力推动将“一业一证”改革举措上升为浦东新区法规，在固化“一业一证”改革成果的同时，对行业综合许可证管理制度进行“升级”。(1) 推行行业综合许可单轨制改革。向经营主体颁发行业综合许可证后，不再核发单项许可证。以开便利店为例，过去根据《食品经营许可管理办法》，食品经营者应当在经营场所的显著位置悬挂或者摆放食品经营许可证正本。按照这一规定，便利店经营者取得行业综合许可证后，还要领取食品经营许可证。相关法规出台实施后，行业综合许可证的法律效力得到了各方认可，通过扫描行业综合许可证二维码即可查看各项许可信息，实现了一证迎检、一证营业。(2) 建立行业综合许可证统一许可期限制度。推动取消或者延长单项行政许可有效期限，解决综合许可证和各单项许可证有效期限难以匹配的问题，企业在行业综合许可证到期前办理延期即可持续经营，提升

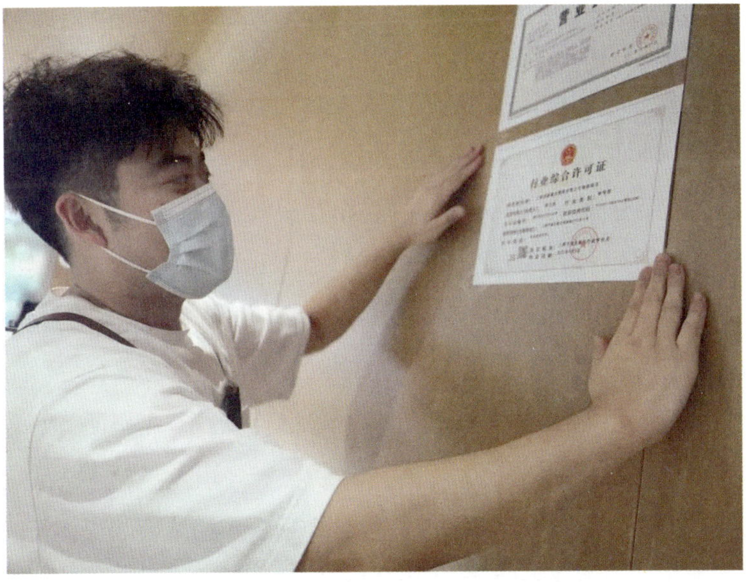

图 5　经营者张贴行业综合许可证

企业全生命周期经营便利度。以健身房为例，将该行业综合许可证的有效期确定为5年，推动整合公共场所卫生许可证的有效期从“4年”延长至“5年”，实现了不同许可证有效期的统一。在综合许可证有效期届满前，企业只需要提交一份申请表、一套材料，即可获得一张新的行业综合许可证。

三、主要成效

2019年7月31日“一业一证”改革自正式启动以来，总体实现审批时限压减近90%，申请材料压减近70%，填表要素压减超60%。

1. 市场感受度显著提高。“一业一证”改革始终坚持以经营主体需求为中心，实施过程中每一个改革节点、重要环节都充分听取经营主体的意见建议，将企业的诉求充分融入改革全过程。问卷调查显示，97%的受访者对改革非常了解和比较了解，96.7%的受访者认可“一业一证”浦东新区法规作用，91%的受访企业对“一业一证”改革表示满意，93.3%的受访企业认为改革后行业综合许可证的办理时间明显短于改革前单项许可证逐一办理的累计时间。

2. 改革集成效应充分凸显。部门普遍反映，通过实行“一帽牵头”机制，跨部门协作的主动性增强了，行业管理效能显著提高。特别是承担国家、市级事权受理发证等工作，与国家、市级有关部门联动改革，实现政府服务布局在最贴近经营主体的地方。同时，“一业一证”改革与“一网通办”“一网统管”建设、“证照分离”改革等同频共振、相互嵌入，将改革叠加效应发挥至最大。问卷调查显示，93%的企业对配套的“告知承诺改革”表示“满意”或“比较满意”。“可以网上办理许可证”“告知承诺制改革”在众多配套改革举措中，企业满意度分别排第一、第二名。“使用了智慧监管方式，提高了监管效能”“监管扰企减少了，企业应对监管成本降低了”是“一业一证”改革后事中事后监管发生的最直观的变化。

3. 改革的社会影响力不断提升。改革受到众多权威新闻媒体及时、持续的关注和聚焦。央视新闻频道、新华社、中国新闻网与《新民晚报》《文汇报》《中国市场监管报》等多家新闻媒体对改革先后进行报道，获得极高的媒体关注度。2021 年 11 月 21 日《新闻联播》“在习近平法治思想指引下，法治中国建设迈出坚实步伐”系列报道中，深化“一业一证”改革出台浦东新区法规作为首个案例予以推介。相关领域专家学者纷纷公开表达对此项改革的肯定，他们认为“一业一证”改革给经营主体松绑、降低行业准入成本，对更好地解决“准入不准营”问题、促进经营主体创业创新具有明显作用。

4. 贡献浦东新区法规的立法样板。“一业一证”改革在立法设计上首创了浦东新区法规“两法衔接”模式。《改革决定》第 9 条第 2 款规定，“支持浦东新区探索实行基于‘一业一证’改革的市场准营承诺即入制”。在“一业一证”改革基础上，浦东聚焦市场需求，对“放管服”流程进行再升级，通过“一业一证”法规预留的立法空间，配合市人大于 2022 年 6 月 22 日出台的《上海市浦东新区推进市场准营承诺即入制改革若干规定》，在法律层面为浦东探索市场准营承诺即入制改革提供了法治保障，与“一业一证”改革形成组合拳，贡献了自中央立法授权以来首个系统设计、前后衔接、相互促进的立法案例，提供了“浦东样板”。

四、经验启示

“一业一证”改革坚持将“以人民为中心”发展思想贯彻始终，以一张行业综合许可证为牵引，抓住业务流程“革命性再造”这个“牛鼻子”，走出一条“企业侧”整体推动“照后减证”的新路径，是实现市场准入领域管理理念转变、审批流程再造、监管体系重塑、服务方式提升的一项重大改革创新。

1. 改革方向坚持人民至上。全面深化改革要坚持人民至上的执政情怀，紧紧依靠人民，围绕群众关切，改革之路才能越走越宽广。“一业一证”改革的诞生，离不开“问需于企、问计于企、问效于企”的一贯坚持，是“以人民为中心”发展思想的生动实践。

2. 改革动力坚持协同为要。要让改革发挥“1 + 1 > 2”的乘数效应，关键在于系统集成，协同高效。“一业一证”改革在制度设计之初，就在不断加大“放”的力度同时，坚持“放”“管”“服”同步谋划、同步推进，首创行业综合许可及配套行业综合监管制度,并依托“一网通办”优化服务方式。

3. 改革路径坚持法治引领。改革开放越深入,越要强调法治保障。在推进“一业一证”改革过程中,按照重大改革于法有据的要求,坚持“在法治下推进改革,在改革中完善法治”,用好浦东新区法规和市人大对浦东的综合改革授权,充分发挥法治对改革的引领和保障作用。

10. 一照（证）多址、一址两证、一址两用改革

（长宁区）

企业的感受是法治化营商环境最直观的体现。在2018年大调研大走访期间，有企业提出：在简化企业办照流程和手续后，能否继续探索出更高效、便捷的服务？需要办理行政许可的单位，是否也有望实现“一次许可、多个地址”？

梦想很快照进现实。为解决辖区内连锁企业多、扩张速度快，证照办理进度却相对缓慢的问题，长宁区推出了“一照多址”“一证多址”创新举措。

“过去，每新增一个网点地址，注册时间都需要1个月，现在只需在营业执照上新增地址，当场就可以完成备案。”最早享受“一照多址”政策便利的上海安鲜达物流科技有限公司负责人表示，“‘一照多址’的政策，大大降低了企业网点扩张的时间成本”。许多“一照多址”试点企业表示，原先申请设立分支机构所需时间较长，现在只需在两个通知书上新增地址，当场就可完成登记。环节缩短也好，材料从简也好，省去的不仅是时间，还有许多人力和财力。

“一照多址”如是，而之后长宁区继续推出的食品经营许可证的“一证多址”亦如此。2019年4月，凭借“一照多址”积累的经验，长宁区试点开展食品经营许可证“一证多址”。上海便利蜂商贸有限公司是“一证多址”的获益企业之一。便利蜂综合服务部负责人介绍，公司总部获得食品经营许可证“一证多址”后对门店的开立获得了极大的便利。“在这之前，每个门店按照

正常食品经营许可证办理的话，从网申到现场核查，再到提交材料，材料通过以后，才能走后续的审批流程，整个流程需要大概 7 个工作日，而现在每个门店在提交申请之后，大约只要 3 个工作日就能完成审批。”时间就是金钱。省下的这 4 个工作日，蕴藏着巨大的经济利益或者说成本控制问题。便利蜂负责人介绍，便利蜂有相当一部分的门店开设在商圈楼宇中，房租是最直接的成本问题。如果按高规格的每天 15 元/平方米计算，4 天就是 6000 元！考虑到便利蜂的诸多门店，那就是个倍数效应的数字。

无论是“一照多址”还是“一证多址”，长宁区在推出这项举措时，并没有盲目地追求快速的效率和片面的经济利益，而是在同步寻求并构建更健康、更长效的可持续发展模式。一直以来，长宁区都是边探索、边实践、边规范，特别注重制度建设，把一些经验做法固化下来，形成可复制、可推广、可坚持的长效机制。

一、背景情况

2016 年，以“互联网 + 生活性服务业”创新试验区建设为契机，长宁区率先在全市试点实施“一照多址”登记制度。2017 年年初，国务院出台《“十三五”市场监管规划》，提出“支持开展‘一址多照’、‘一照多址’、工位注册、集群注册、商务秘书公司等多样化改革探索”，为“一照多址”改革提供了政策支撑，让长宁区升级“一照多址”更有底气。2017 年，围绕企业需求，长宁区对“一照多址”扩容，出台了《长宁区推进示范区建设，开展“一照多址”试点备案监管办法》，“一照多址”制度进入 2.0 版本。为解决区内“一照多址”企业准入不准营的难题，2019 年 4 月 28 日，市市场监督管理局、长宁区人民政府签订《推动改革创新进一步优化营商环境合作备忘录》，在长宁区试点开展食品经营许可证“一证多址”。2020 年，立足企业需求，长宁区创新实践、核发了全国首例“一址两证”食品生产许可证。2023 年，长宁区深耕证照领域，核发首张“一址两用”食品生产许可证，实现了食品研发、食品生产“一址两用”。

二、主要做法

(一)认真听取意见建议,充分了解企业实际需求

由长宁区市场监督管理局牵头,积极走访了长宁区部分园区、企业,召集"互联网+"企业代表、众创空间、街镇、园区等单位召开座谈会,认真听取相关意见、建议。企业代表反映,企业规模扩大后,每增加一个网点,就需要一定的时间办理证照,快速、简单、高效地办好各类证照一直是企业的诉求。在各类的调研走访中,不断有企业提出简化登记流程和材料的需求。有一些互联网生鲜企业,大规模辐射网点布局后,证照办理速度完全跟不上合规要求,证照办理团队十来个人都完全应付不过来。

(二)一照多址、一证多址适用范围

目前在长宁区市场监督管理局登记管辖的内资公司、非公司制企业法人、合伙企业、个人独资企业在长宁区内设立其他营业场所时可实行"一照多址"登记备案;在上海市内有其他经营场所外商投资企业以及在上海市内有其他非经营性网点的公司,只要总公司登记注册在长宁,也能实行"一照多址"。一证多址是指长宁区企业在保证食品安全的前提下,对经营模式统一、装修标准统一、商品配送统一、食品安全可控的"互联网+"食品经营业态开展食品经营许可"一证多址"登记改革。

(三)一照多址、一证多址登记方式

符合"一照多址"登记条件的企业,可以向长宁区市场监督管理局申请办理"一照多址"。经备案后,在营业执照上记载"住所"登记项后标注"一照多址试点企业",并出具企业经营场所备案通知书或非经营性营业网点备案通知书,记载了企业试点"一照多址"的全部营业场所或非经营性营业网点。一证多址申请通过后,将在食品经营许可证上记载备案通过的食品经营地址,并标注"一证多址试点企业"。

(四)强化宣传,鼓励企业适用政策

在"一照多址""一证多址"政策实施后,为推动政策落实、释放改革红利,通过政策发布会、新闻发布会、企业座谈会、街镇园区服务工作例会、微信

宣传、印发宣传册等多种方式进行宣传，鼓励园区、街镇企业服务部门、众创空间管理单位挖掘意向企业，并通过企业走访、电话沟通等形式向企业介绍有关政策的实施条件、申请流程等。部分企业在看到新闻宣传后，主动来电咨询一照多址、一证多址政策，并表示要落户长宁享受政策。

图 1 “一照多址”企业颁证仪式

（五）永不停歇，深耕“证”“照”领域

随着长宁区在“证”“照”领域的深耕，越来越多的企业慕名而来，在日常工作中提出了自己的想法和需求。长宁区市场监督管理局也始终对市场主体的需求秉持包容、开放的理念，深耕“证”“照”领域。

2020 年年初，上海东方航空食品有限公司向长宁区市场监督管理局求助，希望可以将在机场红线范围内从事生产的食品，推向机场外更加广阔的流通领域。长宁区市场监督管理局第一时间向上级部门寻求支持，通过组织专题调研协作、实地指导研讨，为企业量身定制了一整套优化布局流程、添置设施设备、完善规章制度的方案。通过一张食品生产许可证，让企业原本仅可以在机场内流通的食品，最终走出了机场红线范围，实现“空餐地享”。

图2 “一址两证”企业颁证仪式

在此基础上,2023年长宁区市场监督管理局对“一址两证”食品行政审批制度改革又一次进行探索。2023年2月27日,长宁区核发首张“一址两用”食品生产许可证,联合利华上海研发中心原本只能进行食品研发的实验工厂,可以直接从事食品生产,实现食品研发、食品生产“一址两用”,新产品面世时间可缩短20%以上。食品生产许可核发新模式打破审批部门对食品生产场地只能专用的固有要求,建立“研发+生产”一体化的新型审批模式,有助于企业控制新品研发成本和投资风险,加快新产品商品化进度。

图3 “一址两用”企业颁证仪式

三、主要成效

目前，长宁区共有一照多址试点企业 30 户，区内区外备案的分公司和非经营性网点共 219 户。食品经营许可证一证多址企业 5 户。“一址两证”企业 2 户。

（一）主动适应经济发展新常态

在全球新一轮科技革命和产业变革中，互联网与各领域的融合发展具有广阔前景和无限潜力，已成为不可阻挡的时代潮流，正对我国经济社会发展产生着战略性和全局性的影响。加快推进“互联网＋”发展，对主动适应和引领经济发展新常态、形成经济发展新动能具有重要意义。“一照多址”“一证多址”的试点企业大多是网点众多、发展迅速的互联网＋企业，试点改革工作是针对企业开展的降低市场准入门槛、释放发展潜力和活力的一次尝试。“一照多址”和“一证多址”简化了办理流程和材料，为推进注册许可登记便利化改革进一步松绑清障，有利于进一步释放市场主体活力。

（二）服务企业，简化办理流程

“一照多址”的创新大大节省了企业办理营业执照的时间，同时简化了办理流程和材料，相较传统的申请分支机构设立，通过“一照多址”增设营业场所，所需准备的材料大幅减少，只需要提交相关住所使用证明文件即可，而且省去了诸多分支机构的年报义务，各营业场所可随登记企业一并申报年报。“一照多址”的试点企业表示原先申请设立分支机构所需时间较长，现在只需要在企业经营场所备案通知书或非经营性营业网点备案通知书上新增地址，当场就可完成登记。食品经营许可证的“一证多址”亦是如此。“一照多址”“一证多址”登记制度的实施，大大节省了企业网点扩张的时间成本，让企业能抓住宝贵的商业机会。

（三）固化做法，形成长效机制

在过去“一照多址”登记制度推进工作中，长宁区市场监督管理局边探索、边实践、边规范，特别注重制度建设，把一些经验做法固化下来，形成可复制、可推广、可坚持的长效机制。在上海市市场监督管理局的指导下，长宁区市场监督管理局出台了《长宁区推进示范区建设，开展“一照多址”试点备案监管办法》，扩大了“一照多址”适用范围。该办法的出台实施，进一步降低了市场准入门槛，对深化商事制度改革，优化营商环境，促进大众创业、万众创新，推进三个创新试验区发展，推进网络市场监管与服务示范区创建，释放发展潜力和活力具有重要意义。

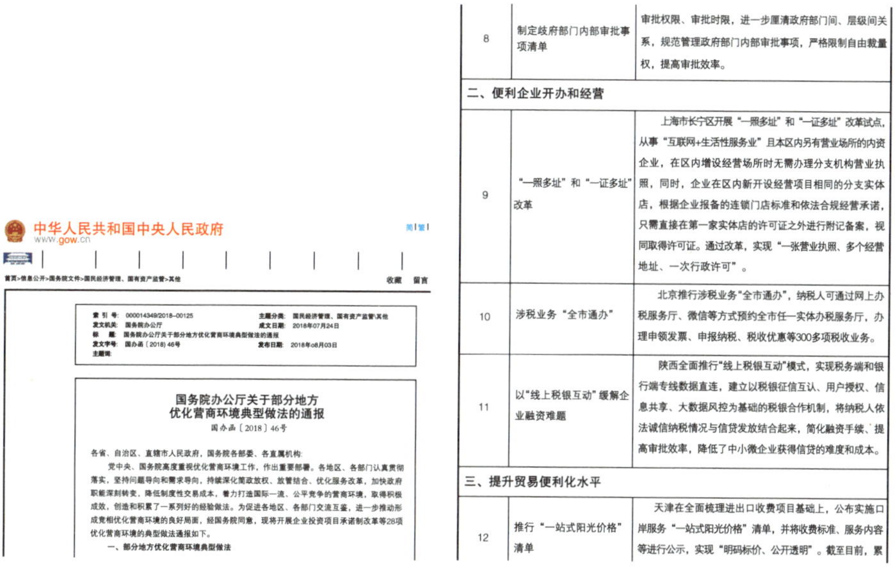

中华人民共和国中央人民政府
www.gow.cn
简 | 繁 |
首页>信息公开>国务院文件>国民经济管理、国有资产监管>其他
收藏 留言

索引号：000014349/2018-00125
主题分类：国民经济管理、国有资产监管\其他
发文机关：国务院办公厅
成文日期：2018年07月24日
标题：国务院办公厅关于部分地方优化营商环境典型做法的通报
发文字号：国办函〔2018〕46号
发布日期：2018年08月03日
主题词：

国务院办公厅关于部分地方优化营商环境典型做法的通报

国办函〔2018〕46号

各省、自治区、直辖市人民政府，国务院各部委、各直属机构：

党中央、国务院高度重视优化营商环境工作，作出重要部署。各地区、各部门认真贯彻落实，坚持问题导向和需求导向，持续深化简政放权、放管结合、优化服务改革，加快政府职能深刻转变，降低制度性交易成本，着力打造国际一流、公平竞争的营商环境，取得积极成效，创造和积累了一系列好的经验做法。为促进各地区、各部门交流互鉴，进一步推动形成竞相优化营商环境的良好局面，经国务院同意，现将开展企业投资项目承诺制改革等28项优化营商环境的典型做法通报如下。

一、部分地方优化营商环境典型做法

8	制定歧府部门内部审批事项清单	审批权限、审批时限，进一步厘清政府部门间、层级间关系，规范管理政府部门内部审批事项，严格限制自由裁量权，提高审批效率。
二、便利企业开办和经营		
9	“一照多址”和“一证多址”改革	上海市长宁区开展“一照多址”和“一证多址”改革试点，从事“互联网+生活性服务业”且本区内另有营业场所的内资企业，在区内增设经营场所时无需办理分支机构营业执照，同时，企业在区内新开设经营项目相同的分支实体店，根据企业报备的连锁门店标准和依法合规经营承诺，只需直接在第一家实体店的许可证之外进行附记备案，视同取得许可证。通过改革，实现“一张营业执照、多个经营地址、一次行政许可”。
10	涉税业务“全市通办”	北京推行涉税业务“全市通办”，纳税人可通过网上办税服务厅、微信等方式预约全市任一实体办税服务厅，办理申领发票、申报纳税、税收优惠等300多项税收业务。
11	以“线上税银互动”缓解企业融资难题	陕西全面推行“线上税银互动”模式，实现税务端和银行端专线数据直连，建立以税银征信互认、用户授权、信息共享、大数据风控为基础的税银合作机制，将纳税人依法诚信纳税情况与信贷发放结合起来，简化融资手续、提高审批效率，降低了中小微企业获得信贷的难度和成本。
三、提升贸易便利化水平		
12	推行“一站式阳光价格”清单	天津在全面梳理进出口收费项目基础上，公布实施口岸服务“一站式阳光价格”清单，并将收费标准、服务内容等进行公示，实现“明码标价、公开透明”。截至目前，累

图4　国务院通报表扬

（四）提出食品生产许可核发新模式

一张小小的食品生产许可证，帮助企业灵活应对市场需求，不断推陈出新，提升企业竞争力。它让航空餐食企业跨出机场经营，让食品研发和食品生产无缝衔接。在探索办理食品生产许可证过程中出现了多个创新。

1. 跨部门食品“许可＋监管”的新模式。市场监管与海关部门之间积极探索建立食品“许可＋监管”互动机制，互享“许可＋监管”信息，互通“许可＋监管”新模式，利用“互联网＋视频”动态监管形成24小时食品生产全程闭环管理，确保食品安全风险可控。

2. 推进跨“红线”行政审批制度的新改革。面对东航食品提出的需求，市场监管部门与海关部门充分关注、主动应对新情况、新问题，协调联动、通力合作、紧密配合，集中力量突破原有行政许可管辖职能限制，精准、有效、快速服务企业克服外部影响，共同助推企业发展转型，在确保食品安全的前提下，对不断优化营商环境、深化行政许可审批制度改革、激发市场主体活力具有十分积极的探索实践意义。

3. 探索出可复制、可推广的企业地区总部研发中心 + 食品生产的跨界。一是探索研发 + 生产的总部经济赋能新模式。“一址两用”后，企业可以用最有效率的方式进行产品孵化，为工厂大规模投资提供依据，提升企业发展的迭代能级，为类似的企业发展提供参考模式。二是探索新型生产研发中心的监管模式。创新食品安全管理模式，助推食品生产研发中心建立实施 HACCP 体系，探索灵活、高效、便捷的监管新模式，全面提升食品安全管理能力，助力企业创新。三是探索总部研发中心的标准化制度。通过此次“联合利华”试点，实现了上海地区食品研发工厂做快速商业化试点的可能性，并以此建立可复制创新“一址两用”许可 + 监管标准化模式，加速上海企业研发创新商业化能力，助力上海市营商环境提升。

图 5　场地评审

4. 创新产研融合生产模式。新产品从研发到生产，除时间需求外，跨地域的生产车间试产需要企业花费一定的生产成本。生产研发中心的一体化加快了从食品研发到食品生产落地的高效产研融合、赋能食品研发中心的商业化生产能力。企业利用研发中心短平快的工作模式、多样的研发设备,用最少的投资快速打通食品从研发到生产的环节,大大提升新产品商业化的速度,以商业化为导向助力研发,将相关成果更好地推向市场,助推食品生产领域的源头创新和布局拓展。

5. 赋能总部经济发展。“一址两用”对接上海优化营商环境6.0版,充分发挥市场监管部门职能优势,强化对总部型企业便利化服务措施,助力总部型企业更精准地把握市场需求、痛点。充分发挥研发中心的技术和设备优势,快速形成深入洞察、小规模投入市场、收集反馈、持续改善的良性循环,助力提升总部型企业经济能级;充分发挥高标准外资食品研发中心引领示范作用对促进上海本土食品研发、助力提升食品产业链水平的带动效应。“一址两用”的实施也为外资总部型企业在上海持续发展提供强心剂,为上海吸引外资提供动能。

四、特色亮点

长宁区在“证”“照”领域开创了多个第一,诸如上海市首个开展“一照多址”,上海市首个食品经营许可证“一证多址”,全国首例“一址两证”,全市首例“一址两证”的食品生产许可。在“一照多址”方面,相较于《上海市企业“一照多址”备案管理试行办法》仅限于登记机关在辖区内实施“一照多址”的规定,长宁区对“一照多址”登记工作更包容开放,其他非经营性网点所在区域不再局限于长宁区。长宁区登记管辖的内资公司、非公司制企业法人、合伙企业、个人独资企业、负面清单外的外资企业在长宁区内设立其他营业场所时可实行“一照多址”登记备案;在上海市内有其他非经营性网点的公司,只要登记注册在长宁,也能实行“一照多址”。此外,长宁区以“一址两证”“一址两用”为样板,尝试探索出一套全新的食品生产+食品研发融合发展管理标准,在制度高地上再创新高,让上海在相关专业领域成为全国的灯塔,为全国各地的食品生产制度性创新指引了一条崭新的道路。

11. 法治政府建设智慧监管

（闵行区）

上海必胜客有限公司旗下闵行辖区10家分公司通过“云申请”方式办理了许可证变更事宜，成为外卖App申办食品经营许可证“秒批”的一个特色案例。原先这10家门店分散在上海闵行的8个街镇，如果算上递交材料、现场核查、领取许可证，一个街镇的办理窗口至少要去两次，经办人员要全部完成变更至少要跑16次窗口。

闵行区市场监督管理局打通在线信息通道，推出食品经营许可证全程“云申请”，实现全程不见面申办食品经营许可证。通过“云申请”方式办理食品经营许可证的申请人，只要符合要求，足不出户最快1个工作日即可取得食品经营许可证，相比之前7个工作日到窗口至少2次，大大缩短了办事时间。

上海斗牛士餐饮管理有限公司莘庄分店改变了后厨的布局，需要进行许可证设施设备变更，借助闵行区市场监督管理局智慧监管云核查，大大缩短了办证时间。按照常规流程，设施变更需要先在窗口登记，然后再与监管人员审核图纸，图纸通过后再装修，装修好后再和监管人员约时间进行现场场地核查，中间当事人需要跑4～5次。现在通过云核查，只需要经营者通过闵行区市场监督管理局微信公众号“场地核查”模块就可以在线提交图纸，在线提交场地设施情况图片，监管人员在线审查，减少了经营者跑动次数，场地在线审核时间可以压缩到24小时以内，大大地提高了办事效率，真正给企业带来便利。

2020 年 6 月，闵行区市场监督管理局依托“智慧监管 · 云中心”，在全市率先试行食品经营许可“云核查”。申请人通过闵行市场监管微信公众号申报需要现场核查的申请，并上传图纸、现场照片等相关资料，审查人员在“智慧监管 · 云中心”手机端收到申请后对申报内容进行审查，并辅助采用实时连线方式对现场情况进行远程核实，全程无接触。

一、基本情况

市场监管行政执法，与人民群众日常生活和切身利益紧密相关，是依法行政的关键环节，直接关系到法治政府建设的成效。中共中央办公厅、国务院办公厅印发的《关于深化市场监管综合行政执法改革的指导意见》指出，“践行以人民为中心的发展思想，以转变职能为核心，深入推进市场监管综合行政执法改革……构建统一、权威、高效的市场监管执法体系”。当前，市场监管的领域之广、执行的法律法规规章之多、监管对象发展变化之快，都对市场监管执法人员提出了更高的要求，尤其是基层监管干部，在任务叠加而人员增加有限的情况下，更加需要提升法治思维、法治水平，有效解决市场监管的实际问题，确保顶层设计的各项改革举措落地生根。

近年来，闵行区市场监督管理局破浪前行，勇当行政执法改革的开路先锋，率先走出了一条数据赋能执法、智慧赋能实战的执法改革创新路径，创建了“全归集、可共享、看得见、能预警”的市场监管大数据头脑——“智慧监管 · 云中心”，构建了一套“规范统一、效率兼顾”的市场监管执法新体系，在全国打造了样本、树立了标杆，促进市场监管执法体系现代化大有可为。

图1　智慧监管·云中心指挥大厅

二、主要做法及成效

(一)标准化:大数据信息夯实执法体系改革基础

“智慧监管·云中心”推动数据开放共享,提升数据应用效率,运用标准化市场主体数据信息和规范化执法硬件设备,夯实执法体系的改革基础。

一是打造市场主体标准化信息库。“智慧监管·云中心”汇集市场主体信息、动态监管信息、检验检测结果、风险预警监控等关键数据,对数据资源进行抽取、清洗、治理、整合,为全区智慧监管应用提供基本数据支撑。数据的归集和整合,使市场主体的“家底”清晰可见,依据企业的“专属画像”可实现精准监管和服务。

二是标准化数据支撑科学决策。“智慧监管·云中心”进一步完善数据管理机制,通过智能分析让数据开口说话,规范科学决策。例如,“智慧监管·云中心”系统利用大数据分析发现食品药品安全、特种设备安全、消费安全热点,实现对辖区热点安全问题的快速把握和趋势预测,开展精准靶向监管。

三是推动基层队伍标准化建设。一方面,依托“智慧监管·云中心”实现了执法装备与业务信息平台的联网互通,逐步提升了执法记录仪、热敏打印机、现场打印设备、摄录设备、食品安全快速检测箱、移动执法平板电脑等执法装备的统一配置管理和规范化使用,更新了执法装备管理使用的工作内容、程序、要求。另一方面,运用数据对基层开展标准化科学考核,切实发挥考核对基层工作的指挥棒功能,实现对基层内部运行机制的标准化管理。

(二)统一化:智慧技术推进监管流程创新再造

“智慧监管·云中心”以智慧技术充分发挥政府部门的执法主体作用,创新重构统一的监管流程,创新推动监管深入细致。一是实现统一监管机制。“智慧监管·云中心”在GIS地图上对市场主体进行网格化管理,将辖区4个街道、9个镇、1个市级工业区划分为14个一级网格,以市场主体为基础统一成“一张网”,每一个大网格中又设立42个二级网格,根据二级网格的特点合理配置执法人员。通过应急指挥系统,应急指挥中心与监管人员手机端实现系统对接和数据的双向推送,实现管理网格化、工作任务化、监管智能化和指挥实时化,真正做到“无缝规范衔接”和“统一监管合力”。二是建立统一高效的风险防控体系。安全监管是市场监管的首要职责,将统一高效的风险防控体系作为新的监管力,精准防范苗头性和区域性风险,是推进行政执法改革的必然要求。例如,“智慧监管·云中心”系统统筹全区7类高风险重点场所的监控设备,增设“1000+1400”路可延伸为“非现场监管+非现场处罚”的视频监控,实现广覆盖、全天候的24小时闭环监管。运用大数据、人工智能、AI算法等前沿技术,在“互联网+明厨亮灶”视频上增设AI智能识别技术,实现智能发现问题的智能处理,干部实时接收并处置预警问题。对轻微问题及时教育和引导企业规范生产加工过程,减少安全隐患;对鼠患等严重问题,则将电子行政执法文书送达企业负责人,形成非现场执法工作闭环。“非现场监管+非现场处罚”不仅守牢食品安全底线,更注重减少对企业的“打扰”,以“非现场”的方式引导企业规范经营行为。

图 2　云中心远程监控板块

三是统一监管表单推动流程再造。市场监管涉及工商、质监、食药监、物价等不同的业务，检查项目多达 1000 多项。“智慧监管 · 云中心”系统将检查项目精减为 16 个业务领域 65 个专业表单 625 个检查项目，制成检查综合表单，检查项目与法律法规逐一匹配，统一规范了执法标准和行为，并把原来的“填空题”转换成“选择题”，大幅缩短检查时间。2023 年，累计开展综合监管 26, 850 户次，其中发现问题 4313 户次。标准化电子表单，统一了监管标准，重构了流程，实现了监管记录的留痕追溯和实时上传，杜绝了监管的随意性，也进一步减少了对企业的“打扰”。

图 3　监管干部运用执法终端开展检查工作

（三）规范化：科技手段完善行政执法监督机制

“智慧监管·云中心”通过科技手段进一步严格界定执法权限，明确责任，推动建立健全“执法有依据、行为有规范、权力有制约、过程有监督”的行政执法体系。一是案件全流程规范赋码。“智慧监管·云中心”系统从案件线索开始，生成了涉案主体独一无二的二维码，帮助各环节承办人员知晓目前案卷的流转情况。审批、案卷定位、案件办理过程一览无余，未来案件无论在哪一个环节流转上遇到了疑点，扫一扫二维码，责任清晰可见，实现了对案件的全流程规范管理。二是电子化规范内部监督机制。“智慧监管·云中心”系统借力科技手段实现“证据采集、网上审批、电子用印”三个电子化，将监管视频、音频等内嵌为电子程序，归集、整合移动监管的全过程记录，并梳理整合 2846 项违法行为的法律法规库。线索的录入办结、案件的立案结案过程、裁量依据以及视频、照片、音频等执法文件全部纳入监管行为信息库，进一步规范执法流程，强化对监管的“监管”，让任务执行全过程“看得见、可追溯”。2023 年，闵行区市场监督管理局已通过“智慧监管·云中心”录入线索 6197 条，行政处罚决定案件实现全流程在线办理，稽查办案的效率和规范化水平逐步提升。制度和技术的保障规范了执法流程,最大限度降低了执法弹性,大大减少了自由裁量权,将执法权力关进“数据铁笼”,最大限度提升了执法的公平和公正,保护了市场主体合法权益,打造了良好的法治营商环境。三是规范社会公共监督渠道。“智慧监管・云中心”系统架起了密切联系市场、群众的桥梁,做到自觉主动、阳光公开。在随申办闵行旗舰店开设 5 类服务事项,包括“农村集体聚餐申报”“社会餐饮申报”“食安云课堂”“食安科普”“企业信息申报”,实现从政府单一监管模式向“政府监管、社会监督、行业自律、企业自治”的社会共治转变,让老百姓在每一个案件中感受到公平正义。

三、推广价值与发展展望

2019 年,闵行区市场监督管理局“智慧监管・云中心”系统就已上线,通过近年来的不断升级更新,如今已包含“1 + 9”整套业务系统:“1”即一个应急指挥中心;“9”即九大功能模块,包括主体信息、综合监管、远程监控、智能预警、投诉举报、稽查办案等,借助物联网、人工智能、大数据和区块链技术,配合人脸识别、行为捕捉、温度传感等手段,建立了一整套全覆盖、高精度、数字化、智慧型市场监管服务体系。实现基层监管执法态势全面感知、风险监测预警、趋势智能研判、资源统筹调度、行动人机协同,从无目的的“散射执法”升级到“靶向执法”,监管方式从“人海战术”升级到“智慧战术”,监管介入从“事中事后监管”升级到“事前智能预警”。真正实现了行政流程更加规范,行政决策更加科学,行政效能显著提高,行政成本大幅降低,营商环境明显优化,在法治政府建设中取得了重大突破。

2020 年,“智慧监管・云中心”获评全国法治政府建设示范项目。闵行区市场监督管理局以该系统荣获“上海市城市数字化转型工作先进集体”称号。闵行区依托该系统荣获“国家食品安全示范城市”称号。依托“智慧监管・云中心”系统,闵行区实现智能巡查、智慧监管,推动监管由“人力密集型”向“科技密集型”转型。

“智慧监管・云中心”推动了市场监管执法体系信息化与法治化改革的深度融合,构建了统一、规范、高效、完善的市场监管行政执法新体系。闵行区市场监督管理局将继续践行服务型监管理念，持续构建数字化创新应用服务体系，让行政流程更加规范，让行政决策更加科学，让营商环境更加优化，不断促进社会公平正义，为市场主体平等竞争、蓬勃发展厚植土壤，为区域经济迈向高质量发展提供不竭动力。

12.“小嘉帮办”政务服务

（嘉定区）

市民邹女士来到嘉定区行政服务中心，想查询一下个人住房公积金明细，在“小嘉帮办”工作人员的指导下，邹女士将身份证放置在读取区域，通过虚拟窗口——智能双屏工作台，屏幕另一端的工作人员即成功获取了她的身份信息，仅1分钟，邹女士便拿到了所需材料。

2023年7月，为满足企业事项链接的个人事项需求，嘉定区行政服务中心联合马陆镇社区事务受理服务中心开设“远程虚拟延伸服务窗口”，实现了175项个人政务服务事项远程办理。

江苏省太仓市向中危险品货物运输有限公司法人王先生在太仓市政务服务中心申办“危险货物运输车辆接入上海市重点营运车辆联网联控平台”业务，太仓市政务服务中心工作人员与嘉定区行政服务中心工作人员通过嘉昆太“一网通办”远程虚拟窗口，运用音视频通话、屏幕共享、外设远程操作等技术手段，依次进行材料传输、审核确认等流程，仅用了几分钟，整个事项便办理完成。

2023年7月，为切实提升政务服务高效性和便捷度，打通跨区域办理壁垒，嘉定区行政服务中心依托嘉昆太协同发展服务圈优势，立足区内企业需求，与江苏省昆山市、太仓市政务服务中心达成三方政务服务对接意向，在包含昆山市、太仓市共12个政务服务场所开展试点，设立嘉昆太“一网通办”远程虚拟窗口。

市民刘先生填写内容不符合规范表述，导致企业经营范围变更业务办理失败，抱着试一试的想法，刘先生来到“办不成事”反映窗口，寻求工作人员的帮助。初步了解了刘先生的情况后，“办不成事”反映窗口工作人员将他的诉求流转到相关部门。根据刘先生的实际情况，工作人员认为，刘先生提供的部分材料虽存在瑕疵，但主要材料齐全且符合法定形式，符合“容缺办理”的条件，窗口可以先予受理，办事人后续再补齐纸质材料。[1]

图1 “办不成事”反映窗口工作人员热心为市民解答

2023年，依托“一网通办”平台资源，嘉定区行政服务中心以解决办事企业群众问题为目标，认真倾听政务大厅办事痛点、堵点，全力调动各类政务服务资源，加强进驻部门协同联动，推行“有求必应”全流程跟踪机制，提供咨询引导类、协调办理类、投诉建议类服务，共同践行“兜底办”服务承诺。

一、基本情况

为民办实事是衡量政府职能转变、优化营商环境的重要标准，关乎社会

〔1〕 案例选自“上海嘉定”微信公众号8月30日报道“‘办不成事’反映窗口开设近1年，那些办不成的事办成了吗？”

治理体系和治理能力现代化水平。近年来，嘉定区坚持以人民为中心，根据新发展阶段的特点，围绕推动高质量发展、构建新发展格局，加快转变政府职能，深入践行“人民城市人民建，人民城市为人民”重要理念，抓住“优化服务”这条主线，以用户体验为核心，坚持“群众为先、服务至上”，在业务多、节奏快的政务服务工作中积极营造让企业群众进门舒心、办事顺心的服务环境，推进政务服务更高效、更便捷、更精准。在满足企业群众对政务服务的新期待和新要求下，不断提高企业群众的获得感和满意度。

嘉定区行政服务中心是推进“一网通办”改革成效落地应用、持续优化营商环境、为企业群众提供高效便捷政务服务的重要阵地，也是全市单体建筑最大的综合型政务服务中心，高度集成 31 家职能部门 600 多个政务服务事项，设有开办企业、办税服务、综合服务、不动产登记、公安专区、就业人才、工程建设项目审批审查等专区，实现企业群众办事“进一门、能通办”。

2021 年，为进一步提升“一网通办”服务能级和办事体验，最大限度为企业群众提供便利，减少企业群众跑动次数，嘉定区行政服务中心深入践行人民城市理念，在优化服务内容、提升服务质效上进行积极探索和大胆创新，秉持着“把麻烦留给自己，把方便带给群众”的服务理念，创新打造“小嘉帮办”服务品牌，设立“小嘉帮办站”。2022 年，嘉定区行政服务中心聚焦企业群众痛点、难点问题，以政务大厅为主阵地，联手 31 家政务大厅进驻部门推出“快闪办”“自助办”“视讯办”“陪同办”4 个“小嘉帮办”特色主题服务。2023 年，嘉定区行政服务中心持续优化帮办服务模式，扩容“快闪办”事项，延伸“自助办”点位，打造“视讯办”2.0 版，新增“兜底办”服务，为企业群众提供优质、高效、便民的政务服务，将为民办实事落到实处，打造政务服务新模式。“小嘉帮办”服务品牌已先后荣获上海市 2022 年度各区优化营商环境优秀案例评审系列活动第一名、第五届高质量发展营商环境优秀案例“安商护商奖”、中央依法治国办第二批全国法治政府建设示范项目。至今，政务大厅“小嘉帮办站”为办事群众提供现场帮办 21,300 余次。

图2 帮办代办服务台

二、主要做法及成效

“小嘉帮办”服务品牌以提供“主题化服务”为重点，坚持从最优质的用户体验出发，在“关键小事”中梳理服务需求，不断打造新的“主题服务”内容，并通过研制工作标准，明确服务内容、办理流程和服务指南等，保障品牌服务的生命力、专业性、精准度，实现常态长效发展。

（一）做优用户体验，聚焦群众需求，打造特色服务

将“用户满意”作为评判服务质量的首要标准，创新推出“小嘉帮办”主题服务，用最管用举措提供最暖心服务，着力提升用户体验度。聚焦“不愿排队”，推出快闪办，实现简单事项“即办即走”。针对特种设备作业人员资格证、道路运输车辆年度审验年审标志领取等简易事项，引导办事企业通过“入门即办、办完即走”快速通道，即刻完成办理。聚焦“不见面办理”，搭建视讯办，完成便民利企“最后一公里”。推动以“一网通办”自助终端为载体的远程“直达帮办”服务新模式，线下政务大厅设立“远程虚拟延伸服务窗口”“政务服务云客服”“长三角虚拟窗口”，为企业群众就近提供专业咨询服务和导办服务。聚焦“不会网办”，引导自助办，实现高频事项“边看边办”。为缓解

政务大厅人流大矛盾，陆续推出打印社保单业务、不动产登记查询等高频事项“自助引导”，鼓励更多企业群众体验更优质的云端服务，逐步养成网办意识，提升“网上办”能力。聚焦“不方便办”，做好陪同办，实现“专属小嘉”全程陪办。针对老年人等较难清晰表述办理需求的特殊群体，安排“专属小嘉”全程陪同代办帮办，搭建安全可靠的沟通桥梁，减少多头跑、四处问。聚焦“办不成事”，践行“兜底办”，线上推出“办不成事”反映热线、线下开设“办不成事”反映窗口，为市民解答办事过程中可能遇到的“找不到”“不会办”“办不成”等情况，提供咨询引导类、协调办理类、投诉建议类等服务，坚持做到一口受理不拒绝，复杂疑难“兜底办”。

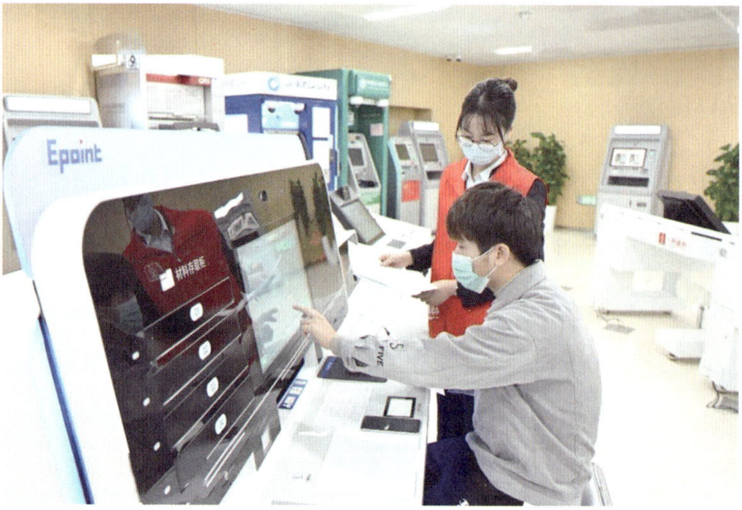

图 3　“小嘉帮办”工作人员引导办事企业、群众自助办理事项

（二）做强队伍支撑，加强软硬建设，推进优质服务

坚持“用户为先、管用为要”，充分运用智能化手段，用足、用好现有软、硬件资源，推进经济实用、高效便捷、管用爱用的实体化站点建设。以政务服务标准体系为基础，制定标准规范。将首问责任制、限时办结制、一次性告知等制度要求，与帮办服务相融合，研究梳理帮办代办事项所涉及的政策文件，总结不同群体的帮办代办需求，汇总形成《“小嘉帮办”服务手册》，着手研制《“小嘉帮办”政务服务规范》，有力地保障服务的专业性和精准度。专人专

岗提供帮办,加强帮办体系建设。组建以小嘉帮办服务站综合帮办员为主体、进驻部门专业帮办员共同参与的“1 +7”帮办队伍,联动政务大厅专区 31 家部门业务实时响应、当场办理,就近承接专区“兜底办”服务需求,提供“一站式”服务,主要针对企业群众的疑难问题“对症下药”。同时,坚持“以案促学、以训促用”做强帮办服务,举办“懿小嘉系列课堂”,通过案例演绎、经验分享、模拟训练、立功竞赛等形式,提升帮办员综合素养、业务能力和服务水平,打造全科型服务标兵。自 2022 年 8 月以来,累计开展“懿小嘉系列课堂”8 次。设立统一帮办服务站点,营造舒适政务服务环境。作为“小嘉帮办”品牌的主阵地,在嘉定区行政服务中心主入口的“小嘉帮办站”集合有 4 台高频自助终端、3 台“一网通办”自助终端机、3 套共享电脑提供扫描打印以及平板电脑提供知识库响应服务。此外,在政务大厅各专区分设专业帮办服务区域,主动提供跨前服务,提升办事效率。

图 4 “小嘉帮办”志愿服务队授旗仪式

(三)打造品牌,注重宣传普及,践行透明服务

坚持从最优质用户体验出发,在“关键小事”中找到需求,不断丰富主题服务,让“小嘉帮办”家喻户晓、充满活力。组织策划“‘一网通办’在我嘉,政务服务零距离”主题系列宣传活动,开展“一网通办”进商圈、进公园、进医

院、进社区、进村居、进园区现场推介活动，搭建一个线上推广“直播间”，全面介绍“一网通办”改革成果。提升新录用公务员帮办服务能力，加强帮办意识宣传。将“小嘉帮办站”打造成政府部门零距离服务企业群众的重要渠道，组织新录用公务员开展法治教育宣传，培养帮办服务意识，共同为帮办服务项目优化提升助力，现已成为嘉定区新录用公务员岗位实践基地。推出“视频帮点播”，强化企业群众网办引导宣传。在随申办市民云 App 嘉定旗舰店特色栏目和上海嘉定微信公众号开设导办视频“点播台”，采用“制作一批、上线一批”的原则，并通过融媒体、小嘉帮办站、政务服务站等渠道进行投放宣传，提升企业群众知晓度，努力提升品牌影响力，让优质的政务服务惠及更多用户。创新帮办手段，提供精准帮办服务，规范帮办管理标准。定期组织开展办事指南的集中修订，提升办事指南规范化、办事材料精准化水平。进一步细化、量化业务口径标准，消除模糊条款、兜底条款，推进同一事项无差别受理、同标准办理。

三、品牌创建与发展

嘉定区行政服务中心始终坚持以习近平新时代中国特色社会主义思想为指导，全面贯彻党的十九大、二十大精神，按照市委、市政府和区委、区政府

图 5 “小嘉帮办”工作人员引导市民进行远程办理

的决策部署，深入践行“人民城市人民建，人民城市为人民”重要理念，围绕“一门、一网、一次”服务，推动嘉定政务服务能级全面提升。通过“小嘉帮办”服务品牌的打造和升华，借助“先帮后办”政务服务理念和方式的转变，提高了企业群众的服务体验感和满意度，推动了“一网通办”改革的高速发展，实现了政府职能部门整体服务质量和水平的提升，为打造标准化、普惠化、均等化、智慧化的全方位服务体系提供有力支撑，助力法治国家、法治政府、法治社会一体化建设。

（一）线上线下融合发展，打造智慧高效政务服务

线上，依托“一网通办”PC 端和“随申办”市民云移动端，打造与线下同质体验的线上实时办事大厅。线下，提供前置服务，采用“先帮后办”的服务模式，提高企业群众办事效率，实现帮办服务流程再造。拓展先帮后办线下指导通道，打造“1＋7”专业帮办队伍，提升企业群众办事温度。在政务大厅设置“快闪办”服务阵地，以“小嘉帮办”服务站综合帮办员为主体，充分发挥七大专区进驻部门专业帮办员作用，将帮办服务前置，跨前一步提供咨询解答，加大专业领域帮办力度。同时，采用帮办员轮岗制，建立培训沟通机制，将理论和实践相结合，开拓帮办员服务新思路。拓展自助导办线上网办渠道，打造自助办理专区，提升企业群众网办意识。在大厅和各专区设置自助工作台，提供“网上办”服务，推出高频事项“自助引导”，自制导办微视频和宣传短片，通过“边看、边学、边办”的方式，鼓励更多企业群众全程网办。拓展“快闪办”下沉事项，打造简易事项快捷窗口，提高窗口效率做到即办即走。将一部分简易事项如特种设备作业人员资格证的领取等 7 个事项下沉到“小嘉帮办”站，引导办事企业通过“入门即办、办完即走”快速通道，即刻完成办理。

（二）技术支撑赋能帮办，打造普惠均等政务服务

打破地域和领域的壁垒，拓展延伸帮办服务触角，做优政务服务虚拟窗口，构建“一网通办”新服务体系。社区业务进大厅扩容个人事项。为满足企业事项链接的个人事项需求，联合马陆镇社区事务受理服务中心开设远程虚拟延伸服务窗口，打通与街镇之间的数据壁垒。政务服务“云窗口”街镇、园

区远程直达帮办。不断深化“15分钟政务服务圈”建设，打通便民利企“最后一公里”，推动以“一网通办”自助终端为载体的远程“直达帮办”服务新模式，线下政务大厅设立“云窗口”，街镇政务服务场所接入自助终端，为企业就近提供专业咨询服务和导办服务。依托嘉昆太协同发展服务圈优势，立足区内企业需求，与江苏省昆山市、太仓市政务服务中心达成三方政务服务对接意向，在包含昆山市、太仓市共12个政务服务场所开展试点，设立嘉昆太“一网通办”远程虚拟窗口。

（三）探索优化服务流程，打造标准规范政务服务

注重工作实效性，加强标准服务建设，重点关注市民求助事项，从办成事中发现问题、改进服务，瞄准“新嘉定人”“新企业主”，推动嘉定的政务服务向企业、个人所需要、所向往、更有温度的方向发展。研判标准化发展路径，形成分领域分类型知识库。通过窗口实地调研、问卷调查、办不成事反映窗口、“12345”服务热线等形式了解企业群众真实的办事体验，从满足企业群众实际需求出发，寻找新的主题服务内容，用真心真情践行群众路线。同时，以政务服务标准体系为基础，协调各窗口部门定期开展案例复盘分享，回顾和反思存在问题，汇总分析普遍性问题，研判讨论特殊性疑难问题。形成全流程闭环机制，及时优化调整确保有回音。及时准确了解企业群众办事需求、难点和痛点，进一步找准、抓实服务重点，聚焦全过程闭环式的跟踪服务，秉持兜底的态度，当场反馈处理或限时办结，最大程度促进事项办成或做好解释疏导工作，形成闭环管理。

政务服务体系建设是法治政府建设中非常关键的一环，嘉定区行政服务中心将持续推动高质量发展、构建新发展格局，加快转变政府职能，加快打造市场化、法治化、国际化营商环境。加速推进线上线下融合发展，聚焦用户体验度，打造政务服务新体系，在满足企业群众对政务服务的新期待和新要求下，不断提高企业群众的获得感和满意度。优化推进政务服务往更高效、更便捷、更精准的方向发展，积极营造有活力、有智慧、有温度、讲规矩的品牌形象。

13. 市场监管“云监码”

（松江区）

“透明、便利、助企、高效”——“云间抽查监管码”（以下简称“云监码”）双随机抽查提升企业获得感。

上海松江燃气有限公司是松江区天然气、液化石油气供应和燃气工程施工的龙头企业。由于燃气行业涉及重大安全和国计民生，各级、各类执法部门对该企业的日常检查比较频繁，在一定程度上会打扰企业生产经营活动的正常安排。

松江燃气公司面临的困境，是传统“双随机、一公开”抽查中企业普遍反映的问题。为解决这个问题，松江区依托“云监码”实施双随机监管：一是提前告知，明确检查类型和检查方向，企业能精准配合；二是互动预约，企业能自主与执法部门协商抽查时间；三是全程公示，企业扫码即可获知检查结果；四是社会监督，“见码才是随机、有码才能抽查”，让企业能通过“云监码”监督执法部门是否真正通过“双随机”方式摇号确定抽查名单。

上海松江燃气有限公司负责人表示，通过“云监码”实施双随机抽查，其透明、便利、高效的监管执法方式，能让企业合理安排检查时间，最大限度地避免干扰正常的生产经营，使企业获得感明显增强。

图1 燃气公司现场检查

通过“云监码”双随机抽查，助力小微企业纾困。松江区着力聚焦保民生、保市场主体，积极助企纾困。“云监码”启用以来，区市场监管局联合区人社局、区经委、松江海关等多部门，依托“云监码”集中开展“非电网直供电和转供水价格行为”“中央厨房和集中供餐单位用工和工资发放”“单用途预付

图2 民生物资现场检查

卡发卡备案企业”“食品生产出口企业”等民生领域企业的“双随机、一公开”检查，抽查企业 155 家，立案 5 起，责令改正 15 起，退还给居民和小微企业多收价款 215 万余元。“云监码”的实施，对检查企业实现了全自动随机、全流程告知、全方位公示、全过程跟踪，进一步规范企业的经营行为和收费行为，确保国家减税降费、减轻小微企业负担的惠企政策落到实处。

松江区坚持以习近平新时代中国特色社会主义思想为指导，深入贯彻习近平法治思想，学深悟透习近平总书记考察上海重要讲话精神，认真贯彻落实中央及市区两级优化营商环境重大决策部署和各项工作要求，重调研、察实情，出实招、办实事，持续深化商事制度改革，大力推进市场监管数字化转型，在市场监管领域全面推行“双随机、一公开”监管，并积极探索监管创新和数字化创新，在全国首创依托“云监码”开展“双随机、一公开”监管，在松江区涉企行政执法检查中推行阳光化监管，着力构建长三角 G60 科创走廊策源地更优的科创生态。

一、背景缘由

我国经济发展已经进入提质增效、转型升级的关键时期，营造统一透明、有序规范的市场环境，为市场充分竞争创造良好条件日益重要。松江区聚焦市场监管领域重点工作和主责主业、市场监管领域重点、难点、堵点问题开展专题调研，坚持实事求是，摸清实情，找准症结，坚持问题导向，着力解决问题。调研发现，“双随机、一公开”监管涉及所有对市场主体有检查监管职能的行政管理部门，松江区历年来在推动双随机监管和执法公示的工作中，取得了不少成效，但也遇到一些瓶颈和难题，大部分问题在各省“区、市”还是共性问题。主要体现在：

（一）政府各部门认识不一，冷热不均

双随机监管和全程执法公示对行政执法部门而言，不仅是执法流程的改变，更是执法理念、执法文化、执法能力、执法方式、信息化水平的提升。而且所有检查都必须向社会公示，需要各行政管理部门的自我加压。所以，各部门在工作推进过程中，出于各种原因对双随机工作的认识程度存在差异，主观能动性也表现不一。

(二)双随机抽查只有上级监督,缺少有效外部监督

随着中央和市级层面督查力度和宣传力度的加大以及各级联席会议的不懈努力,区级层面的执法部门,都知道了"双随机、一公开"监管的重要性和必要性,也对外言必称自己的检查是双随机抽查,但是否真的是"双随机",市场主体和社会公众既无法知悉,也无法考证,基本上处于单向透明状态,为任性执法和随意执法留下了空间。

(三)双随机抽查只是单向透明不能双向互动,企业缺乏获得感

由于"双随机、一公开"抽查依托的市、区两级"互联网+监管"系统是政府部门内部使用的平台,企业无法登录使用,市场主体无从知晓抽查计划,公众和企业也无法主动参与,只能被动接受,企业对政府部门通过"双随机、一公开"抽查努力打造的营商环境难有获得感。

(四)"互联网+监管"系统无法和"一网通办"融合

"互联网+监管"系统拥有庞大的政府监管数据,但这是封闭的系统,无法通过"一网通办"为企业和社会提供数据资源支持,导致两个平台之间产生数据鸿沟。

基于这样的"双随机、一公开"监管中遇到的痛点、难点和堵点问题,作为全区"双随机、一公开"监管工作牵头部门的松江区市场监管局在区委、区政府的支持下,牵头试点,创新推出双随机抽查"云监码"制度,实现数字化双随机监管。

二、基本做法

注重用好数字化手段为优化营商环境赋能,促进政府职能转变和服务效率提升。"云监码"是松江区推出的数字化"双随机、一公开"监管新模式,在"互联网+监管"的基层实践基础上,以"一网通办"平台为桥梁,以问题为导向,进一步将"双随机、一公开"监管往更高阶段推进的创新举措。

各行政执法部门在松江区"互联网+监管"平台中制订双随机抽查计划随机摇号产生检查对象和执法人员后,系统将自动生成含有双随机检查告知书的"云监码"(二维码)。"云监码"通过松江区"互联网+监管"后台自动

向“一网通办”中的“企业专属网页”推送。企业在“一网通办”页面上通过手机扫“云监码”，一看码便知被双随机抽查的检查时间、检查事项和配合方式；随机抽中的执法人员通过区“互联网 + 监管”扫“云监码”便知抽查对象和抽查要求。执法人员凭“云监码”对企业实施双随机抽查，企业按“云监码”的要求配合执法人员双随机抽查；企业凭“云监码”可实现与执法人员信息交互，预约检查时间并获得全过程检查结果。

“云监码”从 2021 年 6 月提出设想，经过三个月调研，形成工作方案；2021 年 8 月，松江区市场监管局牵头成立松江区“云监码”建设工作推进小组，区政务服务办、区科委、区司法局为成员单位。“云监码”建设分为两块内容：

(一) 信息化建设

2021 年 9 月，信息化改造工程经区科委批准立项，由松江区市场监管局牵头实施，万达信息公司承担松江区“互联网 + 监管”平台信息化改造；松江区“一网通办”系统接入改造由区政务服务办负责实施。2022 年 6 月，“云监码”的信息化建设完成，打通了“互联网 + 监管”平台和“一网通办”平台，实现两网“双随机”监管的融合。松江区所有双随机抽查结果，在向国家企业信用信息公示网公示的同时，在“一网通办”平台上进行数据归集和公示，展示企业全生命周期管理的数字档案。

(二) 制度化建设

松江区市场监管局、松江区司法局、松江区政务服务办三方对全区双随机执法开展详细调研，并于 2022 年 6 月 27 日正式联合印发《关于在松江区涉企行政检查中推行通过“云监码”实施“双随机、一公开”监管的通知》，将双随机监管的“云监码”与行政执法“三项制度”相结合，赋予“云监码”在全区行政执法中的制度化地位。同时，松江区市场监管局以松江区“双随机、一公开”联席会议办公室名义，在征求了全区各行政执法部门意见和建议的基础上，起草了《松江区“双随机、一公开”监管工作行动纲要(2022)》，在全区推动开展以“云监码”为数字化载体的双随机抽查。

2022 年 7 月 22 日，松江区人民政府召开全区“双随机、一公开”工作会议暨“云监码”的启用仪式，向全区宣布“云监码”正式启动，市市场监管局副局长代表市“双随机、一公开”监管联席会议办公室对松江区的“云监码”的数字化创新给予高度评价，松江区人民政府副区长就全区的双随机工作和依托“云监码”这个数字化载体开展随机抽查提了工作要求、作了工作部署。

图3 “云监码”启动仪式

三、主要成效

“云监码”实现了“两个数字化凭证”和“两个数字化桥梁”：是执法部门的数字化执法凭证、是企业的数字化监督凭证、是执法部门和企业的数字化沟通桥梁、是联通“互联网+监管”平台和“一网通办”平台的数字化桥梁。

（一）实现了数字化监管的工作模式

“云监码”的推进实施，创新了双随机监管数字化工作模式，确保双随机抽查更加便捷、迅速、高效。

（二）实现了双随机抽查的刚性

凝聚了“见码才是随机”“有码才能抽查”的社会共识，倒逼各部门积极实施“双随机、一公开”的监管，确保各单位所检查的企业真正是通过“双随机”产生的。

（三）实现了内、外两张网的融合

首次打通了“互联网+监管”和“一网通办”两个平台，实现了内网和外网融合、监管和服务统一。

（四）实现了外部监督和内部监督的统一

“云监码”的推进实施，让市场主体更有获得感和安全感，通过公开透明的数字化执法过程，引导市场主体的主动参与和社会公众的主动监督，创造出松江区优质的营商环境。

图 4 “一网通办”企业专属网页

自 2022 年 7 月“云监码”正式上线以来，松江区市场监管局已经依托“云监码”开展了 21, 889 家企业的双随机抽查；区人社局、区经委、松江海关等多个部门，使用“云监码”集中开展了“非电网直供电和转供水价格行为”“供气企业收费行为”“中央厨房和集中供餐单位用工和工资发放”“预付卡备案单位资金管理”“单用途预付卡发卡备案企业”“食品生产出口企业”等直接关系民生行业的企业的“双随机、一公开”系列抽查。松江区市场监管局所有能实施“双随机、一公开”检查的事项，已经 100% 实现了依托“云监码”实施数字化双随机抽查。

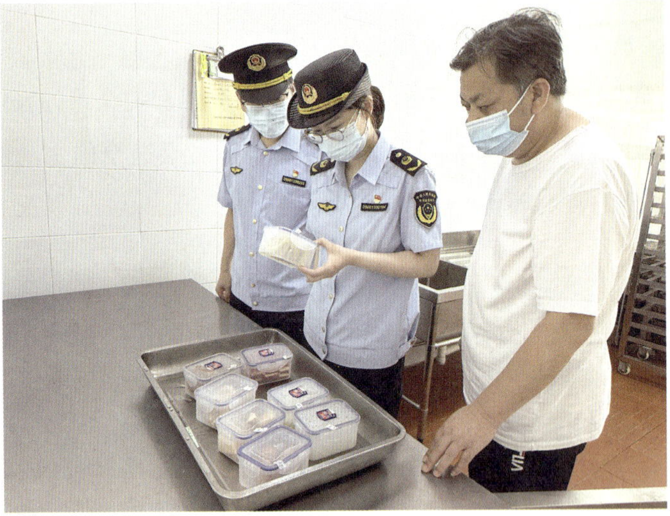

图 5　依托"云监码"实施双随机检查

目前，"云监码"系统已经能支撑松江区所有执法部门的涉企"双随机、一公开"监管，根据系统中设置的信用风险分类指标体系，对检查企业实现了全自动随机、全流程告知、全方位公示、全过程跟踪。松江区正在加大宣传力度，凝聚"见码才是随机""有码才能抽查"的社会共识。

四、获得荣誉

2023 年 5 月，经国务院同意，松江区被国务院办公厅发文表彰为"深化商事制度改革成效明显地方"。该项表彰激励是由国务院颁给推进企业登记注册便利化、深化"双随机、一公开"监管和信用监管等深化商事制度改革各项政策措施落实到位、亮点突出、社会反映好、市场主体获得感强的市（地、州、盟）和县（市、区、旗）政府。

松江区的"云监码"项目，还先后入选国家发改委、新华社举办的 2022 年度"新华信用杯"全国优秀信用案例，上海市"2022 年度优秀人民建议"；荣获市市场监管局 2022 年度"优化营商环境　服务市场主体"主题立功竞赛一等奖；入选"2022 年度松江区法治政府建设十大优秀案例"。同时，"云监码"也首次被写入松江区的政府工作报告。2022 年，市"双随机、一公开"监管联席会议代表上海市政府,将松江区的"云监码"作为上海市唯一的区级层面的"双随机、一公开"创新亮点和地方典型案例,正式行文报送给市场监管总局。2023 年 3 月,由"上海市发展改革研究院"发起的对全市"双随机、一公开"监管工作市场主体感受度评价中,松江区位列全市第二名。

五、下一步打算

(一)持续创新升级

松江区市场监管局和区政务服务办正探索依托"云监码",将区"互联网+监管"的监管职能与"一网通办"的服务职能进行创新互融,即通过"一网通办"平台对部分双随机抽查事项开展不见面检查,进一步提高企业的获得感,降低企业的制度性经营成本,真正实现行政执法和行政服务的统一。通过前期的调研,已经形成了工作方案,区"一网通办"平台上信息化改造已经基本完成,制度化设计也在紧锣密鼓地推进中。全区的"企业年报信息真实性专项双随机抽查"项目,已经开始尝试通过"云监码"在区"一网通办"平台上对企业实现不见面抽查试点。

(二)全面推广运用

进一步拓宽"云监码"的使用广度,要在全区各部门间推广使用。区市场监管局会同区司法局、区政务服务办制定并颁布了《松江区关于依托"云监码"实施"双随机、一公开"监管工作考核评价办法(试行)》,通过考核的指挥棒推动各部门积极依托"云监码"开展"双随机、一公开"监管。该考核评价办法的制定发布,标志着松江区的"双随机、一公开"监管的制度闭环已经完成。松江区市场监管局将联合区司法局、区政务服务办对各有关单位依托"云监码"开展双随机监管工作进行考核评价,评价的结果将被纳入法治政府建设考核体系,并通过专报向区委、区政府报告。

"云间"是历史上松江府的别称,蕴含着数千年的文化底蕴和美丽意境。将双随机监管二维码命名为"云监码",既体现了数字化云端监管的新方式,又赋予了松江千年文化古城的历史传承,同时,也代表了松江区实现全阳光执法和全透明公示,全力营造最优秀营商环境的信心和决心。

14. 长三角一体化示范区生态环境标准、监测、执法“三统一”机制

（青浦区）

“我宣布，2022年示范区专项综合执法行动正式启动。”2022年11月5日晚，随着轮值负责人通过腾讯会议发出联合执法行动指令，由嘉善、青浦、吴江三地生态环境部门联合成立的示范区生态环境综合执法队（以下简称综合执法队）闻令而动，展开了对示范区内重点区域、重点行业、重点企业的执法检查。该项检查是对上海正全面展开秋冬季空气质量改善攻坚行动的有力呼应，也是两区一县生态环境执法的“规定动作”。在为期4天的联合检查中，综合执法队采用走航执法、现场检查、无人机巡航等技术手段，对工业企业、工地自主减排措施的落实情况、VOCs重点区域和重点源大气污染防治措施落实情况及各扬尘源防尘措施落实情况等开展检查。每日晚间，综合执法队就当日执法工作开展情况进行交流，推进检查出的问题及时整改，为保证第五届进博会期间空气质量水平提供了有力保证。

2023年4月10日，金泽水库区域水质断面监控数据出现异常，经水质检测和异味溯源，初步判断涉事行业、区域、时段和排污数量。青浦区立即启动跨界突发水污染事件应急响应机制，商请吴江、嘉善生态环境部门开展多方联动溯源排查，查明跨界污染源头，及时采取措施，阻止污染进一步扩大，同时启动行刑衔接机制，抓获违法嫌疑人。

生态绿色是示范区的独特基因和最亮底色。青浦区会同吴江区、嘉善县，构建统一的生态环境保护制度，加快建立生态环境“三统一”机制（统一

生态环境标准、统一环境监测监控体系、统一环境监管执法)。2020 年 11 月,长三角一体化发展领导小组办公室印发《关于复制推广长三角生态绿色一体化发展示范区第一批制度创新经验的通知》,生态环境“三统一”制度作为示范区首批 22 项制度创新成果之一,向全国复制推广。

一、产生背景

“为什么需要示范区?示范区究竟示范什么?示范区到底需要怎么建?”在 2019 年示范区创立之初,很多人内心抱有这样的疑问。“示范区生态环境管理必须统一。”青浦区委、区政府领导的心中早早盘算过这个问题。生态绿色是示范区的立身之本和亮丽底色,推进示范区高质量发展迫切需要高水平生态环境保护作为支撑,而这需要示范区两区一县整体水平的提升。

青吴嘉三地环境对水体功能定位不一致,导致饮用水水源保护和区域协同治理成效还不稳定,水体断面水质存在波动等隐患;三地监测数据主要为属地服务,无统一的环境监测监控体系及区域生态环境和污染源监测监控共享共用平台;三地无统一的生态环境行政执法机制,导致整治成效“打折扣”……经过一段时间深入的调研梳理,诸多具体性实质性问题浮出水面。打破行政划分、突破机制障碍,形成生态环境管理合力是必由途径。

于是,借示范区正式建立的“东风”,示范区生态环境管理“一体化”改革正式启动。

为解决跨区域生态环境各省“区、市”分而治之的难题,青浦区在国家推行长三角生态绿色一体化发展示范区建设的战略背景下,坚持以习近平新时代中国特色社会主义思想为指导,全面贯彻党的二十大精神,深入贯彻习近平法治思想、生态文明思想和考察上海时发表的重要讲话精神,立足新发展阶段,完整、准确、全面贯彻新发展理念,统筹减污、降碳、生态保护和环境健康,紧扣“一体化”和“高质量”,积极探索区域联动、分工协作、创新协同的一体化生态保护新路径,以“一套标准”规范三地的生态环境保护工作,以“一张网”实施生态环境监测和评估,以“一把尺”统一环境监管执法,形成了较完善的生态环境标准、监测、执法“三统一”机制。

二、主要做法

（一）标准统一，以“一套标准”规范生态环境保护

在生态环境标准方面，规范统一示范区环境标准将为统一监测方法、分析方法，统一污染源排放标准，进而为统一示范区环境执法和监测提供技术支撑，是严守示范区生态基底的重要举措，也是确立示范区共同行为准则、营造公平市场环境的重要方面。

以“绿色美丽长三角”为目标，围绕改善生态环境质量和推动生态绿色一体化高质量发展的关键问题，协同支撑减污降碳、防控风险、保护生态、维护健康，聚焦区域整体生态环境管理的需求，统一标准制定思路和技术方法。2023 年 6 月 30 日，《长三角生态环境保护标准一体化建设规划（2020—2035）》正式发布，该规划的编制和实施，对科学推进长三角生态环境标准协同、促进区域一体化高质量发展具有重要的指导意义。现已出台了“制药”“空气质量预报”等多个行业的生态环保标准和规范。青浦区严格按照“制药”标准进行项目管理。据测算，制药行业标准实施后，上海、江苏、浙江、安徽制药工业 VOCs 削减率可达 25% ~50% 不等，对长三角区域环境质量改善起到较好的效果。

（二）监测统一，以“一张网”实施生态环境监测和评估

在生态环境监测方面，青浦区会同吴江区、嘉善县建立一体化示范区生态环境监测统一工作机制，建设监测质量管理体系和环境预警应急监测体系，推进生态环境监测数据共享共用，以“一张网”统一生态环境科学监测和评估，进一步提升生态环境监测能力和综合保障能力。

按照“一体化”和“一盘棋”的基本原则，青浦区会同吴江、嘉善编制了《长三角生态绿色一体化发展示范区大气监测系统建设实施方案》和《长三角生态绿色一体化示范区跨界饮用水水源地联合监测工作机制》，统筹优化示范区大气监测网络，青嘉吴三地在长三角空气质量预测预报中心指导下组织开展环境空气质量联合预报试点，实现了环境空气预测预报常规站点的数据交换，先行启动区现有大气环境监测站点数据并网工程。组织开展多次示范区水质联合监测，采用同一采样点位、同一采样时间、同一分析方法，改变

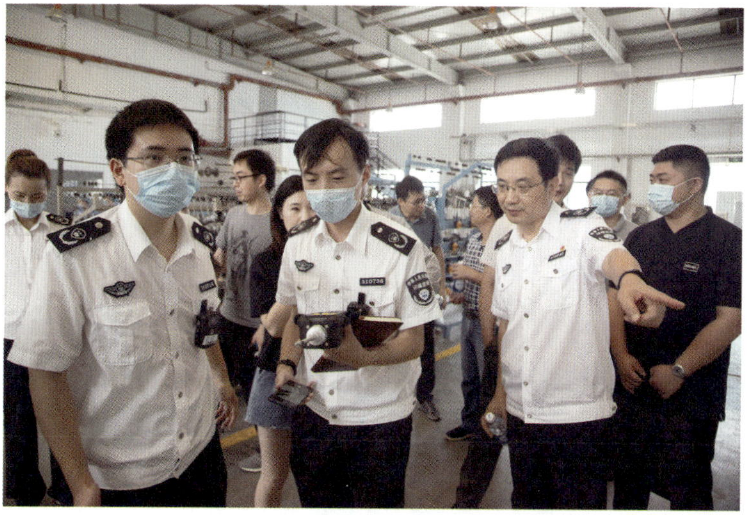

图 1　综合执法队赴企业帮扶指导

了以往各自监测可能存在的数据差异性，实现了跨行政区域地表水环境联合监测的多个统一。围绕“一河三湖”等重要跨界水体水质进行同步监测及指标数据分析评价，为太浦河饮用水水源上下游协同保护打下了坚实基础，垮出了跨界水体联保共治的重要一步。

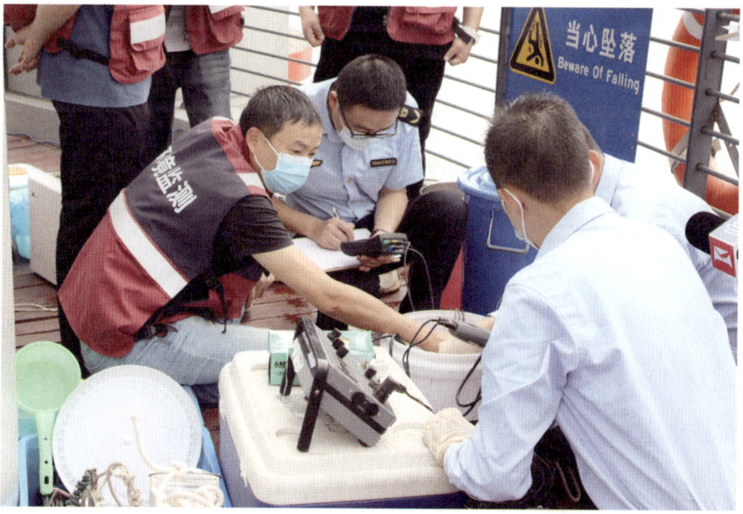

图 2　三地环境监测部门对跨界区域河流、重点区域水质联动监测

随着长三角生态绿色一体化发展示范区战略的推进，上海市青浦区西部区域从“边界”一跃成为“示范区中心”。青浦、吴江持续推进淀山湖及周边预警监测体系建设，开展淀山湖蓝藻水华预警监测，结合水质自动监测、无人机巡查、气象在线监测及多源卫星遥感技术，2020—2023 年，共采集了 1500 个有效数据，拍摄了几百张现场图片，及时掌握长三角生态绿色一体化发展示范区跨界水体的水质状况。

图 3　三地在太浦河嘉善饮用水水源取水口开展水质联合监测

（三）执法统一，以“一把尺”进行生态环境有效监管

在生态环境执法方面，青浦区按照统一指挥调度、统一队伍建设、统一检查程序、统一执法力度、统一自由裁量的原则，用“一把尺”实施生态环境有效监管，明确执法人员和执法范围两张清单，与吴江区、嘉善县合作组建生态环境综合执法队，实现跨界执法协作，形成三地执法人员异地执法工作机制，推动执法信息互通共享，实现生态环境信用互通。持续推进三地高效联动，从单一的联合执法向纵深共保共治发展，逐步实现“执法统一”。三地持续开展了固定污染源、区域特定行业、进博会空气质量保障的执法检查和突发环境应急事件联动处置的演练。实施《长江三角洲区域生态环境领域轻微违法行为依法不予行政处罚清单》，三地执法力度和自由裁量幅度得到进一步统一；

制定《长三角生态绿色一体化示范区企业环保培训工作方案》,送法入企,提高示范区企业的生态环境意识和管理水平;印发《生态环境管理第三方服务规范(试行)》,提升了第三方服务的质量。跨界联合执法入选2021年度生态环境部优化执法方式第一批典型做法和案例。

图4　三地联合执法

图5　联合执法检查分析研判

三地持续推进示范区内突发环境应急事件联动处置，集合三地监测、执法专业力量，制定联动处置方案，强化日常演练练兵，不断提升实战能力。在跨界水体安全方面，运用高科技手段开展全流程监管，通过在三地设立水质断面监控站，实时掌握三地各级各类断面水质状况；开展水源地（特别是金泽水库）及周边区域日常巡查，用好遥感卫星实时监控重点区域相关动态。

三、成效与经验

（一）进一步强化区域突发环境事件应急救援处置能力

2023年10月，长三角生态绿色一体化发展示范区突发水污染事件应急演练在苏州市吴江区举行。演练由苏州市吴江生态环境局、汾湖高新区（黎里镇）管委会主办，上海市青浦区生态环境局、嘉兴市生态环境局嘉善分局协办，吴江区汾湖消防中队、救生协会、社会救援队、危废处置单位等共同参与。演练模拟在吴江区黎里镇某医药企业发生火灾事故，导致丙酮泄漏，事故产生的消防尾水可能进入太浦河，对下游上海青浦、浙江嘉善饮用水水源地水质产生影响。事故发生后，吴江生态环境局迅速报告吴江区政府，启动应急预案，并成立应急指挥部。各应急小组立即赶往现场进行应急处置，同时上报苏州市生态环境局，并通报下游青浦区生态环境局、嘉兴市生态环境局嘉善分局，三地随即开展联合预警监测。演练充分运用“南阳实践”经验，按照“以空间换时间”原则，通过关闭闸门、构筑拦截坝和围油栏、实时投放活性炭等措施，对污染物进行控制。本次演练共出动应急人员200余人次，各类车辆40余辆，无人机6架。充分运用大数据、智能化手段赋能环境应急处置，通过无人机采样、监测，无人机铺设围油栏等手段提高了应急处置效率，有效检验了人机协同作战效果。本次演练进一步深化了青浦、吴江、嘉善三地环境应急联防联控机制，坚定了三地共同保障跨界区域环境安全的决心和信心。

淀山湖位于长三角生态绿色发展示范区中的先行启动区，是长三角生态绿色一体化建设的重要水体。在三地常规监测的基础上，青浦区多模式联动开展淀山湖蓝藻水华预警监测。2023年5—9月，累计开展了70次人工巡查，同时利用浮标式水质自动监测站开展实测；进行专项人工采样10次，采集了1560个有效数据；开展75架次无人机巡查，拍摄近百张现场图片。

监测结果显示，近年来，淀山湖水质正逐年改善，考核点位已达到“十四五”水质目标要求。在淀山湖水质逐年改善的情况下，淀山湖蓝藻水华频次、水华面积较2022年同期有所减少。2023年上半年青浦区地表水水质状况显示，淀山湖急水港桥断面水质为Ⅳ类，四号航标断面水质为Ⅳ类。下一步，青浦区将继续做好蓝藻水华预警监测工作，实时掌握水质变化等相关情况，结合淀山湖历史水质监测数据开展综合分析，切实提升长三角示范区重要水体湖泊的科学化和精细化管理效能。

（二）进一步强化生态环境综合治理能力

通过跨区域生态环境标准、监测、执法“三统一”机制，打通跨区域生态环境管理体系，形成统一的生态环境监管尺度和生态环境行为准则，在生态环境综合治理方面取得了显著成效。一体化以来，青浦区水环境与空气环境质量得到明显改善，2022年环境空气质量AQI指数优良率为86%，$PM_{2.5}$为$28\mu g/m^3$，下降6.7%。国、市控断面水质优良率达95%，上升20个百分点。

通过两省一市三级八方生态环境部门以及两省一市市场监管等部门近年来的共同努力，《长三角生态绿色一体化发展示范区生态环境管理“三统一”制度建设行动方案》明确的56项具体工作清单，已完成44项，其余12项正在长期实施中，示范区生态环境“三统一”的制度框架体系已经基本成型。这三个领域的统一，进一步打通了两区一县生态环境管理体系，形成了跨区域一体的生态环保行为准则，也为示范区坚持生态筑底提供了重要的制度保障。在管理标准、监管体系、执法机制等方面总结了一些经验规律，为跨区域行政监管和执法提供了有益的参考。

（三）进一步强化生态环境监测数字化信息跨区域共享

两省一市生态环境部门会同示范区执委会联合制定了《示范区生态监测实施方案》，进一步整合优化现有生态监测网络，拓展重点区域生态监测内容，加强生态遥感监测和生物多样性监测。以综合反映示范区生态状况为核心，以跟踪示范区生态环境变化为目标，在示范区先行先试，开展生物多样性、生物体质量和生境调查等监测，构建符合示范区流域特征、可业务化运行的成熟生态监测评价体系，为平原河网地区开展全方位生态监测调查探索可复制、可推广的创新经验，以便更好地为长三角生态绿色一体化发展服务。

建立示范区生态环境信息共享机制，实现生态环境信息更大范围、更宽领域的跨区域共享，既是引领和支撑生态环境一体化保护的重要方面，也是生态环境管理“三统一”制度的重要任务。生态环境部门、大数据机构，坚持以数字化赋能一体化，按照构建生态环境监测数据资源目录、推进数据统一、共享和融合的要求，结合示范区智慧大脑开发，同步建设示范区智慧生态环保平台，并探索建立示范区生态环境信息共享机制。

两区一县生态环境部门根据《长三角生态绿色一体化发展示范区重点跨界水体联保专项方案》，制订联合执法年度工作计划，并聚焦太浦河等重点流域、示范区先行启动区等重点区域，明确了建立联合河湖长制、实施联合监管机制、开展联合执法会商、完善联合监测体系、健全数据共享机制、深化联合防控机制6个方面的13条具体工作机制，共护一方安澜。

15.法治护航世界级生态岛

（崇明区）

“杨某犯非法制造、买卖枪支罪，犯非法持有枪支、弹药罪，犯非法狩猎罪，合计决定执行有期徒刑四年十个月，李某犯非法持有枪支、弹药罪，犯非法狩猎罪，合计决定执行有期徒刑三年八个月，并赔偿生物资源经济损失合计140,000元。”非法狩猎行为不仅会破坏特定种类的生物资源，更会对生物多样性和生态环境造成严重不利后果。随着法槌落下，杨某、李某非法持枪打鸟的犯罪行为受到法律严惩，并为破坏生物多样性、损害社会公共利益付出经济代价。

作为上海市唯一一个国家级生态示范区，崇明区始终坚持深入学习贯彻习近平生态文明思想和习近平法治思想，坚持生态立岛不动摇，一张蓝图绘到底，做强、做实法治护航世界级生态岛建设，探索形成了具有崇明特色的世界级生态岛建设的制度、执法、监督的系统化、一体化的法治保障机制。“法治护航世界级生态岛建设的探索与实践”获评全国法治政府单项示范创建项目，崇明农业绿色发展指数连续两年位列全国农业绿色发展先行区第一位，崇明区获评“第二批国家全域旅游示范区”。

图 1　崇明区积极推进全国法治政府示范创建工作

一、主要做法和成效

(一)探索世界级生态岛建设的制度保障机制

举全市之力,崇明世界级生态岛建设形成了较完备的“1 + X”法治保障体系。“1”是指 2017 年专门针对崇明世界级生态岛建设制定的《上海市人民代表大会常务委员会关于促进和保障崇明世界级生态岛建设的决定》。“X”主要是以该决定为指引,由市政府及各相关部门制定的《上海市崇明禁猎区管理规定》《崇明区绿色交通发展指导意见》《上海市崇明区公益林管理办法》《推进崇明区垃圾综合治理工作的指导意见》《崇明世界级生态岛绿色生态城区规划建设导则》等 13 个政府规章和市级规范性文件,内容涵盖生态农业、绿色交通、产业结构调整、湿地保护、农村垃圾治理等各方面。

1. 制定落实配套制度。围绕“1 + X”法治保障体系,制定《上海市崇明区人民代表大会常务委员会关于本区做好长江流域禁捕工作若干问题的决定》《崇明世界级生态岛绿色农业发展负面行为清单》《崇明绿色农业加快发展政策意见》及配套的实施细则等一系列区级层面规范性文件,确保世界级生态岛建设的制度保障更具针对性和可操作性。同时,在编制《崇明世界级生态岛发展规划纲要(2021—2035 年)》《崇明区生态空间“十四五”规划》《崇明区绿色生态规划纲要》等过程中,贯彻落实“1 + X”法治保障体系相关规章和规范性文件要求。

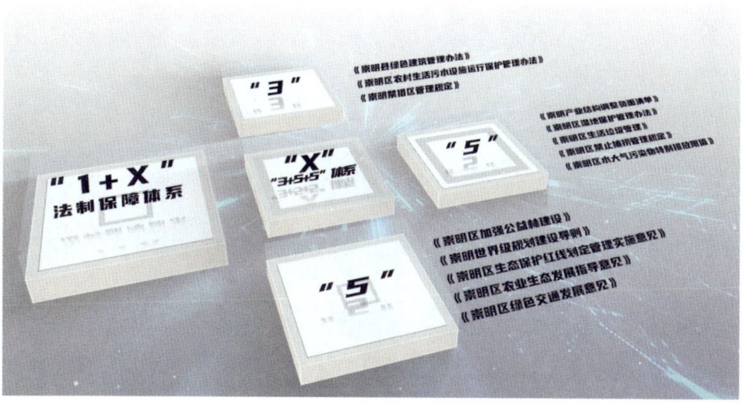

图 2　崇明区深化“1 + X”法治保障体系,推进世界级生态岛法治建设

2. 健全政府职能。健全重大行政决策事项管理工作制度规范,每年编制重大行政决策目录,围绕决策开展公众意见征询、专家学者论证、风险评估、合法性审查等工作。及时调整崇明区政府工作部门工作职责。围绕《上海市崇明禁猎区管理规定》,设置 143 项与野生动物保护相关的行政执法事项。按照《上海市崇明区公益林管理办法》,增设 6 项与公益林相关的行政许可、行政给付等。围绕《关于崇明区农村垃圾综合治理的指导意见》,设置调整 148 项行政检查、行政处罚等事项。同时,根据《崇明区绿色建筑管理办法》等规定,及时更新政府办事指南。

3. 提升民生保障工作实效。启动公共交通、新能源车绿色化工作,推进新能源公交场站、充电桩建设,公交车基本全部更换为新能源车,出租汽车全部实现新能源化。在强化生态环境保护方面,推行“河道警长”制,建设五级“河道警长”体系,形成“一河一档”,制定“一河一策”,实现河道保护精准管控。同时,实行临河家庭分段包干制,河道整治取得良好成效。率先全面推行林长制,建立区、乡镇(部门)、村(居)三级林长体系。重点推进“法护生态”工作项目 20 个。深化长三角“一网通办”崇通专窗建设,拓展“一网通办”场景应用，在“随申办”崇明旗舰店和各乡镇旗舰店强化服务供给。提升“崇明大米”等地理标志证明商标法治保障水平，积极开展知识产权维权工作。

图 3 “生态警长”常态化巡控河道、林带、滩涂等重点领域及周边道路

（二）探索世界级生态岛建设的执法保障机制

崇明区始终坚持以最严格的制度、最严密的法治，聚焦生态产业和环境保护，强化区域联动，为法治生态保驾护航。

1. 法治关口前移，优化生态产业发展。引领民宿产业发展，出台《崇明生态民宿等级评定标准（试行）》和《崇明生态民宿等级评定办法（试行）》，成立崇明民宿行业协会，制定民宿管理制度，建立民宿等级评定体系，制定统一规则标准，助力崇明民宿产业实现从零散个体式发展迈入行业式发展。引导现代绿色农业发展，制定《崇明世界级生态岛绿色农业发展负面行为清单》，将破坏农业生态环境、违规投放农业投入品、农业废弃物不规范处置等十类行为列为农业发展负面行为；推出农产品质量安全监测联合惩戒办法，对农产品质量监测不达标的农业经营主体，实行严厉的惩戒措施。

2. 执法重心下沉，优化生态环境执法。建立法治监管共同体，出台《关于建立河长、湖长、环长、检察长“四长协同”工作机制服务保障世界级生态岛建设的意见》，整合“河（湖）长”管水治水，“环长”生态保护、安全生产等职能，融入乡镇村居网格化管理，在项目违建、畜禽养殖等生态环保重点领域开展常态化合作。完善生态环境监管体系，在长兴岛地区设立上海市首个区级生态环境局派出机构。制定《关于本区做好长江流域禁捕工作若干问题的决定》，实现陆上、水上、餐桌上的全流程、一体化管控，2018 年 8 月提前实施长江崇明段退捕禁捕工作。创新长江禁渔行刑衔接工作模式，主动与公安、检察院和法院沟通，探索双向行刑衔接工作机制，与公安开展联合执法，协助办理刑事案件，将长江禁渔工作落到实处。崇明区曾先后获评农业农村部海洋伏季休渔先进集体、全国农业农村先进集体等。

3. 区域管控聚合，优化生态保护屏障。深化长三角生态环境一体化大保护，探索生态环境共保联治机制。与江苏启东渔政、海警、长航公安、边防签订联勤联动协议，形成跨省（市）联动执法模式。与江苏启东、海门等地有关乡镇签订《长三角一体化城市管理执法区域协作备忘录》，共同推进城市管理执法协作。与启东、海门、太仓等地签署渔政联合执法备忘录，共同保护长三角区域生态环境。例如，胡某某长江“B7 浮”水域非法采砂案，由于自然资源具有流动性，破坏生态环境的侵权行为所造成的损害后果往往涉及多个行政区域，需要跨区域协作。案件中胡某某因非法采砂行为被如皋市人民法院判处承担刑事责任后，崇明区检察院参照刑事案件鉴定报告及其他证据材料科学合理确定民事赔偿责任范围，并与胡某某达成生态环境损害赔偿磋商协议，崇明区法院对磋商协议予以司法确认，本案入选最高人民检察院第四批服务保障长江经济带发展典型案例。

（三）探索世界级生态岛建设的司法保障机制

以《关于进一步加强生态环境司法保护工作服务保障崇明世界级生态岛建设的意见》《关于加强检察公益诉讼工作服务保障崇明世界级生态岛建设的决定》等文件为引领，崇明区在司法保障方面不断深化协同创新、做强联防联动。

1. 坚持最严要求，强化生态“两法衔接”。完善“行政执法与刑事司法”

的有效衔接，形成信息共享、案件移送、协作办案的长效管理机制。在《上海市中华鲟保护管理条例》通过后，办理的长三角区域首例非法猎捕、杀害中华鲟犯罪案件，入选最高人民法院长江流域生态环境司法保护十大典型案例。统一生态环境案件司法标准，与上海铁路运输检察院建立环境资源司法保护合作联席会议，切实提升生态环境案件办案质量。探索建立全市首个生态警务室，搭建“一所五队”生态保护联动平台，有效提升重点区域非法狩猎整体防控能力。

2. 坚持最强举措，强化生态法治监督。建立生态检察官派驻区河长办机制，组建临时检察官办案组。建立生态检察工作站，提前介入破坏生态环境案件，依法从严打击危害生态环境的刑事犯罪。召开北长江口生态检察工作联席会议，联合相关主体发布《北长江口生态检察白皮书》，签订《北长江口生态环境资源保护检察协作工作实施意见》。办理的东风西沙水库水源地保护行政公益诉讼案作为上海市首例长江经济带跨省行政公益诉讼案件，开创“风险型”公益诉讼的先河，入选上海市检察机关公益诉讼十大典型案例及最高人民检察院第三批服务保障长江经济带发展典型案例。

图 4　区政府负责人带头出庭应诉生态环境领域行政案件

3. 坚持最高标准，强化生态司法保护。出台《关于进一步加强生态环境司法保护工作服务保障崇明世界级生态岛建设的意见》，成立全市首个环境资源审判庭,在上海法院系统首次成立环境资源审判法官工作室。及时总结环境资源专门审判的成效,连续召开七届生态岛环境司法研讨会,每年发布环境资源司法保护状况白皮书,出版《环境资源审判典型案例与实务研究》。积极推进长江口生态环境保护跨区域司法协作,与上海铁路运输法院、江苏江阴法院、江苏如皋法院、江苏东台法院共同签署《长江口生态环境司法保护合作框架协议》。

二、经验启示

崇明区紧紧抓住法治这一法宝,以世界级生态岛建设要求自我加压,在争当长江经济带“共抓大保护、不搞大开发”典范的同时,也提供了“崇明方案”。

(一)创新“1 + X”法治保障体系,构建生态文明法治保障新模式

以“1 + X”法治保障体系为支撑,围绕规划建设、生态环境保护、生态人居建设、生态农业、产业发展等生态立岛需求,贯彻落实市政府或市相关部门制定的一系列规范性文件,不断加强世界级生态岛法治保障。

(二)创新绿色生态农业监管,实现绿色农业发展新突破

推进首批长江经济带绿色发展示范区建设,制定发布全国首份农业绿色发展负面行为清单,全面清退农业落后产能和不规范农业生产经营行为,全面推广农产品绿色认证。建成运行“1 + 16”绿色农资封闭式管控体系,健全农产品质量安全监测多部门联合惩戒机制。

(三)创新系统执法模式,开创长江十年禁捕新格局

创新“崇启海”三地联动执法模式,成立长江“十年禁渔”协同专班,形成工作合力,实现执法监管全链条,在全国范围内率先实现“五个 100%”。坚持执法监管高压态势,开展“清船、净岸、打非”三大行动,以更高的保护标准、更严格的保护措施,强化长江流域生态环境保护和修复。

三、借鉴意义和推广价值

（一）强化顶层设计是建设生态文明法治岛的根本遵循

建设生态文明法治岛离不开顶层设计，以专门针对崇明世界级生态岛建设制定的《上海市人民代表大会常务委员会关于促进和保障崇明世界级生态岛建设的决定》为核心的世界级生态岛“1+X”法治保障体系，为建设生态文明法治岛提供了根本遵循。世界级生态岛总体规划、土地利用规划、国土空间规划和布局、自然资源规划以及城乡规划等纲领性文件，贯彻落实“1+X”法治保障体系精神，成为建设生态文明法治岛按照既定目标落实落地的重要保证。

（二）强化沟通协调是建设生态文明法治岛的重要抓手

崇明岛大部分属于上海市管辖，小部分属于江苏省管辖。其中，启隆镇属于启东市管辖，海永镇属于海门市管辖。从地理位置上看，崇明岛的北部与江苏省相毗连。建设生态文明法治岛，离不开江苏省的支持和配合。在建设推进过程中，也健全完善了多个层次、多个领域的政务服务、司法保障、执法协调、矛盾调解等协作机制。这些协作机制对区域协同合作开展生态保护与建设具有重要的借鉴意义。

（三）强化服务为民是建设生态文明法治岛的价值取向

建设生态文明法治岛离不开人民群众的积极参与和大力支持。在相关重要规划、重大纲领性文件、重大行政决策制定过程中，积极听取群众意见，确保人民群众的权益得到保障。在建设生态文明法治岛过程中，按照生态惠民要求，构建绿色生产生活方式，提高生态人居环境水平。同时，努力提供绿色就业机会、加大生态补偿力度、提升社会保障水平，让崇明居民共享生态文明法治岛建设成果。

四、发展展望

未来，崇明生态文明法治岛建设将继续深入贯彻落实习近平生态文明思想和习近平法治思想，服务保障世界级生态岛建设，助推崇明打造绿色生态

"桥头堡"、绿色生产"先行区"、绿色生活"示范地",成为引领全国、影响全球的国家生态文明名片、长江绿色发展标杆、人民幸福生活典范和生态文明法治示范,向世界展示"人与自然和谐共生"的建设范例和生态法治建设的优良成果。

案例篇

2019年度

1. 立法与监督持续发力，共同破解上海垃圾分类难题

（申报单位：市人大城建环保委员会）

面对垃圾分类这一世界性城市治理难题，自2017年以来，市人大城建环境保护委员会（以下简称市人大城建环保委）在市人大常委会领导的带领下，全力推进《上海市生活垃圾管理条例》（以下简称《垃圾管理条例》）的立法工作，并在法规通过之后便开展专项监督，营造法规实施的良好社会氛围，积极推动各类主体落实生活垃圾全程分类管理的法定职责。立法和监督的连续发力不仅引领了全社会生产生活方式的改变，还为破解城市治理难题提供了成功的法治实践。

一、案例背景

上海早在20世纪90年代就开始生活垃圾分类试点，但20多年的实践总体上未取得实质性突破。为贯彻习近平总书记的重要指示，推动破解大都市垃圾分类难题，市人大城建环保委协助市人大常委会全力推进生活垃圾管理立法和监督工作。

二、主要做法

（一）持续深入调研，凝聚各方共识，努力制定一部先进管用的良法

市十五届人大二次会议高票通过了《垃圾管理条例》，这部法规是“多年磨一剑”的宝贵成果，也是全市上下群策群力的结果。市人大常委会2017年将该项立法列为重点调研项目，2018年又列为正式立法项目。在市人大常委

会领导的带领下，市人大城建环保委围绕“三化”目标和全程分类制度构建，深入各种类型的住宅小区、企事业单位、垃圾中转站、末端处置企业、再生资源回收点、中转站反复实地调研，广泛听取市政府有关部门、各区政府、人大代表、专家学者、企业、街镇、居(村)委和社会公益组织、市民群众、志愿者、保洁员等各方的意见建议，持续聚焦立法关键制度设计开展专题研讨。为凝聚社会共识，市人大城建环保委连续两年会同市人大常委会代表工委，组织市、区人大代表带着垃圾分类主题下社区，面对面听取基层一线和居民意见，并连续两年面向人大代表和社区居民开展3万余份的问卷调查，在集中民意民智的同时大力开展社会宣传动员。在充分调研的基础上，市人大城建环保委不断与市政府法规起草部门沟通协调，促使各方在基本思路和关键制度设计等方面逐步形成共识。同时根据各方面的意见和诉求不断完善法规草案，既体现立法的前瞻性、引领性，又努力使每一项制度设计接地气、可操作，为法规高票通过奠定了坚实基础。

(二)随机暗访查实情，层层深入破瓶颈，全力以赴支持和推动法规制度落地

《垃圾管理条例》广受各方好评，但生活垃圾管理工作的自身特点决定了法规实施任务是艰巨的，必然是一场攻坚战和持久战。为推动法规有效落地，促使上海垃圾分类加快破难题提水平，市人大城建环保委在《垃圾管理条例》通过后便启动了专项监督，做到立法和监督接续发力、无缝衔接。一是持续暗访抽查推动《垃圾管理条例》落地实施。自正式启动专项监督以来，市人大城建环保委和16个区人大常委会密切联动，发动市、区、乡镇三级人大代表广泛参与，全力推动各类主体对照法规要求做好源头分类投放等工作。在6个月调研过程中，对本市各区都进行了2～3次的暗访抽查，随机深入细致地检查居民小区、企事业单位、公共机构、商务楼宇、商场酒店、集贸市场、沿街商铺、高校、医院等各类主体落实法规规定，以及开展垃圾分类和源头减量等情况，及时向市、区政府传递检查调研中发现的各类问题，对市、区各级政府的工作形成有力的触动。二是聚焦难点瓶颈力促加快补齐短板。为保护好市民群众的参与热情，促进《垃圾管理条例》有效落地，确保垃圾分类真正

做成做好，市人大常委会领导亲自带领市人大城建环保委，聚焦湿垃圾处理能力不足及资源化利用产品出路不畅和可回收物回收体系不顺等瓶颈问题开展专题调研，推动市政府相关部门切实采取措施尽快补齐末端处置和资源化利用中的短板。三是推动市政府相关部门即知即改。在监督调研过程中，市人大城建环保委与市政府相关部门和各区人大始终保持密切沟通，既充分肯定工作成效，为各部门各地区加油鼓劲，也及时指出工作中存在的薄弱环节和短板，对各级政府各部门提出针对性要求和整改建议。2019 年 8 月上旬，市人大城建环保委梳理了六大类 31 个问题，推动相关部门加强研究整改。自 8 月中旬开始，市人大城建环保委还与市分类减量联席会议办公室建立常态化沟通机制，进一步加强问题的及时沟通、反馈，推动即知即改。

（三）积极回应社会关切，共同加强宣传动员，合力营造法规实施的良好社会氛围

垃圾分类涉及每一个社会成员，《垃圾管理条例》实施离不开有效的社会动员。为全面发动社会参与，市人大城建环保委将专项监督与加强社会宣传发动紧密结合起来。一是精心策划宣传内容，营造社会热点。组织媒体全程参与人大的监督调研，全面、生动地宣传各级政府、各部门、各类主体为法规实施所做的积极有效工作，推动媒体围绕基层的典型做法有效探索，开展正面、广泛的宣传，吸引更多的市民群众关注和参与垃圾分类，不断增强广大市民依法做好垃圾分类，打好攻坚战、持久战的决心和信心。二是抓住重要宣传节点营造宣传热潮。2019 年 6 月 5 日环境日当天，与相关部门共同组织开展“美丽上海　我在行动”大型宣传活动，号召全市人民积极行动，参与垃圾分类，打造新时尚。2019 年 7 月 1 日《垃圾管理条例》正式实施当天，发动全市 16 个区人大常委会共同组织四级人大代表深入社区和公共场所了解《垃圾管理条例》实施情况，听取市民群众的真知灼见，进一步掀起社会宣传动员的高潮。三是积极引导宣传方向，营造有利氛围。面对社会上出现的质疑声音，市人大城建环保委不仅协助市人大常委会领导召开媒体负责人通气会，围绕树立正确舆论导向提出明确要求，委员会负责同志还多次接受中央电视台、《人民日报》、上海电视台等媒体的采访，不断向社会宣传市人大的立法本

意、监督掌握的情况和对热点、难点问题的判断、看法，引导舆论。

三、主要成效

自《垃圾管理条例》通过以来，全市上下坚决贯彻中央和市委部署，万众一心地投入垃圾分类工作，《垃圾管理条例》实施有了良好开局。从市人大城建环保委随机抽查的情况来看，经过半年时间力度空前的宣传和多层次的社会动员，全社会对《垃圾管理条例》和垃圾分类的关注度及接受度很高，各类主体普遍具备依法进行垃圾分类意识，多数的居民小区和企事业单位也已经按照法规要求开展垃圾分类，全市的垃圾分类已逐渐从“盆景”走向“森林”。政府有关部门数据显示，在整区域推进方面，全市 1.2 万余个居住区达标率已由 2018 年年底的 15% 提升到 80%，较 2018 年量和质都发生了显著变化。在全程分类体系建设方面，全市已完成居住区 2.1 万个分类投放点改造，建成两网融合服务点 1.2 万多个、中转站 69 个、集散场 9 个，配置干垃圾运输车 3084 辆、湿垃圾运输车 1327 辆、有害垃圾运输车 86 辆，全面完成中转站分类改造，基本满足当前分类投放、分类运输的需求，末端焚烧设施和湿垃圾资源化利用设施也在加快推进。在分类实效方面，2019 年 9 月底，本市可回收物回收量已达到 5605 吨/日；湿垃圾分出量达到 9009 吨/日，较 2018 年年底增长 130%；干垃圾处置量为 15,275 吨/日，相比 2018 年年底减少 26%。法规实施的成效已经充分体现。

四、推广价值

《垃圾管理条例》的顺利出台和有效实施在全国引起了强烈反响，其示范意义主要有两个方面。一是立法调研广泛深入，代表和公众深度参与，立法和政府工作同向发力，调研与社会动员同步推进，为立法以及法规的实施奠定了坚实的民意基础、社会基础。二是法规通过后，专项监督和宣传动员有效跟进，将人大立法、专项监督与普法宣传紧密结合起来。立法、普法和监督的无缝衔接，使全社会对法的关注、理解和参与都达到了前所未有的高度，这是社会管理立法和城市精细化管理的一次有效实践，也是良法促善治的生动标本。

2. 探索免罚清单制度，创新包容审慎监管

（申报单位：市市场监督管理局）

为贯彻落实上海市委、市政府建立包容审慎监管机制的要求，激发市场活力，进一步优化营商环境，促进经济持续健康发展，市市场监督管理局（以下简称市市场监管局）在市司法局的指导下，拟定市场监管领域轻微违法违规行为免罚清单，并于2019年3月13日，与市司法局、市应急管理局联合发布实施《市场轻微违法违规经营行为免罚清单》（以下简称《免罚清单》），这也是全国首份省级跨领域轻微违法违规行为免罚清单。

一、《免罚清单》的制定与实施背景

（一）建立容错机制，优化营商环境

上海市委、市政府于2018年11月出台的《关于全面提升民营经济活力大力促进民营经济健康发展的若干意见》第22条指出："要完善民营企业合法权益保护机制，对首次、轻微违法违规行为建立容错机制，针对消防、工商、质量技监、食品安全等领域推出市场轻微违法违规经营行为免罚清单。"建立容错机制是实施包容审慎监管方式的重要组成部分，而制定免罚清单制度则是建立容错机制最直接、最显著、最有效的具体举措之一。

（二）回应企业需求，改善企业环境

目前，大部分轻微违法违规行为的主体都是中小企业、创新型企业或新业态企业。这些企业多处于发展初期，合规意识和能力较弱，容易发生轻微违法违规行为。而一旦受到行政处罚，对企业信用、商誉、融资和投标等都可

能带来长期负面影响。例如在上海，对受本市执法机关行政处罚5万元以上的供应商，自处罚之日起3年内限制参与本市政府采购活动。《免罚清单》的实施，对企业的无心之失给予改正的机会，有利于为企业提供更加宽松的生存环境。

（三）消除执法顾虑，破解执法困境

近年来，随着各项法律法规不断出台或修订，不仅市场主体的行政法律责任越来越重，执法机关执法的难度也越来越大。对于小微经营者而言，很多违法行为处罚起点过高，容易引发过罚失当的问题。而行政机关如果不予处罚，又担心被认为“行政不作为”，存在被追责的风险。《免罚清单》用清晰列明的免罚事项给予执法机关明确的指引，有效消除了执法人员的顾虑，从而提升执法效能，激发市场活力，让企业真正感受到“有温度的执法”。

二、《免罚清单》的制定与实施

（一）集中调研，广泛听取意见建议

2019年1月8日，市市场监管局、市司法局、市应急管理局有关负责人赴长宁区集中开展免罚清单制度前期调研。调研组实地走访企业，召开了座谈会。听取了多家企业代表的意见和建议。在随后一个多月的时间里，市市场监管局围绕市场轻微违法违规行为的标准、范围等关键问题，多次组织座谈会和讨论会听取意见，反复研究论证。

（二）精细划分，明确免罚行为条件

市市场监管局通过对《行政处罚法》中“不予行政处罚”的通行规定与近20部法律法规进行梳理，对违法行为进行了精细划分，对28项市场轻微违法违规行为明确了免罚条件和标准，根据不予行政处罚依据不同分为两类：一类是由于违法行为轻微并及时纠正，没有造成危害后果，不予行政处罚的20项；一类是根据专门领域法律法规规章的有关规定，可不予行政处罚的8项。

（三）迅速落实，推动清单有效执行

《免罚清单》的实施，得到市场主体的积极响应。为推动免罚清单制度能够迅速落实到位,有效执行,市市场监管局多措并举:一是加大宣传力度。市市场监管局与市司法局、市应急管理局于 2019 年 3 月 18 日召开《免罚清单》新闻发布会,30 余家主流媒体参加发布会,对《免罚清单》进行广泛宣传。二是于 2019 年 4 月 28 日出台了《关于实施〈市场轻微违法违规经营行为免罚清单〉的若干意见》,对基层一线实施《免罚清单》统一标准、统一口径、统一尺度。三是通过信息系统改造,将免罚清单模块纳入上海市市场监督管理行政处罚系统,确保清单落在实处。

三、《免罚清单》实施成效

(一)获得中央依法治国办及市委领导的充分肯定

《免罚清单》实施以来,在优化营商环境、提升执法效能等方面起到了积极作用。2019 年 6 月,中央全面依法治国委员会办公室以《上海市出台轻微违法免罚清单,推进优化营商环境制度创新》为题编写了全面依法治国专题简报。

(二)对维护企业商誉、减轻企业负担起到积极作用

2019 年 3 月 19 日,位于闵行区的上海悠粮电子商务有限公司成为上海市首批适用《免罚清单》被免予处罚的企业之一,其负责人喜出望外,表示"不敢相信"。在《免罚清单》实施后的半年时间里,全市已有 413 家企业适用《免罚清单》被市场监管部门免予处罚。无论是上市公司还是小微企业,普遍对执法机关给予企业改正机会、使企业不会因无心之失让商誉受损表示欢迎,有的企业通过感谢信或送锦旗向市场监管部门表示感谢。

(三)提高执法水平,融洽政企关系

《免罚清单》为不予处罚提供了明确依据,使免罚有据可查,有效破解了行政执法人员在具体案件中面临"什么情形才构成违法行为轻微"的困惑,解除了"不予处罚"会被认为"行政不作为"的担忧,对提高执法精细化水平、强化创新治理能力起到重要的促进作用。同时,执法机关按照《免罚清单》要求,对企业采取批评教育和指导约谈等措施,得到了企业更多的理解和支持,执法遇到的困难和抵触也明显减少,实现了执法的法律效果和社会效果的统

一。此外，《免罚清单》在客观上压缩了“职业打假人”牟利空间，有利于遏制“职业打假”行为泛滥的情况。

四、《免罚清单》的示范意义

《免罚清单》是上海市瞄准最高标准、最高水平，优化政务服务，打造国际一流营商环境的生动体现，对优化营商环境、实施包容审慎监管具有示范意义。

（一）影响广泛，多地借鉴学习

《免罚清单》自实施以来，产生了广泛影响。长宁、杨浦、奉贤等区纷纷借鉴《免罚清单》形式，结合本区产业特点，研究制定本区免罚清单制度。江苏、浙江、甘肃等的市场监管部门主动向上海市市场监管局了解《免罚清单》有关情况。据不完全统计，在《免罚清单》实施后的 3 个月内，全国各地出台的免罚清单就有 15 份之多。

（二）包容审慎，让执法更有温度

《免罚清单》的实质是对行政处罚自由裁量权的规范。以往，市市场监管领域的行政处罚自由裁量权规范主要涉及从轻和减轻处罚，极少涉及免予处罚。《免罚清单》将多领域免罚事项进行集中发布，在创新形式的同时，注重把握好优化营商环境与守牢安全底线、推进依法行政与保障改革创新、遵守法律规定与适应现实需要的平衡，将包容审慎的基本原则贯彻始终，既细化处罚裁量标准，又避免成为企业逃避处罚的借口，提高制度供给质量，真正让行政执法有力度，更有温度。

（三）持续探索，增强制度生命力

自《免罚清单》实施以来，市市场监管局紧锣密鼓地开展调研和总结，并在市司法局指导下，计划陆续推出清单 2.0、3.0 等版本，持续扩大免罚范围和事项，使免罚清单制度始终保持生命力，成为上海市优化营商环境特别是法治营商环境的一大品牌工作。

3. 探索社区法治专员制度，助力社区治理体系建设

（申报单位：杨浦区司法局）

一、背景缘由

“全面推进依法治国，基础在基层，工作重点在基层”。在此大背景下，提升基层治理法治化水平显得尤其重要、迫切。但是，依法治理具有专业性，基层法律人才和法律服务资源呈现稀缺性，现有法律服务机制与现实法律需求之间存在矛盾，社区公共法律服务体系与社区法治能力保障存在不足，这就需要“加强基层法治机构建设，强化基层法治队伍，建立重心下移、力量下沉的法治工作机制”。杨浦聚焦问题导向，适应社区法治化建设新趋势，构建具有杨浦特色的社区法治专员制度。

二、基本做法

（一）培育专业社会组织，构建社区法治专员组织体系

1. 孵化社会组织，生成工作主体。重点培育了“律佑社会治理法律服务中心”等10余家法律服务类社会组织承接社区法治专员工作。这些社会组织，都是近年来为顺应社区法律服务需求而成立的民办非企业，成员主体是执业律师、基层法律服务工作者，部分具有较高法律素质、实务经验的退休法官、检察官、民警、公务员和社会工作者，他们专业素养高，群众工作能力强。

2. 政府购买服务，实行合同管理。按照政府购买服务程序遴选社会组

织，由区司法局作为甲方、街道（镇）作为乙方、社会组织作为丙方签订合同，将资格条件、服务范围、职责内容、权利义务、试用期限、绩效考核、争议解决等一系列内容予以明确，并约定违约责任。合同期满后进行年度评估考核，决定次年度是否续聘。社会组织每季度对所属专员的综合表现进行评估，根据评估结果和街道（镇）意见及时作调整。

3. 注重党建引领，强化组织保证。注重发挥党员的先锋模范作用和党组织的战斗堡垒作用，158 名社区法治专员中，有党员 90 名，约占 57%。组织社区法治专员积极参加“法致睦邻”“律政先锋佑睦邻”等依法治理项目和党建品牌创建活动，选出了区优秀党员示范岗 1 个、上海市先进律师党支部 1 个、上海市律师行业优秀党员 2 名和全国律师行业优秀党员 1 名。

（二）着眼于精准优质服务，完善社区法治专员工作机制

1. 定岗定位定责。为每个居委会配备了 1 名社区法治专员，明确每名社区法治专员服务的社区不超过 3 个，每月至少到社区坐班服务 2 次，时间不低于 8 小时，主要承担提供法律咨询、提出法律意见、化解涉法矛盾、指导法治实践等 9 项职责，确保专业的事由专业的人来做。

2. 后援后台支撑。每个社会组织都成立了由综合性、复合型法律服务人员组成的“后援团”。一线社区法治专员在工作中遇到疑难问题，“后援团”立即提供综合保障和集体支撑，由“一对一”服务方式上升为“多对一”组团服务模式，实现了服务能力和保障水平的倍增效应。同时，“后援团”也对社区法治专员的阶段性工作进行筹划安排，对社区法治专员工作进行后台调处，不断提高服务的计划性、有效性。

3. 架设“微信塔群”。在区、街道（镇）、居民区三级层面建立社区法治专员“微信塔群”工作平台。一级群发布法律解读、法治动态、典型案例等法律资讯；二级群负责及时收集、传播工作动态、社区法情、联系“后援团”支持专员工作；三级群作为“塔基”引导社区法治专员开展网上法律宣传、法律问题及时解答，实现资讯线上传递、法律服务“全天候”“零距离”。

4. 法情分析研判。为每名社区法治专员配备了《社区法治专员法情日志》，既顾及服务记录和台账功能，更引导社区法治专员开展社区法情社情研

判，针对可能引发群体性事件的苗头性问题、涉及群众重大利益的事项，第一时间研究提出法律意见，及时向有关部门反馈。

5. 典型案例推介。组织社区法治专员开展上岗培训和业务轮训，举办社区法治专员“十大优秀案例”和“十佳法情日志”征评活动，定期收集提炼社区法治专员工作案例，采取微信、案例汇编等方式传播推广，努力营造见贤思齐、“比学赶帮超”的良好工作氛围。

三、主要成效

（一）补专业之缺，助社区依法治理

针对居民群众法治保障需求越来越强、基层依法治理任务越来越重与法治工作能力相对欠缺之间的矛盾，社区法治专员通过列席居委会有关会议，起草、审议社区工作有关文件、决议、工作计划方案，协助解决涉法涉诉问题，开展普法宣传教育，参与法治文明小区创建，保障居委会换届选举等途径，进一步增强了依法开展工作的底气和能力。

（二）破管理之难，解社区民生之忧

紧扣城市精细化管理、“美丽家园”建设等重点任务，直面社区治理中遇到的环境整治、物业管理、邻里纠纷等难点、痛点、堵点，社区法治专员不但拿出解决问题的具体建议，而且将个案固化上升为社区管理制度机制。例如，面对老旧小区停车难问题，社区法治专员主动参与制定了小区停车管理办法，使问题在法律框架内得到了妥善解决。

（三）倡规则之道，促社区良性互动

以构建自治、共治、法治、德治的社区治理体系为目标，注重发挥政府、居委会、居民间的桥梁作用，社区法治专员通过开设社区热点论坛、推动居民公约创制、搭建自治平台项目，引导居民依法依规、规范有序自治。

四、推广价值

该社区法治专员制度获得市委领导批示肯定，被市委政法委评选为“创新社会治理，深化平安建设”十佳案例。

在全面依法治国新时代，社区要实现良好自治共治，必须建立在法治的轨道上。社会化、组织化、专业化、项目化的运作，能有效地聚集法治资源、整合专业团队，提高基层依法治理的计划性、有效性。

4. 厘清一线综合执法通则，助推警务流程迭代升级

（申报单位：市公安局法制总队）

一、背景缘由

2018年，市公安局站在人工智能和警务革命的风口，作出了将警务活动科技含量提升、现代警务流程再造、队伍管理手段升级“三位一体”迭代推进的战略部署。随着智慧公安建设的不断深入，警务“生产力”的解放必将带动警务“生产关系”的调整，倒逼警务模式的优化升级、警种机构的优化重组和警力资源的优化配置。在此背景下，上海公安积极推动现代警务流程再造工作，力争破除“各自为政”的部门壁垒、“分工过细”的勤务局限和“人海战术”的粗放模式，努力打造一支权责明晰、执法规范、减负增效的公安队伍。为此，亟须制定汇编出一套适应新型业务模式的工作任务清单及执法任务指引，供一线执法民警（派出所基层民警）使用的内部执法参考，作为一套体系较完整的执法准则和行动指南。为此，《一线综合执法岗位通则》（以下简称《执法通则》）顺势出台。

二、基本做法

自2018年1月起，市公安局法制总队积极响应市公安局现代警务流程再造工作部署，负责《执法通则》的编写制定工作，以求打破基层勤务布局割裂、执法权限分散等问题，打造一线综合执法民警不分警种、综合执法的高效局面。

（一）明确任务，面向实战，编写制定《执法通则》

在原先的警务模式中，一线执法民警由社区民警、户籍民警、交警、巡逻民警等不同警种构成，每个警种只在自己的岗位上工作，执法权限互不相通。而现代警务流程再造工作旨在打通执法权限，赋予一线执法民警全面的执法权限职责（一线综合执法民警），提高岗位适应能力。因此，法制总队在制定《执法通则》时，按照街面、社区、楼宇、窗口四类勤务模式进行编写，每类勤务模式又均按“通则概要＋任务清单＋场景指引”的体例编写。“通则概要”概述了一线综合执法民警的工作职责和要点，明确了岗位任务和职责、任务来源、执法装备、执法主体、执法要求等基本要素；“任务清单”解决了一线民警“做什么”的问题，梳理明确一线综合执法民警的执法权限、任务范围以及与专业执法部门民警的职责边界（专业执法部门民警指的是在市局、分局层面涵盖交警、出入境、刑侦、经侦、人口等条线的支撑基层民警执法的专业警力，基层民警在执法过程中遇到超出他们职责权限或者能力范围的工作任务时将交由专业执法民警接手处理）；“场景指引”解决了“怎么做”的问题，即确保一线综合执法民警在执法过程中，面对基本执法环节以及疑难复杂执法场景时，能够按照标准的流程和指引规范执法。

（二）嵌入终端，实时推送，实现智慧公安愿景

《执法通则》制定后，法制总队会同市公安局科技处共同研究将《执法通则》文字版嵌入手持式智能警务终端的“综合执法”App中，“综合执法”App是基层一线执法的手机应用程序，内含“110接处警”“单位管理”“交通管理”“人员管理”“社区警务”“现场勘验”“旅业管理”等实战应用模块。民警可通过该智能终端查询核实嫌疑人的身份信息、开具违章罚单、开展治安管理等，运用信息化手段实现《执法通则》的智能化实时推送。民警在执法时只需要携带手持式智能警务终端，打开“综合执法”App，即可根据自身需求搜索并查询街面、社区、楼宇、窗口各岗位的具体工作要求及相关执法场景的处置流程和操作规范，无须额外再携带厚重的纸质材料，大大提高了《执法通则》的实用性和利用率，为一线综合执法提供了有力支撑。

三、主要成效

（一）操作性强，为一线民警规范执法提供有力支撑

《执法通则》“任务清单”采用“一任务一清单”的形式，每项执法任务均以表格、流程图等形式展现。其中，表格包括任务名称、性质、类型，任务依据、任务描述以及完成类型，需要一线综合执法民警移交给专业执法部门民警的情形，明确每项任务应该“做什么”“怎么做”以及做到什么程度、以什么标准移交。“场景指引”内容主要为基层现场执法最典型、最常见的执法场景的处置流程，如阻碍民警执法、伤害斗殴、多人讨债、医闹、疑似精神病人的处置流程等。“场景指引”将抽象的工作任务加以分解，手把手教民警如何开展现场处置，保证基层民警在遇到不熟悉的执法场景时能够迅速、准确地处置，同时解决了部分新警因缺乏处置经验不知从何下手等问题。

（二）线上功能，成为一线民警如影随形的好老师

嵌入“综合执法”App后，《执法通则》进一步提升了实用性和使用率。一线民警在执法过程中，只需要打开App中的“综合执法通则”栏目，就可以按需求搜索日常工作任务以及现场突发场景的处置流程。新警或对现岗位工作要求不熟悉的民警，可以先期阅看“通则概要”了解该勤务模式的执法原则。遇到疑难复杂的执法任务，可参照“场景指引”中的处置步骤及工作提示，顺利、规范地完成现场处置。另外，在每一项“任务清单”“场景指引”后均附有法律条文，在帮助民警理解执法依据的同时为执法过程中需要援引法律条文提供便捷。

四、推广价值

大数据、云计算、物联网、人工智能等现代科学技术的发展，及其带来的产业升级、行业更替和经济社会转型，深刻影响着各行各业。上海作为全国改革开放排头兵和创新发展先行者，全力创建面向未来的智慧城市。上海公安机关牢牢把握这一重大历史机遇，提出了今后一个时期建设“智慧公安”的发展战略。

和传统模式相比,嵌入 App 的《执法通则》有力地支撑了警务流程再造后一线综合执法岗位的实战需求,使 App 不仅具有处罚、管理职能,还具有帮助民警学习、辅助民警处置警情的功能。实施过程中,市局法制总队持续完善“综合执法”App 中《执法通则》的查询条件、方式、途径,使民警运用起来更便捷、指向更明确、分类更清晰;进一步提升民警个性化的运用功能设置,实现快捷搜索使用、个性化编辑收藏等功能;逐步实现民警在 110 接处警过程中,同步推送相应“场景指引”的功能,实现实时警情与“场景指引”的互联互通。迭代升级完善后的《执法通则》有力地推动了上海公安实现“智慧公安建设”的美好愿景。

5. 上海金融法院首创示范判决机制，着力提升法治化营商环境

（申报单位：上海金融法院）

为切实保护投资者的合法权益，优化法治化营商环境，妥善化解群体性证券纠纷，防范化解金融风险，上海金融法院积极探索，勇于创新，制定出台了《上海金融法院关于证券纠纷示范判决机制的规定》（以下简称《证券规定》），首创证券示范判决机制，优化证券纠纷诉调对接模式。以示范判决为基础的“示范判决+专业调解+司法确认”全链条的纠纷多元化解合作机制，取得了积极的改革示范效果。

一、背景缘由

近年来，随着证券监管机构对证券虚假陈述、内幕交易、操纵市场等违法行为的处罚力度不断加大，中小投资者维权意识和能力增强，群体性证券侵权损害赔偿案件持续增长。上海金融法院自 2018 年 8 月成立以来，已经受理了涉 10 多家上市公司的群体性证券侵权纠纷 3000 余件，涉及投资者数千人。这些案件投资者诉讼人数众多，社会影响大；诉讼周期较长，当事人诉讼成本偏高；法律争议较大，适用规则有待统一；诉讼机制单一，造成司法资源浪费。

二、基本做法

证券示范判决机制是指法院在处理群体性证券纠纷中，选取具有代表性

的案件先行审理、先行判决，发挥示范案件的引领作用，妥善化解平行案件的纠纷解决机制。上海金融法院出台《证券规定》，就示范案件的选定、审理、专业支持、示范判决的效力以及示范案件的审判管理等进行了全方位规定，为后续机制的推行确立了规则。

(一)明确示范案件与平行案件的界定与选定

示范案件应是群体性证券纠纷中在事实争点和法律争点方面具有代表性的案件，最大限度地涵盖了群体性纠纷中具有共性的事实问题和法律问题，通过示范案件的判决，明确争议问题的裁判规则；平行案件是指与示范案件具有共通的事实争点和法律争点的案件。

(二)规范示范案件的审理

特别针对示范案件审理过程中明确当事人诉讼主张、行使法官释明权、公开法官见解、保障当事人法庭辩论权利以及制作裁判文书等方面作出了规定，使法官对示范案件的审理规则更加清晰。

(三)提供专业支持

针对证券侵权损害赔偿纠纷案件专业性强、双方当事人争议大的特点，上海金融法院在示范案件中引入专业支持机制，包括法院可以经当事人申请或依职权委托第三方专业机构调取相关交易数据，进行专业分析，出具损失核定意见；诉讼当事人可以申请专家辅助人，就案件中涉及的专业性问题代表当事人发表意见；法院在示范案件审理中引入专家陪审员，提升审判的专业化程度，确保示范案件的审判质量和裁判效果。

三、主要成效

《证券规定》发布后，上海金融法院在一起近千名股民起诉索赔一上市公司约 1.69 亿元的证券虚假陈述责任群体性纠纷中，依职权选定示范案件，并在庭审中就投资者损失核定引入第三方中证中小投资者服务中心专业辅助支持。案件一审判决后于 2019 年 8 月 7 日二审终审维持原判，其中最多的一名投资者获赔 18 万余元。

（一）确保法律适用统一

示范判决生效后，在事实认定方面，除有相反证据推翻之外，对示范判决认定的具有共性的事实，平行案件的双方当事人均无须另行举证；在法律适用方面，对已由示范判决认定的法律适用标准，平行案件的原告主张直接适用的，可予支持；示范判决被改判或出现其他新的证据足以影响案件结果的，示范判决将部分或全部不具有示范效力。示范判决在一定意义上可发挥指导性作用，最大限度地避免同案不同判。

（二）实现诉调无缝对接

示范判决生效后，由法院委托专业第三方调解机构以示范判决所确立的事实认定和法律适用标准对平行案件进行调解；对尚未立案的案件，法院在立案时告知示范判决信息，促使相关当事人按照示范判决的裁判原则，委托或委派第三方专业机构进行核算后，进行调解，根据当事人意愿，进行司法确认，使纠纷快速解决，确保"示范判决＋专业调解＋司法确认"的全链条机制覆盖到各个阶段的纠纷，实现群体性证券纠纷案件的整体、全面化解。

（三）方便群众诉讼

示范判决引导当事人树立合理的诉讼预期，以判促调，推动纠纷及时有效化解；对调解不成的平行案件，法院经当事人同意，可以将若干平行案件合并开庭审理，同时简化庭审程序；裁判文书可以采取表格式、要素式等方式简化裁判文书制作，缩短诉讼周期。上海金融法院还与各专业调解组织搭建线上线下调解平台，实现调解事项的全流程在线办理和跨区域远程办理，运用信息化手段方便当事人诉讼。

四、推广价值

《证券规定》实施以来，上海金融法院认真组织实施，积极推动证券纠纷多元化解机制建设取得实效，形成可复制、可推广的经验，得到了最高人民法院、中国证券监督管理委员会相关领导的批示肯定。

（一）有助于保护中小投资者的合法权益

解决维权困难。示范判决机制与支持诉讼、诉调对接等机制相结合，可以缩短诉讼周期、降低维权成本、增强投资者的诉讼能力，有效解决投资者维权难的问题。

增强示范效应。示范案件在选取过程中，优先将由国家机关或者依法设立的公益性组织机构支持投资者起诉，且符合示范案件选定条件的案件确定为示范案件，不仅可以增强示范案件原告一方的诉讼能力，而且能够提升示范案件的示范效果。

降低诉讼成本。示范判决机制充分运用诉讼费用杠杆调节功能，对调解成功的案件，法院可根据调解达成的不同诉讼阶段减免不同比例的诉讼费用，以此激发平行案件当事人按照示范判决调解的动力，起到引导当事人通过证券纠纷多元化解机制解决纠纷的作用，提高矛盾化解效率，节约司法资源。

（二）有助于优化法治化营商环境

通过示范判决明确相关法律适用标准，维护证券投资者的合法权益，有助于营造公平、公正、公开的证券市场环境，从而进一步优化法治化营商环境。“保护中小投资者”是世界银行营商环境评估的十项指标之一，示范判决的推行，有利于提升我国投资者保护的司法实践水平，强化投资者保护能级，为营造法治化的营商环境发挥积极作用。

（三）有助于防范化解金融风险

通过示范案件判决，让上市公司对信息披露违规等违法行为承担相应的责任，依法规范上市公司的经营行为，可以有效发挥金融审判对金融市场的规范引导和价值引领作用，进而规范金融产业的创新和发展，有助于推动中国资本市场法治化进程。同时，示范判决机制也有助于进一步完善中国金融法治体系建设，及时、有效地防范金融风险。

6. 南京东路街道“小型住宿设施”综合治理亮新招

（申报单位：黄浦区南京东路街道党工委、办事处）

“小型住宿设施”租赁行业长期缺乏有效监管，使一些非法“小型住宿设施”在市中心居民区中滋生蔓延，对社区治安、消防、人口管理等方面造成一定的隐患。南京东路街道根据相关法律法规，结合地区管理特点，制定并实施《南京东路街道小型住宿设施综合治理指导意见》（以下简称《住宿意见》），街道社区管理办等相关职能部门在日常综合治理工作中不断总结经验，提炼出“小型住宿设施”综合治理七步工作法，有效整顿本区域小型住宿的经营秩序，推动小型住宿社会治理制度的精细化、常态化、法治化。

一、案例背景

黄浦区南京东路街道地处上海市中心，集聚众多上海知名旅游地标，吸引了大量中外游客，使一个新兴行业“小型住宿设施”租赁行业在该地生根发芽，迅速发展。然而，一些小型住宿突破了原房屋权属及周边环境限制，引发诸多社区管理问题：一是社区安全隐患增多，小型住宿大多是二级旧里老式公房，私自拆分房屋结构、增设卫生设施等极易导致消防隐患、治安风险、食品安全等风险；二是社区矛盾高发，易产生邻里、物业、租赁关系、人身财产等纠纷；三是环境问题加剧，易形成噪声扰民、垃圾乱投不分类等。街道在整治过程中，也在认定标准、治理主体、处置流程等方面遇到诸多治理难点，再加上缺乏常态化监管机制，使小型住宿整治“回潮”现象严重。

对此,南京东路街道根据《治安管理处罚法》《无证无照经营查处办法》《旅馆业治安管理办法》等法律法规,以及《黄浦区关于小型住宿设施综合治理执法办案指导意见(试行)》,运用法治思维和方式,制定了《住宿意见》。《住宿意见》对小型住宿的定义进一步明确,对治理主体的职权划分与履职形式进一步规范,对治理流程进一步细化。在《住宿意见》基础上,南京东路街道提炼、深化、总结出"小型住宿"综合治理七步工作法,不断加强小型住宿整治的操作性、规范化,以及社区管理的精细化、常态化、法治化。

二、七步工作法的基本做法

南京东路街道的小型住宿整治,始终贯彻坚持三个基本指导原则:一是锁定小型住宿常用地址,坚持"以房管人";二是核准小型住宿情况,坚持"多部门联动执法"确认违法事实;三是预防、消除安全隐患,坚持"联勤联动集中整治"。具体是:

第一步,街道网格中心前端问题发现:通过 12345 热线或邮件反映、居民委员会上报新建改建信息、"南东热线"收到的关于"小型住宿设施"即小型住宿类居民投诉来电。

第二步,街道网格中心先行联系:工作人员电话联系诉求人、当事人,确认小型住宿规模、周边环境、目前状况(包含"已用于对外招租"或"进行装修准备招租")等基本情况并进行书面记录。

第三步,"小型住宿设施"所在地居民委员会对上述反映事实进行核查,确认"小型住宿设施"相关信息(包括房屋性质、房东身份、租客居住情况等信息),填写《"小型住宿"信息采集表》,房管办、物业、社区民警等工作人员应共同参与该项调查取证,并明确室内是否改变房屋结构、是否私自搭建卫生淋浴设施、是否有消防隐患、是否有互联网日租广告发布等事实。

第四步,在收到《"小型住宿"信息采集表》后 5 个工作日内,街道网格中心召集派出所、市场所、城管中队、房管办、居民委员会、物业等各部门联勤认定,上门告知租客或使用人,并约谈业主或公房承租人或使用权人,在小型住宿设施现场发放、张贴《南京东路街道"小型住宿设施"联合执法告知书》。

第五步，在收到《南京东路街道“小型住宿设施”联合执法告知书》后 5 日内，房屋业主（或公房承租人，或使用权人）未自行进行有效整改的，或者未依法申请营业执照而继续经营的，由街道社区平安办牵头，各部门联勤联动整治，可对进行商业经营的小型住宿设施内非私人物品实施暂扣、罚没、收缴。

第六步，街道网格中心报请区网格中心，就已整治、整改的小型住宿设施予以备案，并申请结案。

第七步，居民委员会社工、网格中心工作人员在辖区内定期巡视，防止“小型住宿设施”重建。

依据七步工作法开展小型住宿整治工作，体现了如下特点：

一是多途径沟通协调，疏堵结合。通过辖区居民委员会、街坊邻里以及派出所外来人口信息登记等多种途径收集完成前期调查并进行事实认定，跨前一步及时发现。街道网格中心通过以房管人，与房屋所有者、经营者取得联系，约谈并告知相关法律法规。对不愿协商协调的经营者，则加强行政指导，要求其自行整改关停；对愿意配合整改的，引导房屋所有者或经营者依法合规出租房屋，以长租代替短租，以疏代堵。

二是多部门联勤联动，形成合力。现阶段重点针对无证照、有隐患、扰民严重与存在违法行为的小型住宿设施等进行重点整治，由派出所、市场所、城管中队、房管办、物业、环卫及其他相关单位形成联勤联动合力，特别对存在消防等安全隐患、改变房屋结构及房屋性质等违规行为绝不姑息，发现一家处置一家，对拒绝配合整治的房地产经纪人员和房地产经纪机构等予以及时查处并记入其信用档案。对不符合经营要求的小型住宿经营者、所有者，通过“零距离理事会”，协商问题解决方案，为他们留出转型、退出的时间，引导其有序退出。

三是多方面源头防范，长效管理。完成整治后，重点针对被强制整治的小型住宿，加强网格化巡查，反复巡查，以及网格员定期上门查看等，建立长期巡查机制，一旦发现问题及时上报，巩固成果，防止回潮。还可发挥社区志愿者活动等平台项目，鼓励居民积极参与到综合整治中，加强源头防范，构建

“四治融合”治理格局,实现多元化有效管理。

三、工作成效

七步工作法通过多渠道多样化的方式解决街道范围内久治难改的小型住宿顽症,营造了良好的居住环境与社会秩序。2019 年上半年,南京东路街道共收到小型住宿投诉 27 起,已对 6 家小型住宿事实的房屋开展了联勤联动整治,成效显著。此外,还对 3 家经营小型住宿的房东开具了整改通知,要求其限期自行整改。例如,福建中路一处与房东协商协调后房东承诺不再经营小型住宿;南京西路一处经营者与附近居民经协商达成协议,不再违规扰民,邻里矛盾就此平息;另有凤阳路一处小型住宅设施拒不整改,则被强制拆除并被取缔。

四、推广价值

南京东路街道关于小型住宿综合整治的七步工作法,为黄浦区乃至上海小型住宿行业规范发展提供了颇具操作性的工作方法和工作经验,是城市精细化管理的要求,也是针对社会治理中新问题、新情况的有益探索。在此过程中,街道始终坚持法治先行,在法治框架内运用法治思维和法治方法建章立制,规范小型住宿综合整治行为,做到依法行政、有据执法。同时,始终坚持行政执法与群众自治相结合,积极指导社区居委组织发动鼓励社区居民加强自治,充分做足辖区居民及房屋所有人的思想工作,用心倾听、细心核查、真心相助,形成齐抓共管、人人参与的社区法治环境。

7. 党建引领基层依法治理的“七彩工作法”

（申报单位：闵行区颛桥镇人民政府）

党建引领依法治理，是推动基层依法治理的总抓手，为搭建基层治理的法治架构和运行机制提供了基本思路。2014 年以来，闵行区颛桥镇银都苑第一居民区围绕这个总抓手、总思路，在建立平安小区协同治理“田园模式”的基础上，依托民主法治示范社区创建活动，探索并实践了一整套“三位一体”“四治融合”“五要素合力”的“七彩工作法”，生动实践了党建引领依法治理的深刻内涵。“银一”居民区从“沪上最烂小区”蜕变为“上海市文明小区”。

一、背景缘由

推进社会依法治理，关键在党，重心在基层。居民区是“基层的基层”，在创新居民区党组织构成、政府职能部门进社区、居民委员会回归自治本职、驻居民区法律服务类社会组织效果初显的背景下，居民区层面党建引领基层依法治理的机制有了新的任务，应对的挑战有了新的升级。党建引领基层社区依法治理，关键是精准对接社区治理的实际问题，即社区自主治理能力弱、治理体系协作效率低和依法治理资源不足、机制不活等问题。

二、基本做法

“田园模式”开启党建引领依法治理的起点。该模式是“银一”居民区在平安小区创建过程中探索的协同治理模式。其以党组织为核心，通过法定程序，把社区党员民警、业委会党员主任、物业公司党员负责人选进班子，形成

“大委员”制。在居民区党总支的引领下，居委会、业委会和物业公司协同治理，居民楼组长、党小组组长、志愿者团队等社会各方力量共同参与，政府各职能部门依法履职，构建了“1+3+N+X”的“田园模式”。

深化社会治理创新，要求构建共建共治共享的社会治理格局，“田园模式”需要有升级版。从平安小区协同治理拓展到社区治理全领域，将党建引领依法治理与社区治理全方位接驳。接驳社区治理各领域的“七彩工作法”（见表1），促进了党建引领依法治理新格局的形成。

表1 “七彩工作法”

色彩	特征	内容	做法
红色	一个核心	居民区党总支	党建引领组织强
橙色	一支队伍	“三长”志愿者队伍	志愿服务领头羊
黄色	一种机制	法律服务进社区	法律服务零距离
绿色	一股合力	政府职能部门	共建共治有力度
青色	一套规则	三公约四制度	依法自治有保证
蓝色	一张网格	七心俱乐部、关爱基金	线上线下展风采
紫色	一组平台	议事会、蔷薇工作室	蔷薇花开香万家

（一）三位一体

“三位一体”，即党建引领、依法治理、居民自治“三位一体”。

党建引领，即居民区党总支作为社区治理的核心，总领全局，并通过交叉任职等方式吸纳社会各方力量成为党总支成员。党总支依托党的基层组织的工作机制和工作方式，成为社区治理的枢纽。

依法治理，即引入社区外的力量参与社区治理，对接居民自治，实现社区内行政执法、法律服务的落地以及社区自治规则的有效运转。公安民警、城管执法、司法行政、房地管理等各职能部门参与，资深律师组成志愿者专家律师援助团，实现社区内外各方力量资源共享、信息互通、力量共用、平台共建。

居民自治，即建立包括居民委员会、自治组织、居民骨干（党员骨干和群众代表）的有层次的居民自治体系。其中，以党员工作室、业主工作室和群众工作室为载体的党小组组长、楼组长、志愿者骨干起到了连接党组织和居民、自治组织和居民的桥梁作用，使居民自治有层次、有成效。

（二）四治融合

“四治融合”，即自治、共治、德治、法治在党建引领下的有机融合。社区事务自治、社区管理共治、社区文明德治、社区秩序法治，凝聚各方力量、联动联勤联办联管，有助于形成依法依规、自我管理、民主协商、睦邻互助的群众自治新社区（见图1）。

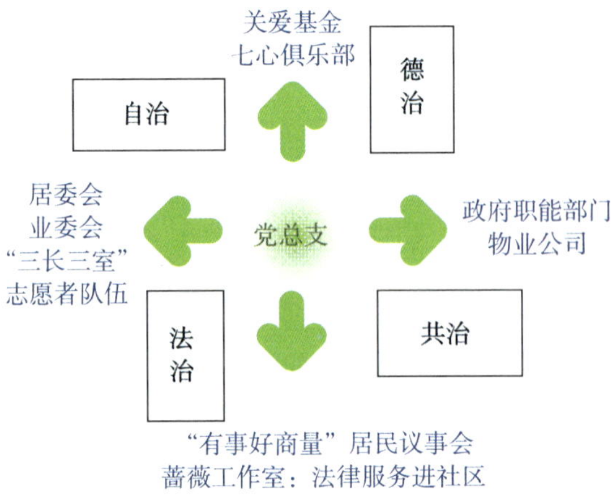

图1　“七彩工作法”中的“四治融合”

（三）五要素合力

“七彩工作法”涵盖了社区治理的“五要素”，即规则、机构、机制、平台、队伍。

其中，规则是依据，“三公约四制度”以及社区协同治理的制度，构成了社区依法治理的“软法”依据。机构是组织基础，党组织、居民委员会、业委会、物业公司、政府职能部门等，以及“蔷薇工作室”、关爱基金等自治组织，是社区多元共治的主要力量。机制是支撑，协商机制、联动机制、例会机制等为“七彩工作法”的运行提供有力支持。平台是组织与机制的连接点，区域化党建平台等共治平台、居民议事厅、“三长三室”、七心俱乐部等自治平台，为各类组织、各方力量提供了合力的汇聚点。队伍是保障。在社区治理中，一支叫得动、做得好的居民骨干队伍至关重要。小区顾问团、物业监督员、垃圾分类志愿者，287名党员，130名“三长”，参与社区治理功不可没。

三、主要成效

居委有力量,社区有变化,群众有感受。“七彩工作法”围绕居民关心的短板问题,改善物业管理,化解矛盾纠纷,满足民生需求,社区居民的凝聚力、和谐度和感受度有了显著提升。物业费收缴比率从不足 60% 提高到 90% 以上,小区盗窃案发率不断下降,完成单体修缮 336 个单元,绿化修剪、移植、补种 7 万平方米,新建彩色健身步道 1200 米,新增后的监控摄像头达到了 493 个,实现 1∶1.5 的配比,新增后汽车位总数 1200 多个。依法治理收获了美丽的生态、齐聚的民心、和谐的关系、安全的家园、便利的生活,更收获了社区治理的法治根基。

以小区的车辆管理制度为例。车辆无序停放和进出是小区的历史遗留“顽症”,“沙发、凳子、地锁来占位,为抢车位大家争得面红耳赤甚至大打出手”的现象曾经屡见不鲜。2018 年,居民区党总支牵头,联合居民委员会、业委会、物业公司,历时 4 个月,经过楼组长协商会议、召开“有事好商量”居民议事会、业主代表大会,反复征询广大业主意见,全过程在律师的指导下,出台了《银一居民区车辆管理制度(试行)》。有了“家法”,依法自治有了保证。为了让制度不是仅挂在墙上的条条框框,而是真正落地,居民区党总支还组建了以业主代表为主的,包括居民委员会、业委会、物业等人员组成的车辆管理监督小组,法律顾问坐镇法律咨询,在“家法”施行的初期,监督制度落地。同时沟通交警、派出所等共建单位,在遇到个别居民强烈对抗、恶意阻挠时予以支援。广大居民拥护并自觉遵守“家法”,停车井然有序。这一成果来之不易,是党建引领下大小事务商量办、改善环境聚民心的结果。

四、推广价值

社区虽小,却是微缩版的社会。居民虽少,却是治国治党的基础。社区治理“七大建设”,即政治文明建设、精神文明建设、民生工程建设、“三长”体系建设、法治社区建设、和谐社区建设、生态社区建设,都对依法治理提出了要求。

“七彩工作法”全领域接驳、全过程覆盖了依法治理的要求，开创了社区治理的新格局。新格局的核心特色是党建引领、依法治理、居民自治“三位一体”，自治、共治、德治、法治有机融合，规则、机构、机制、平台、队伍等社区治理“五要素”全面建立，实现社会治理的法治化与社会化、智能化、专业化的协同推进。

8. 中国(上海)自由贸易试验区在全国率先试点医疗器械注册人制度

(申报单位:浦东新区市场监督管理局)

医疗器械注册人制度是上海自贸试验区 3.0 版改革的重要内容,是对接国际通行规则、降低制度性交易成本的重要举措。2018 年 1 月 9 日,原国家食药监总局发布开展医疗器械注册人制度试点工作的公告,明确上海作为全国唯一试点区域,在中国(上海)自由贸易试验区内率先试点医疗器械注册人制度,为医疗器械产品注册和生产许可“解绑”。2018 年 2 月 27 日,原市食药监局向自贸区企业上海远心医疗科技有限公司的单道心电记录仪发出中华人民共和国医疗器械注册证,标志着全国首个医疗器械注册人制度试点产品落地,改革迈出实质性步伐。

一、政策背景

浦东新区医疗器械生产企业约占全市的 1/4,许多国际知名医疗器械生产商也在浦东设有国内总代理公司,张江药谷、周浦医疗器械创业园更汇聚了大批的研发能力较强的医疗器械生产企业及研发机构,但土地稀缺导致的新增及扩大生产场地困难制约了行业发展升级,如何依靠制度创新促进医疗器械产业发展,进一步实现产业集聚,是浦东新区思考推行医疗器械注册人制度改革的第一个出发点。

第二个出发点是解决医疗器械企业发展的堵点和痛点问题。现行的法规框架下,医疗器械新产品申报注册必须由自己设厂生产,除非样品是进入创新医疗器械特别审批程序的，否则没有委托生产样品之说；取得注册证后若要委托生产，只允许双方同时具备医疗器械注册证和生产许可证的企业才可以申请办理。这种医疗器械产品注册和生产许可“捆绑”的模式给创新研发设置了沉重的负担，限制了创新要素的合理配置，影响了企业研产转化和持续提高产品质量。

针对行业发展升级的迫切需求，根据区委、区政府领导提出将药品上市许可持有人理念拓展到更多领域的要求，浦东新区市场监督管理局（以下简称浦东市场监管局）在原市食药监局的大力支持下，从 2016 年年底开始着手医疗器械注册人制度试点调研，对标国际通行规则，并在调研基础上提出改革设想，得到了上级主管部门的大力支持。

二、基本做法

改革措施主要包括：一是允许医疗器械注册人直接委托上海市医器械生产企业生产产品和样品；二是允许注册人多点委托生产；三是允许上海市受托生产企业提交委托方持有的医疗器械注册证申请生产许可；四是允许住所或生产地址位于浦东新区内的医疗器械生产企业参照《中国（上海）自由贸易试验区内医疗器械注册人制度试点工作实施方案》的要求，申请参加委托生产试点工作（试点区域从自贸区拓展到浦东新区）。

针对上述试点内容，浦东市场监管局从以下几个方面推进，不断扩大试点效应。

1. 优化载体方法，强化宣传培训，扩大试点受益面。参与汇编《上海市医疗器械注册人制度试点管理文件》，指导企业在质量管理、风险控制、国外技术引进以及产品注册等方面符合试点要求。

2. 开展大调研，深入了解企业需求，积极为企业排忧解难。例如，辖区研发型企业上海远心医疗科技公司有意参与医疗器械注册人制度试点，但受限于注册地址未在自贸区内。经了解情况后，浦东市场监管局为其开通绿色通道，在 1 个工作日内完成在自贸区注册，支持注册人试点申报工作。

3. 提供医疗器械注册人制度试点申报预审及咨询服务，指导帮助企业走上快速检测通道。对有关申报制度试点的来电来访咨询事项,浦东市场监管局均给予政策解读、指导,帮助申报者理清认识、明确发展脉络;在正式向市药监局申报注册人试点前,由浦东市场监管局预先审核申报试点的委托企业、产品、受托企业情况,对注册人和受托方给予服务指导,帮助企业完善试点合规情况,试点样品进入快速检测通道,加快试点项目申报注册。

4. 是指导注册人建立质量管理体系。积极参与《中国(上海)自由贸易试验区内医疗器械注册人质量管理体系实施指南》和《中国(上海)自由贸易试验区内医疗器械注册人委托生产质量协议编写指南》等试点工作实施配套推荐性文件制定,明确在医疗器械委托生产过程中委托双方各自应当承担的责任、权利和义务,形成注册人和受托生产企业对产品质量安全负责的"双保险"机制。2018 年 7 月 5 日,医疗器械注册人制度复制推广至全市,保障试点企业的质量管理体系得到有效规范。

5. 建立跨区监管制度,强化事中事后监管。注重同步加强对企业的事中事后监管,为市药监局起草了《医疗器械注册人制度试点工作跨区联合检查程序》,明确跨区联合检查的启动条件、检查方式、检查重点及处理原则等,推动对跨区医疗器械委托人、受托人监管的无缝衔接,切实保障医疗器械安全。

6. 开展医疗器械注册人制度试点服务评估工作,进一步推进试点服务,扩大试点效应。制定《关于进一步推进医疗器械注册人制度试点服务方案》,向辖区研发机构、二三类医疗器械生产企业及进口总代企业发放《医疗器械注册人制度试点工作调研问卷》,摸清辖区医疗器械研发企业基本情况、研发动态、实际需求,对应开展分类分层服务以及个性化服务,精准推送试点政策;制作了《医疗器械注册人制度试点企业质量管理体系现场评估表》,组织开展企业现场评估,指导注册人建立健全质量管理体系,提高研发单位医疗器械研产转化的法律意识及管理能力。

三、主要成效

截至 2019 年 9 月底,浦东新区已有 7 家企业的 10 个产品获市局批准,浦东市场监管局出具了 25 张预审单,37 个产品经浦东市场监管局指导及预审进入优先注册检测通道。以上海远心医疗科技有限公司为例，作为上海自贸试验区内的研发型企业，持有单道心电记录仪技术，主要用于采集心电信号后通过蓝牙传输至移动终端，具有体积小巧、便于携带、可较长时间监测心电趋势的特点，但公司并不具备生产能力。改革前，如要取得医疗器械注册证，远心医疗即使有技术，也必须走拿地、办厂、取得生产许可证这一条路，投资巨大；即使把厂建起来了，开始的一两年主要精力要放在生产许可证的申请上，工厂相当于空转，如果没有雄厚的资金基础，很难熬到“守得云开见月明”。改革后，远心医疗专注于研发新产品并申请成为新产品医疗器械注册证的注册人，委托上海微创集团生产样品及成品，最终后者通过严格审评，获得生产许可。2018 年 2 月 27 日，上海远心医疗科技有限公司的单道心电记录仪成为试点医疗器械注册人制度后获批上市的首个产品，上市时间比原法定时间缩短了 82%，已顺利生产并销售近千台。

四、推广价值

2018 年 7 月 5 日，医疗器械注册人制度复制推广至全市，改革对区域经济发展，对政府部门、企业及公众等，都带来了积极的利好。对于区域经济发展而言，医疗器械注册人制度有利于上海突破土地资源和环境资源约束，推动医疗器械产业链上下游分工与合作，提升产业能级，形成先进制造优势，促进高端医疗器械本土生产。对于政府监管部门而言，医疗器械注册人制度有利于完善医疗器械注册生产监管制度，促进审评标准提升和审评统一，建立有效的跨区域事中事后监管方式。对于企业而言，医疗器械注册人制度有利于强化注册人全生命周期责任，鼓励创新研发和持续改进质量，有利于加快创新产品的推出和落地。对于公众而言，医疗器械注册人制度有利于加快医疗器械上市，满足市民日益迫切的高品质健康服务需求。

9. 首创儿童权益代表人制度，保障未成年人合法权益

（申报单位：市妇女联合会）

2016年5月，最高人民法院(以下简称最高院)在全国范围内确定了118家人民法院开展家事审判改革试点，探索家事审判专业化发展，维护婚姻家庭关系稳定，依法保护未成年人、妇女和老年人合法权益。2017年，市妇女联合会(以下简称市妇联)积极会同市高级人民法院(以下简称市高院)在上海四家试点人民法院之一的普陀区人民法院，以儿童利益最大化为原则，借鉴域外独立代表人制度，探索保护未成年子女权益，在离婚案件中试行儿童权益代表人制度。

一、背景缘由

（一）婚姻家庭关系不稳定，未成年子女被动陷入父母纠纷

近年来，我国离婚案件逐年攀升，而离婚类案件往往会涉及监护权、子女抚养费、离婚财产分割等儿童利益相关问题。人民法院大数据管理和服务平台显示，2014年至2016年，96%的离婚纠纷涉及子女抚养问题，但在离婚时对未成年人子女的利益考量相对不足。较高的离婚率导致越来越多的未成年子女被动陷入父母之间的纠纷，其权益保障情况和生活状况令人担忧。

（二）未成年子女与其法定监护人利益冲突现象增多

父母既是离婚诉讼的当事人，又是未成年子女的法定监护人。父母在离婚诉讼中发生利益冲突：一是身份利益冲突。在涉及未成年人的抚养、探望

等问题时，一旦双方发生争议，往往以抚养孩子或者阻挠对方探望等方式作为谈判筹码，不顾子女实际情况，侵害未成年子女的合法权益。二是财产利益冲突。随着生活水平的日益提高，未成年子女名下往往存有数目不小的存款或者直接作为保险受益人，甚至名下登记有不动产，可能涉及巨大的财产利益。父母在离婚时有可能直接分割子女名下财产或者因为财产利益不当争夺子女抚养权。

（三）未成年子女非离婚案件当事人，无法直接表达主张

未成年子女在离婚案件中没有独立的诉讼地位，无法在诉讼中直接主张其应当享有的身份权益和财产权益。我国也有为儿童设置的诉讼代理人制度，但主要散见于《民法典》《民事诉讼法》等相关法律之中，且制度分布零散、不成体系、规定简略，难以为离婚案件中儿童权益提供有效保障。尽管法官在判案时会对未成年人权益进行必要的考量和保障，但未成年人也只能被动接受案件的裁决结果。在这种情形下，需要有能够完全代表未成年人权益的诉讼主体出现，以制约父母的不当行为。

二、基本做法

2017 年下半年，市妇联积极配合市高院，成功运用儿童权益代表人制度，由普陀区妇女儿童工作委员会办公室（以下简称普陀区妇儿工委办）工作人员作为儿童权益代表人，代表未成年子女参与诉讼，行使相应的诉讼权利，成为首例儿童权益代表人参与诉讼的案件。

该案中原、被告一致同意离婚，但均表示无法继续抚养女儿彤彤。年仅 3 岁的彤彤身患罕见的遗传代谢疾病，家人为照顾彤彤产生严重分歧，矛盾逐渐加深。如果原、被告离婚，彤彤很可能因此陷入生存困境。普陀区人民法院受理案件后，普陀区妇儿工委办发函主动要求派员作为儿童权益代表人参加诉讼。普陀区人民法院复函同意，并向离婚双方当事人发放《儿童权益代表人参与诉讼告知书》，告知由儿童权益代表人作为独立的诉讼主体，代表双方婚生女彤彤参与诉讼。儿童权益代表人在走访原、被告的单位、生活小区居委会、孩子曾经就医的医院，实地调查双方生活环境及孩子的病情后，向普

陀区人民法院提出,根据孩子目前情况及原、被告实际照料能力,需要有护理资质的专人协助护理的意见。普陀区人民法院问询原、被告意见,双方均表示同意聘请家政服务人员,但苦于没有合适的家政人员受聘。为此,普陀区妇女联合会主动牵头联系了普陀区家政协会,推荐了一名家政护理员,得到原、被告认可,护理费用由双方共同负担。在各方做了大量的庭前工作后,普陀区人民法院在家事法庭进行了不公开开庭审理。儿童权益代表人作为独立的诉讼主体代表彤彤全程参与了庭审,当庭出示了在原、被告家现场拍摄的彤彤生活的照片、视频及病史资料等,并从彤彤的需求和角度出发,表达了对抚养权、抚养费及探望权的主张,提出离婚当事人双方虽已对共同财产分割达成一致意见,但未能充分考虑彤彤的利益,且双方达成的让渡共同财产与放弃主张抚养费的协议,可能对彤彤的利益造成侵害。经调解,最终确定由被告支付 8 万元至 10 万元的抚养保障金存于彤彤名下,并在普陀区公证处办理专项基金保管手续,由儿童权益代表人监督使用,案件得到了圆满化解。

2017 年 11 月 24 日,由市高院牵头,联合市妇联等单位召开"儿童权益代表人理论与实践"专家研讨会,由法学专家和政府职能部门从试点情况出发,就儿童权益代表人制度的名称和法律地位、适用范围、启动程序和儿童权益代表人的主体资格等实体和程序内容进行论证,进一步研讨儿童权益代表人制度的完善与推广。

三、主要成效

(一)推动了儿童司法保护制度的探索与完善

儿童权益代表人制度基于儿童最大利益原则及国家亲权原则,通过案件受理人民法院依职权或依申请为其选择利益代表人的方式,赋予纠纷中的未成年人以诉讼主体地位,从而维护其程序、实体上的合法权益。此外,儿童权益代表人还起到了向未成年人说明诉讼程序、减轻心灵创伤、开展周旋促成和解等作用。儿童权益代表人制度的成功创设成功入选中国法学会《民主与法制周刊》评选的"2017 年中国十大未成年人权益保护新闻"。

（二）拓宽了司法救助功能和社会救助功能融合的路径

2018 年 10 月 23 日，市高院、市妇联联合发布了《关于印发上海市高级人民法院、上海市妇女联合会〈关于进一步加强合作建立健全妇女、儿童权益保护工作机制的意见〉的通知》（沪高法〔2018〕336 号），明确进一步加大儿童权益代表人制度推广力度，由各级妇女联合会接受人民法院委托，选派儿童权益代表人，通过庭前走访调查了解未成年人家庭、生活和学习情况，在诉讼中代为充分表达未成年人的合法权益，诉讼终结后对案件的执行、未成年人的后续保护予以跟进和监督，从而形成庭前预防宣传、庭中调解帮扶、庭后跟踪疏导的儿童权益保障服务链。

四、推广价值

除离婚案件中涉及未成年人利益外，收养、抚养等亲子关系纠纷和分家析产纠纷等，很多都涉及未成年人利益。儿童权益代表人制度的推出具有很强的现实意义，相当于为民事纠纷中的未成年人请了“代理律师”，充分弥补了未成年人在民事纠纷中的话语权短板，为全面保护诉讼中未成年人的合法权益、促进家事审判制度的持续完善提供了新的工作思路。

10. 公益诉讼守护城市文脉，打响“上海文化”品牌建设

（申报单位：虹口区人民检察院）

随着社会各界对历史文化保护的日益关注，国家和地方都在不断深化细化保护措施，加大保护力度，扩大保护范围。优秀历史建筑是城市发展名片，关系着城市建设与社会文化的协调发展，应受到有效保护。监管部门未依法履行职责致使优秀历史建筑持续受损，检察机关应及时提出公益诉讼诉前检察建议，督促监管部门依法履行职责，维护社会公共利益，提升城市精细化管理水平。

一、背景缘由

近年来，上海提出推进“四大品牌”建设，其中打响“上海文化”品牌是其重要一环。2019 年，上海市文物局公布了上海市不可移动文物名单，本市共有全国重点文物保护单位 29 处，市级文物保护单位 238 处，区级文物保护单位 423 处，文物保护点 2745 处，共计不可移动文物 3435 处。虹口区作为“海派文化发祥地、先进文化策源地、文化名人聚集地”，历史人文积淀深厚，名人故居、优秀历史建筑众多，共有全国重点文物保护单位 4 处，上海市文物保护单位 17 处，区级文物保护单位 23 处，区文物保护点 153 处，上海市优秀历史建筑 98 处。这些不可移动文物、历史建筑具有极高的历史价值，是国家和社会的财富，属于公共利益的范畴，应受到有效保护。

然而，现行法律法规内容具有一定的滞后性，诸多实务问题亟待法律法

规予以明确，不能适应和满足历史建筑保护的新变化和新要求。相关行政监管部门在行政执法上还存在种种问题，主要表现在三个方面：一是历史建筑保护管理职权存在一定程度的重叠和交叉，缺乏整体统筹、协调的平台或机制，容易出现部门间相互推诿、不作为或乱作为等现象。二是随着越来越多的历史建筑保护相关的行政审批及管理权限下沉到基层行政管理单位，基层队伍能力参差不齐，部分执法力量薄弱，执法水平有限，容易导致行政不作为、履职不到位情形发生。三是历史建筑的破坏形态呈现多样化的趋势，现有的法定行政处罚手段已经难以满足历史建筑保护的要求，无法通过现有的行政处罚来补偿历史风貌区所蕴含的历史文化价值的损失，导致损害结果难以恢复。因此，检察机关有必要发挥检察监督作用，有效维护公共利益。

二、基本做法

虹口区人民检察院从网络新闻媒体报道中得知，位于虹口区四川北路71号2幢、崇明路82号的德邻公寓，系上海市第四批优秀历史建筑，自2015年8月以来，因违法施工持续受损，未被修复，虹口区房管局存在未依法履职情形，遂以行政公益诉讼立案。

经进一步调查核实，虹口区房管局在出具责令改正通知书后怠于履职，未能及时采取有效措施，敦促相关责任单位对受损的德邻公寓开展修复工作。在收取业主方支付的300万元承诺修复保证金后，在业主未履行承诺的情况下，仍未采取任何措施，致使优秀历史建筑损害状态持续长达三年之久。为有效保护优秀历史建筑，维护社会公共利益不受侵害，虹口区人民检察院于2018年8月29日向虹口区房管局制发诉前检察建议，并以公开宣告方式送达，督促其依法履行监管职责，采取有效措施促使相关责任单位立即启动德邻公寓修复整改方案的编制及审核批准程序；修复整改方案经法定程序审核批准后，责令相关责任单位立即委托有资质的专业单位开展修复工作；对修复整改全过程进行有效监管，确保德邻公寓修复工作及时有序开展，恢复优秀历史建筑原状。虹口区房管局于2018年10月22日回复虹口区检察院，表示已督促所有权人履行法定职责，加速推进修复工作，举一反三，防微杜渐，完善管理措施。目前，德邻公寓已经完成修缮工作，历史建筑原貌重新展现。

三、主要成效

本案的办理引起广泛关注和热烈反响，社会各界对检察机关通过开展公益诉讼推动优秀历史建筑保护予以了充分肯定，相关工作得到中央政法委、上海市委政法委等认可，上海市人民检察院也将其作为典型案例向全市检察机关予以通报。主要成效体现在以下方面：

（一）加强调查研究，正确把握检察机关公益诉讼职能定位

检察机关提起公益诉讼的受案范围涵盖生态环境和资源保护、食品药品安全、国有资产保护、国有土地使用权出让等涉及公共利益的领域。随着社会的发展，公共利益的范畴也在不断延伸，历史文化也属于公共利益范畴逐渐成为共识。根据虹口区“打响文化品牌，推进文化强区建设”要求，虹口区人民检察院对区内优秀历史建筑保护进行专题调研，先后走访了虹口区房管局和虹口区文化局，调研区域历史建筑保护现状、历史文化风貌区保护现状、虹口红色文化保护难点等情况，形成调研成果。针对德邻公寓被损害现状，进一步加强与虹口区房管局的沟通和交流，了解具体情况，共同研究问题成因，探讨治理措施，制发检察建议。在此基础上召开优秀历史建筑保护座谈会，与行政机关就区域优秀历史建筑保护达成共识，促使其堵漏建制，互补职能和措施，共同做好优秀历史建筑保护工作。

（二）推进公开宣告，构建双赢、多赢、共赢的监督格局

在公益诉讼案件中推行“现场送达、公开宣告”诉前检察建议，有助于规范公益诉讼案件办理，落实司法公开，强化诉前检察建议的严肃性、针对性和实效性，确保“三个效果”统一。本案中，虹口区检察院严格落实市检察院关于开展检察建议公开宣告工作规定的要求，探索公益诉讼诉前检察建议方式和路径，构建双赢、多赢、共赢的监督格局。将以往“文来文往”送达检察建议方式改变为邀请虹口区房管局参与“面对面”公开宣告模式，承办检察官公开宣告诉前检察建议相关内容，重点对案件事实、适用法律、建议内容、相关依

据等进行现场阐释说明。虹口区房管局负责人当场签收检察建议，并提出整改方案和措施。现场的沟通交流，提升了检察建议的接受度和执行力。

（三）扩大法律宣传，积极营造良好的社会舆论氛围

检察公益诉讼尚处于起步阶段，仍然存在社会知晓度不高、影响力不大等问题。虹口区人民检察院紧扣虹口红色历史资源丰富的特点，重点关注历史建筑保护领域等案件，将宣传摆在与办案工作同等重要的位置，通过构建多维度、立体化宣传网络，营造良好的舆论氛围。通过微信平台“一则新闻报告引出的行政公益诉讼”专题宣传办案工作，得到中央政法委、上海市委政法委及社会知名人士的肯定，他们纷纷通过“两微一端”予以转发，引起社会广泛关注和热烈反响。本案线索来源于网络新闻媒体报道，对德邻公寓修复效果也发挥了网络媒体的监督作用，通过媒体正面宣传，提升社会影响力。

四、推广价值

优秀历史建筑对发扬上海文化、提升上海城市品位有着重要意义，是促进城市建设与社会文化协调发展的现实需要，也是维护社会公共利益的迫切需求。

本案线索来源于社会公众发现负有优秀历史建筑保护监管职责的行政部门履职不到位、致使建筑受损且长时间未予修复而通过网络媒体进行曝光，引发社会广泛关注，属于典型的社会舆论监督。根据现有法律规定，社会公众无法通过法律途径督促行政部门履职，只能通过社会舆论呼吁或者向该行政部门及其上级机关进行反映等形式督促相关部门履行职责。但由于社会舆论监督缺乏有效的督促和反馈机制，此类监督方式刚性不足，往往难以取得良好的监督效果。而通过启动行政公益诉讼，以检察权的强制性为后盾，在优秀历史建筑保护等涉及社会公共利益的领域，由检察机关督促行政部门及时履职，强化了监督的力度和成效，有助于创新社会治理新模式。本案的成功办理也符合公益诉讼的立法目的，具有可复制、可推广的意义。

2020年度

1. 上海市市场监管局优化营商环境再出创新举措，全国首创同步发放电子营业执照和电子印章

（申报单位：市市场监督管理局）

2020 年 4 月 1 日，上海在全国首创为新设企业同步发放电子营业执照和电子印章，企业使用电子营业执照和电子印章，即可在线从事电子政务和电子商务活动。电子营业执照和电子印章同步发放，颠覆了开办企业必须刻制实物印章的传统流程，撬动了企业经营必须使用实物印章的传统理念，为“无纸化”创业和经营开启了无限可能，探索出了一条简化企业开办环节、降低企业开办费用、便利企业办事经营的改革新路。

一、背景缘由

电子营业执照是市场监管部门依据法律法规、按照全国统一标准核发的载有市场主体登记信息的法律电子证件。电子印章是可靠电子签名的可视化表现形式。电子营业执照、电子印章与纸质营业执照和实物印章具有同等法律效力。

以往，企业法定代表人虽然可以在设立时直接使用手机领取电子营业执照，但电子印章需要在领取纸质营业执照并刻制实物印章后，再另行填表申请领取，增加了企业的办事环节和时间。同时，电子营业执照通过手机 App、电子印章依托“UKey”介质使用，两者方式各不相同，企业领用的不便，为进

一步推广电子营业执照和电子印章带来了障碍。此外，企业为领取电子印章，仍需要支付刻制实物印章的费用，不利于进一步降低开办企业成本。

二、基本做法

（一）以领取便利为目标，优化线下服务环节

在企业设立生成电子营业执照的同时，同步生成含有数字证书、电子签名密钥和印章印模图形的一套四枚电子印章（含企业法定名称章、财务专用章、发票专用章、法定代表人章），企业电子印章绑定电子营业执照同步免费发放。企业法定代表人只需要使用手机，不需要“UKey”等其他介质，就可以通过“随申办”App或微信、支付宝“电子营业执照”小程序，一并下载电子营业执照和电子印章。使用时，只需要使用手机扫一扫二维码，就可以完成企业身份认证、营业执照出示、登记信息采集、文档数字签名等多种功能。

（二）以企业需求为导向，设计电子营业执照发放流程

针对上海大量企业法定代表人具有国籍全球化、工作远程化的特点，设计开发两种发放方式：第一种方式，由法定代表人书面提出远程邮件下载需求并承诺对电子邮箱有效性和安全性负责，登记机关将电子营业执照下载二维码直接发送到法定代表人指定的邮箱，法定代表人使用电子邮件在远程打开下载二维码，并使用手机扫码二维码下载电子营业执照。第二种方式，法定代表人也可本人持证件到登记机关现场，由工作人员当场核验身份后，通过登记系统调取电子营业执照下载二维码，供法定代表人当场使用手机扫码下载。这两种方式，既满足了外籍法定代表人不同的领取需求，又保障了电子营业执照发放的安全性，得到了外资企业的普遍认可。

（三）以系统集成为抓手，推进电子执照深度应用

“一网通办”统一身份认证系统集成电子营业执照身份认证功能，各单位网上办事系统对接“一网通办”，使用电子营业执照为企业提供用户注册、实名验证、身份鉴别、单点登录等服务，解决在不同部门网上办事平台重复注册验证问题，实现企业身份在“一网通办”平台的“一次认证、全网通办”。在企业办理涉税事项、员工就业参保、员工公积金服务等涉企服务重点高频领域，

率先实现企业使用电子营业执照作为电子身份证件、电子印章作为电子签名工具，全流程办结相关业务。

三、主要成效

全市所有新设企业都可以在设立时，由法定代表人使用手机免费下载领取电子营业执照和电子印章。企业可以使用电子营业执照和电子印章，在开办过程中，全程办理申领发票、员工就业参保登记、员工公积金登记等开办企业业务，还可以在企业开办和经营过程中，使用电子营业执照和电子印章，登录上海“一网通办”总门户，办理各类政务服务事项。

上述举措推出后，企业反响热烈。自 2020 年 4 月 1 日以来，全市已有 14.1 万家企业的法定代表人，使用手机免费下载了电子营业执照，累计 11.6 万家企业，使用电子营业执照登录“一网通办”办理各类政务事项达 106.7 万次。在本市电子政务领域，电子营业执照和电子印章的应用正得到越来越多企业的认同，逐渐成为企业网上办事的首选。

2020 年 4 月 10 日，《上海市优化营商环境条例》经市人大常委会通过，第 32 条第 2 款明确“企业电子印章与企业电子营业执照同步免费发放”，以地方立法的方式巩固了改革的成果。

四、推广价值

1. 领用便捷。电子营业执照和电子印章依托手机“电子营业执照”小程序领取使用，无须使用 U 盘等额外介质。同时，电子营业执照和电子印章领取不需要企业申请、使用全程无任何费用，切实降低企业开办和经营的时间和成本。

2. 使用安全。电子营业执照以国家市场监管总局为统一信任源点，具备防伪、防篡改等信息安全保障特性。电子印章依据《电子签名法》形成数字签名，绑定实物印章印模图形，具备极高的法律效力。法定代表人使用手机实名认证，通过人脸识别下载电子营业执照和电子印章，经办人必须经法定代表人授权方可使用，电子营业执照和电子印章的领用轨迹全程以电子化的方式进行记录，充分表达企业办理相关业务的真实意愿。

3. 场景广阔。在电子政务领域，电子营业执照与本市“一网通办”统一身份认证系统无缝对接，企业使用电子营业执照，即可扫码登录“一网通办”，办理各项业务。同时，电子营业执照和电子印章深度嵌入涉企服务高频领域，企业可以使用电子营业执照和电子印章在网上办理登记注册、年报公示、涉税事项、“五险一金”。在电子商务领域，电子营业执照和电子印章在企业银行业务、电子合同签署等领域有广阔的应用前景。目前，交通银行依托电子营业执照和电子印章同步应用，在全国率先推出“无纸化”开户服务，为在商业银行进一步应用电子营业执照和电子印章奠定了基础。

2. 建立健全“五码联动”疫苗可追溯体系，贯彻落实《疫苗管理法》

（申报单位：市疾病预防控制中心免疫规划所）

免疫规划工作一直是国家关注、群众关心的重要领域，建立健全疫苗全程可追溯体系是保障疫苗安全的重要举措。根据市政府关于“大力推进预防接种信息化建设，建立覆盖疫苗流通和预防接种服务全过程的实时监控管理系统”的工作要求，本市药品监督管理部门、经济和信息化部门、发改委和财政等部门不断加强对预防接种信息化建设项目支持。上海市疾病预防控制中心于 2017 年起率先启动“五码联动”疫苗全程可追溯管理系统建设，通过构建疫苗追溯服务平台实现疫苗从企业出厂、验收、市内储运、门诊保管和接种服务等全流程管理，率先实现《疫苗管理法》要求的疫苗全程可追溯，坚决守住公共卫生安全底线，切实维护人民身体健康。

一、背景缘由

近年来，长春长生等问题疫苗事件的频发暴露出我国在疫苗生产、流通、接种等环节存在漏洞，引起党中央、国务院的高度重视。《疫苗管理法》自 2019 年 12 月 1 日起正式施行，对免疫规划工作提出了更高要求，以“最严谨的标准、最严格的监管、最严厉的处罚、最严肃的问责”为目标，加强疫苗管理，规范预防接种，并明确提出“国家实行疫苗全程电子追溯制度”。如何保证疫苗从源头生产到终端使用整个环节的规范合理一直是免疫规划工作的重点与难点，在各省（区、市）缺少系统建设方案和实施经验的情况下，上海市在全国范围内率先建立以“五码联动”为核心的全程可追溯管理系统，深入贯彻落实《疫苗管理法》，为国家和其他地区开展相关工作提供经验与参考。

二、基本做法

2016 年，上海市卫生健康委员会便将信息化设施设备配置和信息系统应用纳入预防接种门诊建设和管理要求，将预防接种门诊标准化和信息化建设列为重点工作推进实施。为落实《疫苗管理法》提出的疫苗全过程、可追溯的管理要求，确保预防接种的安全和有效，上海市疾病预防控制中心充分发挥信息化技术和物联网技术在疫苗采购、疫苗管理、接种服务等全程管理中的支撑保障作用，通过整合市民电子健康档案、免疫规划信息系统、疫苗物流配送系统等多个系统，于 2017 年启动疫苗全过程可追溯管理系统的建设，在全国率先实现覆盖所有疫苗的采购、供应、仓储、物流和接种等全环节、全过程的综合追溯管理系统，达到“四个统一”，即统一组织招标、统一规范采购、统一专业配送、统一纳入监管。

疫苗全程可追溯管理系统以“五码联动”为核心，打破疫苗生产厂家、物流商、疾控中心及接种单位间的壁垒，以疫苗最小包装追溯码为基础，将疫苗追溯码、疫苗产品编码、冷链设备编码、接种儿童代码、接种医生代码进行关联，实现五级环节的串联跟踪，具备如下特点：一是兼容性，可兼容目前疫苗生产厂商所使用的监管码格式，并可以扩展支持企业自主追溯码格式，具有赋码能力，便于生产企业及物流企业对追溯码的使用，方便疫苗的合法来源验证。二是可视化，运用物联网技术，实现了对冷库温湿度的实时监控。运输过程中，冷藏车内和保温箱内疫苗的温度实时上传至监控平台。同时掌握全市每日疫苗采购、配送、接种情况，实时了解疫苗库存情况。平台提供实时报警和多级预警通知功能，大大降低了疫苗质量风险。三是便捷化，通过扫码收货及验证功能，配套疫苗生产企业资料、产品资料、每批次的药检报告、批签发文件的全覆盖管理，实现疫苗批号及效期信息的动态管理和实时提醒。四是防差错，通过简便的扫码验证功能，实现预防接种服务中自动校验、比对、预警和提示等，降低接种服务中差错发生的风险。

通过“五码联动”，疫苗全程可追溯管理系统完成了单支疫苗从招标采购、供沪验收检查、市内集中储运、院内冷链管理和现场接种服务五级流程的标准化管理和全过程追溯闭环，达到了对每支疫苗的动态监管，实现了“受种者”“疫苗”“接种服务”信息统一对应、数据实时共享、功能全面覆盖、数据保证安全的综合应用，真正满足了人民群众对疫苗安全接种的需要。

三、主要成效

本市以信息化为支撑，提升了预防接种工作效率和质量。本市圆满完成疫苗综合管理和预防接种服务信息系统建设，通过构建疫苗追溯服务平台，规范全过程疫苗冷链物流运作流程，实现疫苗从企业出厂、验收入库、集中储存、物流配送、门诊验收和接种使用等全流程数据交互和业务协同。基于“疫苗追溯码、疫苗产品编码、冷链设备编码、接种儿童代码、接种医生代码”的“五码联动”管理，实现每一支疫苗最小包装的全过程可追溯。

截至 2020 年 6 月，“五码联动”疫苗全程可追溯信息管理系统已在全市所有预防接种门诊部署运行，为约 402 万受种者提供超过 1112 万次全程可追溯的预防接种服务。此外，上海市免疫规划信息化建设在社区卫生服务中心的基础上，实现产科接种室、犬伤处置门诊、卡介苗接种门诊、特需接种门诊的信息系统对接全覆盖，全市预防接种单位扫码接种功能覆盖率达到 100%，全市预防证打印率达到 100%，上线至 2020 年 6 月已累计采集 800 万余条全流程记录追溯码档案，2019 年 12 月的实际扫码接种率（接种记录绑定追溯码的比例）达到 99.5%。

“五码联动”疫苗全程可追溯管理系统的普及应用，标志着上海市公共卫生服务的基础设施条件和服务能力水平又提高到了一个新高度。疫苗来源安全清晰可靠，社会公众在规范化接种门诊中，可以享受到先进、有序、友好、规范和现代化的疫苗接种服务，增加对预防接种的满意度和信任度，消除“疫苗犹豫”，切身感受到国家和上海市政府对人民健康的高度重视。此外，上海市进一步将接种信息和追溯信息整合脱敏，便于公众从“市民云”和“健康云”等官方 App 平台进行预防接种相关信息查询。2019 年下半年，上海市还拓展了数字化接种门诊质控分析平台、公众服务系统、预防接种不良事件报告系统和免疫效果监测系统,使疫苗追溯链向末端的评价和服务应用扩展,进一步增加市民的获得感。

四、推广价值

“五码联动”疫苗全程可追溯管理系统的建立是上海市疾病预防控制中心在持续推进信息化建设过程中的一次创举,将信息化技术、物联网技术与预防接种行业特点相结合,以疫苗最小包装追溯码为基础,实现单支疫苗从生产企业到接种单位到受种者的全过程溯源可追查,为避免问题疫苗事件的发生提供有力保障,深入贯彻落实了《疫苗管理法》关于疫苗全过程、可追溯的管理要求,真正满足了人民群众对疫苗安全接种的需要。此外,上海市疾病预防控制中心在建立健全“五码联动”疫苗全程可追溯管理系统的过程中,及时总结工作经验,相继申报了《疫苗追溯信息交互技术规范》《疫苗冷链物流运作规范》《疫苗冷链物流基本数据集》等地方标准。

上海市关于“五码联动”疫苗全程可追溯管理系统建设的工作经验可为其他省(区、市)贯彻落实相关法律法规开展疫苗全程电子可追溯工作提供参考,具备可复制、可推广的意义。

3. 全面建设上海法院一站式多元解纷机制，参与打造共建共治共享社会治理新格局

（申报单位：市高级人民法院）

为贯彻落实习近平总书记关于“坚持把非诉讼纠纷解决机制挺在前面，从源头上减少诉讼增量”的重要指示，坚持和发展新时代“枫桥经验”，参与打造共建共治共享社会治理新格局，市高级人民法院（以下简称市高院）充分运用现代化信息技术，以升级建成上海法院一站式多元解纷平台为支撑，以全市法院诉调对接中心为依托，全面建设上海法院一站式多元解纷机制，构建多元化纠纷解决体系，发挥司法在矛盾纠纷多元化解机制中的参与、推动、规范和保障作用，积极参与社会治理创新，立足司法职能推动社会治理体系和治理能力现代化。

一、背景缘由

2019 年 7 月发布的《最高人民法院关于建设一站式多元解纷机制　一站式诉讼服务中心的意见》，要求推动形成分层递进、繁简结合、衔接配套的一站式多元解纷机制，努力让人民群众在每一个司法案件中感受到公平正义。2020 年 5 月，最高人民法院在全国人大会议上所作的工作报告指出，要巩固立案登记制改革成果，推进案件当场立、自助立、网上立，坚决防止立案难反弹回潮。法院敞开大门，但不能单打独斗，必须坚持和发展新时代“枫桥经验”，融入党委政府领导的社会治理体系。市高院升级建成“上海法院一站式多元解纷平台”，全面建设线上一站式多元解纷机制，形成“网上枫桥经

验”，积极推进诉源治理，参与打造共建共治共享社会治理新格局。

二、基本做法

（一）加强先行调解工作探索，完善诉源治理建设机制

认真贯彻落实中央关于“探索先行调解的案件类型，推动有条件的基层法院对家事纠纷、相邻关系纠纷、小额债务纠纷、劳动纠纷、消费者权益纠纷、交通事故纠纷等适宜调解的案件进行调解程序前置的探索”的精神，2020 年 7 月，市高院联合上海市司法局（以下简称市司法局）出台《关于探索先行调解推进诉源治理工作的意见》。一是主动融入党委政府领导的诉源治理机制建设，将万人起诉率等指标纳入平安建设考核。二是全市法院在诉讼服务中心设置“非诉调解窗口”，加强非诉讼纠纷解决机制的宣传，对适宜调解的纠纷，引导当事人优先选择调解组织先行调解。三是对先行调解案件做到线上受理、线上调解、线上确认，努力打造全线上“先行调解、诉讼对接”新模式。

（二）加强诉调对接机构建设，完善诉调一体对接机制

一是统一设立诉调对接中心。按照法院内设机构改革要求，全市三级法院在立案庭统一设立诉调对接中心，基层法院还在各街镇设立诉调对接分中心，形成横向到边、纵向到底的“市—区—街镇”三级平台网络，对诉至法院的纠纷进行适当分流，对适宜调解的纠纷引导当事人选择非诉讼方式解决，同时开展委派调解、委托调解、指导调解，办理司法确认等工作。二是设立行政争议调处中心。市高院、市中院及行政案件集中管辖基层法院全部完成行政争议调处中心设立工作，为深入推进行政争议实质性解决提供平台保障，最大程度地将行政争议解决在基层，主动做好与党委政府化解矛盾纠纷工作对接。此外，市一、二、三中院还和市司法局共同设立行政争议多元调解联合中心，整合法院诉调对接、司法行政机关非诉调解等多方力量，创新多元化纠纷解决机制。三是完善诉调一体对接机制。市高院先后与上海市人力资源和社会保障局、市司法局、知识产权局、文化和旅游局、总工会、消保委、市妇联等部门建立家事纠纷、劳动争议、消费纠纷、医患纠纷、知识产权纠纷、旅游纠纷等诉调对接工作机制，与市商事贸易促进会、市工商联、市台办、市侨办建

立商事纠纷诉调对接机制，与中国人民银行上海总部、中国银保监会上海监管局建立金融消费纠纷、保险纠纷诉调对接机制。

（三）加强多元解纷平台升级，完善线上多元解纷机制

2019 年 11 月，市高院升级建成“上海法院一站式多元解纷平台”，全力打造线上一站式多元解纷机制。一是平台全贯通，解纷流程“无纸化”。升级后的上海法院一站式多元解纷平台对上与最高人民法院统建“人民法院调解平台”、对内与上海法院立案、审判、执行、信访等系统全面贯通，对外与市司法局“智慧调解平台”以及行业调解组织平台互联互通，囊括全市 6472 家人民调解组织和部分行业调解、商事调解等调解组织，实现全业务全流程线上一站式“无纸化”办理和反馈。二是功能全升级，矛盾化解“多元化”。平台集在线解纷辅导、在线申请调解、在线起诉立案、在线委派调解、在线委托调解、在线执行和解、在线信访化解、在线音视频调解、在线指导调解、在线司法确认、调解转诉讼自动立案、电子送达、智能推送、智能问答等多种服务功能于一体，努力打造成上海法院的“一网通办”，为人民群众提供多途径、多层次、多种类的纠纷解决服务。三是信息全公开，公平正义“可视化”。平台将全部调解组织的成立时间、业务范围等基本信息，以及调解组织所属调解员姓名、头像、擅长调解的纠纷领域等基本信息向当事人全部公开，方便当事人查阅和选择。此外，平台还通过“12368 短信”、查看“我的调解”等形式向当事人公开案件信息，让当事人实时知晓案件调解进度和过程信息，让公平正义“可视化”。

三、主要成效

2019 年至 2020 年 7 月，全市法院诉调对接中心共受理各类纠纷 45.95 万件，通过多元解纷机制调解成功 10.38 万件，准予司法确认 1.21 万件，全市法院约 1/3 的纠纷在诉前得到了化解。2019 年 11 月 25 日，上海法院一站式多元解纷平台升级开通以来，全市法院通过平台在线委派委托调解案件 4.55万件，各类调解组织接受委派委托调解成功 1.69 万件，调解成功率达 37.18%。此外，当事人通过平台直接向各类调解组织在线申请调解 3367

件，较好地坚持了“把非诉讼纠纷解决机制挺在前面”，在诉前分流了纠纷，减少了诉讼增量，切实推动了诉源治理建设，有力地参与打造了共建、共治、共享社会治理新格局。

四、推广价值

在中央部署打造共建、共治、共享社会治理新格局和最高人民法院在全国法院部署推进一站式多元解纷机制建设过程中，市高院顺势而上，积极作为，全面建设上海法院一站式多元解纷机制，参与打造共建共治共享社会治理新格局，取得了明显成效，形成了“调解先行、诉讼对接”的“网上枫桥经验”。上述三方面做法都具有很好的借鉴意义，具有很好的推广价值，尤其是在多元解纷平台还设置“当事人直接申请调解”功能、引入“智能合约”对调解不成案件转诉讼实现自动立案，将法院结案后上网公开的裁判文书自动推送给调解员学习等理念和技术更具有直接推广运用的价值。

4. 赋权于民，打通老城厢公房小区治理任督二脉

（申报单位：黄浦区老西门街道党工委、办事处）

一、背景介绍

黄浦区老西门街道地处上海中心城区。作为典型的老城厢地区，共有公房小区20余个，占整个街道住房面积的一半左右。这些小区相当一部分居民是公房承租人，基本设施老旧破损、公房私房交错混杂、居住群体类型复杂、物业服务保障较低、居民诉求渠道不畅。产生这些瓶颈问题主要在于：一是公房居民仅对房屋享有居住权、转租权，没有所有权，无法套用商品房小区“业主大会”“业主委员会”等模式，直接参与物业管理及其他社区公共事务治理等事项，导致居民主体意识较为薄弱；二是公房所有权人（管理方）仅通过收取低廉租金来维持基本服务保障，并不具备全面参与社区治理的基础和条件。

对此，老西门街道立足老城厢地区公房小区综合治理现状，借助律师事务所的专业力量，依据《民法总则》（已失效）、《物业管理条例》、《上海市房屋租赁条例》（已失效）等，成立了具有老城厢社区治理特色的“公房小区治理联盟”。由公房所有权人将管理权部分让渡给公房小区承租人，赋予承租人更多管理参与权，引导承租人从社区治理的“旁观者”变为“参与者”“监督者”，推动实现社区治理法治化、制度化、规范化，构建起富有老城厢特色的共建、共治、共享的社区治理新格局。

二、主要做法

老西门街道“公房小区治理联盟”模式，始终坚持法治思维、依法治理，通

过建立制度“样本”并严格执行,有力提升社区治理效能。

一是建章立制,确定规则和依据。以《宪法》《民法总则》《上海市房屋租赁条例》等相关法律法规为依据,制定出台老西门街道公房小区《联盟章程》,明确性质、目的、主要任务、组织机构等。指导试点小区参照公司发起人制度,制定各自的治理章程、议事规则。其中,治理章程明确各权益主体的权责关系;议事规则则规定议事大会和执行委员会的运作规则,确保民主协商的程序合法。

二是加强调研,整合问题和资源。社区需求调查是开展社区治理的前提。老西门街道梳理和挖掘老城厢“熟人社会”的优势资源,并会同社区骨干、楼组长、社区积极分子、居民代表、社区志愿者等,深入了解居民的共同需求和普遍问题,确定公房小区居民最迫切需要解决的治理难题,形成任务清单。

三是严格执行,促进改善和提升。在调研梳理居民需求和社区资源的基础上,以“公房小区治理联盟”为平台和载体,加强社区治理项目的系统设计和推进,开展了垃圾分类起航行动、废旧自行车公益兑换、“新邻里公约”征集、“弄堂运动会”等一系列社区活动,并积极实施微改造、微更新项目,改善小区硬件设施,小区环境得以极大改善和提升。

与以往社区治理模式相比,“公房小区治理联盟”模式凸显出独有的特征:

在理念上提出了由公房所有权人将管理权利部分让渡给小区居民,由公房所有权人作为发起人,邀请公房承租人共同参与小区物业管理和其他公共事务治理事项。从权利配置看,议事大会表决规则引用商品房小区的表决规则,实行“双过半”制度(涉及小区全体住户的公共事项,须经公房承租户和私房所有人总数过半数同意;仅涉及私房范围内有关事项,须经私房总建筑面积半数以上,产权人总数半数以上业主同意),从而有效体现多数居民意愿。

在架构上建立起议事大会、执行委员会、纠纷调处委员会和党建联络员4个模块,配套制定了章程和议事规则。议事大会由公房所有权人、公房承租人和私房所有权人组成，代表和维护全体居民的合法权益，主要承担作出各项决定、制定修改各项规章制度、选举罢免执委会委员等职能；执行委员会由议事大会选举产生，负责具体执行事宜；纠纷调处委员会，在司法所和居委会人民调解委员会的指导下，主要负责受理相邻、物业等纠纷；党建联络员由居民区党总支派驻，参与相关工作。

在运作上实现了以执委会（功能上具有“类业委会”性质）为主体，牵头负责议题产生和项目的推进。作为常设的自治机构，涉及小区管理的重大问题，都可以由执委会听取居民意见发起议事大会进行表决，由公房所有权人负责实施。

三、工作成效

一是强化了法治意识。通过直接赋权、赋责于执委会，组织居民与公房所有权人、社区组织一并协商小区管理问题，唤醒居民主动参与小区管理的意识。同时，居民能够按照规则和程序，共同决议与自己生活息息相关的权利，并让一切在阳光下有序运行，是运用法治思维和法治方式进行社区治理的成功探索。例如，在“新邻里公约”制定过程中，居民们首次享有参与社区规划和设计的权利，也在一定程度上履行了作为小区治理主体的应尽义务，实现了民主协商、有序参与、权责一致，让公约在很大程度上发挥了“软法”的作用，进一步强化了居民的法治意识。

二是完善了体制机制。“公房小区治理联盟”在体制上直接对接老西门街道社区运行管控三级管理体系，有利于街道和相关部门及时提供支持；在机制上除章程、议事规则外，还建立了接待、例会、议题产生等一系列运作制度，确保规范、有效运作。由此，街道、居委会更多地向倡导者、搭台者的角色转变，从而实现从单向政府管理向多元社会主体协同治理转变、从主要依靠行政管理向综合施策依法治理转变。

三是形成了共治合力。在老西门街道党工委的领导统筹下，“公房小区治理联盟”通过法治赋权居民开展自我管理、自我服务、自我教育，也充分实现了居民自治。同时，通过发起“新邻里公约”，评选优秀青少年志愿者、“小区达人”等活动，强化道德及规范约束，充分发挥德治作用，构建起党建引领下法治、自治、德治相融合的共治新模式。

四是提高了治理成效。执委会把推动小区居民普遍关心的老大难问题的落地与实施列入任务清单，有效解决不文明养宠、破坏公共绿化、非机动车乱停放、晾衣架不足等矛盾纠纷的及时有效化解。尤其在垃圾分类治理中，有的公房小区场地狭窄，个别垃圾桶设置点紧挨居民窗户，引起强烈反对。经过联盟下属纠纷调委会调解，通过采取定时投放、及时清扫等方式，打消了居民顾虑，获得了居民支持。从行为、意识、情感等多重维度进行社区动员和社区干预，大大增强了居民的公共意识、责任意识，加强了居民对社区的归属感和认同感，提升了居民的获得感和满足感，也有效维护了社区的和谐稳定。

四、推广价值

“公房小区治理联盟”的核心理念就是在党建引领下，通过法治先行、明晰权责、共同参与，有效破解房屋所有权人较少参与公房小区治理、街道组织开展公房小区治理无法在法理上对居民产生约束力，以及公房小区环境得不到改善等诸多困境。目前，老西门街道已经在小西门社区、龙门村、普育里、景德里、安澜、陆兴6个公房小区广泛推广该治理模式。该模式是突破老旧公房小区传统管理模式的改革之举，是创新基层社会治理的大胆探索，形成了具有海派特色的老城厢公房小区治理可借鉴、可复制、可推广的新样本，被当时的《法制日报》《新民晚报》《青年报》及“法治黄浦”微信公众号等全国和上海媒体广泛报道。

5. 共用“一把尺”，实现长三角环境行政处罚裁量基准一体化

（申报单位：市生态环境局）

一、背景缘由

生态环境行政处罚裁量权是生态环境执法部门在行政处罚中的一项重要权力，其行使对当事人有着直接重大的影响。由于行政区划、各地的产业结构和经济发展水平等情况的不同，长三角区域三省一市的生态环境行政处罚裁量的模式、幅度、因素等存在明显的地域性差异，相同的环境违法行为在不同地方会出现不同的处罚结果，造成了长三角区域内生态环境行政处罚力度的不平衡，在着力推进长三角高质量一体化发展的过程中不利于形成公正、公平的营商环境和一致的生态环境保护监管执法力度。随着长三角区域一体化工作的推进，长三角区域及长三角生态绿色发展示范区生态环境执法统一的目标和要求越来越明确。为了打造长三角更加公正、公平的生态环境执法环境，上海市生态环境局会同江苏、浙江、安徽生态环境厅开展了统一长三角区域生态环境行政处罚裁量基准工作。

二、基本做法

1. 高度重视，创新工作机制。2019 年印发的《长江三角洲区域一体化发展规划纲要》《长三角生态绿色一体化发展示范区总体方案》明确要求推动长三角执法统一。长三角三省一市生态环境部门一致认为处罚裁量一体化是区域执法统一的关键。为此，2019 年年底，在生态环境部的指导下，三省一

市生态环境厅(局)成立了以上海市生态环境局牵头的联合专项工作组，形成国家指导、地方主导、区域协作的工作机制，全力推动长三角区域生态环境处罚裁量基准统一工作。

2. 强化调研，听取多方意见。三省一市生态环境厅(局)专项工作组做了大量的会商研讨工作。一是打好基础，对国家和地方法律内容作了全面梳理。梳理国家层面法律法规规章共70部，法律责任条款217项。梳理省级层面法规规章共41部，法律责任条款165项。其中上海9部，法律责任条款79项；江苏14部，法律责任条款88项；浙江11部，法律责任条款44项；安徽7部，法律责任条款54项。二是开展实证分析，求大同存小异。选取了三省一市437个处罚案例进行实证分析，进行概率分布统计分析，验证合理性。在对行政处罚案件分析的基础上形成了23张统一的常见环境违法处罚裁量表；同时，充分兼顾各地经济发展水平、产业及规模等实际情况，研究提出各省市的专用裁量表共13张，其中上海新增6张，浙江新增2张，江苏新增2张，安徽新增3张。三是集思广益，充分听取意见建议。为了确保科学性、合理性并体现区域特点，邀请各类执法人员和专家参与修订工作，采用层次分析法等进行裁量因素因子权重分析，并广泛听取了社会各方的意见。

3. 积极探索，畅通合作路径。跨省(市)统一行政处罚自由裁量基准并无先例。三省一市生态环境厅(局)经协商后决定采取先签署备忘录，再按照备忘录确定的统一裁量基准模板内容各自发布规范性文件，实现同步发布、同步实施和保持核心内容一致，达到长三角区域生态环境行政处罚裁量基准规定实质上的统一。2020年6月6日，三省一市生态环境厅(局)共同签署了《协同推进长三角区域生态环境行政处罚裁量基准一体化工作备忘录》，用于指导三省一市生态环境行政处罚裁量基准工作的开展。2020年7月底，三省一市按照上述备忘录的要求相继出台生态环境行政处罚裁量基准规范性文件，并规定同步于2020年9月1日起实施。至此，长三角区域环境行政处罚裁量基准一体化工作圆满完成。

三、主要成效

一是目标一致，实现“三同步”。统一后的长三角区域环境行政处罚裁量基准,实现了三省一市共同开展裁量基准的制修订工作,做到目标一致;同步开展规范性文件制定并同步发布实施,做到步调一致;统一了裁量基准规定,做到实质内容一致,包括裁量原则、裁量基准模式(百分比模式)、裁量因素、裁量幅度、裁量情形、主要裁量表种类等完全保持一致。真正做到同步制定、同步发布、同步实施,实现了在长三角区域内同一类型生态环境违法行为用"一把尺"的标准来开展生态环境执法监管。

二是打破壁垒,发挥示范引领作用。根据长三角生态绿色一体化发展示范区先行先试的要求,率先探索示范区生态绿色一体化发展制度创新,制定统一的生态环境行政执法规范,在示范区打破行政壁垒,执行统一的裁量表,先行实现示范区内裁量基准一体化,切实发挥示范引领作用。

四、推广价值

长三角区域生态环境行政处罚裁量基准规定的顺利推进,是三省一市生态环境部门坚决贯彻落实习近平总书记关于推动长三角区域实现高质量一体化发展的重要指示批示精神的具体行动,有利于营造区域内可预期的环境执法监管环境,便于企业在区域内开展生产、投资等经营活动时作出合理的决策,防止行政区域之间的污染转移。

随着长三角一体化工作的深入开展和全方位合作,在长三角区域层面环境标准、监测和执法统一将深入推进。三省一市生态环境厅(局)将以建立统一的生态环境行政处罚裁量标准为契机,不断推动形成统一规范的长三角区域生态环境执法监督体系,全面提升长三角区域生态环境治理能力现代化水平,为国家环境治理体系和治理能力现代化建设探索新路、积累经验、提供借鉴,为区域一体化建设和治理提供样本、经验、方案。

6. 张江药谷率先试行生物制药合同生产创新模式，积极推动药品上市许可持有人制度入法落地

（申报单位：浦东新区科学技术协会）

一、背景缘由

长期以来，相关法规的滞后束缚了我国生物医药的产业化、规模化发展，为打破这一困境，张江科学城的管理者勇于改革，大胆创新，积极支持德国制药巨头勃林格殷格翰开展生物医药合同生产试点，打造跨国药企在中国的第一个具有国际标准的生物制药基地，探索推行我国生物医药 CMO 创新模式，为《药品管理法》修法、推动药品上市许可持有人制度入法提供了成功的试点经验。2019 年修订的《药品管理法》获得全国人大常委会通过，“药品上市许可持有人”正式落地，创新药物 CMO 商业模式得到认可。这一项全国通行制度的建立将对未来的医药行业、药品的管理产生深远影响，可以促进更多创新药物的临床研究与上市量产，造福中国和全球更多的患者。

二、基本做法

（一）坚持问题导向，在为药企服务过程中积极发现问题、主动寻求突破

张江科学城秉持“为企业和政府搭建稳固的桥梁，让企业少走弯路”的工作理念，坚持数年如一日，推动多项体制机制的创新突破。多年前，小组成员在走访药企调查创新药物产业化难题时发现，生物制药合同生产的创新模式可以成为加快生物制药技术研发和转化的“关键撬动点”。这一发现，与勃林格殷格翰公司不谋而合。经过三年的谈判和推进，2015 年 8 月张江生物医药

基地开发有限公司将根据国际化标准要求量身定制的生物制药生产制造大楼交付给勃林格殷格翰。该大楼的交接标志着勃林格殷格翰中国生物制药基地建设有了新进展。作为跨国药企在华建立的第一个符合国际标准的生物制药基地，一期投入超过7000万欧元，是当时上海规模最大、最先进的生物制药基地。借助世界一流的生物制药和合同生产平台，中国药企可加速进入欧美市场，中国生物制药产业的核心竞争力将得到进一步加强。

（二）坚持运用法治思维和法治方式，积极推进上市许可持有人制度入法

早在2013年张江打算试水生物制药合同生产创新模式时，遇到的第一个难题就是相关法律法规的空白和政策约束：按照国内的现行法规，药品上市许可与生产许可采取“捆绑”管理模式——药品批准文号只颁发给具有药品生产许可证的生产企业。张江集聚的近300家生物医药企业90%以上都是以新药研发为主的创新型企业，没有条件和能力为每一种新药都去建生产线，只能选择将研发成果廉价卖掉。根据国际通用的药品上市许可持有人制度，药品可以委托生产。如果能将这项制度引入我国，将推动张江生物医药产业迈出重要一步。于是，张江主动争取上级政府部门的支持，从上到下都铆足劲积极推进药品上市许可持有人制度入法落地。2013年该试点就被列入浦东新区综合配套改革重点项目，上海市科委和当时的市食药监局、浦东新区科委、张江管理局、张江集团等纷纷就这一试点课题展开研究。2014年，张江邀请园区企业多次召开了“CMO企业座谈会”，深入推进CMO代工模式试点。2015年11月，上海市人民政府发布了《关于加快推进中国（上海）自由贸易试验区和上海张江国家自主创新示范区联动发展的实施方案》，将药品上市许可持有人制度试点列入10项重点创新试点之一。当时的市食药监局先将这一制度的试点申请上报给上海市政府，市政府又上报到国家药监局，再报到国务院、全国人大进行申请。同时，我国药品医疗器械审批制度改革也已取得重大进展，2015年11月全国人大常委会审议通过，授权国务院在北京、上海等10个省、直辖市开展药品上市许可持有人制度试点，药品上市许可持有人制度拉开帷幕。自此，张江药谷放开手脚大力推进药品上市许可持有人制度（MAH）和CMO代工模式试点。2016年3月浦东迎来生物医药

代工试点“第一单”：由勃林格殷格翰为张江生物医药创新企业提供抗体工艺优化及生产制造服务。

（三）坚持国际先进标准，为《药品管理法》修法提供可靠、宝贵的试点经验

为了确保生物制药合同生产试点圆满成功，推动药品上市许可持有人制度通过修法顺利纳入《药品管理法》，张江携手试点企业勃林格殷格翰公司等单位抓紧开展药品上市许可持有人制度和CMO代工模式试点的软件和硬件建设。一是在当时的市食药监局的牵头下，成立了以张江生物医药企业为主的新药创制联盟，商量试点落地的每一个具体细节，起草了很多法律文本、配套措施等，形成了一整套比较完整的配套文件。张江药谷还深入企业听取意见，吸纳建议，为创新药物生产试点制定了风险控制、质量管理、风险救济等一系列规章制度。二是对标国际先进水平，打造一个从设计、建设到运营体系都符合当前国际最高标准，具备向世界各个国家和地区进行生物药物市场供应的资质与能力的生物制药基地。勃林格殷格翰在一期投入7000万欧元的基础上继续投入超过1亿欧元的资金，斥巨资大量引入与国际接轨的专业设备、工艺、技术和标准，用于中国生物制药基地的建设和运营。

三、主要成效

（一）有力地提升了张江药谷的核心竞争力，推动了上海科创中心建设

经过近四年的坚持和努力，我国第一个具有国际标准的生物制药基地终于在张江正式启用。勃林格殷格翰世界一流的生物制药和合同生产平台，其先进的全球网络与高质量的管理体系，有助于中国药企及创新药物加速进入国际市场，有利于提升中国药企的核心竞争力，推动中国生物医药产业结构整体升级。同时，由于张江敢为人先，勇于创新，成为新制度、新技术、新模式的先行先试地，凭借着生物医药制造高地以及“更低的创新成本”，吸引了更多的国际国内创新药企集聚和“回流”，有力地推动了具有国际影响力的上海科创中心的建设。

（二）有力地推进了我国药品医疗器械审批制度的深化改革，实现了药品上市许可持有人制度落地

勃林格殷格翰生物制药合同生产平台的建成以及 2016 年 3 月浦东迎来生物医药代工试点“第一单”新型生物医药的试点生产成功，为实行药品上市许可持有人制度提供了可靠、宝贵的试点经验。随着张江与勃林格殷格翰公司以及各地试点工作陆续取得成功，药品上市许可持有人制度被正式纳入《药品管理法》，将对我国药品研发生产的创新发展起着重要推动作用。药品上市许可持有人制度建立是一个以实践为导向、逐步推进的过程，张江和勃林格殷格翰为此作出了突出的、不可替代的重要贡献。

四、推广价值

1. 为生物制药产业树立试点标杆。2017 年 5 月勃林格殷格翰中国生物制药基地在张江宣告建成，成为当年中国生物制药产业的一件大事。张江药品上市许可持有人制度试点和生物制药合同生产平台模式创新不仅为我国《药品管理法》修法提供了试点经验，也成为我国医疗医药产业深化改革的一个成功典范。就在上述试点工作推进期间，张江工作小组经过与当时的市食药监局、浦东新区市场监管局以及行业内领军企业的共同研究和推进，于 2017 年年底成功将药品上市许可持有人制度在上海市范围扩展至医疗器械注册人制度试点。

2. 为其他领域打造可借鉴样板。在张江试点成功的药品上市许可持有人制度也为其他领域的市场管理提供了可资借鉴的样板，通过这一制度可以将鼓励研发创新与加速成果转化、推动产业发展与加强市场监管、坚持中国特色与借鉴国际惯例实现和谐的统一。当前我国“新基建”热点投资中就面临着一系列法律和合规问题。“新基建”可以借鉴药品上市许可持有人制度的成功经验，以深化改革为动力，探索建立适合的监管新路子，体现创新和监管的目标一致性，为消费者提供更加安全、优质的产品和服务。

7.积极作为、主动回应，为打赢疫情防控阻击战提供有力法治保障

（申报单位：市人大常委会法制工作委员会）

为深入贯彻习近平总书记重要指示精神和中央、市委有关防控新型冠状病毒感染疫情的部署要求，市人大常委会法制工作委员会（以下简称市人大常委会法工委）在常委会领导的亲自带领下，全力推进《上海市人民代表大会常务委员会关于全力做好当前新型冠状病毒感染肺炎疫情防控工作的决定》（以下简称《疫情决定》）的立法工作，主动回应政府职能部门和基层单位在疫情防控工作中急需的法治需求，为打好疫情防控阻击战提供应急、及时、有效的法治支撑。

一、案例背景

2020年新型疫情发生后，上海市委、市政府根据《传染病防治法》《突发事件应对法》等，启动了重大突发公共卫生事件一级响应机制。为更好地以法治方式确保习近平总书记重要指示精神和中央、市委的重大决策部署落地，在法治框架下落实最严格的防控措施，动员全社会共同做好防控工作，市人大常委会法工委全力做好《疫情决定》的调研、起草和修改工作，推进及时出台《疫情决定》。

二、主要做法

（一）充分发挥人大主导作用，高效推进疫情防控立法工作

疫情就是命令，行动诠释使命。上海作为超大型城市，人员流动量大、密集度高，防输入、防传播、防扩散的任务更加突出，疫情防控工作更加艰巨，相应的法治需求也更加紧急迫切。2020年1月29日，市人大常委会召开疫情防控法治需求研判会，对疫情防控所必须采取的特殊政策及其社会管控举措综合分析，决定借鉴上海2003年抗击“非典”和世博会筹办期间的做法，主动回应疫情防控工作中急需的法治需求，为打好疫情防控阻击战提供应急、及时、有效的法治支撑。市人大常委会法工委按照“环节不能少、程序不能减，又好又快完成立法”的要求，迅速组成起草小组，立即启动疫情防控法规的起草工作，开展法规的起草修改和相关工作。1月29日下午起草组召开座谈会，邀请政府有关部门参加，研究疫情防控工作的相关立法需求；1月31日上午，市人大常委会领导带队赴市疫情防控工作领导小组办公室开展立法调研，并和起草组多次研究法规起草工作；2月2日，市人大常委会党组听取了《疫情决定》起草情况报告；2月5日，市人大常委会召开了主任会议，决定将《疫情决定》的草案提请一天后的常委会会议审议；2月7日，市第十五届人大常委会第十七次会议审议并全票通过《疫情决定》。从酝酿、起草、修改直至审议通过，仅用了短短十天，环环相扣，高效推进，为政府实行最严格疫情防控举措增加了法律供给、提供了法治保障，为企业复工复产复市、经济社会发展和市民生活提供了法治遵循。

（二）坚持运用法治思维和法治方式，提高疫情防控法治化水平

新冠疫情防控工作形势严峻复杂，对治理能力和治理水平提出了新要求。面对疫情防控中出现的新问题、新矛盾，市人大常委会法工委始终把人民群众生命安全和身体健康放在第一位，坚持运用法治思维和法治方式，针对基层和疫情防控一线单位提出的“提高疫情防控物资生产能力”“加强医疗防护物资供应保障”“加快疫情防控物资的通关和质检速度”“优化政务服务”“保障推迟复工企业和职工双方权益”等立法需求，对《疫

情决定》的条款反复打磨，重点规范上海市当时防控新冠疫情中政府相关职责、单位和个人权利义务以及应承担的法律责任；重在抓防控和抓救治并举，为道口筛查、社区管控、医疗救治等方面的防控工作提供法治支撑。两个重点、十二个条款，涵盖执法、司法、守法等各个环节，为疫情防控工作提供有力的法治保障。

（三）共同加强宣传动员，确保疫情防控法治保障工作形成合力、取得实效

疫情防控涉及每一个社会成员，《疫情决定》的实施离不开有效的社会动员。《疫情决定》通过后，市人大常委会领导多次召集会议，研究市人大常委会贯彻落实决定的有关举措，并赴基层调研检查社区防控工作以及企业复工后防控落实工作。市人大常委会法工委与相关部门同向发力、分工联动，确保疫情防控工作形成整体合力，取得实际成效。一是推动相关部门用好《疫情决定》，充分发挥《疫情决定》的法律效能。各区人大常委会依法履职，督促《疫情决定》要求在基层落地落实；市政府各有关部门主动依法以《疫情决定》为依据，出台包括切实为企业减轻负担、加大金融助企业纾困力度等 6 个方面 28 项措施；市高级人民法院和检察院相继出台贯彻实施意见；本市公安部门按照四类失信行为关联的行政处罚，在市公共信用平台上进行集中公示，彰显法规的威严。二是抓住重要环节，营造法规实施的良好社会氛围。《疫情决定》通过后，市人大常委会法工委负责同志参加市政府新闻通气会，并多次接受中央电视台、《人民日报》、上海电视台等媒体的采访，不断向社会宣传《疫情决定》的立法本意和主要内容；面对境外输入病例增多的新情况，法工委组织翻译《疫情决定》英文版、日文版等十国文字版本，送到机场、铁路等交通枢纽、口岸道口，开展广泛宣传，助力全市做好“外防输入、内防扩散”各项疫情防控工作。

三、主要成效和推广价值

疫情防控是对政府治理体系和治理能力的一次大考。上海率先在全国出台决定后，社会各方给予较高评价，兄弟省（区、市）将上海的做法迅速推

广、复制。《疫情决定》的示范意义主要有两个方面：一是《疫情决定》是地方人大常委会贯彻落实习近平总书记重要指示精神，创造性地开展立法工作，加快立法步伐，增强立法及时性、针对性、有效性的重要范例；二是《疫情决定》是在非常时期采取的非常之策，为本市运用法治思维法治理念推进疫情防控工作提供了依据，为实施疫情防控及应急处理措施提供了路径，为本市应对突发公共卫生事件提供了坚实的法治保障。

8. 上海出台全国首部专门规范民间收藏文物经营活动的省级政府规章

（申报单位：市文化和旅游局）

2019 年 12 月 25 日上海市人民政府令第 27 号公布《上海市民间收藏文物经营管理办法》,该办法自 2020 年 3 月 1 日起正式施行。这是对 2001 年出台的《上海市文物经营管理办法》(以下简称《收藏办法》)进行废旧立新,也是全国首部专门规范民间收藏文物经营活动、推动文物市场繁荣发展的省级政府规章。

一、背景缘由

上海作为全国的经济中心和东西方文化的交汇地,历来是全国文物进出境审核数量最多的口岸之一。2016 年共办理文物进出境审核 6164 组件,2017 年共办理 279 批次 6489 件,2018 年共办理 235 批次 4071 件,2019 年共办理 274 批次 7903 件。同时,随着人民生活水平的提高和文化需求的日益增长,上海民间文物收藏和交易活动呈现出空前活跃的发展态势。初步统计,截至 2020 年年底,上海有文物商店 53 家、经营文物拍卖的拍卖企业 70 家;涉及文物经营的古玩旧货市场 11 个,场内经营户 1103 家;涉及旧物、古玩(文玩)经营的互联网网站 317 个。从事民间收藏文物交易的市场主体整体数量和质量位居全国前列。2019 年,上海共举办文物艺术品拍卖会 171 场,审核文物拍卖标的 113,300 件,成交总额超过 50 亿元。

然而,在民间收藏文物经营发展得如火如荼的同时,相关的法律法规已经难以适应实践管理的需要。上海曾在 1995 年制定了《上海市文物市场管理办法》,并在 2001 年修改为《上海市文物经营管理办法》。但随着近年民间文物收藏不断升温,文物价格持续攀升,文物流通领域也随之出现一些无法可依的监管空白:夹带文物经营活动的古玩旧货市场发展迅速,游走于监管的"灰色地带";一些不法分子通过虚假鉴定、虚构拍卖等方式,骗取高额费用;网络文物交易活动日益活跃,亟待加强监管;等等。

《收藏办法》的出台,能进一步规范民间收藏文物经营活动,在促进文物市场健康有序发展的同时,助力打响"上海文化"品牌。

二、基本做法

市文化和旅游局(市文物局)从 2017 年开始启动《收藏办法》的立法调研工作,历时两年多,在深入调研和向社会公开征求意见的基础上,形成了草案,报送市司法局审核。市司法局组织听取了市政府相关部门、各区人民政府、市高院、市检察院以及部分文物商店、经营文物拍卖的拍卖企业、古玩旧货市场主办单位和相关行业组织的意见,对有关重点、难点问题组织专家论证,并赴国家文物局请示汇报(主要是古玩旧货市场内商户的文物经营资质、相关行政许可的撤销等方面的问题)。根据各方意见,经过反复修改、完善后,提请上海市政府第 74 次常务会议审议通过。

三、主要成效

《收藏办法》共 6 章 37 条,包括总则、经营主体、经营规范、服务与监管、法律责任、附则等,主要更新了以下几方面内容:一是将规章名称与适用范围限定为民间收藏文物经营管理;二是除了明确法定的文物商店和经营文物拍卖的拍卖企业两类文物经营主体外,将古玩旧货市场及其商户以及电子商务经营者一并纳入经营主体范畴;三是针对文物经营监管的重点领域和薄弱环节,明确了古玩旧货市场主办单位、电子商务平台经营者的管理责任,以及文物经营的禁止行为;四是专设服务与监管一章,对相关行政审批事项的一网通办和信息公开、建立鉴定咨询服务机制等服务和保障措施,信用管理、诫勉约谈、撤销许可等监管措施，以及相关部门之间的执法协作机制和涉案文物鉴定工作等作出了明确规定；五是在《文物保护法》《电子商务法》罚则指引条款的基础上，重点对创设的行为规范，如信息公示规定、古玩旧货市场主办单位的管理责任、有关禁止行为等，设定了相应的法律责任。

四、推广价值

（一）创新管理模式，激发市场活力

《文物保护法》规定了文物商店和文物拍卖企业两类文物经营主体，并明确除经批准的两类主体外，其他单位或者个人不得从事文物的商业经营活动。而实践中，古玩旧货市场中的商户经营文物的情况较为普遍。根据国家文物局 2012 年印发的通知要求，文物行政部门需要按照文物商店审批条件对古玩旧货市场中经营文物的商户进行审批。但由于文物商店审批条件很高，包括 5 名以上中级以上文物博物专业技术人员等要求，古玩旧货市场内的商户很难达到。因此，在古玩旧货市场内事实上存在一批未经审批而从事文物经营活动的商户，属于监管的“灰色地带”。针对这一情况，《收藏办法》规定，古玩旧货市场内的商户可以由市场主办单位统一取得文物商店设立许可，依法从事文物经营活动，明确市场主办单位管理责任等制度设计，形成政府管古玩市场、古玩市场管商户的监管模式，将古玩旧货市场内商户的文物经营活动纳入监管范围。这项举措使大量的小规模商户可以在“阳光”下合法开展文物经营活动，必将大大激发市场的活力。

（二）转变监管理念，突出服务意识

《收藏办法》从原先强调以监管为主转变为以服务社会与有效监管、改革创新与坚守底线并重的立法思路，围绕“发展繁荣市场，规范监管市场，热情服务市场”的理念，对相关行政审批事项的一网通办和信息公开等服务和保障措施作了明确规定，进一步优化了文物市场的营商环境。

（三）突破许可制度，增添监管手段

目前，法律法规未对文物商店、文物拍卖企业的行政许可证件有效期作出规定。国家文物局又废止了《文物拍卖企业资质年审管理办法》。因此，实践

中,文物部门对在经营过程中不再符合许可条件的文物经营企业缺少监管手段。《收藏办法》增设了撤销行政许可的制度,赋予上海市文物主管部门撤销不再符合相关许可条件且逾期未整改或者未整改到位的文物经营单位许可资质的权限。这在文物商店、文物拍卖企业行政许可制度方面也是一种突破。

(四)延伸主体范畴,线上线下一致

随着电子商务的迅猛发展,通过自建网站、电子商务平台或者其他网络服务从事文物经营活动的电子商务经营者越来越多,市场交易额越来越大,为了保持线上线下监管要求的一致性,《收藏办法》根据《电子商务法》的有关规定,对这类经营主体的文物经营资质要求和经营者的管理责任作出了明确规定。

(五)扩大涉案鉴定,刑事行政同步

文物经营活动监管涉及市场监管、商务、公安、海关以及文旅局执法总队等较多部门和单位。最高人民法院、最高人民检察院、国家文物局等联合印发的《涉案文物鉴定评估管理办法》只规定了对"文物犯罪刑事案件涉及的文物"的鉴定,未包括行政执法案件中涉案文物的鉴定。这是对文物经营活动较少开展行政执法活动的重要原因。为解决此问题,《收藏办法》明确,行政管理部门开展文物经营执法活动,可以委托国家文物局认定的鉴定机构进行鉴定,从而将涉案文物鉴定范围扩大至行政执法案件。这是重要的创新举措。同时,对相关部门之间的执法协作机制和涉案文物鉴定工作作出了明确规定,保障相关行政执法活动的顺利开展。

(六)创设行为规范,保障市民权益

为应对文物市场存在的乱象,《收藏办法》创设了一系列行为规范,如要求文物经营单位公示相关证照,增加了古玩旧货市场主办单位的管理责任,禁止冒充文物进行销售,禁止通过虚构拍卖、虚假鉴定等骗取文物鉴定、展览、服务等费用,禁止通过虚假宣传误导文物购买者等,并设定了相应的法律责任,有效保障了市民的合法权益。

(七)开展公益鉴定,建立长效机制

针对社会对民间收藏文物鉴定有很大需求的实际,《收藏办法》明确要求建立民间收藏文物鉴定咨询服务机制。上海从2017年开始,通过政府购买服务等方式，先后组织上海文物商店、朵云轩集团、上海市收藏协会和上海市文物保护研究中心四家单位，面向社会开展常态化民间收藏文物免费鉴定咨询服务试点工作。同时，市文化和旅游局（市文物局）及时总结经验做法，制定了《上海市民间收藏文物鉴定咨询推荐单位工作规程》，形成了较完善的民间收藏文物鉴定咨询制度。截至目前，四家推荐单位已累计接待文物收藏爱好者 2 万余人次，无偿鉴定文物藏品 6 万余件，受到群众普遍欢迎和社会舆论广泛好评。该服务模式的建立，有效遏制了借文物鉴定名义实施诈骗活动等市场乱象，既保障了文物收藏爱好者的正当权益，又增强了人民群众依法收藏文物的意识。国家文物局对上海的此项工作予以充分肯定，并专门印发通知要求各省、自治区、直辖市参考借鉴“上海模式”。

（八）优化人才评定，加强队伍建设

企业要发展，人才是根本。在申请文物经营资质许可条件中，有一条核心要素就是文物拍卖企业需要有 5 名以上文博系列高级职称的专业人员，文物商店需要有 5 名以上文博系列中级职称的专业人员。而这些专业人员主要集中在相关文博单位，这是长期以来困扰文物经营单位的难题。为此，《收藏办法》首次提出支持文物经营单位的专业技术人员参加文物博物系列职称评定，并建立文物鉴定人才培养基地，开展专业知识和技能培训等，为促进文物经营单位高质量发展提供强有力的人才队伍支撑。

（九）成立行业协会，倡导行业自律

上海各文物拍卖企业、文物商店、古玩市场规模大小、内容特点、发展水平都不尽相同，为了促进全市文物经营单位的共同发展和健康发展，2019 年 5 月，经上海市民政局批准，上海市社会文物行业协会正式成立，这是国内首个面向文物经营行业的地区性行业组织。《收藏办法》要求社会文物行业组织加强行业自律，制定行业管理规范，开展行业诚信体系建设，指导、督促会员依法开展文物经营活动，促进行业公平竞争和健康有序发展。通过行业组织引领、带动全市的文物经营单位以更加包容开放的胸襟和诚实守信的精神参与市场竞争，使文物市场健康有序、充满生机。

9. “知本”变资本，助力中小科企融资抗疫，浦东科创集团知产证券化项目发行

（申报单位：上海浦东科创集团有限公司）

一、背景缘由

我国已进入知识经济时代,科技是第一生产力。参考欧美、日本等科技企业融资经验,知识产权融资是科技型中小企业初创期融资的重要方式。特别是进入知识经济时代以来,无形资产(主要是知识产权)在企业资产价值中的比重在近 20 年中从 20% 上升到 70% 左右,知识资产逐渐取代传统的实物资产而成为企业核心竞争力所在。

2017 年 9 月 15 日,国务院印发《国家技术转移体系建设方案》,强调国家和地方需要引导社会资本加大对技术转移早期项目和科技型中小微企业的投融资支持,提出开展知识产权证券化融资试点;2018 年 11 月印发的《国务院关于支持自由贸易试验区深化改革创新若干措施的通知》,在推动金融创新服务实体经济方面,明确提出了“支持在有条件的自贸试验区开展知识产权证券化试点”。

以上述政策为背景,以强大的科技生产力为基础,上海浦东新区围绕知识产权综合改革,打造“科技创新中心”的目标,力图把知识产权战略贯穿上海科技创新中心建设的全过程。

为进一步推进制度创新,服务科创企业发展,根据区委区政府的要求,在新区知识产权局和国资委的支持下,浦东科创集团积极落实开展进行知识产权证券化项目。

二、基本做法

知识产权证券化项目由浦东科创集团旗下的上海浦创龙科融资租赁有限公司(以下简称龙科租赁)作为原始权益人,以独特资产构建方式将分散的知识产权打包融资;由浦东科创集团旗下的上海浦东科技融资担保有限公司(以下简称浦东科技担保)作为资产服务机构;浦东科创集团作为差额支付承诺人,以自身信用作为支撑,实现了强信用的跨主体转移;华泰联合证券依托于自身深厚的资本市场经验,协助浦东科创集团体系齐头推进,搭建了连通“知识”与“资本”的桥梁,为资产证券化未来的发展提供了思路与经验。

浦东科创集团合规法务部与外部律师事务所积极配合,对本项目整体方案设计、交易环节开展审慎性法律风险防控,并通过研究相关法律法规及监管政策,对项目的整体操作流程进行多次讨论分析,制定出可行性方案;并对第一次、第二次专利独占许可合同以及补充协议等条款进行讨论修改、审核,设定风险保障措施,确保该项目顺利推进的同时,也保证其实施的合法合规性。

本项目在业务流程上,主要分为以下几个步骤:

1. 由浦东科技担保提供潜在客户名单及知识产权清单,同步筛选合适的专利权人作为业务开展对象;

2. 浦东科技担保与龙科租赁各自完成对专利权人及知识产权的尽调及内部审核流程;

3. 完成两次许可合同、质押合同、担保合同的签署;

4. 办理知识产权的许可登记和质押;

5. 由龙科租赁履行第一次许可协议项下的付款义务,一次性向专利权人支付专利独占许可使用费;

6. 基础资产形成后,龙科租赁进入存续期管理的阶段。

三、主要成效

2019 年 12 月 31 日,浦东科创 1 ~ 10 期知识产权资产支持专项计划(10

亿元储架）获得上交所审批通过。

2020 年 3 月 3 日，在上海证券交易所、浦东新区知识产权局和国资委的大力支持下，由浦东科创集团作为主发起人的浦东科创 1 期知识产权资产支持专项计划（疫情防控 abs）完成了首期发行，优先级发行利率 3.59%，储架规模 10 亿元。此次项目入池的基础资产基于 9 家高新技术企业合计 60 个授权的发明或实用新型专利。这些高新技术企业覆盖了生物医药、高端制造、电子设备以及电信服务等行业。

本项目是国内第一单专注于中小企业、以发明专利为权益的知识产权证券化产品，也是在高新技术企业政策支持下，知识产权融资在资产证券化领域的有效实践，为需要大量研发投入的中小企业等提供了创新性的融资渠道。同时本项目作为疫情防控专项资产证券化产品，为本次新冠疫情的防控贡献了新力量。其中，有 3 家企业为疫情防控与一线救治提供了支持，分别为上海米健信息技术有限公司（以下简称米健信息）、和元生物技术（上海）股份有限公司（以下简称和元生物）和上海派森诺生物科技股份有限公司，通过整合医疗信息系统运用到重点医院的急诊、ICU 等科室并参与地方“小汤山”建设迅速研发核酸检测试剂盒，或参与研制新冠病毒的疫苗产品。

本项目以较低的融资成本助力高新技术企业发展，突破中小企业传统的融资渠道和方式，将难以估值、难以流通的专利转化为融资的有力工具，为科技创新企业铺建了一条可复制易推广的融资新道路，具有里程碑意义：

1. 拓宽了融资渠道。知识产权融资是对原融资渠道的拓展，知识产权证券化又是对传统知识产权担保贷款的拓展，在知识产权质押贷款中，知识产权的贷款与价值比一般低于 65%，而知识产权证券化的融资额能达到其价值的 75%，如和元生物虽然处于研发阶段，可以通过此项目获得融资。

2. 降低了融资成本。此产品发行利率 3.59%。通过知识产权证券化所发行的产品的票面利率通常能比向银行等金融机构支付的知识产权担保贷款利率低 30%，大大降低了融资成本。

3. 为企业实现知识产权的高效利用和保护提供了创新性的解决方案。例如，米健信息是一家上市公司的子公司，通过参与此项目，米健信息不仅获得了融资,其知识产权的价值也得到了市场的认可。

四、推广价值

此项目有三项重要创新:(1)首创以发明专利独占许可费为基础,面向以专利为核心资产的科技企业,构建基础资产规模;(2)在项目规模方面,首创储架发行模式,一次审批,根据需要多次发行,可灵活掌握发行节奏;(3)采用信用增级降低发行成本,浦东科创集团作为差额支付承诺人,以自身信用为支撑,实现强信用的跨主体转移。

知识产权证券化模式的意义在于,让企业从"单打独斗"找融资,变成了国资机构背书服务、"整体打包"获贷款的模式,该模式具有可复制性和借鉴意义,并获《人民日报》、新浪财经、浦东新区人民政府网等媒体点赞报道。

10. 上海金融法院首创大宗股票司法协助执行方式，探索处置上市公司股票新路径

（申报单位：上海金融法院）

为切实解决金融案件执行中上市公司大宗股票司法强制处置难题，维护证券市场稳定，防范金融风险，2019年11月21日，上海金融法院制定发布《上海金融法院关于执行程序中处置上市公司股票的规定（试行）》（以下简称《股票规定》）（已被修改），实行证券交易所协助下的大宗股票全新处置模式——大宗股票司法协助执行方式，在全国率先探索了人民法院处置上市公司股票的全新路径。

一、背景介绍

上海金融法院自2018年8月20日成立以来至《股票规定》发布前，共受理各类执行案件591件，其中涉及大宗股票处置的案件40余件，涉及处置股票的总市值超过80亿元，相当比例的执行案件中待处置上市股票超过了总流通股的5%，部分案件待处置上市公司股票的比例已经超过30%。在当时的上市公司股票处置模式中，金融案件执行存在以下难点：一是大宗股票自行处置因不符合监管规定难以过户成交；二是大宗股票强制卖出易影响股票价格，影响投资者和上市公司利益；三是网络司法拍卖成交率不高、效果不佳，且难以有效实施证券监管；四是法院强制处置的信息发布渠道不畅，价格发现不充分；五是缺乏统一的执行规范，处置方式选择较为随意。大宗股票的处置普遍存在成交率不高、处置价格偏低、股价大幅波动等问题，既影响了

金融执行案件的效果，如果处置不当，还有可能引发系统性金融风险。

二、基本做法

大宗股票司法协助执行方式，是指通过与证券交易所约定的信息渠道发布大宗股票司法处置公告，通过设置在证券交易所的大宗股票司法协助执行平台，完成竞买申报、竞价匹配、结果公示等询价竞买相关事项的大宗股票强制变价措施，实现司法强制力与证券市场规则的有效衔接，确保上市公司大宗股票处置的精细化、科学化和规范化，为有效破解“执行难”及有序推进科创板注册制改革提供制度保障。大宗股票司法协助执行方式创新性地提出“五大机制”和“四项规则”，确保金融案件执行的公正、高效、规范。

（一）大宗股票司法协助执行方式——“五大机制”

一是设计了证券交易所参与协助的处置机制。将场外交易纳入证券交易所协助下的统一平台处置，为证券监管部门实施监管提供及时有效全面的信息渠道。二是建立了更为专业的处置信息发布机制。借助证券交易所的信息发布渠道，可以向所有的会员、机构投资者、高净值客户直接推送股票处置信息，全面提升处置信息发布的针对性与有效性。三是创立了追求标的物价值最大化的询价竞买机制。按照价格优先——时间优先——数量优先的原则自动匹配成交，并在大宗股票司法协助执行平台公布竞买结果，符合证券资产的定价机制，确保股票的处置价格维持在合理区间。四是提供了更加便利化的在线竞买机制。上海证券交易所配合上海金融法院研发了大宗股票司法协助执行平台，上海证券交易所会员、自有或者租用交易单元的投资者可以通过配置的账户登录大宗股票司法协助执行平台或通过证券交易所指定的报盘通道提交竞买申报。五是构建了完善的当事人和竞买人权益保护机制。在敏感的股票价格机制上设计了参照大宗交易模式的涨跌停幅度限制，并对保证金退还期限、股票过户期限等作了更为严格的规定，全面保护当事人和竞买人的选择权和知情权。

（二）大宗股票司法协助执行方式——“四项规则”

一是分拆式处置规则。以处置股票的数量、性质、市场价格、持股比例等相关因素确定是否分拆处置及分拆后的最小竞买申报数量。二是价格发现规则。明确无论首次处置，还是后续处置，均以竞买日或竞拍日前 20 个交易日的收盘均价为基准，确定处置保留价，并按处置效果合理安排再次处置的降价幅度。三是封闭式竞买申报规则。明确了在竞价匹配结果确认前，保证金缴纳情况、询价竞买情况均不得公开，有效防止因竞买群体范围小可能发生的压价、串标。四是唯一有效出价规则。规定每个竞买人在竞买过程中可以多次出价，但每次股票处置的有效竞买时间内的最后一次出价为最终有效出价，进一步简化竞买匹配过程，防止争议纠纷。

三、主要成效

2019 年 12 月 12 日，金融法院启用全国首个大宗股票司法协助执行平台，首支大宗股票仅用时半个月处置成功，成交金额高达 2.7 亿余元，与市场价格基本持平。截至 2020 年 5 月底，金融法院共成功处置 4 只大宗股票，成交金额 7 亿余元。

四、推广价值

新机制的推出降低了大宗股票处置对证券市场的影响，切实保护了投资者和上市公司的合法权益，有力推进了执法统一和执行效率、效果的提升。体现了以下五方面优势：一是股票处置价值最大化。有效降低申报竞买门槛，吸引更多竞买人参与竞买申报，提升处置股票的溢价率。二是股票处置便利程度最大化。通过互联网在线完成全流程工作，在方便执行和便利竞买人的同时，保证了处置全过程的公开、公正、高效。三是股票处置效率最大化。大宗股票每次处置时间控制在一个月左右，提升了执行处置效率。四是股票处置社会效果最大化。大宗股票处置的结果不计入该股票二级市场的交易价格和交易量、竞买匹配结果公示错开二级市场的交易时间等制度设计减少了对股票二级市场的影响。五是与监管部门信息共享最大化。实现了监管措施与执行处置措施的无缝衔接，为共同防范金融风险提供了信息预警。

2021 年度

1. 上海市大力推行证明事项告知承诺制，减证便民优化营商环境

（推荐单位：市司法局；申报单位：市司法局）

一、背景缘由

推行证明事项告知承诺制，进一步“减证便民”，是党中央、国务院重大决策部署，是深入推进简政放权、放管结合、优化服务改革的重点工作，对解决申请人办事难、办事烦、多头跑、来回跑问题和优化营商环境具有重要作用。2020 年年底公布的《国务院办公厅关于全面推行证明事项和涉企经营许可事项告知承诺制的指导意见》要求各地推行证明事项告知承诺制。根据国家要求，上海市 2021 年大力推行证明事项告知承诺制工作，取得了良好成效。

二、基本做法

证明事项告知承诺制，简言之，是申请人办理行政事项时“以承诺替代证明”，行政机关依据申请人承诺办理行政事项（不再索要证明）并事中事后核查承诺的真实性、作出相应的处理。这是一种基于信用的创新管理机制，申请人无须开具证明即可快速办理事项，其实质是用政府部门多“做事”换取群众、企业少“跑腿”。

作为一种创新的行政管理方式，证明事项告知承诺制在国内缺乏成熟经验，需要在制度、机制、实践等方面进行大量探索。经过近一年的不懈努力，上海市高质量完成了年度推行任务，并探索形成了可复制、可推广的标准工

作模式。基本做法如下:

一是制定《上海市全面推行证明事项告知承诺制实施方案》,明确“做什么”。实施方案明确了本市工作目标、主要任务、组织保障等,对工作要求进行了细化、明确。同时,按照最大限度便民利民原则,尽可能扩大推行范围和适用主体范围,如将在沪外国人纳入适用范围等。

二是制订《上海市实行告知承诺制的证明事项总目录》(以下简称《总目录》),明确“做哪些”。经全面梳理、分类研究、多番商议后,本市制定了《总目录》,明确上海对72项证明事项实行告知承诺制,涉及市场监管、民政等19个系统的50类政务服务事项,并明确分批落地实施。第一批44项,2021年6月底落地;第二批17项,2021年12月底落地;第三批11项,2022年6月底落地。其中,有44项为市场主体准营需要提交的证明,占比61.1%;有14项为自然人办理执业资格需要提交的证明,占比19.4%;有4项为相关单位、机构设立登记需要提交的证明,占比5.6%;有4项为社会救助、社会保险待遇申领需要提交的证明,占比5.6%。

三是制定详细的职责分工和工作指引,明确“谁来做”“怎么做”。证明事项告知承诺制改变了行政事项办理方式,需要索证单位、出证单位、政务服务事项办理平台管理单位、信用管理单位、受理机构等充分协作配合。为破解多单位协调协作难的问题,本市证明事项告知承诺制工作牵头单位市司法局深入调研,全面摸清各类行政事项办理流程,明确各类行政事项落实证明事项告知承诺制的工作流程、具体要求及相关单位间职责分工,形成详细分工表和工作指引,指导各单位对号入座、按要求推进。

四是及时破解推进中的各类困难、问题,确保“做实、做好”。《总目录》出台后半年间,上海共组织全市相关单位培训2次、重点单位培训4次,并组织7次推进会研究解决各类重点、难点问题。在制度配套方面,明确了办事指南修改、公布的规范要求,形成告知承诺书模板供各部门参考;在核查配套方面,有力地推动出证部门给予索证部门核查支持,以“有无违法犯罪记录证明”为例,先后召开2次现场会和4次视频会协调推动,最终实现证明信息共享;在信息化配套方面,索证部门快速改造行政事项办理系统,在受理、审核环节增加证明事项告知承诺制办理通道,增设核查环节;在信用配套方面,全面推进“信用管理嵌入行政事项办理”,形成信用管理“三清单”模板,确定信用查询、承诺书公示、信用记录上传的标准要素,开发信用查询、上传专用接口,并开展基层实地检查,推动信用监管落地落实。

三、主要成效

一是大量市民和企业受益。2021 年 11 月底,《总目录》中第一、二批证明事项(共 61 项)全部落地实施,其中 17 项提前落地。据不完全统计,自 2021 年 7 月 1 日首批落地实施,至 11 月底,全市共 10.7 万余件行政事项采用证明事项告知承诺制方式办理,减少市民、企业往返出证单位开证明至少 21.4 万次;对已实施告知承诺制的证明事项,绝大多数申请人选择采用告知承诺方式办理。证明事项实施告知承诺制减少了市民往返出证单位开证明的辛苦,降低了企业办事创业的成本,使营商环境更加优化。

二是形成可复制推广的标准工作模式。在推进中,本市逐步形成了证明事项告知承诺制“4 +2”工作模式(4 个环节 +2 个步骤),即把握好制度配套、信息化配套、核查配套、信用配套 4 个环节,并完成培训、公布 2 个步骤,即可实现证明事项告知承诺制真正落地实施。经过几个月的实践验证,“4 +2”模式已成为本市推进证明事项告知承诺制的有力抓手。

三是溢出效应明显。首先,实施证明事项告知承诺制后,出证部门将证明信息直接共享给索证部门,避免了其他因素对证明的影响,保证证明信息的真实度、准确度,提升了索证部门的行业监管能力。其次,在推进证明事项告知承诺制过程中,多数部门优化改造了办事流程,有的部门(如市医保局)还实现了全程线上办理,不见面、零跑动,便民效果更加明显。再次,行政部门通过“一网通办”平台进行数据共享并生成、上传信用信息,实现了数据的集中汇聚、沉淀、使用,有利于大数据构建、分析、利用,助力城市数字化转型。最后,对已实施行政审批告知承诺的行政事项,上海在国家要求的证明事项“容缺受理”(申请人仍需要补交证明)基础上,进一步提升,实施“以承诺替代证明”(申请人无须补交证明),从而更加便民。

四、推广价值

一方面，证明事项告知承诺制推动行政管理由“申请人凭证明办事”，转变为“申请人承诺即可办事，行政机关自行核查申请人是否符合条件”，对本市减证便民优化服务、促进政务数据共享、加强行政监管协同、加快城市数字化转型、健全信用监管机制等具有重要作用，是城市治理能力提升、智慧城市建设的必然方向。

另一方面，本市首创的证明事项告知承诺制“4＋2”工作模式涵盖各类行政事项，且工作流程清晰、工作要求明确、职责划分清楚，可用于指导各类行政事项快速、规范实施证明事项告知承诺制，有助于本市进一步提升减证便民效能、优化营商环境。

2. 积极推进“一业一证”改革，探索建立改革与法治协同发展新模式

（推荐单位：浦东新区区委全面依法治区委员会办公室；
申报单位：浦东新区区委办公室）

一、背景缘由

2015 年 12 月，国务院批复《上海市开展“证照分离”改革试点总体方案》，浦东新区在全国率先开展“证照分离”改革试点，通过取消审批、审批改备案、实行告知承诺、优化准入等改革方式，最大限度地减少审批事项、优化审批流程、降低企业创新创业门槛，改革取得明显成效并已在全国复制推广。但在评估中发现，企业进入特定行业开展经营活动，往往需要办理 2 张或以上许可证，为此，浦东新区将视角从“政府侧”单个事项转向“企业侧”行业准入，把一个行业准入在政府侧涉及的多个审批事项整合为企业侧的“一张许可证”，努力从根本上破解企业“准入不准营”问题。

二、基本做法

1. 浦东新区探索了“六个一”的流程再造，即实现“一帽牵头”，一个行业由一个部门牵头建立“放管服”高效协同机制；实现“一键导航”，重构审批事项指引方式，实现企业办事导引从“模糊查找”转变为“个性定制”；实现“一单告知”，对审批条件进行标准化集成，形成一张准确、清晰、易懂的告知单；实现“一表申请”，将多张申请表合并集成为一张申请表，系统申请材料中抓取数据自动填写；实现“一标核准”，梳理整合一个行业涉及的多个审批环节，

变“串联”为“并联”;实现“一证准营”,把一个行业准入的多张许可证整合为一张行业综合许可证。

2. 注重协同高效,强化“放管服”改革系统集成。(1)强化审批监管协同联动,建立行业综合监管制度。坚持“前端放得开、后端管得住”,建立与行业综合许可相适应的行业综合监管制度。对涉及多个监管部门的行业,明确由一个部门履行综合监管牵头和风险防范兜底职责,统筹建立职责明确、分工协作的行业综合监管制度,通过更大力度、更大范围的信息共享推动部门协同和条块联动。(2)打响做优“一网通办”,营造“网购级”办事场景。在审批流程再造的基础上,强化大数据和人工智能技术应用,着力使市场主体办事感受度实现质的飞跃。建设智能化申报系统,创新审批事项指引方式,市场主体可以根据实际业务需求,个性化组合审批事项,生成定制化申报程序。持续提升用户体验,通过人脸识别技术在线远程核验法人或经办人身份信息,应用电子签名和电子印章,全面实现全程网上办理。

3. 坚持法治引领,护航改革措施有效落实。为确保“重大改革于法有据”,2019 年 7 月,浦东新区区委、区政府出台《浦东新区深化“流程再造”推进“照后减证”实施“一业一证”改革试点工作方案》。区人大常委会充分运用市人大对浦东的授权,出台了《关于进一步优化营商环境探索“一业一证”改革的决定》,对“一业一证”改革的意义和目标宗旨、行业综合许可证的性质和法律关系、改革试点部门的责任分工等作出明确规定,为复议机关和法院提供依据,有效解决了改革创新措施的合法性问题,为支撑“一业一证”改革试点先行迈出关键一步。2021 年 6 月,全国人大常委会授权上海市人大及其常委会制定浦东新区法规。浦东新区全力推动将“一业一证”有关制度设计和政策安排上升为浦东新区法规。

三、主要成效

“一业一证”改革正式启动以来,总体实现审批时限压减近 90%,申请材料压减近 70%,填表要素压减超 60%。问卷调查显示,97% 的受访者对改革非常了解和比较了解,91% 的受访企业对“一业一证”改革表示满意,93.3%

的受访企业认为改革后行业综合许可证的办理时间明显短于改革前单项许可证逐一办理的累计时间。改革得到党中央、国务院和市委、市政府高度关注。2020 年 11 月，国务院批复同意浦东新区“一业一证”总体方案，将浦东新区的自主创新上升为国家级改革试点，明确浦东新区颁发的行业综合许可证在全国范围合法有效，首批试点 31 个行业，将 25 项国家部委事权直接委托浦东新区受理、发证。2021 年 4 月，市人民政府印发文件，在全市范围推广实施“一业一证”改革。2021 年 8 月，中共中央、国务院印发实施《法治政府建设实施纲要(2021—2025 年)》，要求“积极推进‘一业一证’改革，探索实现‘一证准营’、跨地互认通用”，为深化改革进一步打开了空间、指明了方向。

四、推广价值

努力方向上，始终坚持以人民为中心，努力打破条线间、部门间、层级间壁垒，形成精准集成的服务方案。推进模式上，始终坚持改革系统集成，打造服务对象“找得到、看得懂、办得快”的全程网办系统，努力实现市场准入像“网购”一样方便。突破路径上，始终坚持改革与法治联动，把党的领导、人民群众当家做主、依法治国有机统一的制度优势，转化为地方探索改革创新的有效机制，党委调研谋划、统筹各方，人大全程参与、民主决策，政府依法行政、细化落实，确保改革在法治轨道上前进，法治在改革中与时俱进。

3. 以“数字化司法所”为载体的基层社会治理数字化转型实践

（推荐单位：长宁区委全面依法治区委员会办公室；
申报单位：长宁区北新泾街道办事处）

近年来，北新泾司法所在区司法局、街道党工委办事处的领导下，紧紧围绕中心工作，借力长宁区作为“首批全国市域社会治理现代化试点”单位和北新泾街道作为上海市首批“AI + 社区”人工智能示范应用场景之一的先发优势，持续深化数字化转型，积极打造“数字化司法所”，激发基层社会治理的“神经末梢”，努力为辖区居民提供智能、便捷、普惠的公共法律服务。

一、背景缘由

北新泾街道位于长宁区西北部，辖区内连片居民区较多，常住人口老龄化程度较高。北新泾街道属于在全市较早关注数字化治理优势和前景的街道，自 2018 年起开始积极探索如何让科技赋能基层治理和民生服务，2019 年出台了“AI + 社区”三年行动规划，着力将数字化打造成街道的特色和亮点。时任市委书记李强于 2018 年、2020 年两次到北新泾街道调研，对街道在数字化转型方面的探索予以肯定。

在街道这种数字化探索的整体氛围中，北新泾司法所立足辖区居民的实际需求，紧扣“数字化驱动、数字化赋能、数字化应用场景”方向，对司法所服务大厅、调解室、智治中心几大功能空间进行数字化升级，统筹市区、街镇及周边各类法律服务资源，打造以司法所为核心的基层法治服务枢纽，创新远程法治服务模式，提升法治服务辐射能力。

二、基本做法

2021 年，北新泾街道对标新时代司法所十二项职责，将区级“一街一品”数字化特色项目融入新时代司法所建设，探索建设以五大数字化公共法律服务项目为支撑、以“智慧公共法律服务”为目标的“数字化司法所”。

（一）数字化调解室

依托市司法局“智慧调解平台”，调解员在开展调解时能够共享全市范围内的调解员、专家和案例库，实现调解过程智能化辅助，例如，在线证据展示提交、调解笔录在线签名、调解协议书智能生成、法规案例精准推送等，数字化调解室支持全线上或线上线下同步调解的各种调解方式，当事人可以通过微信小程序中调解员创建的“线上调解室”，实现“同案同调”。

（二）多功能公共法律服务舱

针对北新泾老龄化情况严重，老人信息较为闭塞、行动不便，相关法律需求得不到及时有效满足的特殊区域情况，司法所引进“多功能公共法律服务舱”，布设于北新泾司法所 24 小时自助服务区域内，全天候为周围居民提供多项公共法律服务，可实现律师对在押人员的远程会见，并在司法所与“智慧公证”系统对接的基础上，提供“驾驶证公证”“无违法犯罪记录证明”等多项公证的远程在线办理。

（三）法宣一键通

对司法所大厅和村居、商务楼宇现有的电子设备和投放载体进行更新和升级，配置法宣融平台终端。辖区内所有村居都将通过终端接入司法所的智治中心平台，各居委会可以收看和共享经整合和精选后的各级各类优秀法宣融媒体资源。例如，市律师协会提供的老百姓最喜闻乐见的“抖出民法典短视频”系列资源内容，实现“终端远程主控、一键推送”。

（四）小法机器人

市司法局下沉投放的人机互动式人工智能设备，能够通过人工智能、语音对话、远程支持方式 24 小时为居民提供在线法律咨询、法律文书查询、律师预约等服务。2019 年在全区首家引进后，小法深受附近居民的欢迎，是“24 小时自助司法所”的重要成员。

(五)公共安全体验馆

体验馆的多场景业务展示、VR 沉浸式体验，能够满足司法、禁毒、消防、信访等各工作条线的宣传和体验需求；作为区级的法治教育基地，还定期为学生、特殊群体、市民百姓免费提供参观体验服务，每月的接待量都在 500 人次以上。

三、主要成效

(一)基层公共法律服务方式的“数据驱动”

对司法所来说，数字化转型的主要目标是数字化技术与日常业务场景的深度融合，“让数据多跑路，群众少跑腿”。以小法机器人为例，其后台的数据分析能够定期抓取老百姓最常问的法律问题和法律服务事项，将相应的答案、文书格式和程序流程在互动屏幕上优先展示，提示司法所调整公共法律服务的内容和方向；数字化调解室中的“类案推送”功能通过精准比对，对一些专业性强、纠纷类型特殊、调解难度高的案件提供有针对性的全程指导。

(二)基层公共法律服务能力的“远程赋能”

就一个基层司法所而言，人力物力有限，现场法律资源较少。打造“数字化司法所”，通过远程在线方式，可以及时连接专业法律服务机构资源为我所用，放大基层司法所公共法律服务的能力。数字化调解室的“专家连线”功能，可在线上调解的同时连线后台保障的物业、医疗、心理等方面的调解专家，及时解答专业问题，给调解员以智力支撑，让传统“面对面 + 背靠背”的人民调解工作实现“智慧赋能”和“远程赋能”。多功能公共法律服务舱中“远程公证”功能，让居民不用跑到公证处即可实现部分公证事项的全程在线办理。

(三)基层公共法律服务范围的“全覆盖”

传统法治宣传一般采用张贴宣传海报、举办法治培训讲座、法治主题活动等形式，存在滞后性、耗费人力、覆盖面小等不足。法治宣传一键通项目研发创设了司法所与15个居委会共17块户外宣传屏的播发系统，设定播发时段、播发内容和播放频次，通过“终端远程主控、一键推送”，实现对居民区法治宣传的全覆盖。司法所24小时自助服务区域内的多功能公共法律服务舱、小法机器人等设施，实现了对流动人群、辖区居民的全覆盖。

四、推广价值

（一）对“数字化司法所”后台服务支撑的探索成果可全市共享

数字化设备、系统的开发是技术问题，但支撑数字化服务后台的人力物力资源则涉及打破不同部门间的数字壁垒、专业法律资源即时在线的调动响应，难度更大。以在线公证为例，需要完成当事人身份信息识别、办证材料及签名的扫描上传、在线支付功能开通、保障公证人员在线办理、在线公证文书的效力认定等重要环节和其他技术细节。相关的数字壁垒、技术障碍和专业力量保障问题解决后，向全市各基层司法所和各公证机构复制推广将变得简单易行，也将促进公共法律服务实现“便民利民”的初衷。

（二）传统法治宣传形式的优化升级

法宣一键通项目研发的户外宣传屏的播发系统，具备播放时间、频次、内容全自动特点，可以大幅节约法宣工作的人力物力成本。通过对居民区原有户外宣传屏的技术改造，不增设新屏，也不影响其他业务条线部门的宣传播放。同时，此项技术可以延伸至高层居民小区电梯、商务楼宇内的液晶屏，实现法治宣传对人群、空间、时间的“全覆盖”。

（三）试行基层平安建设“一网统管”

北新泾司法所利用二楼会议室现有的智慧大屏，以数字化转型为契机，逐步推进本街道内司法行政、禁毒、消防、信访等平安综治工作各模块数据的整合和赋能，力争做到各项业务全面、精准掌控，辖区矛盾纠纷态势全面感知，直观呈现各项业务的队伍能力、服务力量和工作成效，以最终融入城运中心“一网统管”为目的，先行先试基层平安综治工作领域的“一网统管”。

4. 完善市场主体退出机制，探索浦东法规立法工作

（推荐单位：浦东新区区委全面依法治区委员会办公室；申报单位：浦东新区市场监督管理局）

2021年6月10日第十三届全国人民代表大会常务委员会第二十九次会议通过了《全国人民代表大会常务委员会关于授权上海市人民代表大会及其常务委员会制定浦东新区法规的决定》，在遵循《宪法》以及法律和行政法规基本原则的条件下，浦东新区市场监管局结合浦东新区实际，探索制定了《上海市浦东新区市场主体退出若干规定》（以下简称《退出规定》）。2021年9月28日，上海市第十五届人大常委会第三十五次会议表决通过并公布了《退出规定》，明确自2021年11月1日起在浦东新区实施。

一、背景缘由

市场主体退出制度是现代化经济体系的重要组成部分。2014年，《国务院关于促进市场公平竞争维护市场正常秩序的若干意见》明确要求"完善市场退出机制"。2019年，国家发改委等联合印发的《加快完善市场主体退出制度改革方案》提出"规范市场主体退出方式""研究建立市场主体强制退出制度"等要求。减少低效无效市场主体带来的风险和占用的社会资源，已是当务之急。

二、出台意义

制定《退出规定》，一是有利于持续深化"放管服"改革，加快完善市场主

体退出制度；通过在市场主体退出环节开展更大力度的改革创新、实行更大程度的压力测试，推动形成优胜劣汰的市场竞争环境，激发竞争活力。二是有利于为市场主体有序、便利化退出提供法制保障，按照市场化、法治化原则，提高市场重组、出清的质量和效率，促进社会资源优化配置和市场主体高质量发展。三是有利于持续优化营商环境，切实解决市场主体“退出难”。一方面强化市场主体履行法定义务，推动、督促市场主体自主办理注销；另一方面对于无人清算、无力清算、无法清算的市场主体，通过行政力量适当介入，引导或者强制其依法有序退出，保障相关利害关系人的合法权益。

三、基本做法

《退出规定》共 14 条，主要规定了以下事项：

1. 规定市场主体注销环节的便利化措施。包括优化简易注销登记程序，缩短市场主体退出市场所需时间；探索承诺制注销改革措施；推进注销全程网办，利用“一网通办”平台赋能，提高办事效率。

2. 创设强制除名和强制注销制度。遵循“行政适当干预、减少司法负担、推动市场出清”的思路，《退出规定》创设了强制除名和强制注销制度，明确了市场主体被强制除名的一系列法律后果，保障市场交易安全，及时释放名称资源，提升社会整体利益。《退出规定》创设的强制注销制度，在保障债权人等相关方利益的同时，及时清理消灭低效、无效市场主体的主体资格。

3. 建立代位注销制度。针对实践中部分企业或者国家机关、事业单位等已经注销或者撤销，导致其管理或者出资的市场主体无法办理变更登记、注销登记等情形，建立代位注销机制，畅通特定市场主体注销时的制度瓶颈。

4. 明确有关责任的承担。市场主体退出涉及一系列权利义务关系的调整，《退出规定》特别注重相关利益方的权益保障，进一步压实有关主体的法律责任，包括：防范道德风险，规定通过弄虚作假骗取注销登记的补救措施；强调清算义务，明确市场主体未经清算被依法注销的，其清算义务人承担的组织清算义务不变；畅通救济渠道，规定有关利害关系人合法权益受到侵害时的救济途径等。

四、主要成效

《退出规定》着眼于解决企业“退出难”，畅通市场主体退出渠道，完善优胜劣汰的市场机制，持续优化营商环境。围绕服务市场主体的便利化和有序退出，浦东新区市场监管局有序推进法规实施落地，取得一定进展。

1. 简易注销更简易，企业退市效率更高。浦东新区于 2015 年 8 月在全国率先开展企业简易注销登记改革试点，针对未开业或无债权债务的企业创设简易注销程序。2017 年 3 月，企业简易注销登记改革在全国范围内实行，明确注销公告时限为 45 日。2020 年 2 月，上海市试行缩短企业简易注销公告时限至 20 日。而此次《退出规定》第 3 条第 2 款提出简易注销登记“公示期为十日”，进一步将公示期时间减半。据此，从企业发布简易注销公告之日起计算，到登记机关核准企业注销登记，只要相关材料完备，原则上最快仅需 11 日，即可完成企业注销登记的全部流程，用时大幅缩短，市场主体退出更加快速便捷。《退出规定》出台后，浦东新区关于简易注销的政策变化受到广泛关注。

2. 探索承诺制注销登记，无法清算的企业注销成为可能。《退出规定》创设了承诺制注销登记改革措施，针对非公司企业法人、合伙企业决议解散后无法完成清算的情形，明确由相关责任主体作出承诺，经向社会公示满 45 日，没有利害关系人或相关政府部门提出异议的，企业即可向登记机关提出注销登记申请。对于部分非公司企业法人，特别是部分成立较早的全民所有制、集体所有制以及合伙企业等，人员流动、账册遗失、名下资产或债券债务无法厘清等，导致无法进行清算并形成有效清算报告的情形，承诺制注销登记的推出使这类企业的注销由“不可能”成为“可能”。该改革举措同时免除了企业进行清算组公示，减免了清算报告等材料的提交，注销流程更加便捷。11 月 1 日《退出规定》正式实施当日，已有两家非公司企业法人通过政府官网向社会发布了承诺制注销公告。

3. 启动强制除名、强制注销，市场退出机制更完善。《退出规定》创设了强制除名和强制注销制度，将有效提高市场主体出清的质量和效率，促进市场优胜劣汰和企业名称等社会资源优化配置，激发市场活力。强制除名制度适用于被吊销营业执照、责令关闭或者撤销的市场主体，如满 6 个月未办理清算组公告或者申请注销登记，登记机关可以作出强制除名决定。2016 年以来，浦东新区对长期停业未经营的 3 万余家市场主体予以吊销营业执照；对冒用他人身份信息取得公司登记的市场主体予以撤销登记。《退出规定》实施后，浦东新区市场监管局已先行启动对 100 家吊销营业执照企业和 35 家撤销登记企业的强制除名程序。强制除名决定生效后，将以统一社会信用代码（注册号）代替市场主体名称，不再作为市场主体统计基数；同时市场主体资格仍然存在，对其应承担的法律义务不产生影响。强制注销的适用条件是，强制除名决定生效届满 6 个月，市场主体仍未办理清算组公告或者申请注销登记的，登记机关通过公示系统或者政府网站催告，并启动强制注销程序，实行“先注销、后清算”模式，有助于减少长期停业未经营市场主体不断积聚的风险，降低市场整体交易成本。

五、推广价值

《退出规定》的通过并实施，是建立完善与支持浦东新区大胆试、大胆闯、自主改相适应的法治保障体系，推动浦东新区高水平改革开放，打造社会主义现代化建设引领区的重要一步，是浦东新区法规立法的“样板”打造者，具有一定可借鉴性，具备可复制、可推广的价值。

5. 上海市再推出 4 份企业轻微违法免罚清单，大力推行有温度的执法

（推荐单位：市司法局；申报单位：市司法局）

一、背景缘由

近年来，随着我国经济社会飞速发展，新产业、新业态不断涌现，企业生产经营情况日益多样，企业违法行为也呈现多种情况。调研发现，各类企业非常期望行政机关对一些较轻的违法行为、无心之失，能更包容、给予企业改正机会、不处罚。但由于相关制度规定较原则、不易操作，行政执法单位尤其是一线执法人员对轻微违法行为不予行政处罚常有“顾虑”，“不会”或“不敢”实施不予处罚。上海市深入研究相关法律法规和执法实践，依据《行政处罚法》“不予处罚”规定，探索出了“制定企业轻微违法不罚清单（明确不予处罚的轻微违法行为具体情形），指引一线执法人员照单不罚”的路径，回应企业关切，惠及经济社会。2021 年，上海先后推出 4 份不予处罚清单，大力推行精细化、有温度的执法。

二、基本做法

对符合法定情形的违法行为“不予处罚”，是行政机关依法拥有的裁量权之一。这些情形主要规定在我国《行政处罚法》中，但规定较原则、不易操作。市司法局联合市市场监管局、市文化旅游局、市规划资源局、市水务局等单位深入研究相关单行法，分析本市执法实践，在广泛听取意见、反复研究论证的基础上，将市场监管、文化市场、规划资源、水务等领域违法行为中“轻微”的

部分切分出来；再依据《行政处罚法》“不予处罚”制度，将不予处罚的轻微违法行为具体情形细化、明确，列为不予处罚事项，形成不予处罚清单，供执法单位据此实施不罚。

截至 2021 年 11 月，上海市已出台 4 份企业轻微违法不罚清单，分别是《市场监管领域轻微违法违规经营行为免罚清单(二)》《水务领域轻微违法行为免罚清单》《规划资源领域轻微违法行为免罚清单》和《文化市场轻微违法行为免罚清单(2021 年版)》。同时，上海市积极应用新增的不予处罚种类。依据新《行政处罚法》，上海在《规划资源领域轻微违法行为免罚清单》《文化市场轻微违法行为免罚清单(2021 年版)》中均增加了“首违不罚”类不予处罚事项，“无过不罚”也体现在不予处罚清单的兜底不罚条款中。

不予处罚清单使原则化的不予处罚制度变为可操作的规则，进而能够落地实施，从而使企业的轻微违法得以不罚、帮助企业更好地发展。从这个视角看，不予处罚清单架起了法定不予处罚制度和行政执法实践之间的桥梁。

三、主要成效

首先，本市不罚清单已覆盖 8 个执法领域，不罚事项不断扩容。一是不罚领域不断拓展。截至 2021 年 11 月，本市不予处罚清单已覆盖市场监管、城管、文化市场、生态环境、规划资源、水务、消防、民防 8 个执法领域。二是具体执法领域不罚事项不断扩充。2021 年新推出的市场监管领域、文化市场领域不予处罚清单都扩充了原有不予处罚事项。

其次，全市共作出不予处罚决定 4230 余件，众多企业受益。据不完全统计，自 2019 年 3 月 15 日上海首份免罚清单实施，至 2021 年 11 月底，两年多时间，本市行政执法单位实施不予处罚案件 4230 余个，4000 余家经营主体因此受益。若以单行法罚则的最低罚款金额计算，减免罚款金额超过 5.1 亿元。特别是对小微企业，轻微违法不罚减轻了其经济负担，助力其维持生存、有序发展。

最后，不予处罚清单获得各方认可，全国复制推广。不予处罚清单获得了众多企业、行业协会、一线执法人员、人大代表等的好评。不予处罚清单制度作为上海优化营商环境的典型经验，被国务院列为改革试点经验在全国范围复制推广；2021 年 1 月，新《行政处罚法》修订发布，其中吸纳了本市不予处罚清单中常用裁量因素以及不罚同时对当事人进行教育的要求，对“不予处罚”的情形作了扩充；2021 年 7 月，不予处罚清单制度被吸纳进国家《法治政府建设实施纲要（2021—2025 年）》，成为各地应当普遍落实的要求。

四、推广价值

不予处罚清单制度在精细化执法、包容审慎监管、指导企业合法经营、助力企业发展等方面具有良好效果，未来根据国家和本市要求，将在本市各执法领域全面推行，以惠及更多经营主体，打造更优质的法治化营商环境。

6. 有章可循　贴近实战

——《上海市生产安全事故调查处理导则》发布

（推荐单位：市应急管理局；
申报单位：市应急管理局）

2020 年 11 月，市应急管理局（以下简称市应急局）发布了《上海市生产安全事故调查处理导则》（以下简称《安全导则》），是全国安全生产领域内关于生产安全事故调查处理的首创，具有创新性、操作性和指导性，是法治建设的实践经验分析与提炼，进一步规范了事故调查处理工作的调查组织、取证、应急救援评估、原因分析、责任认定整改、统计分析、后评估等各个环节，贴近实战，让一线工作人员更加有章可循，实现生产安全事故调查全流程规范。

一、制定背景

事故调查处理是一项政策性、专业性、技术性很强的工作。原来指导事故调查处理的国家标准《企业职工伤亡事故调查分析规则》已作废，尚没有新标准发布。据查，其他省"区、市"都没有类似的工作规范。为适应机构改革与实际工作的需求，2020 年，市应急局提出"生产安全事故调查处理实务规范的研究"的课题，形成《安全导则》成果。

二、基本做法

1. 统一"手势"。事故调查处理工作"实战性"很强，按照《生产安全事故报告和调查处理条例》的相关规定，报告包含事故发生单位概况、事故发生经过和事故救援情况等6项内容。但是,大家入行时都由经验丰富的“老师”带,不同的老师风格不同,“手势”各异,所以最终报告还是存在或多或少的区别。《安全导则》的出台,进一步规范了事故调查处理工作的各个环节,让一线工作人员实现全流程规范工作。

2. 紧跟“形势”。事故调查强调规范化、程序化、标准化,要严格执行相关的法律法规规章、上级文件的工作要求。为此,《安全导则》既谨遵现行法制的步伐,在附则中罗列与事故调查处理有关的法律法规标准共65个,事故调查处理所涉及的文书8份等,更是紧跟“形势”,吸收了最新的法律法规规章以及相关文件要求,主要体现在落实《生产安全事故应急条例》和应急管理部关于事故调查2个评估工作的要求,即对应急救援工作的评估和对事故调查处理结束后满1年需进行的后评估。《安全导则》充分实现了对有关安全生产法律法规和文件、相关标准规范整合汇编,形成事故调查“一本通”。

3. 引导“趋势”。在一定程度上,生产安全事故调查报告是政府的公共产品,有着严谨、高标准、高要求等一系列代表政府形象的标签。如何引导事故调查报告向更加精益求精的趋势迈进:首先,维度要“广泛包容”。《安全导则》的13个部分贯通调查全流程,为事故调查报告的质量提供了基本衡量维度。13个部分分别为总则、生产安全事故定义与分类分级、事故报告、生产安全事故调查组织、生产安全事故调查取证、应急救援评估、事故原因分析、责任认定与防范整改措施、事故调查报告、事故批复与处理、事故统计与分析、事故调查处理后评估、附则、附件。其次,深度要“直达根本”。《安全导则》的深度体现在“实用性”,能够有力改变本市应急管理系统事故调查薄弱环节的现状。

三、主要成效

1. 解决了从“无”到“有”的问题。虽然上海市发生的重大、较大生产安全事故总体数量不多,但事故调查处理工作仍亟须一个相对统一、规范的指导性文件,而原来指导事故调查处理的国家标准已废止,上级部门亦没有出台系统的指导文件,其他省“区、市”也没有可供参考的规范。“万物得其本者生，百事得其道者成”，近 3 万字的《安全导则》为事故调查处理提供了“本”和“道”，在一定程度上填补了国内事故调查处理指导规范的空白，富有创新性、操作性和指导性。

2. 解决了“想干不会干、干不好”的问题。在实际工作中，《安全导则》经过广泛的培训和实操运用，已成为事故调查处理一线工作人员的常备工具书，更是企业安全生产条线相关管理人员通过事故调查思路反向排摸风险隐患的指导用书。在与事故调查一线工作人员沟通《安全导则》使用反馈的过程中，得到了如下集中反馈：一是总体结构合理，内容详细，尤其对对象、时限、内容等进行了详细规定。二是流程完善，便于操作。三是附件当中梳理了有关法律法规目录，查阅方便。四是附有分则，便于指导，内容详细，涵盖全面，具有较好的实用性和可操作性。五是新到岗的同志，在事故调查处理中能够快速上手。《安全导则》是具体的方法论，让事故调查从此由“主观题”变成了必须对号入座且能够得高分的“填空题”，解决了“想干不会干、干不好”的问题。

3. 解决了基层工作差异的问题。《安全导则》以实际需求为导向，是一部事故调查处理工作指导性文书、实务性手册，具有较强的可操作性，解决了长期以来事故调查处理工作中的实际问题，把国家和本市相关工作要求高度融合，结构缜密，对进一步指导本市及各区的生产安全事故调查处理工作具有十分重要的意义。《安全导则》以“指导书”“工具书”的形式，解决了事故调查处理“手势”不统一从而导致的基层工作差异问题。

四、推广价值

（一）富有创新性

1. 制度集成。主要体现在 3 个方面集成：一是有关安全生产法律法规和文件及相关标准规范，二是本市长期以来形成的事故调查处理的工作经验和通常做法，三是在此基础上形成全流程的指导性文件。

2. 与时俱进。主要体现在落实《生产安全事故应急条例》和应急管理部关于事故调查 2 个评估工作的要求：对应急救援工作的评估和对事故调查处理结束后满 1 年需进行的后评估。

(二)拥有操作性

1. 形成“路线图”。《安全导则》覆盖事故调查全过程，涵盖了适用范围、事故报告、事故等级、调查过程、调查报告、事故批复、责任追究等必要内容，明确了调查组织和职责、救援评估、整改措施、统计与分析、后评估等环节和具体内容。

2. 形成“操作表”。在第 5 部分“生产安全事故调查取证”中，详细规定了现场勘验、物证收集、书证收集、技术原因分析、人员询问、证据审查、直接经济损失统计等技术性和实操性很强的内容。

(三)具有指导性

1. 成为操作“指导书”。《安全导则》规定了调查前期准备，事故调查组、事故调查组组长、事故调查组成员单位职责等事项。明确了事故调查组各工作组内部分工、协调沟通机制等内容。对事故信息发布、善后工作、联合惩戒、档案管理等进行了具体规范。

2. 成为调查“工具书”。《安全导则》的附则中梳理与事故调查处理有关的法律法规标准目录共 65 个，增加了事故调查处理所涉及的表格文书 8 份，增强了“查用一体”的实效性。

7. 多层次多维度法律服务保障全国碳排放权交易市场启动上线交易，助力实现碳达峰碳中和愿景

（推荐单位：市国有资产监督管理委员会；
申报单位：上海联合产权交易所有限公司）

2021 年 7 月 16 日，全国碳排放权交易市场（以下简称全国碳市场）正式启动上线交易。全国碳排放权交易机构成立前，由上海环境能源交易所（以下简称上海环交所）承担全国碳排放权交易系统账户开立和运行维护等工作。为保障全国碳交易合法合规启动上线交易，上海环交所运用法律技术多层次、多维度多措并举，疏通法治障碍，助力全国碳交易顺利启动，并为交易提供持续更新的法治建设保障。

一、背景缘由

碳排放权交易是利用市场机制控制和减少温室气体排放，推动绿色低碳发展的重大技术创新，是通过低成本实现碳达峰碳中和目标的重要抓手。在前期试点市场经验基础上，全国碳市场于 2021 年 7 月 16 日正式上线交易。全国碳市场涉及主体广泛，从上到下可分为几个层级：监管机构国家主管部门，交易机构（交易系统）、登记管理机构（注册登记系统）和结算机构（结算系统），交易主体，其他市场参与主体。涉及覆盖主体范围确定、配额分配、交易管理、监测报告核查和监管机制等几个主要环节。而交易场所的平台性质又决定了其需要遵守较多较严格的经营规范，背负着防范金融风险、维护社

会稳定的责任。包括建立健全内部治理结构、建立投资者适当性制度、实行自有资金与客户资金的隔离管理、交易资金第三方结算、制定交易规则、制定风险控制制度、建立投资者信息保护机制、建立信息公开披露制度等。在涉及主体广泛、运行框架复杂、监管力度大、时间紧任务重，尤其是上线开市前交易规则尚未出台的情况下，上海环交所如何保障全国碳交易合法合规启动并安全运行？

二、基本做法

上述各主体和各环节涉及多层次、多维度法律服务，需要梳理和明确各方主体与上海环交所的法律关系，厘清上海环交所与各方主体的权利义务责任，基于此，上海环交所采取了政策法规制定、交易制度创建、合同签订、交易文件准备、内部风控机制设计等法治建设措施。在政策法规方面，上海环交所积极参与国务院有关碳排放权交易管理条例的起草和征求意见稿的意见反馈，深度参与主管部门有关碳排放权交易管理办法和几个管理规则的起草。在交易规则细则方面，上海环交所起草了交易所层面的有关碳排放权交易细则及风控管理、投资者适当性、违规违约处理、信息管理等方面的细则，以全面保障交易的规范有序安全开展。在相关合同方面，上海环交所制定了与各个机构的合作协议、与交易主体的服务协议、与其他市场主体的交易系统开发协议等。在流程表单层面，上海环交所制定了适用全国碳交易的各式表单，如开户申请表、风险警示函等。在内控层面，上海环交所制定了全国碳交易重大风险排查机制，定期对全国碳交易业务开展运行过程中的风险进行排查，及时发现漏洞及时弥补。其中对全国碳交易开市前交易规则尚未正式出台这一问题，上海环交所创新性地采用了交易公告和服务协议相结合的法律技术处理方式。上海环交所起草了碳排放权交易相关事项的公告并报主管部门后及时发布，同时与客户签订了服务协议，两份文件将客户在上海环交所平台进行交易的核心规则进行了明确，解决了全国碳交易开市初期没有交易规则的难点和痛点，使全国碳交易有规可依，规范运作。全国碳市场法律服务的目标存在多样化，需要多层次、多维度的思考，既要契合国家“双碳”

政策目标，又要保障市场交易主体的权益，还要保护企业利益（包括企业员工和股东利益）。上海环交所在法治建设过程中将行业专业背景融入法律服务中，嵌入国家能源战略、国家环境保护战略、国家“3060”目标实现项下政策策略以及国家对交易场所监管要求的精神内涵与规范内容，使法律服务成果能体现多方的利益。

三、主要成效

上述多层次多维度法治建设与法律技术应用，理顺了碳市场各方主体、各个环节与上海环交所之间的法律关系，符合国家法律政策规定。目前已有地方政府发布地方交易场所管理办法对交易场所的建设和运营提出明确监管要求，国务院也多次发布有关清理整顿交易场所的意见，对交易场所交易方式的设定、交易品种、运营管理都提出明确要求，上海环交所法治建设的内容正体现了上述交易场所文件的精神实质和要求，符合监管口径，为全国碳排放权交易上线启动提供了法治保障，保障各方主体的合法权益，保障全国碳市场平稳运行。

四、推广价值

本案例展示了交易场所上线交易需要具备的法治建设内容，至少应包括交易系统建设合规、交易规则制定合法、交易监管措施到位、交易内控机制完善、交易信息保护妥善等环节，着眼点在于交易场所上线交易及运行的合法合规性，探索交易所法治建设框架、路径和外延，明确交易所业态独有的法律服务内涵，为区域及全国性交易市场法治建设提供借鉴。

8. 长三角区域公安机关网络安全管理行政处罚裁量基准一体化

（推荐单位：市公安局；
申报单位：市公安局法制总队）

一、背景缘由

为深入贯彻习近平法治思想，贯彻落实习近平总书记关于长三角一体化发展的系列重要讲话和指示批示精神，构建公正高效权威的区域法治环境，市公安局会同江苏、浙江、安徽省公安厅，以《网络安全法》为切入点，共同研究制定了《关于长三角区域公安机关网络安全管理行政处罚裁量基准一体化的意见》（以下简称《网络意见》）。

二、主要做法

（一）用一把“标尺”规范公安机关的权力运行

《网络意见》针对《网络安全法》规定由公安机关行政处罚的18类违法行为，形成了具体的裁量基准，统一了上海、江苏、浙江、安徽四地跨区域的执法尺度，实现了长三角区域网络安全违法行为类案同处，进一步提升公安机关执法公信力，充分发挥法治政府对法治社会的引领作用。

（二）用一根“准绳”设定社会公众的行为预期

《网络意见》细化了裁量幅度及其对应的适用情形，长三角各地公安机关依据《网络意见》制定的地方裁量基准向社会公开后，能使社会公众对自身行为的法律后果产生合理预期，从而为社会公众提供分级分类的行为准则，有效推动全社会形成尊法守法的良好氛围，夯实法治社会的重要基础。

（三）用一份“蓝本”提供可复制、可推广的先行经验

《网络意见》是长三角各地公安机关执法办案一体化工作在网络安全领域的先行先试，四地公安机关将围绕《网络意见》的贯彻执行，充分总结经验，持续推动，构建起系统完备、科学规范、运行有效的区域裁量基准体系。同时，将经验做法拓展至公安执法各领域，并对其他地区产生辐射效应。

三、成效及推广价值

一是长三角区域经济社会发展程度较为相近，四地在网络安全管理方面均积累了成功的经验，《网络意见》采取先通过联合会签达成共识、再由各地因地制宜制定地方裁量基准的工作模式，能够形成既协调统一又符合地方实际的裁量基准，相关经验做法也被公安部通报表扬。

二是《网络意见》印发后，上海市公安局迅速落实《网络意见》的相关工作要求，将《网络意见》确定的裁量基准与市公安局原网络安全行政处罚裁量基准进行整合，形成了《上海市公安局关于网络安全管理行政处罚的裁量基准》并印发执行，补足市公安局原网络安全行政处罚裁量基准中缺失的《网络安全法》相关裁量基准，对进一步健全完善公安机关行政处罚裁量基准体系、促进社会公平正义具有重要意义。

三是江苏、浙江、安徽三地公安机关也积极落实《网络意见》的相关工作要求，修订相关材料基准。

9. 上海在全国率先推进知识产权纠纷行政调解协议司法确认制度

（推荐单位：市知识产权局；
申报单位：市知识产权局）

2021年4月，市高级人民法院与市知识产权局联合发布《关于在本市开展知识产权纠纷行政调解协议司法确认程序试点工作的实施办法》（以下简称《确认办法》），完善知识产权行政调解与司法确认的衔接机制，提升知识产权保护效率和效果。

一、背景缘由

在专利侵权纠纷行政裁决和专利纠纷行政调解中，专利行政机关主持达成的行政调解协议的效力有待加强。市知识产权局主持达成的行政调解协议中，曾出现一方当事人反悔、拒不执行协议内容的情况。面对此情况，专利行政机关对行政调解协议没有强制执行力，当事人只能向法院进行合同纠纷诉讼。在此情况下，行政调解协议与民间协议相差无几，极大地浪费了行政资源，破坏了行政机关的公信力。中央办公厅、国务院办公厅印发《关于强化知识产权保护的意见》后，上海抓紧贯彻实施，市委办公厅、市政府办公厅出台了《关于强化知识产权保护的实施方案》，在“强化案件执行措施”中明确“建立健全知识产权纠纷调解协议司法确认机制”。

二、主要做法

2020年，市知识产权局和上海知识产权法院办理了首件专利侵权纠纷行政调解协议司法确认案，由市知识产权局主持调解的知识产权纠纷行政调解协议经上海知识产权法院司法确认。该专利侵权纠纷案件中，新疆某家居公司发现上海某家具公司许诺销售的多款产品涉嫌侵犯其拥有的外观设计专利权，遂向市知识产权局提出行政裁决处理请求。经审理，最后在市知识产权局主持下，双方当事人对涉案五个外观设计专利侵权争议达成"一揽子"调解协议并签署专利侵权纠纷行政调解协议书，并就该协议书向上海知识产权法院申请司法确认。上海知识产权法院裁定确认双方达成的调解协议有效，同时明确了当事人应当按照调解协议的约定自觉履行义务，一方当事人拒绝履行或未全部履行的，对方当事人可以向人民法院申请强制执行。该案是《关于强化知识产权保护的意见》出台后，全国首例经司法确认的知识产权纠纷行政调解协议。

通过该案对行政调解协议的司法确认实践，市知识产权局与上海市高级人民法院于2021年4月14日共同出台《确认办法》，建立了工作制度，进一步明确知识产权纠纷行政调解主体、行政调解协议类型，以及申请司法确认的有关流程、文书要求和法律效力等，固定和拓展了行政调解司法确认的规则和适用范围，加强了行政保护和司法保护之间的协作。

三、主要成效

知识产权行政调解协议司法确认制度的建立是贯彻中共中央办公厅、国务院办公厅《关于强化知识产权保护的意见》和上海市《关于强化知识产权保护的实施方案》关于"建立健全知识产权纠纷调解协议司法确认机制"的切实举措，也是落实《长三角区域人民法院和知识产权局关于推进长三角一体化科技创新知识产权保护备忘录》的重要成果。行政调解协议司法确认制度的推广，一方面能充分发挥行政程序高效率、低成本的优势，使当事人免于冗长的司法诉讼程序；另一方面通过赋予调解协议强制执行力，由法院出具司法确认裁定书，延伸了知识产权行政保护的深度。

四、推广价值

市知识产权局与市高级人民法院共同推动行政调解协议司法确认制度

进入规范化、常态化、制度化的运作通道，对加强知识产权行政保护和司法保护衔接、促进知识产权案件繁简分流、丰富知识产权纠纷多元化解决途径具有较强的借鉴意义。

10. 公益诉讼助力破解基层治理难题，守护人民群众“头顶上的安全”

（推荐单位：虹口区委全面依法治区委员会办公室；
申报单位：虹口区人民检察院）

一、背景缘由

2019 年以来，上海市制定发布了《上海市房屋使用安全管理办法》《本市房屋外墙墙面及附着物、建筑附属构件的高空坠物隐患问题处置工作意见》等一系列行政规章和政策文件，建立相应工作协调机制。同时，通过下发整治清单，结合防汛防台检查、旧住宅更新修缮、实施空调外机等外立面附加设施整治三年行动计划等方式，督促各区、各街镇开展隐患整治，有效降低风险。经排查，截至 2021 年 4 月，全市存在外墙墙面裂缝、空鼓、脱落等隐患 7055 处，建筑物附属构件开裂、变形、松动等隐患 4722 处，墙面附着物变形、锈蚀、脱落隐患 15, 294 处。

虽然现行法律法规、政策文件对高空坠物隐患处置作出了相应规定，明确了“谁的房子谁负责、谁造成的原因谁负责”及相关政府部门“属地责任”等原则，但在实际操作层面，仍存在职责界限不清、手段方法不多、执法效率不高、尺度标准不一、治理效果不好等情况，又缺乏可供参考借鉴的成功案例。当面对一个个情况各异、纷繁复杂的具体事项时，制度规范层面的处置效能往往无法充分落地实现，高空坠物事件仍屡屡发生。2020 年 6 月 18 日，上海市人大常委会表决通过《关于加强检察公益诉讼工作的决定》，明确将城市公共安全纳入公益诉讼范围。因此，检察机关有必要参与其中，发挥公益诉讼职能作用，维护社会公共利益。

二、基本做法

近年来，虹口区人民检察院办理了多起高层建筑外墙及附属构件坠落危害公共安全公益诉讼案件，并形成一整套行之有效的处置流程和方法，为守护人民群众“头顶上的安全”提供检察良方。

1. 仔细梳理分析，绘制高空坠物隐患处理流程图。高空坠物隐患产生的人伤物损结果具有相似性，但高空坠物事件发生的区域和原因各不相同。虹口区人民检察院对相关法律法规及规范性文件进行梳理分析，并结合案件办理具体情况，绘制了高空坠物隐患处理流程图，为高空坠物的责任划分和履职提供范本。

2. 聚焦应急处置，防范高空坠物事件频繁发生。虹口区人民检察院在办理小区高空坠物隐患处置案件中发现，高层建筑外墙及附属构件坠落事件部分由于物业服务企业管理条件和能力有限，防范措施往往无法真正落实到位，防范效果不佳。故将公益诉讼着力于高空坠物隐患和公共安全应急处置，向虹口区房管部门发出检察建议，建议其督促物业公司落实应急处置方案，缓解小区高空坠物隐患。

3. 剖析问题根源，直面高空坠物隐患产生原因。在物业企业采取临时防护应急处置措施后，检察院多次实地现场勘察，并经第三方专业机构检测，查找高空坠物隐患的源头，向建设安全质量监督部门发出检察建议，建议其督促建设单位尽快出具施工整改方案，经专家评审施工整改。

4. 搭建磋商平台，及时消除沟通交流障碍。为有效解决业主、业委会、物业服务企业、建设单位之间的利益诉求和冲突，推动集体决策得以实施，虹口区人民检察院向相关街道办事处发出检察建议，建议其指导业委会在紧急情况下正确履行法定职责。同时，作为公共利益的代表机关，搭建磋商平台，促进各主体间的沟通交流，最终达成一致。

5. 区分管理职责，督促行政机关依法履职。依据不同高空坠物隐患应选择的处理方式、路径以及履职行政机关，检察机关在履行高空坠物隐患处置公益诉讼过程中，精准聚焦问题所处的阶段、情形，区分管理职责和管理部门，监督其依法履职。例如，在广灵四路某小区高空坠物隐患处置案件中，虹口区人民检察院分别向房管部门、建设安全质量监督部门及街道办事处制发检察建议并督促相关部门将项目隐患纳入监管平台，确保公共安全问题得到彻底解决。

三、主要成效

主要成效体现在以下方面：

（一）把握核心要素，积极拓展公益保护新领域

高空坠物工作无先例可循，也不属于《行政诉讼法》明确规定的公益诉讼案件范围。虹口区人民检察院大胆尝试，牢牢抓住高层建筑附属物坠落危害公共安全这个“核心”，积极拓展符合上海城市特点的公益保护新领域。在迅速回应人民群众急切需求，切实提升人民群众获得感、幸福感、安全感的同时，为上海市人大《关于加强检察公益诉讼工作的决定》将城市公共安全纳入公益诉讼办案范围提供实践经验。

（二）打造行业先例，有效提供高空坠物隐患处置样板

虹口区人民检察院办理的高空坠物隐患处置系列案件系由建设单位在已建成入住10余年的小区中开展全方位安全隐患处置工作，施工难度大、要求高，需平衡各方利益和诉求，属本市首例。在相关行政管理部门对解决路径、监管责任产生分歧的情况下，虹口区人民检察院全面梳理法律法规及政策规范，结合高空坠物隐患产生的直接原因，探索性地提出“由建设单位实施的因施工质量引发的高空坠物隐患处置工程项目系对原建设行为的整改和延续”的观点，有效地解决了工程报建及后续验收、监管等一系列问题，进一步厘清了建管、房管、街道等部门的监管职责和依据，为今后高空坠物隐患处置提供样板先例。

（三）推动多方联动，充分发挥公益诉讼职能优势

在制发检察建议的同时深入监管一线，紧抓公共安全应急环节，直面各方利益诉求，发挥自身职能优势，组织搭建沟通交流平台，创新成立了由建

管、房管、街道、业委会及检察机关共同参与的联合工作组，通过积极磋商，明确工作方向和具体措施，引导、督促行政管理部门协同履职，顺利推进项目施工，有力保障了工程施工安全及居民居住安全。

四、推广价值

建筑物外墙及其附属构件的高空坠物隐患关乎城市公共安全，引起社会的广泛关注。高空坠物隐患处置涉及民事、行政，甚至刑事法律关系，且无统一法律指引、无明确操作细则、无参考案例。虹口区人民检察院办理的高空坠物隐患处置系列案件促进了《本市房屋外墙墙面及附着物、建筑附属构件的高空坠物隐患问题处置工作意见》的进一步落实，为 2021 年 3 月施行的《上海市房屋使用安全管理办法》提供了案例样本，也为本市和全国其他城市解决建筑物外墙及附属构件高空坠物隐患提供了良好示范。实现了用法治方法解决基层治理难题的目标，得到了《上海法治报》、上海电视台、上海法治声音、澎湃新闻、人民网、正义网、检察风云等重要媒体的广泛报道。同时，上海市人民检察院第八检察部联合虹口区人民检察院组织召开高空坠物危害公共安全公益诉讼研讨会，邀请公益诉讼专家从公益保护、督促履职、多方协作、责任承担、实质性解决等多个角度进行深入探讨，立足上海城市特点，扩大办案效果，强化公益保护担当。

2022 年度

1. 公益诉讼打通窨井盖治理堵点
建构“脚底下安全”长效防护网

（推荐单位：市人民检察院；
申报单位：虹口区人民检察院）

市虹口区人民检察院（以下简称虹口区检察院）充分运用公益诉讼检察督促之诉和协同之诉的制度功能，对区域窨井盖治理中存在的权属复杂、多头管理、沟通不畅、权责不明晰、修复不及时等问题，给出检察良方。通过联合现场调查、制发检察建议、搭建研商平台，实现涉案窨井盖的及时修复，共商类案治理方案。虹口区检察院牵头制定区域《关于加强和完善窨井盖治理协作配合工作的意见》（以下简称《窨井盖治理协作意见》），为窨井盖疑难问题的源头治理提供制度遵循，形成窨井盖治理长效机制。

一、背景缘由

近年来，窨井盖缺损问题导致的人伤、财损案件屡屡发生。一个小小的窨井盖，背后是真实的民生，考验的实际是我们的“绣花功夫”。2020 年 4 月，最高人民检察院就窨井盖问题的治理，向住房和城乡建设部制发“四号检察建议书”，其重点在于推动解决井盖权属复杂、多头管理、统筹困难造成的涉窨井盖伤亡案件持续多发的问题。2020 年 7 月施行的《上海市人民代表大会常务委员会关于加强检察公益诉讼工作的决定》明确规定检察机关依法探索开展“城市公共安全”领域的公益诉讼。

2021 年年初，虹口城运中心向虹口区检察院反映派发的窨井盖养护工单中,修复不及时的问题突出,相关工单数量已达到上百件。虹口区检察院经研究,发现窨井盖治理背后的事实法律关系错综复杂,存在权责关系不明、修复效率不高等突出问题,对人民群众的出行安全产生较大隐患,开展该领域公益诉讼检察工作具有现实必要性。

二、基本做法

(一)抽丝剥茧,反复研判,准确认定事实

窨井盖修复的第一责任人是产权单位。根据相关技术性规范,通过窨井盖的表面应当能够识别产权单位。但虹口区检察院发现许多无法通过外观识别窨井盖权属的情形:无法识别型,部分窨井盖表面根本看不到任何标志或者标志模糊。识别模糊型,如一些窨井盖表面只有类似“弱电”“强电”标识,无法明确产权单位。张冠李戴型,在办案中发现存在借用他单位窨井盖的情况。无人认领型,如废弃窨井盖存在不平、钢筋突出情形,往往无人认领修复。

咨询专业意见后,虹口区检察院又继续通过打开窨井盖查看缆线上的标识,通过窨井盖所处的位置判断产权单位等方式,锁定一些窨井盖的产权单位。对仍无法确定产权单位的,虹口区检察院采用现场确认方式,邀请相关产权单位、行政机关共同到场,当场翻检勘验,确定权属。

(二)精研法律,协调各方,厘清职责关系

窨井盖监管部门涉及建管委、绿化市容、属地街道等行政机关,马路上、小区内、绿化带里的窨井盖分属不同的监管部门,属于典型的多头管理问题。有关窨井盖的法律规范多达数十部,虹口区检察院分类梳理,将监管职责归类为缺损井盖的通知、安全警示、代履行修复等职责。针对属地责任和主管责任的划分问题、通知责任和代履行责任的履行问题,虹口区检察院和行政机关进行了充分沟通,最终达成一致意见。

确定监管部门的难点主要是物业红线和围墙外围不重合造成的。如在一些围墙边缘地带的窨井盖,小区物业主张是马路上的窨井盖,而市政部门主张是小区内的窨井盖。虹口区检察院运用现场会的方式,协调几方一同到场,结合物业红线、窨井盖产权、使用情况等,最终确定了监管部门。

（三）搭建平台，归类情况，建立协作机制

对个案中未修复的窨井盖，虹口区检察院在定事实、明法律的基础上，综合运用民事公益诉讼和行政公益诉讼的办案方式，督促产权单位履行好窨井盖修复的主体责任并建议相关职能部门依法履行监管职责。虹口区检察院进行了问题的归类，包括窨井盖线索的发现、通知、监管责任、沟通协调等几大方面共计 15 项问题，并组织召开区域窨井盖治理研商会。产权单位和行政机关因权责不明、沟通不畅导致的治理难题得到有效解决。产权单位还根据虹口区老旧窨井盖较多的客观情况，主动更新了一批窨井盖。

虹口区检察院并没有局限于搭建对话平台，而把目光放在建立长效防护机制上。考虑到上海市专门性规范已经失效，虹口区检察院根据本次办案的经验，草拟本区窨井盖治理协作意见。在多次征询意见的基础上，牵头会签《窨井盖治理协作意见》，形成机制，为脚底下的安全提供长效防护网。

三、主要成效

（一）数字化加检察公益诉讼，合力治理井盖问题

窨井盖安全管理，被上海市人民政府办公厅《关于认真解决城市管理领域涉及群众利益若干问题的实施意见》列为需要重点关注解决的民生领域问题之一，并被纳入网格化数字管理。虹口区作为上海市中心老城区，人流车流密集，加上近年来大规模旧房改造，窨井盖损坏等问题常发。窨井盖问题治理，既要有应急处置，也要有日常养护，通过数字化网格化管理，做到早发现，早处置。虹口区检察院在窨井盖问题产生实际危害之前，靠前一步，探索预防性公益诉讼工作，根据虹口城运中心反映的窨井盖养护问题工单落实不及时情况，主动作为，推动解决了数十处长期未得到修复的窨井盖问题，有力守护人民群众脚底下的安全。

（二）督促之诉、协同之诉，共同守护脚底下安全

虹口区检察院综合运用民事公益诉讼和行政公益诉讼办案方式，成为各主体之间的黏合剂和问题解决的助推器。对窨井盖权属不清、多头管理的问题，虹口区检察院从窨井盖外观、位置判断入手，并运用现场会的方式，邀请

有关监管部门、产权单位同时到场,当场明确权属和管理关系,推动形成治理合力。在落实问题解决的过程中,虹口区检察院始终做到主动问需,了解各监管部门、产权单位存在的困难,成为问题解决的纽带。在跟进监督的过程中,虹口区检察院邀请虹口城运中心等单位同时到场,共同确认整改效果。

(三)形成共识、会签意见,构筑长效安全防护网

在推动个案问题解决的同时,虹口区检察院将目光放在类案治理和长效机制建立之上。虹口区检察院组织包括监管部门和产权单位在内的21家单位共商区域窨井盖治理,围绕在办案中发现的窨井盖权属不清、养护问题发现不全面、行政监管多头管理、互通机制不畅、窨井盖修复标准不统一等问题进行了系统探讨。根据研商会情况,制定并会签《窨井盖治理协作意见》,意见以解决实际问题为导向设定条款和机制,构筑长效安全防护网。在相关法律法规较笼统、本市专门规范窨井盖的规范性文件已经失效的情况下,通过会签文件,起到一定堵塞漏洞、填补空白之效,为未来地方立法提供参考。案件的办理得到各方一致高度评价。

四、推广价值

1. 为法治智能化提供成功样本。法治智能化不仅包括司法机关内部智能程度的提升,还包括积极与智能化程度较高的机关开展合作。虹口区检察院在进行窨井盖治理中,与虹口城运中心相互借力借智,实现城市智能管理和法律监督有机融合,精准定位长期未得到修复的数十处问题窨井盖,并实现全区排摸、系统治理,达到"1+1>2"的效果。

2. 为窨井盖源头治理提供借鉴方案。虹口区检察院在开展区域窨井盖治理专项公益监督工作中,实现从个案办理到类案治理,在办案规模、问题覆盖程度、监督深度等方面均有一定成效,实现了对窨井盖问题的发现、应急处置、通知、争议解决、修复复核全链条、全流程的治理。

3. 为地方立法更新完善提供虹口路径。在办案之外,虹口区检察院牵头制定区域窨井盖治理协作配合意见,将本次专项工作中形成的现场确认制度、异议反馈制度、定期联席会议制度纳入其中,为未来地方立法提供参考。

2. 探索柔性监管新方式　本市首份不予实施行政强制措施清单出炉

（推荐单位：市市场监督管理局；
申报单位：市市场监督管理局）

为贯彻落实《国务院关于开展营商环境创新试点工作的意见》和《上海市优化营商环境条例》有关要求，深化市场监管领域包容审慎监管，优化更具国际竞争力的营商环境，2022 年 7 月，市市场监督管理局（以下简称市市场监管局）会同市司法局联合印发《市场监管领域不予实施行政强制措施清单》（以下简称《市场清单》），首次明确市场监管领域 7 类不予实施行政强制措施的情形。这是上海市首份不予实施行政强制措施清单，市市场监管局也是本市第一家制定不予实施行政强制措施清单的市级机关。

一、出台背景

据统计，目前市场监管领域共有 34 部法律、法规设定了行政强制措施，本市市场监管部门每年实施行政强制措施的案件有 800 余件。行政强制措施作为重要的执法手段，在制止违法行为、防止证据损毁、避免危害发生、控制危险扩大等方面发挥了重要作用，但如果适用不当，容易损害当事人合法权益。《行政强制法》虽然对规范、审慎采取行政强制措施作出了原则性规定，但较为概括，难以对执法行为作出明确指引。

2020 年 4 月,《上海市优化营商环境条例》[1] 颁布实施,规定“市人民政府有关部门可以探索建立不予实施行政强制措施清单”。2021 年 10 月 31 日公布的《国务院关于开展营商环境创新试点工作的意见》将“探索柔性监管新方式,建立不予实施行政强制措施清单”列为我国营商环境创新试点首批改革事项。此外,不予实施行政强制措施清单也被列入市政府营商环境创新试点工作方案。

因此,无论是为了规范行政强制措施实施、进一步提升行政执法能力水平,还是落实国家和本市要求、优化营商环境,都有必要制定市场监管领域不予实施行政强制措施清单。

二、主要做法

为进一步贯彻落实《国务院关于开展营商环境创新试点工作的意见》和《上海市优化营商环境条例》的相关要求,深化市场监管领域包容审慎监管,优化更具国际竞争力的营商环境,促进经济社会持续健康发展,市市场监管局与市司法局经过研究论证,在深入调研一线执法实践的基础上,出台了《市场清单》。该清单首次明确市场监管领域 7 项不予实施行政强制措施情形,主要包括:

一是符合市场监管领域免罚清单规定的,不予实施行政强制措施。

二是违法行为没有明显社会危害,且当事人已经改正违法行为、配合调查取证的,不予实施行政强制措施。

三是根据《行政强制法》第 5 条“行政强制的设定和实施,应当适当。采用非强制手段可以达到行政管理目的的,不得设定和实施行政强制”的规定,明确 5 种不予实施行政强制措施情形。

三、改革成效

在制定《市场清单》时,市市场监管局会同市司法局开展了广泛调研,了

---

〔1〕 已于 2021 年、2023 年进行了修改,现有关规定为“市人民政府有关部门应当探索建立完善不予实施行政强制措施清单”。

解基层行政强制措施实施现状,汲取好的经验做法。同时,深入研究外省区市市场监管部门已经出台的相关清单,结合上海市场监管工作实际,突出针对性、统一性和可操作性。截至 10 月 11 日,全市市场监管部门按照《市场清单》规定,已经对 1662 家市场主体依法不予实施行政强制措施:

一是增强针对性。市市场监管局将《市场清单》定位为对《行政强制法》相关规定的细化,坚持需求导向,回应市场关切。针对企业比较关注的采取行政强制措施是否必要以及合理范围的问题,《市场清单》明确将行政强制限定在最小范围、最低程度、最轻措施。

二是注重统一性。市市场监管局与市司法局加强顶层设计,立足执法统一规范,《市场清单》中所有不予实施行政强制措施情形均普遍适用于市场监管领域执法活动,注重整体性和系统性相统一,在法治轨道上有序推进不予实施行政强制措施工作,不仅彰显市场监管惠企改革的决心和力度,而且保证了执法的规范统一。

三是提升可操作性。市市场监管局立足执法实务,坚持《市场清单》可懂、可行、可操作。《市场清单》设定的情形具体明确,标准清晰,便于基层操作;同时,市场主体对《市场清单》内容易于理解,便于社会监督。

四、推广价值

市司法局和市市场监管局在全面研究市场监管各领域强制措施的基础上发现,不予实施行政强制措施的条件共性强、个性弱,核心是“明确保障公共利益的界限”。界限以内,必须实施强制措施;界限以外,一般不需要实施强制措施。在此基础上形成的《市场清单》,适用于市场监管所有执法领域、各类处罚事项,是“面”的规则,适用范围广,受益范围大。与此同时,该清单也易于在其他领域复制推行,将对本市其他领域产生引领示范作用。

此次《市场清单》的强制措施考量标准兼顾“合法性”与“合理性”,要求行政强制措施的实施既要合法也要合理,在保障公共利益的前提下为当事人提供更大保障,适用广、受益大且易于复制推行,如《市场清单》在国内首次明确:涉案的原料、辅料、农业投入品等若有证据证明符合强制性标准并可用于其他合法生产经营活动，且当事人已改正违法行为、配合调查取证的，不予查封扣押（依法应当没收或者销毁的除外）。这一规定保障了当事人在调查期间对上述财物、设施、场所可以继续用于合法生产经营，避免企业个别行为“涉嫌”违法被实施强制措施，导致大量合格原材料、昂贵生产线、重要场所无法另作合法使用，甚至生产经营停摆。

《市场清单》首次明确限制强制措施实施的具体要求，将原来由一线执法单位、执法人员个案权衡的问题，上升为全市统一实施的执法规则，确保了执法的统一性；同时也为监管部门加强监督提供了标准。《市场清单》坚持用对行政相对人影响最小的方式实现行政管理目的，在法律框架内、在保障公共利益的前提下，尽可能精细化执法，给予市场主体更大空间。

3. 发挥浦东新区法规先行先试作用助力上海加快打造国际绿色金融枢纽

（推荐单位：市地方金融监督管理局；
申报单位：市地方金融监督管理局）

《上海市浦东新区绿色金融发展若干规定》（以下简称《金融规定》）于 2022 年 7 月 1 日正式施行。《金融规定》是自 2021 年 6 月全国人大常委会授权上海市人大及其常委会制定浦东新区法规以来，本市首次运用立法变通权在金融领域的一次有益尝试。同时是落实国家统一部署、贯彻新发展理念、构建新发展格局、助力实现碳达峰碳中和目标、促进高质量发展的一次重要立法成果。《金融规定》将推动浦东新区绿色金融创新发展，为浦东新区打造社会主义现代化建设引领区提供强有力的法治保障；将助力上海加快打造国际绿色金融枢纽，进一步提高国际金融中心核心竞争力，促进经济社会发展全面绿色转型。

一、《金融规定》的制定背景

1. 有利于贯彻落实新发展理念，助力上海“双碳”目标实现。2020 年 9 月，中国明确提出 2030 年“碳达峰”与 2060 年“碳中和”目标。据央行不完全统计，“预计 2030 年前，中国碳减排需每年投入 2.2 万亿元；2030—2060 年，需每年投入 3.9 万亿元”。这些投入单靠政府资金远远不够，需要激励和引导更多社会资本积极参与。《金融规定》有助于发挥金融支持绿色发展的资源配置、风险管理和市场定价三大功能，引导金融资源更多投向绿色低碳领域，推动上海更好融入和服务新发展格局，助力“双碳”目标实现。

2. 有利于打造上海国际绿色金融枢纽，提高上海国际金融中心核心竞争力。《中共中央、国务院关于支持浦东新区高水平改革开放打造社会主义现代化建设引领区的意见》要求浦东新区“打造上海国际金融中心、贸易中心、航运中心核心区，强化服务实体经济能力”，成为“全球资源配置的功能高地”。浦东新区具有金融要素市场丰富、金融机构集聚和金融交易活跃等优势。《金融规定》有助于引领浦东新区率先探索绿色金融改革创新，为本市申建全国绿色金融改革创新试验区奠定基础，提高上海国际金融中心核心竞争力。

3. 有利于构建绿色金融良好生态环境，加快上海经济社会全面绿色转型。2021 年本市出台《上海加快打造国际绿色金融枢纽服务碳达峰碳中和目标的实施意见》，为金融支持经济社会绿色发展提供了必要保障。但在实践中仍存在绿色（金融）标准不统一、监管约束激励不足、产融双方信息不对称、公共产品供给不足等难点、痛点。《金融规定》有助于解决瓶颈制约、固化实践经验，有效降低绿色投融资成本，打造具有上海特色的绿色金融示范样本，推动经济社会全面绿色转型。

二、《金融规定》的制度设计

（一）率先探索实践，夯实绿色金融发展基础

1. 推动产业端绿色评价标准的研究制定，统筹建立绿色项目库，为产融对接提供“靶向”目标。

2. 在浦东新区率先制定国家绿色金融标准配套制度或者补充性绿色金融地方标准，为统一绿色金融产品和项目评估、认定和分类标准创造条件。

3. 支持国家金融管理部门在沪机构在浦东新区加快建立改革试验机制，促进绿色金融等领域创新监管互动。

（二）突出特色优势，深化绿色金融开放创新

1. 发挥新开发银行等国际组织的总部效应，深化绿色金融国际合作。鼓励金融机构参与国际国内生物多样性金融示范项目等。

2. 发挥中国（上海）自由贸易试验区及临港新片区跨境资金流动先行先

试优势，为企业绿色转型发展提供更便利的跨境投融资服务。

3. 鼓励金融机构创新绿色信贷、绿色票据、绿色债券、绿色保险、绿色融资租赁、绿色信托、绿色投资、绿色基金等，支持浦东新区开展气候投融资试点。

（三）推动改革突破，引领经济社会绿色转型

1. 支持国家金融管理部门在沪机构结合区域产业特点，制定补充性转型金融标准、分类和管理规则。鼓励金融机构提供多样化的金融产品及服务，关注不同类型企业转型过程中的减排路径，促进可持续性发展。

2. 支持国家绿色发展基金等聚焦浦东新区环境保护、污染防治、能源资源节约利用、绿色建筑、绿色交通、绿色制造等领域开展绿色投资。鼓励金融机构对绿色低碳技术成果转化和应用开展投贷联动业务。

3. 支持金融机构开展环境权益融资等业务，推动建立具有国际影响力的碳交易、定价、创新中心。

4. 在浦东新区试点金融机构、企业分类分层开展强制性环境信息披露，逐步解决产融信息不对称问题。

（四）加强公共供给，优化绿色金融发展环境

1. 推动强化相关监管激励约束机制，完善绿色金融评价，引导金融机构建立绩效考核、内部激励约束及风险管理制度。

2. 在浦东新区试点建立绿色金融数据服务专题库及绿色债券储备等，通过地方政府专项债券等形式支持区域绿色项目建设。

3. 加强绿色金融创新发展的司法保障，支持上海金融法院等探索金融市场案例测试机制，向市场主体提供规则指引。

三、《金融规定》的主要成效

2021 年 3 月 1 日《深圳经济特区绿色金融条例》和 2022 年 1 月 1 日《湖州市绿色金融促进条例》相继施行，2022 年 7 月 1 日施行的《金融规定》作为全国第三部绿色金融地方性立法，其“固根本、稳预期、利长远”的法治效果逐步显现。

（一）为加速申建全国绿色金融改革创新试验区提供了强有力的法治保障

自2017年6月起，国务院陆续批准了六省（区）九地绿色金融改革创新试验区，探索“自下而上”的地方绿色金融发展路径。2022年以来，北京、上海、天津、重庆四个直辖市持续发力，加快申建进度。8月19日《重庆市建设绿色金融改革创新试验区总体方案》获批后，上海作为唯一一个具有绿色金融地方性立法的直辖市，在国家相关部委业务指导下，本市申建工作全面提速。

（二）为浦东新区申报全国首批气候投融资试点提供了强有力的法治保障

2021年12月九部委联合发布《关于开展气候投融资试点工作的通知》后，上海市及浦东新区人民政府组织开展全国首批气候投融资试点方案编制及申报工作。2022年8月，生态环境部与其他部委联合发布了《关于公布气候投融资试点名单的通知》，综合考虑工作基础、实施意愿、推广示范效果及法治保障情况等因素，确定“上海市浦东新区”作为首批国家气候投融资试点。

（三）以良法善治增强市场主体的法治获得感

做好绿色金融大文章，上海将绿色融入上海城市发展全过程，加快打造上海国际绿色金融枢纽，推动全市经济社会全面绿色转型，制定出台《上海市转型金融目录（试行）》及其使用说明。推动上海绿色金融服务平台正式上线，围绕金融服务经济绿色低碳转型的发展要求，赋能绿色金融发展，重点打造绿色信息服务、绿色金融供给、绿色产业识别、绿色项目服务、智能分析和预警五大功能。截至2023年12月末，绿色贷款余额1.19万亿元，同比增长41.8%，占全部贷款的10.7%，较上年同期提高2.5个百分点。[1]

四、《金融规定》的起草经验及可复制、可推广价值

与一般地方性法规相比，浦东新区法规是全国人大常委会首次授权在非

〔1〕 参见《人民银行上海总部：高质量信贷服务支持经济高质量发展》，载中国人民银行上海总部网，http://shanghai.pbc.gov.cn/fzhshanghai/113571/5238596/index.html。

经济特区的浦东新区，根据浦东改革创新实践需要，在遵循《宪法》以及法律和行政法规基本原则的前提下，可以变通适用法律、行政法规、部门规章。但是浦东新区法规依然不可触碰《立法法》第11条规定的“必须由全国人民代表大会及其常务委员会制定法律”的事项。“法律保留原则”是金融领域出台浦东新区法规的立法底线。

《金融规定》在全面梳理国家绿色金融政策框架中隶属于金融基本制度的事项后，特别注意与国家专属立法事项保持立法差异化。《金融规定》在用足、用好浦东新区法规立法授权的同时，特别注意用巧浦东新区法规的变通立法权，以变通部门规章为突破方向，审慎变通金融法律和金融行政法规，对国家需要破冰的绿色金融领域开展变通性立法。

《金融规定》的起草经验可以有效复制并推广至财政、海关、外贸等事权高度集中在中央的相关领域，通过浦东新区法规的立法变通权，探索有益的地方法治新路径。

4. 创新涉外法治实践　上海率先探索构建国际经贸合规法律服务体系

（推荐单位：市商务委员会；申报单位：市商务委员会）

国际经贸合规工作，是服务推进我国对外贸易高质量发展的重要保障，是构建与更高水平开放相匹配的经济安全保障体系的重要内容。近年来，市商务委员会创新涉外法治实践，通过搭建平台体系、强化专业服务、聚焦重点领域，初步探索构建了系统完备、服务专业、特色突出、成效显著的国际经贸合规法律服务体系。

一、背景缘由

近年来，以习近平同志为核心的党中央高度重视涉外法治工作，多次提出要“坚持统筹统推进国内法治和涉外法治[1]”。国际经贸合规是涉外法治工作的重要组成内容，近年来中央各部委陆续出台多部合规相关指导性文件，强调加强企业合规管理。同时，全球合规管理也呈现日趋强化趋势，欧美等主要国家频繁通过单边措施等对其认定的所谓“违规”行为进行处罚。

二、做法成效

一是注重体系化布局，加强多渠道合规载体搭建。为引导企业更好地打

〔1〕 习近平：《坚定不移走中国特色社会主义法治道路　为全面建设社会主义现代化国家提供有力法治保障》，载《人民日报》2020 年 11 月 18 日，第 1 版。

开合规思路，坚定秉持多元化合规建设导向，在上海市进出口公平贸易工作站基础上，探索设立"上海中小企业国际经贸合规法律服务工作站"，建立合规常态化建设工作机制，持续通过政府公共服务方式持续支持开展国际经贸合规工作。

二是着眼专业化定位，探索深度性合规工具支撑。开展上海国际经贸企业专向性"合规体检活动"，编制合规体检问卷，并为参与企业开展体检出具专项报告。持续加强贸易救济、国际贸易知识产权、技术性贸易壁垒等涉外法律问题研判，通过"上海公平贸易"微信公众号等平台，每日发布法律风险预警资讯。

三是加强实时性跟踪，推动针对性合规路径创新。为助力企业更好地掌握合规趋势，有效提升合规服务能效，举办三届"上海企业国际化经营合规论坛"，并举办"数字经济背景下的企业国际经贸数据合规"系列培训等活动。

三、推广价值

发挥法治固根本、稳预期、利长远作用，增强企业防范风险和应对能力，更好地服务企业经营发展，构建与更高水平开放相匹配的经济安全保障体系。

5. 探索试行刑拘直诉制度

（推荐单位：市公安局；申报单位：市公安局崇明分局）

一、基本情况

市公安局崇明分局（以下简称区公安局）与崇明区人民检察院（以下简称区检察院）作为市检察机关侦查监督与协作配合办公室第一批试点单位，以公检派驻联合办公为依托，通过提前介入创新探索对轻刑案件适用“刑拘直诉”机制办理，努力打造集约高效型的司法办案新模式，提升检警共建协作，落实双赢、多赢、共赢理念。

二、基本做法

张某强、张某波等7人帮助信息网络犯罪活动案。2022年1月，崇明区一建设工程咨询公司（以下简称建设公司）财务人员汪女士报警称，其在崇明区城桥镇公司上班时，遭遇电信诈骗，有人冒充其老板，以公司业务为由让其向账户名“巴州且末腾驰商贸有限责任公司”（以下简称腾驰公司）转账共计人民币490万余元。接警后，区公安局立即开展侦查工作。根据报警人提供的账户信息，经过研判分析，确定腾驰公司的股东张某波有重大作案嫌疑。侦查机关经走访调查且末市场监管局以及各银行营业网点，发现有多人短时间内注册多家公司并注册对公账户，后锁定程某接、王某光、张某霞、张某强、张某海、张某梅、张某红共7名犯罪嫌疑人。经对上述7人讯问，查明经张某山直接或间接介绍，张某波、张某霞等人前往新疆且末地区或者通过网上刷脸认证注册公司，办理对公银行账户及个人银行账户。张某强帮助他人注册公司及办理银行账户，并将上述银行账户邮寄至云南，为上游电信诈骗提供支付结算等帮助。全案涉及被害人（被害单位）钱款共计 780 万余元。

因本案初始涉及的被骗金额高达 490 万余元，且是通过转账至对公账户作为诈骗手段，依托侦查监督与协作配合办公室平台邀请崇明区检察院提前介入。区检察院提前了解相关案情后，即时提出意见。侦查监督与协作配合办公室主要从以下几个方面开展工作。

（一）主动履职“介入早”

围绕“刑拘直诉”机制的试运行，侦查监督与协作配合办公室锁定一批正在侦查阶段的案件，特别是针对异地侦查，需要远程协作类案件，早介入、早研判。

本案涉及上海、新疆、内蒙古、安徽等多地警方，检察人员与侦查人员保持多地动态实时联系，明确需要在异地固定、调取的证据，如工商资料、对公账户详情等。同时，检察人员依托侦查监督与协作办公室便利条件，即时查阅公安办案系统，获取案件办理的第一手证据资料。在翻阅案卷过程中，遇到存疑点，为案件办理“查漏补缺”。如因表述问题，银行账户折子号与账号出现前后不一致情况，检察人员提出指导意见由侦查人员直接与新疆当地的民警及银行工作人员电话联系，补强证据。

（二）检警会商“研判早”

针对本案涉及人员多、地域广、层级散的特征，侦查监督与协作配合办公室审慎研判案情，依托联合办案优势，谨慎研判案情，因“人”制宜，提出处理意见。

在证据基本固定之后，公、检双方就采取的强制措施进行商议，检察机关对本案中出租 10 余个即时通信工具的张某某系未成年在校学生给出不建议刑事处理的意见，对认罪认罚、涉案金额较小的犯罪嫌疑人给出取保候审的意见，对上述意见公安机关予以采纳。对拒不认罪、无足够证据证明犯罪事实的张某海，检察人员提出进一步补强证据的意见。在侦查阶段，公安机关仍对张某海采取刑事拘留的强制措施。检察机关在充分尊重公安机关的侦查处理意见后，对该案依法作出不批准逮捕的决定，在疫情防控期间，检警协同做好变更强制措施等工作。

（三）机制创新"准备早"

围绕"刑拘直诉"机制具有的繁简分流、提升质效的价值初衷，发挥侦查监督与协作配合办公室检警一体化办案优势，牵头制定"刑拘直诉"案件类型化审查、证据标准指引，对事实清楚、证据确实充分、适用法律无争议案件，探索建立公检各自办案期限"15+5""刑拘直诉"办案模式，并以帮助信息网络活动案件为切入点，就主观明知、帮助行为等方面形成要点式讯问模板，引导公安机关高效取证固证，实现侦诉联动衔接、合力提速。

在提请逮捕阶段，检察人员向侦查人员提供《帮助信息网络犯罪活动罪（支付结算类）案件证据指引》，就犯罪的构罪要件形成"填空式"表格，围绕主观明知、帮助行为、上游电信诈骗、被害人被骗事实等方面认定，梳理相关讯问要点，生成讯问要点"模板"。一方面，对认罪认罚的犯罪嫌疑人进一步固定口供；另一方面，对拒不供述犯罪行为的犯罪嫌疑人，检察人员与侦查人员共同协作配合，针对犯罪嫌疑人口供中的存疑点、矛盾点、侦查人员未提及的讯问点，检察人员采用"传纸条"方式进行提示，最终 5 名被羁押的犯罪嫌疑人中 4 名在侦查阶段认罪认罚，追赃挽损金额达 5.7 万余元。除了张某海存疑不捕，其余 4 人因案件事实清楚、证据确实充分，张某霞、王某光采取"刑拘直诉"机制，诉至法院并被依法处理。

三、主要成效

区公安局与区检察院以公、检、派驻联合办公入驻侦查监督与协作配合办公室为依托，通过提前介入创新探索对轻刑案件适用"刑拘直诉"机制办理新模式，努力打造集约高效型的司法办案新模式，提升检警共建协作，提升轻型刑事案件打击效能，起到了法律效果与社会效果的有机统一。

（一）创新机制，筑牢探索工作"压舱石"

制度先行管长远，实践创新促深入。一方面，制度探索不停息，加强提前介入理论研究，不断延伸提前介入的内涵、丰富提前介入新形式，通过理论研究提升实践水平；另一方面，为提前介入接入新轨道，改以往提前介入程序完毕后进入普通办案模式，提前介入后案件事实清楚、证据确实充分、犯罪嫌疑人认罪认罚的直接接入“刑拘直诉”机制，不断节约司法资源，让速裁再提速。

（二）多重探索，达成质效提升“最优解”

以个案提前介入为依托，促衍生利好，公、检两家践行出一条“寻头雁，探难点，促提升”的工作路径。一方面，提前介入贯彻侦查监督与协作配合办公室“双同步”的工作方式，实现工作端口前移，确保案件进展“尽收眼底”；另一方面，坚持问题导向，针对区公安局在办理相关案件中面临的疑难问题，创设了讯问要点及提示模板，并促成侦查人员在侦查阶段的讯问中使犯罪嫌疑人认罪认罚，以点带面，通过解决问题，形成检、警高效协作的辐射效果。

（三）加强协作，提升案件办理“战斗力”

监督不是代替，协作不落监督。提前介入立足公、检两家的工作诉求，一方面，区检察院在提前介入中对涉及的通用型证据的要求和标准予以明确，不拘泥于大案、要案、复杂案件的提前计入；另一方面，区检察院在提前介入中制定了细化个案的办案标准，如帮助信息网络犯罪活动罪中支付结算类的标准。开展良性互动，不仅进一步发挥大控方职能，也在实践中促使侦查监督与协作配合机制落实落细。

四、推广价值

侦查监督与协作配合办公室准确把握侦查监督与协作配合的要义。对于当前高发的案件，坚持最有利于办案的原则，找准侦查机关的办案需要，灵活掌握办案节奏和刑事检察工作的开展，采取“刑拘直诉”机制新模式诉至法院，提升了对轻型刑事案件的打击效能，取得了良好的社会效果。

6. 浦东新区率先试点以信用报告代替行政合规证明　为市场主体发展赋能

（推荐单位：浦东新区区委全面依法治区委员会办公室；申报单位：浦东新区金融工作局）

浦东新区在全国率先试点以企业信用信息报告代替行政合规证明的新机制。通过出台《浦东新区企业信用信息报告代替行政合规证明实施方案（试行）》，积极解决拟上市企业行政合规出证难、重大违规认定难等痛点问题，加快推进优质企业上市挂牌，进一步提升金融服务实体经济效能，优化金融业法治营商环境。

一、案例背景

针对企业反映上市审核过程中细节严、证明多、敲章难，特别是行政合规出证难、重大违规认定难等突出问题，新区开展调研，梳理企业诉求，分析问题原因：(1)企业“求证心切”。当前IPO上市审核趋紧、监管趋严，倒逼拟上市企业将“合规性”问题摆在突出位置，企业运营合规证明需求旺盛。(2)部门“不再受理”。随着政府职能转变和简政放权，土地、环保、消防等部门依法不再受理行政合规核查，但很多企业为确保上市材料符合证监会发行审核要求，仍通过各种途径争取主管部门出具书面合规证明。(3)发证“依据不足”。企业涉及国资历史沿革、土地房产确权、税费缴纳等历史遗留问题，特别是受到行政处罚是否属于重大违法违规等问题，都需要行政部门出具认定结论，而有关部门往往因现行法规中缺乏相应的规定情形，难以出具相关证明文件。(4)职责不清、流程不明。因多数部门职责文件中没有明确列出开具合规证明的内容,不同部门之间操作不尽一致,导致有些企业"摸到门"但证明"开不出",有些企业等待出证时因缺少流程和时限规定,"进了门"但"不知道何时能开出"。

二、基本做法

浦东新区坚持需求导向,针对高频事项先行启动试点。2021 年年底,在市发展改革委和市公共信用信息中心的大力支持和区级部门的联动协同下,浦东新区在全国率先试点以企业信用信息报告代替行政合规证明新机制。区金融局联合区发改委,与区商务委、区市场监管局、区税务局、区人社局、区应急管理局、区公安分局、区生态环境局、区城管执法局八个部门进行专题研究,明确各部门根据国家及本市关于"双公示"工作要求,7 个工作日内完成各类行政许可、行政处罚信息的归集,并对数据的全面性、真实性、准确性负责。在此基础上,推出以上海市公共信用信息服务中心出具的法人公共信用信息查询报告,代替行政部门开具的行政合规证明。

在具体服务体验优化办事流程方面:(1)推出"双轨运行"机制。明确企业申请并授权区金融局查询信用报告,区信用办信用服务窗口依申请调取上海市公共信用信息报告;收到报告后,区金融局加盖骑缝章,并返还企业和保荐机构,全流程原则上在 3 个工作日内完成。试点期间,企业结合自身情况仍可按原流程申请开具合规证明。(2)建立"一码核验"机制。在信用报告上标注"核验码",企业、保荐机构等可通过扫描"核验码"对报告真实性进行快速验证,实现可追溯、可核实。(3)是完善信用修复机制。明确企业如信用报告中有行政处罚记录,可按照《关于进一步做好本市公共信用信息修复工作的若干意见(试行)》的要求,向上海"一网通办"平台申请修复行政处罚信息;明确保荐机构对企业违法违规行为的严重程度,可参照"一网通办"平台公示的失信行为认定标准予以判断。

三、主要成效

自《浦东新区企业信用信息报告代替行政合规证明实施方案(试行)》全

面实施以来,浦东新区已为 282 家企业办理了申请,包括在上海证券交易所科创板正式上市的益方生物科技(上海)股份有限公司,该企业在上市材料准备过程中涉及市场监管、税务、劳动、社保、住房公积金、消防、环保等多个部门的行政合规证明事项,经申请查询信用报告后一次性获得所有部门的行政许可和处罚信息,有效减少了企业向各行政主管部门"求证"的沟通和时间成本。

四、推广价值

信用信息报告的推行,是一项在浦东新区范围内、上市领域内首创的先行先试举措,运用法治思维、法治方式,解决了企业反映集中的难点、痛点、堵点,获得了企业和保荐机构的广泛欢迎以及证券交易所、证监局的大力支持,并在多家官方媒体上进行宣传报道,其中《全国率先! 上海浦东这项大胆探索为拟上市公司击破"痛点"》得到市级相关领导肯定。浦东新区将继续跟踪落实好信用报告代替行政合规证明的试点情况,在长三角区域适时试点推广,并在此基础上探索建立长三角区域城市间信用报告互认机制,进一步促进跨省市经营企业的上市速度。以此创新举措为契机,深化"放管服"改革,进一步厘清政府和市场、政府和社会的关系,推动有效市场和有为政府的有机结合,加快政府职能转变,探索具有引领区特色的法治政府建设新模式和新路径。

7.从“失信受罚”到“守信获益”首份自动履行证明书助力诚信社会建设

（推荐单位：宝山区委全面依法治区委员会办公室；
申报单位：宝山区人民法院）

自动履行证明书是指人民法院在执行工作中，对主动履行生效法律文书确定义务的义务人出具的、证明其诚信履行义务情况的证明文书。2021年8月，宝山区人民法院（以下简称宝山法院）率先积极探索信用修复和守信激励机制，作为上海发出首份自动履行证明书的法院，从源头上激励被执行人主动履行，营造守法诚信的社会氛围，助推社会诚信体系建设，优化营商环境，让“失信受罚”和“守信获益”成为社会共识，取得良好的法律效果和社会效果，并经“浦江天平”、《上海法治报》等媒体报道，受到社会广泛关注。

一、背景缘由

社会信用体系建设是社会治理的重要内容。于2019年发布的《最高人民法院关于在执行工作中进一步强化善意文明执行理念的意见》第21条第2款提出，“可以结合工作实际，探索开展出具自动履行生效法律文书证明”。中共上海市委全面依法治市委员会于2021年发布的《关于加强综合治理从源头切实解决执行难问题的实施意见》第2条第2款指出，“大力实施自动履行正向激励，努力提高法院生效法律文书自动履行率。进入执行程序后，对于自动履行完毕的案件，符合条件的可依法减免执行案件受理费，并可视情出具《自动履行证明书》”。法院执行工作指导理念从以惩戒为主转为失信惩戒与正向激励并重。为进一步落实上级文件精神,宝山法院通过推出自动履行证明书机制,以引导当事人自动履行为先导,以法院强制执行为后盾,积极探索守信正向激励机制,用法治的力量塑造诚信文化。

二、主要做法

(一)以“效果导向”探索执行正向激励机制创新

1. 正向评价,激励被执行人主动履行。自动履行证明书因具有“被执行人系主动履行”等正面内容证明被执行人信用状况,且法院可就已出具的自动履行证明书及相关案件履行情况向相关机构予以客观说明,为今后被执行人在行政审批、招投标评审、信用评价、授信融资等方面减少不必要的障碍。此外,主动履行还可以减免执行费用,极大地提高被执行人主动履行的积极性和主动性。

2. 修复信用,给予“信用重生”机会。司法涉诉尤其是司法惩戒信息作为重要的信用评级依据,影响个体正常参与社会生产生活。自动履行证明书凸显当事人在履行法律文书义务时的积极主动,减少司法涉诉行为对其造成的负面影响,提供修复失信行为的救济渠道,从而引导失信主体向善守信,减少或避免惩戒。

3. 丰富举措,提高法院执行工作质效。宝山法院以自动履行证明书区分执行过程中被执行人主动履行和被动履行两种不同的履行方式,并突破传统结案证明书的局限性,对多名被执行人的案件中主动履行其全部义务的被执行人,也可向其单独出具自动履行证明书。进一步丰富人民法院的执行手段,对提高人民法院各类案件自动履行率、破解执行难具有积极意义,更好地实现执行公平与效率。

(二)以“规范引领”保障自动履行证明书出具规范有序

1. 明确出具自动履行证明书的原则性条件。在自动履行证明书取得良好实践效果的基础上,宝山法院出台《关于出具〈自动履行证明书〉的若干规定(试行)》(以下简称《证明规定》)。《证明规定》明确,在执行过程中,被执行人积极主动履行生效法律文书规定的全部义务或者实质性化解矛盾的,法院可依被执行人的申请出具自动履行证明书,并对“视为自动履行”的情形作了列举式规定。

2. 规定不得出具自动履行证明书的负面清单。《证明规定》以列举方式明确不得向当事人出具自动履行证明书的情形,在司法实践中避免凡履行完毕就可出具自动履行证明书的滥发情形,维护该司法文书的严肃性和司法权威。

3. 规范出具自动履行证明书的程序。自动履行证明书的出具需要经多层审核,并针对特殊情形设置特别程序,严把文书质量,确保自动履行证明书合法合规。

(三) 以“配套保障”拓展自动履行证明书适用范围和效能

1. 积极探索自动履行和信用评级、评价联动。宝山法院持续加强与多方沟通协调,对自动履行法律义务的个人和企业进行联合激励,不断丰富适用情形和激励措施,发挥自动履行证明书的最优效能。

2. 拓宽自动履行证明书的适用场景。法院制作的有执行内容的法律文书生效后、进入执行程序前,当事人主动履行全部义务或者实质性化解矛盾的,如需出具自动履行证明书,也可办理。从而扩大自动履行证明书的适用范围,鼓励当事人尽早履行义务,促进实质解纷,减少案件流入执行程序。

3. 多方宣传加深群众对自动履行证明书的了解。宝山法院依托院微信公众号等平台发布释法文章、典型案例,增进社会公众对自动履行证明书的了解,鼓励被执行人主动履行,强化宣传效果。此外,在具体执行案件中,执行法官对被执行人释法说明,言明利弊,加强引导。

三、主要成效

1. 推动执行工作持续向好。自 2021 年 8 月发出上海法院首份自动履行证明书以来,至 2022 年 6 月,宝山法院已出具 65 份自动履行证明书,取得了良好的法律效果和社会效果。

2. 促进纠纷实质化解,节约司法资源。被执行人的自动履行,一方面,能够及时实现申请执行人的胜诉权益,避免强制力介入导致当事人之间的矛盾激化；另一方面，在执行案件数量不断激增的背景下，被执行人自动履行节约司法资源，维护了执行公信力和权威。

3. 实现执行效果与社会效果双赢。在宝山法院执行过程中，兼顾司法执行效果与民生保障、营商环境、社会稳定，借助自动履行证明书，协调各方利益共赢，达成执行效果的“最优解”。如区法院一起保障复工复产的涉工伤执行案，以自动履行证明书兼顾申请人权益尽快实现与作为小微企业的被执行人顺利准备复工复产，受到最高人民法院、《人民法院报》的转发关注；另有一起涉保供企业执行案，为不影响疫情期间的民生保障，经申请人同意并在被执行人按期主动履行完毕后，向被执行人出具自动履行证明书，减轻其诉讼负担，使该企业得以正常开展民生保障工作。

四、推广价值

自动履行证明书是践行善意文明执行理念、探索司法正向激励与信用修复的创新性改革举措，完善了“惩戒与正向激励”并重的法院强制执行体系，有助于进一步解决执行难，保障当事人的胜诉权益，以法治力量推动社会信用体系建设和优化营商环境。宝山法院的实践与制度探索具有广泛的借鉴意义和参考价值。

8. 践行全过程人民民主　创新基层依法治理路径

（推荐单位：普陀区委全面依法治区委员会办公室；
申报单位：普陀区司法局，普陀区宜川路
街道党工委、办事处）

在破解苏州河两岸贯通工程最后断点困局“中远两湾城段”中，普陀区深入贯彻落实习近平法治思想，践行全过程人民民主，以法治、自治、共治、德治“四治融合”有效化解矛盾，在“还河于民，还岸线于民”的实践中探索出了一条基层依法治理的新路径。

一、背景介绍

根据上海市委、市政府“一江一河”规划部署，苏州河岸线公共空间计划于2020年年底基本实现贯通开放。然而截至2020年12月，苏州河岸线普陀段仍有总长1.69千米的断点，贯穿普陀区宜川路街道中远两湾城居民区。该小区前身是20世纪上海市区有名的棚户区“两湾一宅”，如今是上海中心城区规模最大的小区，拥有11,599户居民，5万常住人口，划分为4个居委会管理。由于该小区苏州河沿线土地为小区全体业主所有，居民对权属岸线开放共享、设计问题及后续管养问题存在较大争议，反对贯通。中远两湾城第二居民区曾做过一份民意调查，赞成开放的居民不到一成。

土地权属复杂、反对意见强烈、各方诉求多元，使苏州河岸线普陀段贯通工作在临近节点时遭遇停滞。面对断点困局，普陀区在推动解决过程中，贯彻落实习近平法治思想，充分践行全过程人民民主，以法治、自治、共治、德治

“四治融合”有效化解矛盾,2020 年 12 月 31 日,中远两湾城召开业主大会表决通过小区苏州河段环境综合整治工程,通过以项目公司与小区业主大会签订民事协议的方式开展施工。签约后施工平稳快速,2021 年 6 月底,苏河中远两湾城段岸线正式试运行开放,实现 24 小时还水于民、还绿于民、还岸于民。同时,中远两湾城小区的滨河环境面貌和居住生活品质也得到显著提升。

二、主要做法

(一)建立民意表达机制,用法治思维和法治方式精准破解基层治理难题

苏州河岸线贯通顺应了人民群众对美好滨河空间的向往,贯通不仅是打通物理空间,更是城市建设“以人为本”的实践,需突破现状,实现岸线空间依法蝶变。普陀区以行政比例原则破除“我的地盘我做主”的工作惯性思维,通过权衡局部利益与整体利益、短期利益与长期利益,参考《民法典》关于地役权规定及外省(区、市)相关经验,以设定公共地役权为思路,形成了在沿线土地权属不变的基础上给予小区业主合理补偿,以实现使用权开放共享的工作方案,调动沿线利益主体形成主动“腾地”的大局观,针对小区权属用地让渡一部分使用和管理权利,参与城市更新建设,以此打通市民共享水绿之美“最后一公里”。

(二)构建高效多样充分的群众全过程参与渠道,找到群众意愿和诉求的最大公约数

坚持共建共享共治理念,用法治精神最大限度凝聚共识,激发“还河于民,还岸线于民”的内生性力量。针对中远两湾城小区权属用地“谁说了算”这一关键问题,普陀区充分发挥“契约精神”,以“人民城市人民建,人民城市为人民”的理念为指引,对通过意见箱、电子邮件、征询表等渠道收集的近 2000 条意见建议进行收集整理,分析群众最真实意愿和诉求。其实小区居民也对苏河贯通有不小期待,只是有诸多顾虑,对贯通后的效果、维护与管理还缺乏一定信心。基于此,通过与小区业主协商,形成“前期协商—业主大会征询表决—签订协议—项目施工”的贯通工作路径,订立“共建共享”民事协

议,明确各方权利义务,确立政府方建设、使用和管理沿河区域权以及小区业主的获得补偿权的实施框架,各方均要遵循共建共享契约,依约办事,激发小区居民支持苏州河贯通的主观能动性。

(三)完善利益协调和纠纷化解机制,依法保障小区居民当家作主

中远两湾城小区岸线道路为业主共有,小区居民对岸线道路的处分管理均可表达诉求、发表意见。为保障小区居民的知情权、参与权、表达权、监督权,引导居民有序有效表达诉求,组织"宣讲会"、召开"磋商会"、建立"接待点"、开设"直播间"、开设"心愿墙"、举办"开放日",最广泛倾听民意、汇聚民智、公开信息、回应关切。根据居民建议打造了一条开放共享的花园式滨水健康步道,沿河栏杆具有老上海风情,将沿河台阶改为花坛,不仅提升了景观品质,而且居民的诉求自我表达、自我管理水平也大幅提高。调处矛盾坚持把居民反映频次最多的问题放在最前面解决,走群众路线,群众的事和群众商量着办,化解贯通施工期间小区管理、安全、扰民、应急管理等矛盾纠纷,在施工期间每逢周末早上开工时间延后1小时,在树木养护步道管理上通过招标落实管养单位,加大保安巡逻力度,真正让居民感受到在参与小区建设中有"说话论事"的平台,诉求表达有人听、有人管、有人办,不断提升居民的"主人翁"积极性。

(四)打好"法治+"组合拳,引领特大型社区治理走向善治

普陀区把苏河贯通与助力提升基层治理水平、临河地块功能转型相结合,在解决关键问题中推进断点贯通各项工作。在推进过程中,建立特大型社区居委会、物业、业委会、社区民警"四位一体"定期沟通协调机制,为推进社区治理打牢工作基础。集聚贯通过程涌现的一大批社区能人达人,形成社区治理"智囊团",为社区发展提供智力支撑。加强法治宣传,普陀区司法局苏州河贯通工程法治保障专班工作人员利用双休日时间在"联合接待点",重点宣讲群众关心的开放后河岸区域权属、业主大会投票表决程序、补偿资金使用、沿河步道后续管养等法律问题。发挥区政府法律顾问的作用,就其中发生的争议、诉讼,及时提出法律意见。加强区重大办、宜川路街道、区建管委、区规资局等部门之间的协同配合,为城市精细化管理提供坚实法律、资源支撑。

三、主要成效

（一）把党建优势转化成为高质量发展优势、治理优势

普陀区强化党建引领，发挥基层党组织战斗堡垒和党员先锋模范作用，成立中远片区联合党委，开展楼组党建。楼组党小组组长联合楼组党员共同拟写"致中远两湾城的全体共产党员"倡议书，党员居民发挥示范作用，带头签订共建共享协议书，团结和引导楼内其他居民参与共建共治，积极推进中远两湾城各类社区治理资源融合、各支队伍整合，形成有效工作机制。

（二）形成善用各类法治资源前端化解矛盾的重要经验

加强基层法治工作力量建设，一方面基层法治工作者要强化对《民法典》以及有关法律法规的了解和运用，本案例引入公共地役权的概念，以更好地回应诸如苏州河贯通这类民生重要问题；另一方面发挥区政府法律顾问的专业优势，做好法治保障，将矛盾化解在前端，避免法律风险。

（三）构建了精准科学的诉求表达路径和协调机制模式

发挥法治治理优势，切实提高群众的法治意识。探索构建基层政府与群众之间的良性沟通机制，畅通和规范群众依法表达诉求的通道，发扬全过程人民民主，为群众提供参与公共决策的平台，提高公众参与的水平，引导群众"遇事找法，解决问题用法，化解矛盾靠法"。

（四）激发了居民社区治理创造活力

普陀区紧盯群众所急、所需、所盼，做好民主协商，让居民通过民主协商使自己实实在在地成为获益者，真正赢得百姓心里的认同。如今在两湾城一种良好的气氛正在形成，居民们遇到问题第一个想到的不再只是抱怨和反对，而是通过社区里的"红色议事厅"、居委会、社区小程序等渠道，提出建议和想法，成为社区自治的推动者。

四、推广价值

本次苏州河贯通民生工程，不仅提升了小区居住环境和品质，提升了群众对政府的信任度和满意度，也探索了在践行全过程人民民主的实践中创新

基层依法治理的路径。在社区治理中,把践行全过程人民民主贯穿始终,坚持党的全面领导,坚持法律至上,坚持以人民为中心,坚持增强群众获得感、幸福感,在重大决策前进行充分协商,用法治凝聚最大共识,把人民当家作主具体、现实地体现到法治社区建设工作中,不断提高新时代基层依法治理水平。

2023年度

1. “府院联动”共推《民法典》遗产管理人制度在上海落实落细

（推荐单位：市民政局、市高级人民法院、市司法局；
申报单位：市民政局、市高级人民法院、市司法局）

《民法典》第1145条确定了民政部门在特定情况下担任遗产管理人的制度。为推动这一制度在本市落实落细，市民政局、市司法局、市高级人民法院以主题教育为契机，联手开展专题调研，并积极推动调研成果转化。2023年7月，市高级人民法院、市民政局联合出台关于民事诉讼中民政部门担任遗产管理人的实施性文件。在此基础上，市民政局起草印发本市民政部门担任遗产管理人的工作指引，对各区民政局如何履行遗产管理人职责进行了初步规范。市司法局积极支持引导律师公证等专业力量为落实遗产管理人制度提供法治服务保障。

一、背景缘由

《民法典》第1145条规定，继承开始后，没有继承人或者继承人均放弃继承的，由被继承人生前住所地的民政部门或者村民委员会担任遗产管理人。《民法典》实施至今，国家层面尚未出台民政部门履行遗产管理人职责的实施细则，但实践中本市已有多个区民政局被辖区法院判决担任遗产管理人。2023年两会期间，有市人大代表也提出了“关于规范‘遗产管理人’工作”的议案，建议明确民政部门担任遗产管理人的职责性质，尽快制定相关工作意见。民政部门如何履行遗产管理人职责亟待破题。

为回应上述问题,市民政局、市司法局、市高级人民法院在市委依法治市办的指导下,以"推动《民法典》遗产管理人制度在上海落实落细"为课题,联合开展专题调研,联手推动问题解决。

二、基本做法

1. 充分依托市委依法治市办平台作用,协助推进调研工作。2023 年以来,市委依法治市办陆续收到多个基层法治观察点专报,反映本市无人继承遗产处置难问题。市委依法治市办高度关注,主动对接市民政局。市民政局积极配合并充分依托市委依法治市办平台作用,借助其统筹协调功能,助力推动解决民政部门履行遗产管理人职责过程中的痛点、难点问题。

2. 畅通府院沟通机制,协同推进调研工作。2023 年市人大代表"关于规范'遗产管理人'工作"的议案,市民政局为主办单位,市高级人民法院为协办单位,在市委依法治市办的有力推动下,市民政局、市高级人民法院以议案答复为契机,会商确立了畅通有序的沟通机制,对民政部门担任遗产管理人涉及的法律适用等问题进行充分论证沟通,为后续相关制度的出台奠定了良好的基础。

3. 统计分析涉民政部门担任遗产管理人的案例情况。对《民法典》实施以来,本市 16 个区遇到的涉民政部门担任遗产管理人的案例进行统计,逐一分析论证。先后多次赴浦东、黄浦、徐汇、金山等区开展实地调研,了解相关案例在推进解决中遇到的问题和困难,及时总结经验。同时,调研了解北京、浙江、天津等兄弟省市相关工作,对天津、浙江的典型案例进行深入剖析,在本市制度设计中充分吸收成功经验。

4. 分主题召开座谈,争取多方面支持。在市委依法治市办协调下,召集市公安局、市规资局、市医保局、市人社局等多部门座谈,商请在民政部门履行查清遗产、处置遗产等职责过程中提供支持。针对无人继承遗产如何收归国有的问题,先后在金山、徐汇区召开基层民政、法院和司法局座谈会,探索通过无主财产认定之诉解决相关问题的路径。市司法局牵头召开本市部分律师事务所和公证机构座谈会,共同探讨民政部门委托第三方专业机构协助履职的可行性。

三、主要成效

2023 年 7 月，市高级人民法院联合市民政局共同印发实施意见，率先探索解决民事诉讼中民政部门如何介入涉遗产管理人之诉的问题。9 月，市民政局出台本市民政部门担任遗产管理人的工作指引，作为本市民政系统内部操作规则，对各区民政局如何应对遗产管理人之诉，如何履行遗产管理人职责等作了初步规范。同时，市民政局积极探索打通无人继承遗产“一口查询”渠道；并联合市高级人民法院、市司法局探索通过无主财产认定之诉，打通无人继承遗产收归国有的路径。

四、推广价值

市民政局、市司法局、市高级人民法院“府院联动”探索落实《民法典》遗产管理人制度，是本市贯彻实施《民法典》的具体举措，具有鲜明的法治性和创新性。这一制度的建立，有利于保护遗产利害关系人的利益，维护本市社会经济秩序的稳定，助力本市优化营商环境，具有显著的实效性和社会性。同时，本市先行先试将为国家层面制定出台相关制度积累上海经验、贡献上海智慧，具备较强的可复制性。

2. 全力推进行政机关负责人出庭、旁听和讲评“三合一”进高校活动，打造高校法治教育新品牌

（推荐单位：市司法局、市教育委员会；
申报单位：市司法局、市教育委员会）

高校大学生是青年群体中的中坚力量，肩负着实现国家富强、民族复兴、人民幸福的时代重任。加强大学生法治教育，培养和提高大学生法律信仰与法治意识、保证大学生健康成才，培育社会主义建设者和接班人是一项重要任务。2023 年 2 月，市司法局与市教育委员会（以下简称市教委）联合印发《关于开展行政机关负责人出庭、旁听和讲评“三合一”进高校活动的通知》，深入学习宣传贯彻党的二十大精神，进一步推进习近平法治思想融入本市高校教育，提升高校法治教育水平，在本市各高校营造尊法学法守法用法的浓厚氛围。

一、背景缘由

行政机关负责人出庭、旁听和讲评“三合一”活动（以下简称“三合一”活动）是上海推动行政机关负责人出庭工作的一项制度创新，自 2017 年市政府与市三中院首次联合组织开展“三合一”活动，活动开展日趋常态化、规范化。尤其自 2021 年起，市司法局积极推动“三合一”活动进市委、区委两级党校，对加强行政应诉工作、推进法治政府建设起到了十分重要的推动作用。《关于加强新时代法学教育和法学理论研究的意见》明确提出：“强化法学实践教

学，深化协同育人，推动法学院校与法治工作部门在人才培养方案制定、课程建设、教材建设、学生实习实训等环节深度衔接。”“三合一”活动与高校行政法、行政诉讼法、行政复议法等法律课程紧密相关，可以为高校相关课程提供生动的实践教学平台。党的二十大报告提出，“发挥领导干部示范带头作用，努力使尊法学法守法用法在全社会蔚然成风”。行政机关组织开展“三合一”活动进高校，是在“三合一”活动进党校模式上作出的制度创新，能够充分发挥行政机关负责人尊法学法守法用法的示范作用，带动提升大学生这一接受高等教育具有良好文化底蕴和知识素养群体的法治意识，并以其特有的作用影响社会的法治意识和水平，进而影响中国法治建设的未来。

二、基本做法

2023年2月，市司法局与市教委联合发文，在全市开展“三合一”进高校活动，各级司法行政机关通过线上与线下相结合形式安排本市高等院校学生旁听行政诉讼案件庭审过程，并组织学生围绕旁听的行政诉讼案件撰写文章参与评比，通过分析思考、撰写文章更好地引导高校学生涵养法治情怀，增强法治思维，树立法治信仰。

一是签订合作框架协议。金山、奉贤、宝山、青浦、杨浦、徐汇、闵行、崇明等区司法局与高校签订“三合一”进高校合作框架协议，建立长效合作机制，以机制引领行政机关与高校深化合作，充分发挥各自优势，促进法治实践与法学教育良性互动，拓展法学教育途径，培养高素质法治人才，共同推进法治建设和法学教育高质量发展。

二是开展“三合一”进高校实践活动。2023年全市16个区均举行“三合一”进高校实践活动，采用“挖、跨、联、延”四字工作法，推动“三合一”活动走进19所高等院校，覆盖法学类、理工类、金融类、语言类、医学类、艺术类、高职类等各类学生。青浦的“挖”，深挖青浦高校资源，促成与上海政法学院达成合作；金山的“跨”，金山高校资源短缺，因此其跨区域与华东政法大学达成合作；杨浦的“联”，杨浦高校资源丰富，联合多所高校进行合作；徐汇的“延”，在开展活动时，将旁听的学生延伸至没有法律专业背景的高校学生，让他们近距离感受法治魅力，提高学生整体法治素养。

三是放大“三合一”进高校活动溢出效应。奉贤、徐汇、崇明区司法局分别与华东理工大学法学院、上海交通大学凯原法学院和上海外国语大学贤达学院建立实践、实训基地，杨浦区司法局与复旦大学法学院、同济大学法学院、上海财经大学法学院、上海理工大学马克思主义学院开展“杨浦 · 法治荟”活动，松江区司法局与华东政法大学开展实战模拟法庭进高校活动。借助“三合一”进高校活动的开展，行政机关与高校开展多方面合作，进一步释放“三合一”进高校活动的溢出效应和辐射效应。

四是“三合一”进高校活动形式多样。长宁区司法局组织学生到法院观摩庭审，普陀将庭审过程视频连线到高校课堂，金山、杨浦区司法局将庭审搬到了高校教室，杨浦区司法局结合世界环境日选取生态环境保护行政处罚案件开展活动并进行网络直播，获得 33 万人次的网络点击量；松江区司法局自选案件，开展教学版的模拟庭审；宝山、青浦区司法局采取学生提问、专家教授现场教学形式释难解疑。

五是开展征文评比活动。高校学生围绕旁听的行政诉讼案件，聚焦旁听后的学习感悟、旁听庭审中发现的问题、分析思考后的建议等撰写文章，将法治教育的效果落到实处。

三、主要成效

“三合一”进高校活动聚焦服务法治建设的未来重要多数，在庭审中融入法治教育，在教育中普及法治理念，促进法治实践与法学教育的有机融合，有力推动习近平法治思想融入高校教育。

一是拓展“三合一”活动新维度。推动“三合一”活动进高校，是认真学习党的二十大精神，全力推进习近平法治思想进校园的有力举措。通过行政手段的设计推动，将行政诉讼法治实践带入高校，进一步拓宽行政复议应诉工作的影响力，将更多的人群纳入上海法治政府建设大格局中。

二是培育法治课堂学习新品牌。将行政案件的庭审过程搬进高校课堂，把真实的庭审过程课程化是贯彻落实习近平法治思想的生动实践，有效丰富课程设置，突破教学设计局限，完善教学课程体系，推动法治教育改革，打造精品课堂，推动高校学习课程持续做精、做实、做强，切实为大学生提供更有意义、更富实效的“沉浸式”课堂，提升教学的针对性和实效性。

三是获得触动人心新感悟。大学生现场旁听案件庭审，亲历法庭审判和庭审过程，摒弃死记硬背的灌输，以一种更加直观的形式与法治之间建立感性关联，了解社会主义法治对每一个具体的人的关怀、对权利尊严的彰显，接受蕴含于庭审法律知识背后的法治精神的洗礼，润信仰身铸法治魂，让大学生在法治实践中与法治开展内心对话，实现润物细无声的法治实践教育。参与活动的高校学生感言，“之前我在模拟法庭也打过辩论赛，赢过几次，也拿过最佳辩手。但是今天坐在庭下近距离感受了这样一次真实的法庭庭审，这种紧张感、代入感是模拟法庭所不能比拟的，希望还能有更多类似活动”。

四、推广价值

2023 年，在市司法局与市教委的指导推动下，全市 16 个区以多种形式开展了“三合一”进高校活动，进行有益探索，在推动法学教育与法治实务进一步融合方面，提供生动的实践样本。

一是坚持习近平法治思想的方向。这是“三合一”进高校活动的基本遵循，也是法治教育改革的基本依托。推进“三合一”进高校活动，就是在习近平法治思想指导下，将“三合一”活动平台与高校法治教育相融合，将高校变成贯彻习近平法治思想的重要阵地，服务未来重要多数。

二是坚持法治思维和法治方式。法治是我们党治国理政的基本方式，“三合一”进高校活动符合法治原则、体现法治精神，搭建了高校师生和司法行政机关、法院的交流互动平台，有助于推动多元主体发挥各自优势，共同推进法治建设和法学教育高质量发展。

三是坚持以学生为中心。“三合一”进高校活动的根本目的就是以学生为中心，高校是“科学种苗的繁育场、是社会动能的输出地、是专业知识的大讲堂”，让高校学生亲身走进法庭、旁听庭审，增强学生的法治意识，让学生深刻感受司法公正和依法行政的重要性。坚持把大学生从头回客变为回头客、把大学生的心愿单变为司法行政机关的服务单、把大学生从活动的旁观者变为实践的参与者，进一步强化学生作为未来法律人的主体意识，汇聚形成推动法治政府建设的磅礴力量。

3.用好中央立法授权　以高质量法治赋能高质量发展

（推荐单位：浦东新区区委全面依法治区委员会办公室；申报单位：浦东新区司法局）

一、背景缘由

2021年4月,《中共中央、国务院关于支持浦东新区高水平改革开放打造社会主义现代化建设引领区的意见》赋予浦东新区打造社会主义现代化建设引领区的重大历史使命,随后全国人大常委会作出有关立法授权,据此授权,浦东新区法规可以对法律、行政法规、部门规章作出变通规定,适度突破地方立法权限,先行先试有关事项。2023年3月,全国人大对《立法法》进行修正,将关于浦东新区法规的授权及相关备案规定写入其中,将授权决定上升到了基本法律层面,具有重要而深远的意义。中央立法授权以来,浦东新区以法筑基、以法促治、以法立行,在促进经济建设、推动社会发展各方面进行了有益探索和尝试,为加快推动引领区建设提供了强有力的法治保障。

浦东新区立法从无到有、从有到优,短短两年多的时间里,聚焦重点领域、新兴领域立法,坚持改革导向、问题导向、效果导向,累计推动出台18部浦东新区法规,呈现出"小快灵"的鲜明特点:(1)"小",即条款少,已出台的18部浦东新区法规条文数量均在40条以下,其中20条以下的有13部;(2)"快",即出台快,坚持急用先行、成熟优先,从"小切口"立法,在保证科学立法程序和充分调研论证的基础上,最快2~3月,最长大半年即可出台;(3)"灵",即成效好,浦东新区法规致力于解决引领区建设中的重点、难点、堵点,从效果上看，获得了较好的成效。

二、基本做法

(一)建立体制机制，构建立法工作体系

1. 建立工作机制。2021 年 9 月，浦东新区区委成立了推进浦东新区法规立法工作小组，由区委主要领导担任组长，统筹推进全区立法工作，办公室设在区发改委。2021 年 9 月、11 月，浦东新区人大常委会、浦东新区政府先后出台立法相关工作规程。2023 年 5 月，区政府修订立法相关工作规程。2023 年 12 月，区委成立 7 个领域立法专项小组。

2. 设置工作机构。2021 年 7 月以来，上海市人大常委会法工委、浦东新区人大常委会办公室、区司法局分别成立专门处室，承担浦东新区立法相关工作。

3. 聘任立法工作专家。从金融、航运、贸易、科创等各领域的专家律师中选拔并聘任了首批 40 名立法工作专家，建立引领区立法工作专家咨询制度。在此基础上，2023 年 7 月，首次聘任境外法律专家成为区法律咨询专家和区立法工作专家库成员。2023 年 9 月，从商事金融、知识产权、城市建设等重点领域遴选了 100 名律师专家，组建“区司法局立法工作律师专家库”，作为区立法工作专家库的重要补充。

4. 编制立法需求清单。建立浦东新区法治保障需求征集和动态更新工作机制，借鉴经济特区和长三角城市立法经验，梳理形成立法需求项目基础库。

5. 设立基层立法联系点。2021 年 6 月起，区人大常委会先后设立 23 个区级基层立法联系点，逐步将工作网络拓展至街镇、社会团体、行业协会等领域。2023 年 5 月，区政府设立首批 18 个基层立法联系点，其中包含了外企、外资律师事务所代表处，拓宽社会各方参与立法的途径和方式。

(二)紧扣“创制性”和“变通性”，发挥引领区制度优势

“创制性”和“变通性”是浦东新区法规的最大特色，但在浦东新区法规立法过程中难点也集中在上级相关部门对创新变通点的支持。为此，浦东新区在加强对法规项目研究论证的基础上，注重加强部门间的协调联动，推动

建立市、区两级立法部门间常态化双向沟通协调机制，请求市级立法部门给予专业指导，对较大的变通点、涉及中央事权的事项，通过加强沟通、与市级部门形成合力，争取中央部委的支持。同时，增强区级立法工作部门之间、与起草部门间的紧密联系，确保推进过程中各司其职、通力协作、有效衔接。

（三）建立健全实施监督体系，确保立法成果落地见效

立法工作体系的有效运行离不开实施监督体系，有力的实施监督体系是引领区法治保障的坚实后盾。为此，浦东新区积极推动建立健全引领区法治保障实施监督体系。一方面，由区司法局起草并推动区委依法治区委员会出台《关于做好浦东新区法规、管理措施贯彻实施工作的意见》，通过细化实施方案、完善配套制度、强化规范适用、开展监督评估和跟踪问效等工作，持续推进法规措施落地见效。另一方面，配合市人大开展立法成效评估，并形成评估报告，助力授权立法成效进一步释放、法治保障体系进一步完善。

三、主要成效

截至 2023 年 7 月，浦东“立法试验田”聚焦优化营商环境、促进重点产业和新兴领域发展、推进生态文明建设、探索城市治理转型等领域，共推动出台 18 部浦东新区法规，为相关领域的发展以及推动引领区建设提供了强有力的法治保障。

1. 在优化营商环境方面，着力破除藩篱，充分激发市场主体活力。例如，《市场准营承诺即入制改革》法规出台后，采用一次性告知涉及该行业经营的多项审批条件，对信用良好的企业，只要自愿作出书面承诺，即可当场获得食品经营等市场准营许可证，实现“证照衔接”，真正解决了“准入”不“准营”的难题。

2. 在促进重点产业和新兴领域发展方面，着力突破制度瓶颈，为产业发展解绑赋能。例如，《文物艺术品交易》法规出台后，浦东新区设立文物艺术品交易服务中心，为文物拍卖经营活动和艺术品交易提供场所、设施、鉴定等服务，允许多元主体共同参与文物拍卖经营活动，增强上海在文物艺术品交易领域的全球资源配置能力。

3. 在推进生态文明建设方面，秉持人与自然和谐发展的理念，有效推进生态优先、节约集约和低碳发展。例如，《生态环境保护》法规明确将碳达峰、碳中和纳入经济社会发展全局，建立健全减少污染排放、降低温室气体排放等的激励约束机制，在“源头预防、过程控制、损害赔偿、责任追究”方面作出制度创新，其实施后将加快推动经济社会发展全面绿色转型。

4. 在探索城市治理转型方面，注重更新城市治理理念，创新城市治理手段。例如，《城市管理非现场执法》法规出台后，有效解决了城管非现场执法合法性问题，同时依托“一网统管”平台，各执法环节实行全方位电子化、线上化，从传统办案模式下办案时限平均需要 27 天到用非现场执法办案耗时小于 4 天，大大提高了执法效率。

四、推广价值

为了健全引领区法治保障体系，有效保障引领区高质量发展，要继续发挥好浦东新区法规的优势，即“创制权”和“变通权”，破解改革创新中面临的制度障碍。制定浦东新区法规的过程不仅是立法的过程，也是推进改革的过程，更是通过不断沟通协调赢取共识的过程，因此，立法过程中对重要的创新变通点，尤其是涉及中央事权的事项，需要加强与市级部门的沟通，形成合力，争取中央部委的支持。

除充分用好浦东新区法规立法授权外，还要发挥好管理措施、调法调规等其他制度供给形式的作用。(1)充分发挥管理措施对浦东新区法规的补充作用。一方面，充分发挥管理措施先行先试的定位、固化实践中的成功经验和有效举措，发挥其为浦东新区法规及其他涉及浦东新区的立法提供制度探索的蓄水池功能，为上海、为全国贡献可复制、可推广的成功经验。另一方面，在条件成熟的情况下，及时将管理措施转化、上升为“法规规章”等形式。(2)综合用好各类法治保障形式，结合浦东新区法规、管理措施、综改文件、再出发文件以及调法调规等各类法治保障形式不同特点以及实际需要，选择合适的制度供给形式，避免立法资源浪费。

4.率先探索社会主义核心价值观入法入规的上海实践

（推荐单位：市委宣传部；申报单位：市委宣传部）

一、背景缘由

习近平总书记在党的二十大报告中指出，“坚持依法治国和以德治国相结合，把社会主义核心价值观融入法治建设、融入社会发展、融入日常生活”。党的十八大以来，上海大力培育和践行社会主义核心价值观，着力推进社会主义核心价值观融入法治建设。2021 年 9 月，中央宣传部等下发了关于建立社会主义核心价值观入法入规协调机制的有关意见，上海第一时间学习文件精神，积极开展探索实践。市委宣传部会同各有关部门，协同专业院校和智库机构，通过建机制、定方案、抓审查、促研究等一系列工作举措，有效推进社会主义核心价值观入法入规协调机制建设在上海率先落地落实。

二、基本做法

加强组织领导，建立工作协调机制。遵照中央宣传部等有关工作要求，制定《本市工作方案（试行）》。成立上海市协调小组，与华东政法大学联合成立“入法入规决策咨询研究基地”，遴选并公布第一批（30 位）决策咨询专家名单。组织法律法规年度审查。将 4 个地方性法规项目、1 个政府规章项目纳入年度审查范围。截至 2022 年年底，5 部法律法规已全部审查完毕，提出的近 30 项审查意见被起草部门采纳。纳入意识形态工作考核。将社会主义核心价值观入法入规有关要求纳入本市意识形态工作责任制考核内容，列入《2022 年意识形态工作责任制重点任务》。开展课题调研工作。完成中宣部宣教局部署的核心价值观入法入规协调机制建设、人民日报社核心价值观建设情况等调研工作,形成系列调研报告。将社会主义核心价值观入法入规纳入本市哲学社会科学 2022 年度课题指南,发布并完成“社会主义核心价值观融入上海市就业促进立法研究”等 5 个年度课题项目。举办“依规治党与社会主义核心价值观融入法治建设”主题论坛。

三、主要成效

(一)建立多方联动、协同发力的工作机制

社会主义核心价值观入法入规审查是一项涉及多领域、多方面的系统性工程,需要建立有效的工作机制,确保各部门、各方面在工作协同、信息共享、智力支持等多个方面通力协作。成立协调小组。遵照要求,于 2022 年 3 月,成立了上海市社会主义核心价值观入法入规协调小组,建立了党委统一领导、宣传部门牵头抓总、相关单位分工明确、社会各方积极参与的组织领导体系。明确由市委宣传部常务副部长担任组长,协调小组办公室设在部宣传处。制定本市方案。结合本市实际,于 2022 年 6 月,研究制定了《关于建立本市社会主义核心价值观入法入规协调机制的工作方案(试行)》,明确了协调机构职能、审查工作程序等,形成定期研究会商、进度及时通报、文件流转传批等工作制度。成立研究基地。为保障审查工作专业性,本市协调小组与华东政法大学联合成立了“上海市社会主义核心价值观入法入规决策咨询研究基地”,于 2022 年 9 月揭牌。基地在协调小组指导下协助开展审查、提供智力支持。建立咨询专家库。经各成员单位推荐和协调小组遴选,形成并公布了第一批(30 位)决策咨询专家名单,为入法入规审查提供专业意见和决策参考。

(二)完善严肃认真、有机融入的工作流程

立法工作具有严格的时间要求和法定程序,这对社会主义核心价值观审查工作提出了较大挑战,需要不断优化流程,促进审查与立法有机融合,确保审查有力有效。严格确定审查范围。聚焦本市社会主义核心价值观建设重

点领域，经市人大法工委、市司法局推荐，将《上海市消费者权益保护条例（修订草案）》等4个地方性法规项目，以及《上海市美术馆管理与促进办法（草案）》1个政府规章项目，共5项，纳入年度审查范围。严密制定审查方案。在贯彻落实相关要求的基础上，形成符合本市实际的工作方案和操作指南。自2022年6月起，对《上海市消费者权益保护条例（修订草案）》等2个立法项目开展试审查。通过实践探索，进一步细化了审查流程，为后续工作打下坚实基础。严肃开展审查工作。结合市人大、市政府立法工作节点，有序推进年度审查范围内5部法律法规的审查工作。为促进社会主义核心价值观全方位融入，协调小组指派专家提前参与起草工作，通过阶段性审查、预审查等环节，及时向起草单位反馈意见，并督促其修改完善。截至2022年年底，5部法律法规已全部审查完毕，协调小组提出的近30项审查意见被有关起草单位吸纳。此外，为提高工作贯穿力度，将社会主义核心价值观入法入规有关要求纳入本市意识形态工作责任制考核内容，列入《2022年意识形态工作责任制重点任务》。

（三）强化审查为先、研究助力的工作模式

社会主义核心价值观入法入规工作的开展，既要加强立法工作的实践探索，又要促进理论研究与审查实践同步发展。发挥研究机构专业支撑作用。将上海社科院、上海市法学会等研究机构和学术团体纳入协调小组，为审查工作提供理论支撑。探索与专业机构合作共建，委托华东政法大学负责本市决策咨询研究基地的日常事务性工作，发挥协助项目审查、深化理论研究、培育专业人才等功能。发挥重大课题示范带动作用。根据中宣部要求，围绕社会主义核心价值观建设的上海实践，开展"核心价值观建设问题研究""核心价值观入法入规协调机制建设研究"等一系列课题调研工作。经与市社科规划办沟通，将"社会主义核心价值观融入法治建设"纳入本市哲学社会科学2022年度课题指南，指导和鼓励社科理论界加强研究。协调小组办公室指导研究基地，发布并完成了《社会主义核心价值观融入上海市就业促进立法研究》等5个年度课题项目。发挥学术活动平台聚合作用。结合首届上海法治文化节，于2022年9月举办了"依规治党与社会主义核心价值观融入法治建设”主题论坛，邀请知名专家学者展开学术研讨，凝聚社会各界共识，促进研究成果转化。

四、推广价值

一是具有显著实效性。切实推进社会主义核心价值观入法入规，对有关法规和规章提出修改意见，推动依法治国和以德治国有机结合。例如，《上海市消费者权益保护条例》吸纳了协调小组提出的“融入绿色发展的理念，引导理性消费的立法价值导向”的建议，在总则章中增设了“绿色低碳消费”条款，倡导低碳节约、绿色环保、文明健康的消费模式。

二是具有引领创新性。在全国各省区市中率先启动该项工作，并取得突出进展。2022 年 10 月，向中央宣传部报送《上海推进社会主义核心价值观入法入规协调机制建设调研报告》，有关经验做法获得中宣部肯定。

三是具有良好传播性。通过宣传与市民生活息息相关的社会主义核心价值观入法入规典型案例，弘扬法治精神，树立社会正气。结合首届上海法治文化节，邀请本市主要媒体开展了社会主义核心价值观入法入规典型案例宣传报道，上观新闻等推出《盲盒等随机销售不得违背公序良俗，上海〈消条〉最新修订原来融入了这 24 个字》等文章，取得良好宣传效果。

5.优化规范性文件管理制度体系，在提质增效中实现“正向增值”

（推荐单位：市政府办公厅；
申报单位：市政府办公厅）

切实提升规范性文件管理水平，是深入贯彻习近平法治思想的具体举措，对全面推进法治政府建设，加快打造市场化、法治化、国际化的营商环境具有十分重要的意义。近年来，本市通过建立规范性文件管理制度、强化合法性审核机制、明确制定主体清单、打造统一的规范性文件数据库、组织全市规范性文件评估清理等，不断推动工作提质增效。为进一步提升文件制发水平、推进法治政府建设，市政府办公厅总结提炼多年成功管理经验，在《上海市行政规范性文件管理规定》的基础上，制定出台《上海市行政规范性文件管理实施办法》（以下简称《文件办法》），构建本市规范性文件“基础制度 + 配套办法”管理制度体系。

一、背景缘由

2003 年，市政府出台规章，在全市率先建立规范性文件制定和备案制度，并于 2010 年、2016 年、2019 年进行三次修订。规章作为本市规范性文件管理的综合性、基础性规定，对推动依法行政、优化营商环境发挥了积极作用。近年来，随着法治政府建设深入推进，规范性文件管理面临新的更高要求。在此背景下，制定出台《文件办法》具有现实必要性。

（一）全面贯彻国家和本市规范性文件管理新要求

2023 年 7 月，中共中央印发全面深化法治领域改革相关文件，其中明确要将所有规范性文件纳入备案审查范围，完善规范性文件备案审查制度。2023 年 8 月，市政府修订出台新版市政府工作规则，对规范性文件管理提出新的要求，有必要贯彻落实。

（二）压紧压实全流程责任确保文件出台依法合规

规范性文件作为行政机关履职的重要方式，需要在文件制定主体、内容、程序以及备案审查等方面予以进一步细化明确，压紧压实各环节审核责任，确保文件合法合规，避免引发不必要的矛盾和舆情。

（三）将政府规章中较原则的内容予以细化完善

例如，规章要求行政机关依照法定权限制发文件，但并未对超越职责权限发文的具体情形加以明确，实践中存在分歧，有必要细化明确。又如，随着合法性审核不断深入推进，“文件内容合理”已经成为审核的重中之重，但规章尚未对违反合理性的情形进行细化明确等。

（四）总结固化近年来探索形成的成功经验做法

例如，不同行政机关制定规范性文件需加强统筹协调，确保政策取向一致性，避免文件相互冲突。又如，2019 年以来，本市探索建立市、区政府规范性文件公平竞争三级审查机制，在稳定社会预期、增强企业满意度方面取得了显著成效，需要进一步巩固深化。

二、基本做法

根据市领导要求，市政府办公厅法律事务处 2023 年年初启动《文件办法》起草工作。4 ~6 月，结合主题教育和大调研部署要求，赴 16 个区和市政府各部门调研基层规范性文件管理情况，吸收采纳好的经验和做法，在此基础上形成初稿并书面征求各区、各部门意见建议；7 ~8 月，召开 5 场市级部门座谈会和区政府座谈会和 2 场法律领域资深专家座谈会，邀请市政府参事、市政府法律顾问等 14 名专家学者发表意见建议。8 月 30 日，召开市政府专题会议进行研究。9 月 11 日，《文件办法》经市政府第 25 次常务会议审议通过。

三、主要成效

（一）加强统筹协调，全面提升规范性文件质量

总体强调“控量提质”，制定规范性文件应当充分论证其必要性、可行性，从严控制文件数量，不得制定没有实质内容的文件。对社会稳定可能造成不利影响的，要加强风险评估，有效降低风险。涉及多个部门和领域的文件，明确由一个部门牵头负责，其他部门做好协同配合，确保内容不重叠、不脱节，确保政策内容协调。

（二）服务保障改革创新，强化制度供给保障作用

支持行政机关根据党和国家改革发展要求，制定有利于推动本市经济社会高质量发展的改革创新类规范性文件。规范性文件管理部门审核此类文件，遵循依法依规、包容审慎原则，文件制定程序完备、符合法律原则和精神的，应当予以支持。

（三）细化审核标准，固化合法性审核多级把关机制

推动实现合法性、合理性、协调性一体化审核，在确保合法性基础上，细化违反合理性的具体情形，包括违背社会主义核心价值观和公序良俗等。巩固深化公平竞争三级审查机制。市、区政府制定规范性文件涉及市场主体经济活动的，实行公平竞争三级审查制度，明确由起草部门负责初审，同级市场监管部门专项审查，市、区政府审核机构复核。

（四）完善文件制定程序，践行全过程人民民主理念

起草部门可以通过人民建议征集、12345 市民服务热线、基层立法联系点等渠道广泛听取公众意见。涉及群众切身利益或者对公民、法人和其他组织权利义务有重大影响的规范性文件，应当按照规定公布文件草案、起草说明等材料，并通过座谈会、论证会、听证会、实地走访等方式，充分听取社会各方特别是重大利益相关方的意见。

（五）强化文件有效期管理，确保行政管理于法有据

督促起草部门落实主体责任，要求其建立健全文件到期预警机制，做好

有效期届满前的评估处理，防止文件断档后管理依据缺失。规范性文件管理部门可以向起草部门发送提醒通知并加强跟踪督促，对存在行政管理依据缺失风险的，可以通过约谈、制发法制建议书等方式予以督办，必要时予以通报。

四、推广价值

本市规范性文件管理制度体系对各区政府、市政府各部门在法治轨道上制发“红头文件”、保护人民群众合法权益具有积极意义。为确保各项工作要求落实落地，下一步法律事务处将总结提炼规范性文件管理的各项具体措施，形成规范性文件工作评估指标体系，对各级行政机关的规范性文件工作开展科学考核评价。发挥考核“指挥棒”“推动器”的作用，进一步引导各级行政机关切实履行好规范性文件管理工作职责，更好地为全市经济社会高质量发展提供法治保障。

6. “三所联动”

——超大城市矛盾纠纷依法治理新路径

（推荐单位：虹口区委全面依法治区委员会办公室；
申报单位：虹口区委政法委员会、
市公安局虹口分局、虹口区司法局）

针对超大城市矛盾纠纷化解遇到的难题，虹口区深入学习贯彻习近平法治思想，注重更好发挥法治固根本、稳预期、利长远的保障作用，探索建立派出所、司法所、律师事务所“三所联动”机制，并引入其他相关部门，搭建多元解纷平台，凝聚矛盾纠纷化解合力，着力将矛盾化解在基层，化解在萌芽状态，打造了矛盾纠纷多元化解“虹口新模式”。

一、背景缘由

虹口区是上海市人口密度最高的城区之一，纠纷类警情量大面广，年均2.4万余件，约占总警情的1/5。针对民商事矛盾日趋增多、城区居民依法维权意识日益增强、单一主体化解矛盾效果不佳、优质法律资源未充分利用等问题，2021年在凉城新村派出所试点探索建立“公安派出所牵头主导、司法所组织协调、律师事务所专业支撑”的“三所联动”机制，并引入教育、民政、卫健、房管、市场监督等多部门，搭建多元解纷平台，凝聚矛盾纠纷化解合力，确保纠纷类警情在法治轨道上全量纳管、全程闭环、全天候全方位化解。2023年以来，全区纠纷类警情环比下降19.7%，重复警情环比下降20.4%，信访量环比下降13.4%，213起矛盾纠纷引起的扬言类警情均落地化解，

98% 的矛盾纠纷化解在基层，实现命案"零发生"，城区安全感和满意度大幅提升。全市"加强矛盾纠纷排查化解推进会暨'三所联动'机制推广现场会"在虹口举办，被纳入市委全面深化改革委员会 2023 年工作项目。"三所联动"已从虹口实践上升为全市推广的经验做法。

二、基本做法

(一)信息排查链，纠纷发现更早

突破传统"坐堂问诊"的纠纷化解方式，加强数字化转型场景应用，开发"三所联动"应用系统，全量导入 110 报警、12345 热线、窗口接报等六类数据，累积设置 12,368 条热词标签，按照"人、地、事"进行建模碰撞，自动抓取易产生矛盾的信息，并将信息撒点标注在电子地图上，使辖区矛盾一目了然。创新"矛盾纠纷大家排，委屈困扰网上报"双结合工作法，依托社区民警进群入圈、"平安商户联盟"、"保安在行动"计划等，广泛发动保安、环卫、商户等 2 万余名群防群治力量，通过开发微信小程序和设立专项奖励基金，鼓励发现上报各类隐性矛盾纠纷，推动"显性"纠纷全掌握，"隐性"纠纷早发现。

(二)多维处置链，矛盾化解更实

由派出所案管组对发现的矛盾纠纷进行审核，将民间纠纷、治安纠纷引入"三所联动"平台调解，将纠纷引发的刑事治安案件引入办案流程，并对原始纠纷引入"三所联动"平台开展源头化解。依托"三所联动"信息系统，从重复举报次数、事件复杂程度、当事人性格特点、生活状况等多个维度对排查发现的矛盾纠纷进行研判，划分为一般、关注、重点三个等级。由派出所负责牵头"吹哨"，司法所人民调解员、律师及相关部门"报到"参与，分级落实化解措施，推动矛盾纠纷由单线管理向联动化解转变。

(三)疑难化解链，攻坚能力更强

依托区和街道两级信访联席会议机制，对涉众、复杂矛盾攻坚化解；建立"三所一庭"解纷模式，引入法院巡回审判庭联动开展化解或诉讼审理；建立回访反馈制度，对未履行协议的督促履行，对暂无法化解的加强稳控疏导，防止激化。

（四）法治服务链，专业力量更全

公安推动司法部门建立“矛盾纠纷化解律师专家库”，经过严格遴选、资格审查、综合评定，签约 11 家优质律师事务所 113 名律师进入“三所联动”平台，并建立常态化经费保障机制和定期综合考评机制，签约律师以固定坐班、点位巡回、指派到岗等多种方式第一时间配合公安介入矛盾纠纷调处化解、协助公安开展法治宣讲，让纠纷化解、预防工作从一开始就在法治轨道上运行。

三、主要成效

（一）“遇事找法”，纠纷化解更高效

机制运行过程中，派出所积极发挥公安触角广、辖区情况清、警情处置快、研判分析准以及矛盾纠纷发现力强、防激化震慑力强等职能优势，主动牵头开展“三所联动”工作，牵引各部门共同开展矛盾纠纷发现、导入、调处等工作。司法所主动配合派出所，积极发挥组织协调作用，统筹调解员、律师等第三方释法力量，以及从事法律工作的社区志愿者等，强化解纷资源综合应用，不断提高解纷效率。“三所联动”通过法治思维和法治方式畅通和规范群众诉求表达、利益协调、权益保障通道，提高矛盾纠纷化解的公信力、权威性，“遇事找法”的意识逐渐深入人心。

（二）“法在身边”，法律服务更便民

“三所联动”机制以法治供给侧为着力点，主动作为，通过开发“三所联动”小程序、优化解纷“一件事”平台，确保法律服务线上线下全保障，确保群众“开门”“开机”就有法，可以得到免费、专业的解纷、法律咨询服务，切实做到矛盾纠纷化解、预防低成本、高效率。2023 年以来，线上平台共接受线上咨询 963 次、预约调解 1621 起，确保大量矛盾纠纷被身边的“三所联动”机制就地化解，签订简易调解协议书达 390 份，占纠纷总量的 44.1%，实现“服务不缺位，矛盾不升级”。

(三)"法润民心",顽疾治理更有力

"三所联动"机制充分运用法治思维和法治方式,通过公安、司法、律师合力调解存有隐性风险或已初露苗头的对抗冲突,做到矛盾纠纷源头预防解决。同时把"三所联动"机制触角向社区治理的痛点、堵点、难点延伸,法律触手可及、就在身边,成为解决家事、难事的首选,通过跨前解纷来理顺群众的心理秩序,从而保持平稳的社会秩序和经济秩序。

四、推广价值

(一)预防治理是化解社会矛盾纠纷的价值导向

社会矛盾的纠纷化解不仅需要纠纷化解主体在矛盾纠纷已然显现并进入视野之后,积极采取措施预防矛盾纠纷的进一步升级,更需要纠纷化解主体在矛盾纠纷尚处于萌芽期或虽已有所显现但尚未进入视野的未然状态时,及时识别并消除其产生或激化的条件。虹口区"三所联动"模式以预防治理为基本导向,通过"工作室—片区—居委会"的矛盾纠纷排查脉络,运用"日排查、周评估、月分析"的矛盾纠纷识别机制,实现常态化走访排查,主动掌握辖区群众诉求,发现法律需求和治理隐患,并及时提供相关法律服务,有效将基层治理中存在的社会稳定风险消除于未萌,充分体现了社会矛盾纠纷化解重在预防的价值取向。

(二)联动一体是化解社会矛盾纠纷的基本方式

社会治理主体之间协同不畅是制约社会矛盾纠纷化解提质增效的瓶颈,实现联动治理是确保社会矛盾纠纷多元化解机制有效运行的关键之一。联动治理在重视多元主体合作的基础上,通过重塑治理主体间的联结方式并培育积极联动主体,实现更有效的治理目标。虹口区"三所联动"模式不仅将司法所、派出所和律师事务所作为一个整体形成合力,更是依托街道综合治理中心,形成了街道层面以派出所、司法所、律师事务所为主力军,社区层面以民警、居委干部、法律顾问为基干力量,小区层面以居委、业委、物业为支撑的多元一体治理模式。同时,虹口区充分整合人民调解员、法律顾问、法律援助、司法鉴定等社会力量,鼓励社会调解组织积极参与

“三所联动”的工作，通过多方联动、资源整合实现社会矛盾纠纷化解工作从“碎片化”向“一体化”转变，积极回应了社会矛盾纠纷化解的综合性要求。

7. 积极推进新就业形态劳动者权益协商协调机制建设

（推荐单位：市总工会；申报单位：市总工会）

近年来，市总工会以积极推进新就业形态领域协商协调机制建设为着力点，指导、推动平台企业就新就业形态劳动者普遍关心的劳动报酬、算法优化、劳动安全、职业发展、关心关爱、争议处理等切身利益事项开展沟通协商，并形成协商成果，探索出一条推动基层民主在企业单位广泛多层制度化发展的新路，为维护好新就业形态劳动者的合法权益提供了强有力的制度机制保障。

一、背景缘由

维护新就业形态劳动者合法权益面临的痛点、难点问题，集中表现为“四个难”。劳动关系“认定难”，在数据、算法、云储存等多重资源和先进技术的加持下，在规则面前劳动者诉求“表达难”，国家及本市有关新就业形态劳动者权益保障的政策文件，特别是社会保险覆盖与劳动安全举措“落地难”，矛盾纠纷“化解难”等问题。劳动者劳动权益保障也相对滞后于平台经济的发展，特别是平台企业内部在制定规则、确定算法时，普遍缺乏意见征求与协商协调机制，劳动者被普遍困在客观“算法”中，算法和导航路线指挥劳动者直接“飞越”栅栏和围墙，其劳动定额、收入报酬、劳动保护、职业发展等权益亟须通过民主协商途径予以保障。

二、基本做法

充分运用“四联”工作机制,探索建立以协商恳谈、职代会(联合)会议、建会建制工作联动和全网协商协调为代表的新就业形态协商协调“上海模式”。

(一)首创协商恳谈模式

一是突出协商模式的灵活性。鉴于当前外卖送餐员与平台企业普遍为“不完全劳动关系”,平台企业与新就业形态劳动者之间的协商无法简单套用传统集体协商模式进行。在前期调研的基础上,创设协商恳谈模式,以平台企业工会为主体,平台企业工会主席作为职工方首席代表,同企业行政方开展平等协商恳谈。同时,市总工会、“饿了么”所在区总工会给予具体指导并作为见证方,进一步提升平台企业与新就业形态劳动者落实协商成果的约束力。

二是突出协商主体的代表性。“饿了么”协商恳谈会职工方代表共8人,除首席代表为“饿了么”工会负责人外,其余7人均为一线配送站站长和外卖送餐员。在市、区两级工会指导下,切实做好一线外卖送餐员代表的推荐工作。兼顾多种身份、不同区域、性别比例和工作年限等多项因素,充分体现协商主体的代表性和广泛性。

三是突出协商内容的针对性。协商恳谈前,市、区两级工会会同“饿了么”工会通过大量走访调研,排摸了解掌握一线外卖送餐员的实际需求,归纳总结出劳动报酬、算法优化、劳动安全、职业发展、关心关爱、争议处理6个涉及“蓝骑士”切身利益的事项。

(二)首创职代会(联合)会议模式

一是注重制度化,两会同步更有效。指导美团(上海)在遵循职代会基本规则的基础上,形成“两会同步召开、代表民主产生、议题分别设置、职权各自履行”的民主管理新模式,指导平台企业以标准劳动关系职工为主体召开职代会,并同步通过职代会(联合)会议的形式,将非标准劳动关系一线骑手作为(联合)会议的正式代表,就涉及其切身利益的事项进行无记名投票表决,有效延伸制度内涵,发挥制度实效。

二是力求广覆盖,代表结构更合理。美团(上海)非标准劳动关系职工代表通过站点到区域、再到地区的流程选举产生,全市 16 个区各 2 ~ 3 名代表。会议共设正式代表 37 名,除 2 名工会负责人外,其余 35 名都来自各区的一线骑手,包括专送、众包以及外卖送餐站点负责人(工会小组长)。同时,经协商,6 名来自美团(上海)法务、物流、算法等业务部门负责人以及分销商负责人作为列席代表参加会议,为审议表决事项及落实涉及一线骑手权益保障、关心关爱等方案举措提供专业支持。

三是突出实效性,协商形式更灵活。在市、区两级工会的指导和推动下,美团(上海)工会积极与平台行政方充分协商沟通,形成美团(上海)进一步加强外卖送餐员劳动权益保障和关心关爱工作方案,涉及算法优化、劳动保护、关心关爱、技能提升等 5 个方面 15 项举措。

(三)首创建会建制工作联动模式

一是为工会组织"建起来、转起来、活起来"建立高效模式。长期以来,部分基层工会以选举流程烦琐、会议程序复杂等为由,不愿依法建立职代会制度,给基层工会组织依法履职、依法维权带来了影响。为有效破解难题,市总工会指导杨浦区总工会按照"建会建制联动、平稳有序推进"的工作思路,探索建立符合地区实际、行业特点的民主管理制度,推动成立区家政服务行业工会联合会,依法依规召开区家政服务行业工代会与职代会,为工会组织更好地发挥作用奠定坚实基础。

二是建立新就业形态领域职代会实施办法,为行业性职代会规范运行提供有力保障。在市总工会指导下,杨浦区探索制定了《上海市杨浦区家政服务行业职工代表大会实施办法(试行)》,办法分为 8 章 38 条,涉及行业职工代表大会的主要任务和职权、职工代表的选举方式、职工代表的权利和义务、工作机构和制度等方面,有效保障家政服务行业职代会制度的规范运作。

三是形成新就业形态领域职工权益保障方案,为非标准、不完全劳动关系劳动者搭建沟通平台。作为传统"八大员"灵活就业群体之一,家政服务行业劳动者合法劳动权益维护工作历来受到社会各界高度关注。职代会审议通过了《关于加强杨浦区家政服务行业从业人员劳动权益保障和关心关爱工作的方案》,有效回应了从业人员的普遍关切。

（四）首创协商协调全网模式

一是协商代表全网覆盖。作为全国范围内快递行业首次全网集体协商，圆通速递职工方协商代表由全国七大片区工会选派 9 人组成，其中，直营网点职工代表 3 人，加盟网点职工代表 4 人，总部工会负责人 2 人，首席代表由总公司工会主席担任。企业方协商代表由公司网管、人资、培训、法务等部门负责人 7 人组成，受法定代表人书面委托，首席协商代表由公司副总裁担任。

二是职工代表全网覆盖。圆通速递“全网职代会”参会的 180 名职工代表中，来自直营网点的职工代表 61 名，其余 119 名代表均来自加盟网点，直营与加盟网点的职工代表比例为 1∶2；中层以上管理人员 41 人，占比低于 25%；一线快递员代表 139 人，占职工代表总数的 77.22%，代表性得到进一步增强。

三是协商成果全网覆盖。在市、区两级工会的指导推动下，圆通速递全网集体协商共涉及“报酬支付”“作业环境”“保险福利”“关心关爱”“技能提升”五项议题，确认包括采用信息化手段对加盟网点薪资发放情况进行监督管理、严格执行快递员劳动定额标准、为全网一线快递员购买快递安全责任综合保险、保障全网一线快递员休息休假权利以及畅通全网员工多元化职业发展及晋升通道等工作内容，覆盖平台全部一线快递员。

三、主要成效

一是实现平等协商的实效实惠。例如，“饿了么”上线网约送餐员“小休功能”，一线骑手连续送餐 4 小时以上需要休息时，系统即停止派单，避免疲劳配送带来的安全隐患；通过“算法折中功能”优化送餐时间的起算节点，合理设置外卖送餐员配送时间，减轻配送压力等。圆通、韵达将全网员工特别是加盟网点职工的劳动报酬保障、劳动保护、福利保障、职业技能培训、女职工特殊保护、劳动合同管理等各项劳动标准和劳动条件，全部纳入集体合同。其他总部在沪头部平台企业也都分别采用集体合同、集体协议、协商协调纪要、备忘录等形式。

二是实现制度建设的规范完善。例如，圆通速递有限公司制定《圆通速递有限公司（全网）职工代表大会（扩大）会议实施办法（试行）》，明确赋予在各加盟网点工作的职工经选举产生均可当选为职工代表的权利。《“饿了么”平台（全网）职工代表大会（扩大）会议实施办法（试行）》，明确规定“全网送餐员通过平台（全网）职工代表大会（扩大）会议依法参与平台民主管理”“平台（全网）职工代表大会（扩大）会议每年召开一次会议”。其他总部在沪头部平台企业也都将（全网）集体协商、（全网）职代会等民主管理制度纳入企业法人治理结构。

三是实现法治保障的地方先行。将新就业形态劳动者劳动权益保障相关事项作为市级政府与工会联席会议议题，会同政府相关部门形成《上海推进新就业形态劳动者入会和服务保障工作的指导意见》等一系列制度性成果。结合国家层面相关政策规定及本市既有丰富实践经验，进行新就业形态劳动者权益协商协调机制建设的立法，立足“小、快、灵”，聚焦协商协调程序，倡导协商协调理念，推动将业已形成的典型经验成果予以固化提升。

8. 司法服务“四个一”　助力基层治理精细化

（推荐单位：市高级人民法院；
申报单位：市第二中级人民法院）

上海市第二中级人民法院（以下简称上海二中院）是上海市加强基层治理体系和治理能力现代化建设2023年重点工作项目的牵头单位之一。上海二中院以党的二十大精神为指引，从区域特点、问题特点、需求特点等“关键点”切入，采用“一站式、一张网、一试点、一个圈”相结合的创新模式，对症下药、打通堵点，为实现法治助力基层治理精细化提供了方案。

一、背景缘由

习近平总书记于2021年春节前夕赴贵州看望慰问各族干部群众时指出，“基层强则国家强，基层安则天下安，必须抓好基层治理现代化这项基础性工作”。对上海这样的超大型城市，以绣花般的功夫推进基层治理的精细化至关重要。而在推进上海市基层治理工作精细化的具体实践中，面临着以下难点：其一，基层范围极广泛，如何真正做到“重心下沉”、深入一线？其二，基层问题常常分散地“碎片化”分布，如何整合治理资源，提升治理效能？其三，面对物业纠纷等处理难度大的常见类型化问题，如何有针对性地进行突破，形成治理示范样本？其四，基层问题数量繁多，如何在前端有效化解，避免矛盾激化？解决上述问题，对以法治服务助力基层治理、弘扬新时代“枫桥经验”至关重要。

二、基本做法

（一）“一站式”：党建引领，构建一站式基层服务点

上海二中院贯彻落实习近平总书记“推进以党建引领基层治理”的指示，以“党建协议 + 基层服务点”的创新做法实现治理深入基层。一方面，积极与各基层党组织开展合作，以基层街镇党群服务中心为平台，落实各项为民服务工作。另一方面，在党建共建框架下，与基层党组织对接，选取社会最小单元，打造特色样本。通过精细化分类对接、常态化规范运行、差异化服务内容，构建模式成熟的“一站式”特色基层服务点，如社区基层服务点（静安区共和新路街道）、乡村基层服务点（嘉定区华亭镇）、商业综合体服务点（豫园商圈）、城市更新基层服务点（虹口区江湾镇街道）等。

（二）“一张网”：连点成线，建立联动协作机制

积极搭建共治共享的合作平台，整合中、基层法院司法服务力量，对接基层治理团队，打造纵横联通的治理网络。一是构建“1 +9”两级法院治理网络联动协作机制。上海二中院立足中级法院的职能定位，加强对辖区九个基层法院在参与基层治理工作方面的指导，以“典型带动、分批推进”方式共同搭建司法服务组织体系网络。二是牵头成立“党建引领　缘法善治——基层治理工作室联盟”。上海二中院乔法官工作室与宝山法院国侠法官工作室、外滩街道徐丽华书记工作室等组成基层治理工作室联盟，聚焦各自治理特色，促机制共建、促资源共享、促服务共推、促品牌共创。

（三）“一试点”：问题导向，聚焦治理重难点问题

聚焦城市治理痛点难点，以问题为导向聚集司法力量，为基层治理减负增能。上海二中院乔法官工作室制作社区常见法律问题百问百答，采用问答式编写体例，对人民群众生活中常见的物业纠纷、侵权纠纷、赡养纠纷等十类法律问题进行解答，提供给基层工作者及群众查阅学习。以共和新路街道作为试点，选派具有丰富物业纠纷审理经验的审判团队参与街道党委牵头的搭建“申 + 善治联盟”基层治理平台，与申地居委会、申地业委会联盟、申地物业联盟等单位共同探索纠纷化解经验及风险防范措施，致力于解决社区普遍存

在的物业纠纷共性及个性问题，以及跨小区管辖难等问题，解决治理难点，打通治理堵点。

（四）“一个圈”：智慧赋能，助力基层纠纷前端化解

持续加强多元解纷和志愿服务队伍建设。上海二中院积极与社会团体及公益组织合作，拓宽志愿服务“朋友圈”，与上海市女律师联谊会就志愿服务合作签署备忘录，与静安区老年基金会合作助力“银发盾牌”项目建设。此外，探索试行议定调解，依托自建调解员数据库，试行“先行协商选定，法院指定托底”的调解员委托委派新模式，通过赋予当事人议定选择调解员的权利，增强当事人对调解活动的认同度，助推调解质效提升。

三、主要成效

在治理“深入”层面，上海二中院乔法官工作室已经与嘉定区华亭镇党委、虹口区北部功能区党群服务中心、共和新路街道党总支、豫园股份总部党总支等签署共建协议，在党建共建协议框架下积极开展“进园区、进校区、进社区”活动，2021 年到 2023 年三年来共有 900 余人次参加“三进”活动，服务群众数万人。设立豫园商圈基层服务点，在保护企业营商环境及上海老品牌方面贡献司法力量。

在治理“联动”层面，上海二中院乔法官工作室为宝山法院建立“国侠法官工作室”提供支持，与普陀法院继续深化合作推动“无讼社区”建设，与崇明法院就村居法官工作室进乡村开展联盟合作，与嘉定法院进一步加强网络互联，建立中、基层法院与居委会直连的解纷云网络。

在治理“难点”层面，针对城市更新特别是“两旧一村”改造等民生工程中的堵点、难点，为虹口区四川北路街道被征收居民、居委会干部及征收工作人员开设普法微课堂，解决被征收居民对可得利益缺乏预判等影响旧改签约工作推进的痛点问题；由物业案件审判经验丰富的法官，到居民区开设物业纠纷课程，提升“三驾马车”依法解纷能力。

在治理“前端”层面，上海二中院乔法官工作室自 2019 年 7 月成立至 2023 年 11 月，共受理委托调解案件 3149 件，调解成功 1979 件，调解成功率

62.85%。2022年2月初,乔法官工作室在特邀调解员及立、审、执相关部门通力协作下妥善处理了一起建设工程诉讼导致拖欠农民工巨额薪酬可能引发矛盾升级的事件,帮助农民工们在春节前顺利拿到了近4000万元的工资。诉讼服务志愿者团队自2021年3月成立至2023年11月,服务时长4868小时,接待来访人员2492人次、接听来访电话18,838人次。为民服务志愿者团队自2021年9月成立至2023年11月,共提供21批次1050余人次上门服务,举办24场法律微课堂。

四、推广价值

针对基层问题“广、散、难、多”的特性,上海二中院“四个一”相结合的创新性举措为上海市推进基层治理精细化提供了可供借鉴的经验。其一,积极与基层党组织建立合作,构建“一站式”基层服务点,以党建引领为抓手,通过与街镇党工委签约共建的形式,将法治服务力量纳入属地党建资源清单,让法安天下、德润人心的理念以“党建”为核心辐射宣传、凝聚群众,使法治建设各项措施在基层能够更高效、畅通地推进。其二,针对基层问题分散、孤立处理效率低下的难题,积极与各级党组织、基层法院、街镇等多元主体联动,共建治理联盟,“连点成线”实现“一张网”协作治理。其三,对基层治理普遍存在的痛点问题,以先行“一试点”的方式,探索具有普适性的解决方案;针对区域化、类型化的难点问题,提供有针对性的司法服务。其四,积极吸纳社会多元力量,组建解纷服务“一个圈”,利用大数据智慧赋能,满足民众日益多样化、个性化的解纷需求。

9．努力变“办不成”为“办成事”

——市公安局深入推进派出所“办不成事”反映窗口建设

（推荐单位：市公安局；
申报单位：市公安局治安总队）

一、背景缘由

办得成事是人民群众在公安政务服务中最基本的需求，也是公安机关政务服务工作最重要的目标。但在工作中，因各种各样的因素，难免会出现办不成事的情形。“民生无小事”，一件件、一桩桩办不成事的情形往往最能直接地反映出群众办事过程中的痛点、堵点和难点。2023 年一季度，全局共接到对窗口服务不满的“12345 热线”工单 941 件，其中约 50% 是针对派出所“综合窗口”。一是群众办不成事后缺乏救助、申诉途径的问题。窗口工作的主要内容是办理能办的、回绝不能办的，这就导致群众在办不成事后，不知道该做什么，需要做什么，非常迷茫和无助，陷入了“死胡同”。二是窗口工作人员宗旨意识弱化问题。部分工作人员为民服务意识不到位。对能办的事项，态度冷漠，语气生硬。对不符合要求、不能办的群众，机械式答复，怠于履行一次性告知、政策解读解释等工作。三是窗口“差评”对政策法规不满的问题。分析对窗口服务不满的工单，相当一部分问题是因为办事群众对政策设定不满意而引发的。在这种情形下，窗口工作人员只是执行者，对政策制定的背景、政策本意不甚了解，同时窗口工作人员寻求支撑支援机制不畅。为了对标争创一流政务服务窗口的目标，坚持实践导向、问题导向，聚焦公安窗口政务服务中各类办不成事情形，探索建设“办不成事”反映窗口，并完善工作机制,以此为牵引提升公安机关窗口政务服务效能。

二、基本做法

在全市公安派出所“综合窗口”设置“办不成事”反映窗口,帮助解决企业群众办事过程中遇到的“拖、等、放、推”等办事痛点和疑难杂症问题,最大程度提供兜底服务、暖心服务,依托高效、务实的作风,健全、合理的机制,让“办不成事”反映窗口成为办得成事的终点站。

(一)硬件方面

通过设置有形的窗口、显著的标识、专业的民警,为办事的群众在办不成事的情形下,提供一种全新的办理渠道,能有一个新的宣泄、申诉的窗口,也为公安机关与办事群众的深入沟通、解决问题搭建桥梁。

1. 实体窗口。每个试点派出所设置 1 个“办不成事”反映窗口。其中,以“多所合一”方式进驻社区事务受理服务中心的,设置 1 个“办不成事”反映窗口。同时,坚持因地制宜、分类设置原则,派出所办事大厅空间宽裕、整体条件好的,可独立设置“办不成事”反映窗口;窗口工位总量较少且无空余窗口工位的,可用叠加功能的方式设置;叠加窗口应尽量选择办件总量少、时间短的窗口工位。借鉴顾村派出所“连心屋”、花木派出所“花心小筑”工作方式,鼓励派出所开辟独立区域或者房间,解决在“办不成事”反映窗口上难以快速处理的事项,进一步提供兜底服务,避免影响正常的办事秩序。

2. 统一标识。“办不成事”反映窗口作为本市公安机关优化营商环境的一项重要举措,从建设运行初期,就应牢固树立品牌意识和品牌形象,坚持“一盘棋”思想,迅速聚指成拳,形成声势。其中,重要的方式就是在本市公安派出所“综合窗口”开设“办不成事”反映窗口时,采用统一样式的、简洁醒目的标识牌。标识牌应摆放在窗口明显位置,不得无故遮挡标识牌,让群众在办不成事时,“第一眼”就能发现。

3. 人员保障。“办不成事”反映窗口受理、接待的业务大多是疑难杂症,应当按照政治素养好、业务水平高、协调能力强、服务意识优的标准,安排业务骨干民警进行窗口接待,不得选派文职、辅警;且保持人员的相对固定,不得随意调换，避免因态度不好、业务不熟等因素影响服务质量。

（二）软件方面

窗口工作做得好不好，很大程度上取决于窗口运行机制、管理机制执行得好不好。因此，建设好“办不成事”反映窗口，要系统性地构建工作机制，由点到线再到面，建立个案闭环处置机制、类案溯源整改机制，以及政务服务条块协同机制。

1. 建立分类处办、闭环管理工作机制。在受理范围上，以下情形均纳入：对群众线上或线下提交申请材料后，未能实现成功受理、成功审批的问题；群众在办事过程中遇到的工作人员服务态度差、慢作为、不作为等态度作风问题；群众在“综合窗口”未能办成的“疑难杂症”问题；群众在办事过程中对现行政策不理解，需要进一步解释说明的；群众提出的其他涉及公安机关政务服务的问题、合理诉求等。在分类处办上，反映窗口民警或综合窗口负责人快速分析反映的事项，厘清事项复杂程度，进行分类处置：对能够快速处理的事项，应当场处理；对咨询类、政策解释类事项，应进一步做好释法说理；对诉求合理，且在派出所权限范围内可以解决的，可通过急事急办、容缺受理等方式先行受理；对办理交通违法业务当事人缺乏必要材料的，按规定实行“不能当场受理事项书面告知”制度；对“疑难杂症”问题，由派出所报上级业务部门进行研究解决。窗口民警要做好解释说明，积极争取理解。在办结答复上，对当日已经处理完毕的反映事项，对上报业务部门属于“疑难杂症”问题的，对超过一定期限仍未办结的，根据事项不同处理结果，制定对应闭环流程。

2. 建立条块协同、部门联动工作机制。公安窗口服务涉及多个警种条线，相关部门要主动作为、扎根基层、强化指导，不断提升窗口服务水平。市局、分局业务警种部门横向之间要加强协作借鉴，纵向上要强化对派出所“办不成事”问题的指导，认真研究、及时回应，给出解决办法。在常态监督上，市局、分局的业务警种部门对派出所窗口办理的条线业务具有监督指导职责，通过日常检查、台账抽查、后台数据分析、群众投诉等形式开展日常监督检查，发现问题及时制发通报督促整改意见。在管建管援上，建立业务警种专人对接派出所的工作机制，定期收集整理派出所上报的各类“疑难杂症”问题，提出解决方案，对“高频”事项，统一规范答复口径。针对一些政策仅供内部掌握、窗口工作人员难以对外宣讲而引发群众质疑的问题，相关警种部门要研究统一、合理的对外应对口径，让工作人员讲得清楚、办事群众接受得了。在专业培训上，定期组织开展窗口业务涉及的警种或跨警种的专业培训，帮助窗口民警能够快速厘清事项复杂程度，规范答复口径，通过分析一个个典型案例，来提升民警业务技能和群众工作技巧。

3. 建立溯源整改、建章立制工作机制。聚焦办不成事，从群众反映的“一件事”，推动解决“一类事”。针对群众在办理高频热点事项时屡屡遇到困难的一些情况，要研究优化相关事项政策告知，讲清讲明办理流程、材料清单等，坚决防止出现让群众“反复跑”的现象。要定期分析反映集中、高频出现的“办不成”事项，从制度供给、流程优化等方面研究提出具体意见，并加强对派出所的培训指导。

4. 运用科技赋能、实现基层减负增效。市公安局治安总队牵头相关业务警种部门，在依托窗口现有系统的基础上，整合信息系统，会同科技部门研究开发“办不成事”反映窗口事项统计分析、监督检查模块，基层实时受理登记，业务部门实时支援，打造“登记—受理—处理—办结—评价—优化”全过程闭环管理功能，实现线上、线下双重监管。

三、主要成效

2023 年 6 月，市公安局制发了《关于开展上海公安派出所“办不成事”反映窗口全市推广工作的通知》，同步配套制定了《上海公安派出所“办不成事”反映窗口工作规范(试行)》，从制度机制层面固化此项工作，并形成长效机制。自分局试点派出所启用“办不成事”反映窗口以来，至 2023 年 11 月 30 日，全市 311 家综合派出所已全部建成“办不成事”反映窗口，全市共受理“办不成事”反映事项 3254 件。其中，人口业务 2913 件，占比约 90%；治安业务 99 件，占比约 3%；刑侦业务 64 件，占比约 2%；交警业务 33 件，占比约 1%；其他咨询类 145 件，占比约 4%。

四、推广价值

建立健全“办不成事”反映窗口，是贯彻落实党中央、国务院和市委、市政府关于优化营商环境的决策部署，全面落实上海市优化营商环境行动方案6.0版改革任务，着力打通政策落地“最后一公里”，为企业群众提供更加规范、便利、高效的政务服务，加快打造市场化、法治化、国际化的一流营商环境，更好地激发市场主体活力，为经济高质量发展提供坚实的保障。进一步畅通群众诉求渠道，为群众提供更加优质便捷的服务，最大程度地提升群众办事办证便利度、满意度和获得感。

10. 长三角区域联合出台生态环境领域不予行政处罚清单

（推荐单位：市生态环境局；申报单位：市生态环境局）

一、背景缘由

生态环境执法工作是生态环境保护的基础性工作，是实现高水平保护的有力武器，是深入打好污染防治攻坚战的重要保障。沪苏浙皖生态环境部门始终以改善生态环境质量为核心，坚持绿色发展与底线思维理念，以更高标准、更严要求和更大力度推进生态环境执法工作，始终保持高压态势，严厉查处每一起环境违法行为。在此基础上，在生态环境执法过程中也需要建立多层次的行政处罚裁量体系，在生态环境领域探索包容审慎监管，落实行政处罚法关于不予处罚的规定，对一些轻微的生态环境违法行为不予处罚，以营造更优营商环境。为提升长三角区域执法一体化、精细化水平，沪苏浙皖四地生态环境（局）厅联合沪苏浙皖司法（局）厅共同制定了《长江三角洲区域生态环境领域轻微违法行为依法不予行政处罚清单》（以下简称《免罚清单》）。

二、基本做法

（一）落实国家要求，推动一体化进程

2019 年印发的《长江三角洲区域一体化发展规划纲要》《长三角生态绿色一体化发展示范区总体方案》明确要求推动长三角执法统一，长三角区域及长三角生态绿色发展示范区生态环境执法统一目标和要求越来越明确。

2022 年，在生态环境部指导下，沪苏浙皖四地生态环境（局）厅、司法（局）厅成立了以上海市生态环境局牵头的联合专项工作组，全力推动长三角区域免罚清单统一制定工作。

（二）创新执法举措，提升执法精度

在《行政处罚法》修改之前，“首违不罚”没有明确法律依据，但作为一种创新性执法举措，长三角四地早已开展了积极探索，在前期工作基础上，长三角免罚清单不仅细化了“首违不罚”情形，还创新设置了“轻微不罚”事项，成为首个探索“轻微不罚”规定的长三角免罚清单。

（三）畅通意见渠道，听取多方声音

在制定过程中，联合专项工作组做了大量的会商研讨工作。一是摸清“家底”，梳理已发布的 26 份省级免罚清单以及 2 份长三角区域气象领域、文化市场免罚清单，以长三角区域名义发布免罚清单已作出实践，为生态环境领域发布免罚清单奠定良好基础；二是求同存异，选取在三省一市实践成熟的、对生态环境和经济、社会效益较大的免罚事项，反复协商，最终达成一致意见，对建设项目、大气、固体废物、噪声、排污许可、环境事件应急、环境管理 7 个具体生态环境领域共 22 项轻微违法行为作出免罚规定；三是实证分析，对选取的 22 项免罚事项进行实证分析，开展违法行为发生频次数据统计分析，验证合理性；四是听取意见，为了保证合理性、科学性、区域性等特点，邀请各类执法人员和专家参与制定工作，广泛听取了社会各方的意见。

（四）确定发文路径，达成一致共识

以长三角区域名义发布规范性文件已有先例，使用上海发文文号，执行规范性文件发布流程，2023 年，沪苏浙皖四地生态环境（局）厅、司法（局）厅共八部门联合发布了《免罚清单》。至此，长三角区域免罚清单统一制定工作圆满完成。

三、主要成效

（一）首践新模式，实现真正统一

作为生态环境领域首部长三角免罚清单，与生态环境行政处罚裁量基准相结合,为生态环境领域违法行为罚与不罚、轻罚与重罚提供了明确依据、指导,使长三角区域生态环境行政执法人员有清晰的执法标准,可以精细化执法、柔性执法,既有力度又有温度,有利于提升长三角区域严格公正规范文明执法水平。

(二)探索包容审慎,优化营商环境

近年来,生态环境领域新业态新模式发展很快,企业从业人员对生态环境法律法规知之甚少,相关企业管理也没有同步跟进。因此,《免罚清单》尽可能多地设定不予处罚事项、取四地最大公约数,表达生态环境执法监管的温度,助力新产业、新经济、中小微企业发展。长三角区域不予处罚清单实施至今,通过官网、微信公众号、新闻报纸等媒体途径进行大量宣传,各地纷纷将这一新举措付诸实践,取得良好社会影响。

(三)规范执法行为,提升守法意识

对违法行为,不能片面强调处罚、以罚代管或一罚了之,执法的目的是纠正违法行为,教育行政相对人自觉守法。对不予处罚的轻微环境违法行为,执法机关应当坚持处罚与教育相结合的原则,通过批评教育、指导约谈等措施,提升行政相对人的守法意识,避免日后此类违法行为再次发生,实现法律效果和社会效果相统一。

四、推广价值

长三角区域免罚清单的出台,首先是对《长江三角洲区域一体化发展规划纲要》的具体实践,是落实长三角一体化发展国家战略、构筑长三角生态环境领域高质量发展新优势、优化长三角区域法治化营商环境的重要举措;其次是不断优化监管方式、提高执法效率的措施之一,生态环境领域执法量大面广,违法行为人种类多样,违法行为表现差异较大,生态环境执法部门探索、优化、创新监管理念和方式,深化落实精准治污、科学治污、依法治污,在严格执法的同时坚持宽严相济、过罚相当原则,有利于在执法监管中进一步紧抓重点排污单位、重点监管领域,把有限的资源和力量集中在更需要的地方,助力打赢污染防治攻坚战,不断改善环境质量;最后是规范执法行为、提升执法水平的重要手段，将依法可以不予处罚的行为具体化、规范化，为执法人员提供明确的执法工作指引，有利于进一步促进本市生态环境执法精细、公正、文明。沪苏浙皖四地生态环境（局）厅、司法（局）厅以建立统一的生态环境行政执法标准为契机，不断推动形成统一规范的长三角区域生态环境执法监督体系，为长三角区域探索一体化推进共同行为准则、形成高质量的制度新供给提供了实践经验。